大宋词人那些事

李清秋 ◎ 著

中国华侨出版社

图书在版编目（CIP）数据

大宋词人那些事 / 李清秋著 . —北京：中国华侨出版社，2017.12
　ISBN 978-7-5113-7078-5

　Ⅰ.①大… Ⅱ.①李… Ⅲ.①词人—列传—中国—宋代 Ⅳ.① K825.6

　中国版本图书馆 CIP 数据核字（2017）第 256271 号

大宋词人那些事

著　　者 / 李清秋
责任编辑 / 冰　馨
责任校对 / 高晓华
经　　销 / 新华书店
开　　本 / 787 毫米 ×1092 毫米　1/16　印张 /34　字数 /560 千字
印　　刷 / 三河市华润印刷有限公司
版　　次 / 2022 年 2 月第 1 版第 5 次印刷
书　　号 / ISBN 978-7-5113-7078-5
定　　价 / 68.00 元

中国华侨出版社　北京市朝阳区静安里 26 号通成达大厦 3 层　邮编：100028
法律顾问：陈鹰律师事务所
编辑部：（010）64443056　　64443979
发行部：（010）64443051　　传真：（010）64439708
网　　址 / www.oveaschin.com
E-mail：oveaschin@sina.com

前言

一卷唐诗，一曲宋词，勾勒出中国古典文化的极致浪漫。

中国是诗词的国度，唐诗与宋词更是其中的翘楚，它们宛若一座恢宏的文学艺术殿堂，创造了中国文学史上两座令人仰叹的高峰。但在唐诗宋词的璀璨光芒之下，却是无数诗人词人踽踽独行的落寞与愁肠百结的悲戚，他们用各自或屈曲或浮沉的人生浇筑出流传千古的诗篇，留给后世之人无限珍贵的文化血脉，却仅留给自己一段悲剧色彩浓重的人生。举世才华带不来仕途的顺遂与人生的通达，这其中的起起落落是诗人词人各自的选择，也是时代的铸造。

翻开历史的卷轴，每个时代都有伟大的诗魂。盛唐时期，李白杜甫双子星，一曲豪肠、一曲沧桑；中唐以后，以诗意寄托深远的李商隐，以绮艳缠绵闻名于世的温庭筠；五代十国，南唐后主李煜，一面是平庸懦弱末代君主，一面是才华横溢开山词宗；北宋文臣，千古伯乐欧阳修以平实指向人心，洒脱大家苏东坡数尽千古风流；北宋末年，婉约与豪气兼具的李清照，还有南宋时期，"醉里挑灯"的词中将军辛弃疾……他们从诗词中走来，演绎着山岳攀登的奋勇、月夜徘徊的宁寂、沙场驰骋的不羁、泛舟湖畔的闲适，还有那国破山河的忧戚，与"惟愿孩儿愚且鲁"的真实与荒凉。那些或豪放、或温婉、或浓厚、或浅淡的诗词，无不带着历史的印记。时势造英雄，造就了诗人不同的境遇。反过来，诗人又将时事风貌记录下来，他们成为了历史最清醒的见证者。

诗与人，人与史，是无法断开的缔结。任何诗词，都不能独立于诗词者的经历之外，不解其人生，不足以解诗词真意。这套书在写诗人的人生，在写诗词背后的故事，也是在书写那段跌宕起伏的历史。唐宋时期诗人词人众多，本套丛书以时间为序，选取每个时期较具有代表性的，共十六位诗词作者，以他们的人生展开唐宋诗人风貌图景。

在茫茫的历史长河里，人人不过沧海一粟，在那些大江东去的豪放狂歌、晓风残月的凄冷叹息、春花秋月的幽婉心事，随着时光的车辙渐渐远去时，回眸一望，却会突然发现往事中的人事依然历历在目，他们以各自独特的丰姿向世人倾谈诗情词意、家国情事、畅意悲辛。

目 录
contents

第一辑　李煜——做个才人绝代，可怜薄命君王

　　第一节　一将功成万骨枯　　/　003

　　第二节　身处荣华覆烟云　　/　011

　　第三节　徒临悬崖送山河　　/　017

　　第四节　一生一世一双人　　/　024

　　第五节　半梦半醒终成劫　　/　033

　　第六节　亡国之恨长悠悠　　/　047

　　第七节　粲然锦花随风散　　/　058

第二辑　柳永——追前事，暗心伤，一生赢得是凄凉

　　第一节　优游少年柳三变　　/　071

　　第二节　烟花巷陌别样情　　/　078

　　第三节　羁旅生涯峥嵘路　　/　085

　　第四节　明朝散发弄扁舟　　/　096

　　第五节　羁旅宦游求显达　　/　102

　　第六节　守得云开见月明　　/　111

　　第七节　落寞晚年凄凉了　　/　121

第三辑　欧阳修——名家风范，独醒醉翁

  第一节　寒门才子初长成　/　133

  第二节　赏花品茗心清雅　/　140

  第三节　事业爱情皆明朗　/　149

  第四节　气盛奈何路坎坷　/　157

  第五节　历经辗转终达成　/　165

  第六节　愿与墨香长相伴　/　174

  第七节　垂垂暮老盼田归　/　183

  第八节　一生辛劳终得闲　/　192

第四辑　苏东坡——把世俗的苟且，活成潇洒的人生

  第一节　生于蜀中集灵秀　/　207

  第二节　出川赴京名天下　/　214

  第三节　生死相隔两茫茫　/　221

  第四节　拳拳之心反新法　/　231

  第五节　诗酒与道是人间　/　237

  第六节　一蓑烟雨任平生　/　246

  第七节　重入朝堂极人臣　/　261

  第八节　胜败都付笑谈中　/　271

第五辑　晏几道——我的痴狂，只为相思老

  第一节　所惜光阴去似飞　　283

  第二节　人间自是有情痴　　292

  第三节　书得凤笺无限事　　301

  第四节　几回梦里与君同　　312

  第五节　蕙楼多少铅华在　　321

  第六节　满鬓华发笑春风　　331

第六辑　李清照——人生不过一场憔悴花事

  第一节　闺中烂漫花如梦　　347

  第二节　离人相别心不离　　358

  第三节　国破家亡悲春秋　　368

  第四节　人残如菊晚景凉　　381

第七辑　朱淑真——如花美眷，抵不过似水流年

  第一节　锦样年华少女时　　401

  第二节　金风玉露终无缘　　406

  第三节　短暂合欢恨久长　　416

  第四节　无情莺舌唤愁人　　424

第五节　如娇如痴相依偎　/ 444

第六节　心向日月香消殒　/ 454

第八辑　辛弃疾——仗剑天涯，英雄悲歌

第一节　少蒙志光复神州　/ 469

第二节　向南归弃笔投戎　/ 474

第三节　入政坛且贪欢笑　/ 482

第四节　志难酬生路多艰　/ 494

第五节　归家去闲居稼轩　/ 509

第六节　恍入梦功名皆错　/ 515

第七节　廉颇老心死灯灭　/ 525

第一辑 | 李煜

做个才人绝代,可怜薄命君王

第一节　一将功成万骨枯

> 一个王朝，从开始到兴盛，到衰落，或者中兴，最终走向灭亡，
> 如同一个人的人生，花开花谢，云起云沉，从朝阳初升到夕阳落山，
> 总会有浮沉，有起落；有悲伤如雪，也有欢喜如花。

盛唐，一个动人的传说，夹杂着许多动人的传奇。

唐末，一个风雨飘摇的时代，一首悲欢离合的长诗。

乱世出英雄。乱世里，总有那么多可歌可泣的故事，像是漫天的繁星，盛开了一晚又一晚。都说历史是胜利者的书写，失败者永远无法被写进历史。可又有谁知道，胜利背后的繁华沧桑无尽，失败背影里也充满了欢喜悲忧。笑，固然甜美；泪，也自有动人之处。

这个漫长的故事，始于那个悲欢离合的时代。

蔡州有一位杨行密，自幼家境贫贱，但他力大如牛，从军后做了步奏官，不久因为立功而晋升队长。他的上司心生忌妒，生怕他平步青云后会损害自己的利益，便怂恿长官将其调任遥远的地方去戍边。杨行密愤然拔剑而起，自立门户，为庐州刺史。

唐末藩镇割据，所谓大唐王朝的帝王早已不复往日的风光。这片国土陷入了离乱纷争，而黄河两岸的藩镇都忙于割据中原，无暇顾及江南。杨行密集

天时、地利、人和于一身，趁机大幅占据江淮地区，壮大了自己力量。

一位英雄的发家史，也是一部斑驳的血泪史。乾宁四年（897年），朱全忠觊觎杨行密所占据的地区。那是一片富饶的鱼米之乡，任谁都难忍心动。于是，双方进入了长年战争。这次战争，以杨行密的大获全胜而告终，他因此捍卫了自己的领土，暂时保全了一方安宁。江淮或许是那时最为从容安定的地方，温润、柔和，每个人都生活得衣食无忧。那已经是乱世里最大的幸福了。

唐天复二年（902年），无力继续保卫家国的唐昭宗迫于无奈，加封杨行密为吴王，实际上是承认了他的地位。深知民间疾苦的杨行密在称王之后轻徭薄赋，奖励耕织，使这片土地上的人民更加安乐。没过多久，励精图治的吴王杨行密便溘然长逝。

即位的是杨行密的长子杨渥。都说虎父无犬子，然而这条古训却在杨行密父子身上得到了反证。杨渥此人，荒淫无度，酗酒好乐，将父亲积累的声望和财富肆意挥霍。杨行密所留下来的部将张灏、徐温等人苦心劝说，反而被日渐疏远。杨渥昏庸无能，导致大权旁落，当年的老臣张灏、徐温也已生出异心，跟着这样的王等于是与虎谋皮，他们的忠心非但不能帮助他们实现当年的梦想，反而会招致杀身之祸，自立门户也就在情理之中。

唐天祐五年（908年），张灏借机诛杀杨渥，事后败露，反而被徐温诛杀。一山不容二虎，张灏死后，权力尽数落入徐温之手。或许，一切都是注定的。徐温虽然长着一张温和的面孔，却无论如何也无法抑制住心里的欲望，他注定就是一位成大事者，他的才华和野心都注定了他的不平凡。他将杨行密的次子杨渭送上王位，却将权力牢牢握紧，王位上的年轻人不过是他的傀儡。

徐温步步为营，长子徐知训被留在扬州监视杨渭，养子徐知诰则在润州候命。这本来是他的如意算盘，然而徐知训却是一个骄奢放肆、狂傲不羁之人。他非但不将杨渭放在眼中，时不时出言凌辱，还恣意妄为地对待杨行密留下的老臣。即使是自己的弟弟徐知诰，也被他极度轻视，这个被父亲收养的弟弟，徐知训从未将他当作自己的弟弟，甚至一度想要杀死这个被父亲所倚重的弟弟。

徐知训这种四处树敌的性格，最终导致了他的死亡。战将朱瑾当时就任行营副都统，因为他家中养着的好马良驹为徐知训所垂涎，险些被徐知训诛杀。这个诛杀计划走漏风声之后，朱瑾以其人之道还治其人之身，杀死了徐知训，最终朱瑾自己也被徐温的部下所杀。

唐天祐十六年（919年），在徐温的逼迫下，杨渭无奈称帝，封徐温为大丞相，封徐知诰为左仆射。未久，饱经变故的懦弱帝王病逝。徐温故技重施，立当时的丹杨公杨溥为帝，然而大权依旧掌控在徐温手中，直至徐温病逝，情况依旧如故，只不过掌权者换成了徐知诰。

徐知诰的野心比起其养父来可谓有过之而无不及，徐温还可以安于摄政的位置，徐知诰眼中却只有那个至高无上的王位。徐温病逝不久，徐知诰便逼迫杨溥禅让王位给自己。这个生于贫寒的孤儿最终成为一个王朝的主宰。或许，这是一场阴谋，亦是一场政变，而故事终于正式开幕。

序幕漫长而沉痛，一切都仿佛预示着这个故事是一波三折的。徐知诰正式称帝之后，定都金陵，改国号为齐，追封义父徐温为"义祖"，并讽刺性地封杨溥为"让皇"，派人将杨溥送往润州软禁。

金陵前往润州走的是水路。很难想象，一生都无权无势的杨溥在渡江时是怎样的心情。风萧萧，水烟清寒，孑然一身的旧主站在船头，一时间感慨万千。

> 江南江北旧家乡，三十年来梦一场。
> 吴苑宫闱今冷落，广陵台殿已荒凉。
> 云笼远岫愁千片，雨打归舟泪万行。
> 兄弟四人三百口，不堪闲坐细思量。
>
> ——《渡江》

序幕在旧主的凄凉影里结束，李煜的传奇在旧主的哀叹声里开启。宿命，轮回，那些仿佛距离人生极其遥远的事情却在这个时代得到了验证。多年后，当作为徐知诰后裔的李煜同样成为亡国之君时，是否会想起自己的先祖亦是这样从别人手中得到江山的呢？

　　为了让自己的即位更加名正言顺，徐知诰即位后以唐室吴王李恪为祖，改姓为李，光明正大地成为李氏王室的"后裔"。一个王朝，从开始到兴盛，到衰落，或者中兴，最终走向灭亡，如同一个人的人生，花开花谢，云起云沉，从朝阳初升到夕阳落山，总会有浮沉，有起落；有悲伤如雪，也有欢喜如花。

　　南唐升元元年（937年），东方国度最浪漫的七夕夜里，天气温暖，草木飘香。

　　彼时，古城金陵热闹喧嚣。在高高的王府高墙之后，在富丽堂皇的宅院之中，在忙忙碌碌的仆人之间，一个男婴呱呱坠地，发出一阵清脆激越的婴啼。夜未央，烟火正艳，他寻到了最浪漫的时间点，款款走向今生。

　　这个婴儿，就是吴王李璟即李景通的第六个儿子——李煜。

　　李景通是徐知诰的嫡长子，他此时虽然还没有称帝，但以天下兵马大元帅身份坐镇金陵的他，在事实上已经掌握了朝政。而按照帝王家千古信奉的嫡长子继承制，李景通是想当然的皇储。

　　除了身份上的不同，历史也赋予其一个神秘的传说。据说徐知诰曾经在一日午睡时，梦见飞龙从天而降，它遍身金鳞，喷着云雾，由升元殿的西楹直奔大殿破窗而入。醒来后，徐知诰感到这像是某种神秘的预示，便派身边的人前去查看。不久，侍卫回禀，在升元殿中看见了皇长子李景通，正倚着西楹仰望雕梁画栋。这更加坚定了徐知诰立皇长子李景通为储的决心。

　　作为李景通的第六个儿子，李煜自然也是真正的天之骄子。

　　为人父的喜悦满满地溢在心间，李景通轻捻胡须，说道："今宵适乃七夕佳节，吾儿在此吉日良辰降生，为父祝愿他终生幸福，诸事如意，就为他命名

'从嘉'，让他一切从'佳'吧。"

在父亲的祝福下，在所有人的呵护中，从嘉离开了母亲温暖的堡垒，来到这世间。

从嘉的故事有个传奇的开篇，还不仅关乎他的降生时间。当家人们相继抱起这个可爱的初生儿细细端详时，才发现他竟是天生异相：天庭饱满，双颊丰腴，前面两颗门牙合二为一，其中一只眼睛有两颗瞳仁。

在古代的玄学中，从嘉的面相正是"骈齿重瞳"，这是世间稀有的贵人相。在旧史书的记载中，周朝的周武王便是如此，还有那勇猛非凡的项羽霸王，难怪人人皆道这是非凡之相，李府上下到处洋溢着喜气。也因为如此，从嘉字又为重光。

从嘉的"骈齿重瞳"很快传成了佳话，人人都言这是天命之所向。徐知诰得知后十分欢喜，家里不仅人丁兴旺，又沾了吉利的喜气，这让他更加坚定了登上皇位的信心。从嘉出生三个月后，徐知诰毅然逼迫吴王退位，自己如愿以偿地登上皇帝宝座。

徐知诰登基后提倡节俭。但是李府终究从王府一跃成为皇家宅院，从嘉有了世上最好的锦衣玉食，连奶娘和丫鬟都经过了精挑细选。他的童年是在精心呵护下开始的，是在世人艳羡的目光中度过的。

"骈齿重瞳"的样貌已经让从嘉备受重视，虽然他只是父亲的第六个儿子，谈不上继位的机会，但仍有人暗地里认为，这是冥冥中的命定。

从嘉从小聪明懂事，尤其对诗文颇有天赋。七岁时，他就能对着皇帝爷爷背诵曹植的《燕歌行》。更惊人的是，他不仅能够背诵，同时还能理解其中的深意，徐知诰对这个孙子愈发宠爱有加。

在从嘉跨进人生第七个年头的这一年，他的家庭发生了巨变：二月，祖父徐知诰病逝，父亲李景通继位，是为中主，改元为保大元年（943年）。

从嘉与五个哥哥一起变为皇子，可这不是美丽故事的开端，却是悲伤故事的序曲，生在帝王家的无奈叹息就此拉开序幕。

三

李璟登基为帝并没有给年幼的从嘉带来多大的欢喜,他更希望自己能够成为街巷里一个普通的孩子,可以清贫,却团结而欢乐,挨打了,有哥哥为自己出头,受伤了,也有父亲柔声安慰。可他知道,这触手可及的梦,实际上是遥不可及的。他是南唐君王的儿子,不管是谁,只要见到他,都会毕恭毕敬地唤一声"六皇子"。

他尊贵的血统、异于常人的重瞳,招致了最初的祸端——那源于他的兄长,李璟的长子弘冀。年长从嘉六岁的弘冀,十六岁就被父亲封为燕王,是一个极其难以捉摸的人。他沉默寡言的背后隐藏着极深的城府,并且能够当机立断、心狠手辣,某些时刻像极了祖父李昪。温和的父亲李璟并不特别喜欢这位长子,虽然他战功卓著,为南唐江山立下了汗马功劳。但弘冀一意孤行、狠毒凶残的性格,却是李璟最为厌恶的。

为了确保自己的皇位,弘冀甚至毒死了自己的三叔——晋王李景遂,起因不过是李璟有一次无意中提起自己打算将皇位传给晋王。这桩血案最终成为宫廷秘闻,被掩埋在历史的风沙里。多年后,血迹都已经干涸,然而却在当年还是个孩童的李煜心中,留下了抹不去的阴影。

他是那样恐惧着那个手段残忍的长兄,又是那样明白,这位兄长在除去三叔之后,已经再也没有挽回的机会了。他渴望的父慈子孝、其乐融融的家庭,已经成为一个泡影,他只能将自己隐匿在文学的身后,沉溺在所谓的"靡靡之音"里,用弘冀素来不以为然的事物来掩饰自己——他不过是一个除了文墨一无所长的幼弟,那些朝廷上的风云变幻,他不关心,也不愿意关心。

渐渐地,那个被祖父和父亲曾寄予厚望的少年变成了一个默默无闻、甘于寂寞的男子。他生活在一片远离政治的天地里,心平气和地写着自己的词,悄无声息地作着自己的画。他最喜欢的不是金碧辉煌的享受，他更愿意安静地徜徉在萧萧的竹林里，听细雨打落，看碧叶飘零。皇室的阴谋诡计，同这个少年再无关系，他只求有一日悄然归隐。那时，李煜将自己的号改为钟隐，别号莲峰居士。分明可以惊才绝艳的少年，却过早地心如止水。

都说孤寂难熬。可这对于从嘉而言，那是上苍给自己最好的礼物，他可以在孤寂里，细细地聆听年华流逝的声音，默默地享受时光的静谧和美好，这种欢愉时刻是父王无法了解的，也是弘冀终其一生都无法体味的。他渴望着天大地大，自己能够驾一叶扁舟，任江水自流，远遁红尘，悄然归隐。永忆江湖归白发，欲回天地入扁舟。晚唐的李义山是这样写下的，他追逐着这样安静的生活方式，殊不知，那也是遥不可及的泡影。

或许在刚开始的时候，文学不过是李煜掩饰自己的一个面具，然而时光渐长，文学却变成了他的情之所钟。他开始深刻地爱上了它，最终也以它永远地留在了历史之上，留在了人们的记忆之中。

> 浪花有意千堆雪，桃李无言一队春。一壶酒，一竿身，世上如侬有几人。
> 一棹春风一叶舟，一纶茧缕一轻钩。花满渚，酒满瓯，万顷波中得自由。
>
> ——《渔夫》

这是李煜在内供奉卫贤所作的《春江钓叟图》上的题词，看得出，他是何等羡慕那样的生活：平凡、自由，来去自如，除却生与死，没有什么能够控制脚步的方向。他也只是想做一位小小的钓鱼翁，哪怕风餐露宿，哪怕跋涉千山与万水，只要能够恣意驰骋于碧涛雪浪里，顺春风漂泊，任明月冷落。

除却诗词，李煜的书画亦是双绝。他的书法初临柳公权，继而临欧阳询等人，然而他最喜欢和尊崇的还是晋时卫夫人的书法，受她的影响也最深。总体上而言，李煜的书法是博采众家之长，糅合万端变化而自成一脉的，后来这种字体被称为"金错刀",以瘦硬、风骨俊朗见长。后人形容这种字体"大字如截竹木,小字如聚针钉"。只可惜的是,在千年流转的时光中,从嘉的书法早已失传,他的墨宝也散失无踪,后人已经无法再看到"金错刀"卓绝的风采了,正如无法看到他的悲伤痛苦、欢乐忧愁。

从嘉的画也非凡品。如同他的书法,他的画亦清瘦绝伦、遒劲沧桑,这种画法被称为"铁钩锁",意为生冷瘦硬,又别有韵味。其实,他能够入画的事物并不拘于一格,不管是人物还是山水,都能够成为他笔下栩栩如生的景象。只是这些笔墨丹青,有的在南唐灭亡时被他自己付之一炬,有的则流散在浩瀚的时光里,实为憾事。

最初的从嘉,选择了那样一条隐晦的归隐之路,他以为,自己或许就要如此了断一生了,当一个闲散逍遥的王爷,偶尔同三两墨客聚于一堂,痛饮长歌。其实这样也未尝不好,至少他可以安然终老,不留遗憾地度过自己的一生。他是在很久之后才知道的,原来自己一生之中最无忧无虑的时光,就是如同那段时而凶险时而无助的少年时。

第二节 / 身处荣华覆烟云

早在少年时，从嘉就已明白福祸相生并蒂，
他接受了王位所带来的荣光，也必然要履行其中的职责。
只是，他能够明白，却未必意味着能够圆满。如同他的父亲李璟，
他也明白自己不过是一介柔弱的文人，只手天下、挥斥方遒并不是他所长。
所以，被命运之手阴差阳错推上皇位的从嘉再次迷茫了，
他毫无头绪，不知该何去何从。

南唐是一个短暂的政权，从开国到灭亡，不过短短三十九个春秋，前后却经历了三个君主的统治。从开国君主李昪到中主李璟，最后到后主李煜，这祖孙三代却经历了一个可笑的变化——在治国才能上，一代不如一代；在文学才华上，反而是长江后浪推前浪，一代比一代更加辉煌灿烂。李昪生于离乱，成于离乱，最后亦是死于离乱。他一生耗尽心力，终于将江淮地区的三十五州经营成一个富饶强大的国家。

直至李昪临终之际，南唐已经是一个实力和财力都格外雄厚的国家。这位天赋奇高的君主在闭上双目时都还有一个伟大的夙愿——他欲养精蓄锐，等待时机成熟之后出兵北伐，结束这个五代十国的局面，统一天下。然而，时光却过早地终止了他的年华，还没等到完成夙愿，他就溘然长逝，而这个伟大的梦想也终止在了那一刻。他的长子李璟，并没有继承他的雄才伟略。

李昇明白，长子生性慈柔，这是他的长处，亦是他的软肋。如果他身边有精明强干的人辅佐，保业守成不成问题，但如果四周都是些奸佞小人，情形便会变得糟糕。在李璟继位的最初几年，他诚然是励精图治、萧规曹随的，能知人善用、知错就改，对于良臣的劝谏也能够虚心接受。只是，没过多久，便由于识人不清，使得朝廷陷入了小人把持、良臣备受欺压的局面。

时人将当时把持朝政的冯延巳、冯延鲁、魏岑、陈觉和查文徽几人称为"五鬼"，意为他们装神弄鬼，将原本还算清明的朝政弄得乌烟瘴气。这几人本来就是轻浮且仗势欺人的跳梁小丑，仗着李璟的宠爱，不将满朝文武放在眼中，偏偏李璟还对他们信任有加，长此以往，国必不成国。

在"五鬼"的挑拨蛊惑之下，李璟被奉承得飘飘欲仙，当真以为自己会同父亲李昇一样，成就一番千古霸业，竟悍然出兵闽楚地区，使得举国上下一片哀鸣。自古以来，都是纸上谈兵、侃侃而谈的人多，而能真正掌握战局、占据上风的人少，李璟此人，善文不善武。此次出兵，本来就是仗着父亲李昇仅剩的余威，纵使胜利，也是侥幸多于实力。

最初，李璟出兵闽国，确是节节胜利。其实，更多原因在于闽国内在的危机。早在南唐保大二年（944年），闽国就已经陷入王位之争的旋涡中，王氏兄弟为了争夺王位，不惜兄弟相残，爆发内战。闽国上下，民不聊生，百姓迫于无奈，向李璟的军队打开了城门，甘愿投降，成为南唐子民。闽军横征暴敛，失道寡助，很快就只能退守建州。保大四年（946年），唐军攻破建州，闽国末代君王王延政被押往金陵，被李璟先后封为"羽林大将军""自在王"，成为阶下囚，直至老死。唐军在闽国势如破竹，汀州、泉州、漳州等地首领先后投降，等到福州将领李仁达投降之时，李璟以为自己是天命所归，不由沾沾自喜。

未料，李仁达不过是假投降。他一面假意归顺南唐，一面却在百姓中散布谣言，导致民心离乱。其实，也怨不得民心所向，闽国国民原以为唐军良善有序，于是打开城门迎接他们，没想到唐军进城之后却翻脸不认人，纵容士兵烧杀抢掠，无恶不作。在这样的情况下，百姓自然是怨声载道，悔不当初。消息传到李璟耳中，李璟大怒之下，当即命令陈觉率师征讨。李仁达走投无路，不得不求助于邻国吴越国主钱弘佐。为防止闽国灭亡，前线失守，钱弘佐出兵福州，增援李仁达，南唐军队被两面夹击，顿时溃败，伤者不计其数，死去的士兵也有万余人。其惨烈，不能以文字直抒。

此事一传回金陵，南唐举国震惊，刚正不阿的臣子即刻上书弹劾"五鬼"，要求李璟下旨将罪魁祸首陈觉等人斩首示众。迫于舆论，李璟不得不降旨将几人斩首，然而陈觉等人却在权相宋齐丘的营救下得以脱身。此举大大激怒了朝中清流，御史中丞江文蔚上书李璟要求严惩"五鬼"，所表内容激愤壮烈，将矛头直指君王李璟。果然，李璟勃然大怒，江文蔚被贬至江州，降为司士参军，此举却更加惹来众怒。为平息舆论，李璟不得不做出牺牲，他先是将陈觉、冯延鲁等人流放，继而将魏岑贬为太子洗马，将冯延巳降为太子少傅。

福州战败之后，南唐已元气大伤。李璟却没有看到其中的危机，依旧心怀壮志，梦想着有朝一日统一天下。然而，留守漳州等地的闽国将领却已经看出南唐此时的外强中干，他们屡屡作乱。为保太平，李璟不得不封他们为王，让他们拥兵自重。南唐保大九年（951年），李璟出兵楚国，攻占潭州、鄂州等地，灭了楚国。此时，南唐的领土比原先扩大了一倍有余。李璟看着地图上的疆界，心中自然是极其得意的——父亲未竟的事业，或许将由自己来完成，这是何等的骄傲与扬眉吐气。

然而，他的美梦还没有做完，就被军中的急报残酷打断。此次的危机源于一度觊觎楚国的南汉，他们趁唐军不备，暗夜偷袭，大败唐军，占领了桂州。与此同时，朗州将领刘言起兵攻占潭州。未久，刘言继续联合楚国遗民，收复了楚国的大片领土。李璟的美梦被即刻打败，他壮怀激烈的梦想宣告灭亡，屡屡被打击，终于令中主李璟看清了自己。父亲说的话没错，自己若能守着家业，就已经是最大的成就，然而自己却不听劝告，非要想着天下霸业，却造成了现在这样惨淡的局面。

两次出兵闽楚，李璟已经将父亲积累下来的财富消耗了大半，不能弥补的，就采取了重税，从百姓身上榨取。此时的南唐已经是千疮百孔、满目疮痍。望着空空如也的国库，他终于觉得大势已去。

山舍初成病乍轻，杖藜巾褐称闲情。
炉开小火深回暖，沟引新流几曲声。
暂约彭涓安朽质，终期宗远问无生。
谁能役役尘中累，贪合鱼龙构强名。

——《病起题山舍壁》

这首诗写于李景遂死后不久，李煜以文学躲祸，亦是在向自己凶残的长兄表明，自己无心帝位，他只愿当深山里悠然闲行的老翁，于红叶满阶时沾一身秋露，在幽深浓雾里筑一方竹庐，悄无声息地度过此生。李煜一生当中只写过十八首诗，而这段时期就写了三首关于病的诗。显然，此时的李煜得过一场大病，病因或许来自紧咬不放的长兄李弘冀，或许来自幽幽深宫里的哀怨缠绵，这使得原本就不算健康的少年缠绵病榻。

病中生活多寂寞，纵使是身处荣华中的从嘉，触手可及的繁华，也没有给他带来些许的慰藉，这些反而令他觉得冰冷。父亲忙于国事，而兄长们又为了一顶王冠自相残杀，没人记得自己还有一个病重孱弱的弟弟需要关心、需要温暖。或许，他们也曾暗自偷笑，小六那个扶不起的阿斗，竟然在这时候一病不起。他们忘记了，病榻上的不是旁人，而是与自己血脉相连的弟弟。父慈子孝、兄友弟恭，这是儒家文化中的传统孝道，更应该是太平盛世的华美外衣，在这样的乱世里，还有谁记得世界本来就应该是这样井然有序、合理妥帖。

然而，命运终究玄妙。

就在李煜以为自己要这样终其一生的时候，弘冀却突然病重不起。那是一场来势汹汹的战争，转瞬就击败了那位浴血而生的年轻将军。很快，这位野心勃勃的年轻人抛下所有未完成的梦想撒手而去。弘冀死后，从嘉恍然发觉，自己前面的五个哥哥居然都在未成年时就因各种缘由而相继早逝。命运，再一次同这个羸弱的皇室家族开了一个夸张的玩笑。排行第六的从嘉，成为皇位的第一顺位继承人，理所应当取代弘冀，成为南唐的太子。尽管，这并非他所愿，却又容不得他不从。

早在少年时，从嘉就已明白福祸相生并蒂，他接受了王位所带来的荣光，也必然要履行其中的职责。只是，他能够明白，却未必意味着能够圆满。如同他的父亲李璟，他也明白自己不过是柔弱的文人，只手天下、挥斥方遒并不是他所长。所以，被命运之手阴差阳错推上皇位的从嘉再次迷茫了，他毫无头绪，不知该何去何从。

三

弘冀的死，对于李璟而言，是又一次沉重的打击。他对长子的态度是矛盾的，既希望他能如同自己的父亲一般为南唐完成霸业，又不愿看到其行事狠厉的作风，希望他纯良温和。因而，在长子早逝时，他只能感叹一声，南唐果真是大势已去。这位中主，再也不想在国事上有任何作为了。他将六皇子从嘉封为太子，命他入主东宫，自己却隐入了更深的幕后。

就在南唐每况愈下的时候，北方列强纷纷崛起。塞北境内的辽朝兵强马壮、实力雄厚，而辽朝的太祖耶律德光一向对中原地区垂涎三尺。后晋国主石敬瑭为保太平而拱手相送的燕云十六州，再加上每年巨额的供奉，非但没有满足耶律德光的胃口，反而挑起了他的雄心壮志。

南唐保大五年（947年），亦是石敬瑭死后五年，耶律德光出兵中原，南下攻城略地。辽军步步紧逼，瞬间控制了后晋，并且攻占了后晋都城汴梁，废除后晋末主石崇贵，将后晋皇室成员尽数软禁在辽国的建州，也就是如今辽宁的朝阳。未久，耶律德光登基为帝，仿效汉制接受文武百官的朝拜，宣布大赦天下。

耶律德光是一个杰出的军事家，却并不是一个杰出的政治家。他不懂得民心的重要性，放纵辽朝官员四处横征暴敛，引得民众怨声载道、沸沸扬扬。辽军过后的中原土地一片哀鸿，白骨遍野。这种野蛮的行径引起了广大军民的不满，他们自发组织起来，反抗辽军，却由于没有一个正式的组织而屡屡被镇压。此时，有一些不愿意归顺辽朝的后晋官员逃离汴梁，前来投奔南唐，请求李璟出兵，赶走外族。

此时的确是一个民心所向的北伐的好时机。一些目光长远的朝臣也发觉了北伐的可行性，他们上书李璟，同样恳请他出兵北伐。然而，对于此事，李璟却苦于有心无力——他的兵马，在两次战争中已经折损了大半。如果前去北伐，就会将所剩的兵力也都送进去。胜利，那倒无话可说，可如果失败，祖宗基业就算是尽数葬在自己的手中。他不敢冒这个险，也不愿承担此事带来的后果。李璟再三思量之下，还是断然否决了这个建议。

这或许是上苍给予南唐的最后一次机会。若是那时，李璟选择了出兵北伐，或许南唐的命运就会随之扭转。然而，李璟终究还是放弃了这次机会。尽管在不久之后，李璟听闻耶律德光因病丧命，辽军也陆续撤回的消息后，即刻打算出兵北伐，然而也已经无法挽回南唐的命运了。他任命忠武节度使李金全为北面行营招讨使，开始筹划这次北伐战争，后来依旧因为财力、人力的缺乏而作罢。于此，一切都成为定局，历史的走向已经不可更改了。

李璟的瞻前顾后，导致南唐失去了这次大好机会，也致使原后晋河东节度使刘知远趁机手握大权，接管了后晋遗留的权柄，建立了后汉。没过多久，后汉就被后周所取代。风水轮流转，这个后周，却成为南唐最大的隐患。这恐怕也是当年的李璟始料未及的。

第三节 ／ 徒临悬崖送山河

任何一个百年大族，都会遭受风雨的侵袭。
来自后周的这场暴风雨，让南唐往日的光辉一去不返，
也使李璟尝尽了屈辱和卑微的滋味，
更让当年风华正茂的少年李煜明白了人生浮沉的痛。

（一）

有一句话叫作暴风雨前的平静。诚然，海面上风平浪静，可是又有谁知道海底下的波涛汹涌。来势汹汹的暗流潜藏在最幽深的海底，望而不见，如同那些无声而来的危机。

南唐保大十三年（955年），亦是后周显德二年，周世宗柴荣下了一份诏书，实际上，这是一份宣战书。在其中，柴荣详细列举了攻打南唐的理由：攻打闽楚，致使生灵涂炭，勾结契丹，甚至接收叛国者。欲加之罪，何患无辞？这不过是柴荣想给自己的出战找一些冠冕堂皇的借口，而南唐，不幸成为柴荣实现野心的第一步。

柴荣以宰相李谷为淮南道前军行营都部署，以忠武节度使王彦为行营副都部署，御驾出征，带着浩浩荡荡的大军，直抵南唐在北疆的门户地区——寿州。南唐猝不及防，匆忙备战，封远翰林承旨殷崇义为吏部尚书，以神武统军刘彦贞为北面行营都部署，领兵前往寿州迎战。这场战役的后果可想而知，一

方是有备而来积蓄多时的精锐部队，另一方则是匆匆组织起来的乌合之众，领兵的殷崇义之前就任的还是文职，何况，另一员大将刘彦贞为人好大喜功，又自视甚高。

虽然李璟在殷崇义出发之后，出于战略的考虑，迅速派人向辽朝皇帝耶律璟求救。他在信中建议辽国出兵南下，与南唐一起前后夹击，对付柴荣。然而从南唐出发的使者上路不久后，就被后周派出的人截获。这条路显然已经被斩断，李璟只好寄希望于契丹。未料，后周花重金收买刺客，行刺正出使南唐的契丹贵族，契丹国主得知消息之后，震怒之下，同南唐断了往来。

后周挑拨离间之策大获成功，一时间，曾经风光无限的南唐陷入了孤立无援的境地。很快，后周大军兵临城下。

原先驻守寿州的将领刘仁瞻是一位智勇双全的老将，形势本来是有利于南唐的。然而，刘彦贞贪功轻敌，不顾刘仁瞻的劝阻，独自出城迎战，结果战死城下，尸骨无还，南唐军队大败。刘仁瞻当机立断，严守城门，拒敌之外。柴荣唯恐久克不下，很快根据形势改变战略，决定暂且绕过寿州，改攻历来是兵家必争之地的滁州。

滁州地势险要，临近淮水，四周环山，易守难攻，只有一条小径可通内外。对于南唐而言，这是一道天然屏障。这道屏障如果被攻破，金陵就岌岌可危了。柴荣命禁军统帅殿前都虞候赵匡胤带兵攻城，而迎战的则是南唐名将皇甫晖。双方交战于滁州城外，自然又是一番血战。因为后周兵马不熟悉地形，第一次交战以后，周以失利告终。赵匡胤和皇甫晖两位名将初次交手之后，赵匡胤深知不是皇甫晖的对手，于是半夜亲自去拜访滁州城外足智多谋的先生赵普。

赵普其人，学富五车，详熟兵法。赵匡胤听完赵普的良策之后茅塞顿开，当即返回军营，命令全军轻装简行，熄火进行。后周大军就这样无声无息地从滁州城外的小路进入清流关口。行军者，在于出其不意，攻其不备。后周军队犹如神兵天降，唐军在瞠目结舌之间轰然大败。

初战告捷，后周大获全胜，甚至俘获了南唐名将皇甫晖，打得扬眉吐气。激昂之下，赵匡胤决定乘胜追击，率兵东进，先后攻下了南唐的东都扬州，还有扬州附近的泰州。一时间，南唐连连失守，几乎是全线退败。沉浸在歌舞升平中的南唐国主李璟，终于发现了事态的严峻性，然而为时晚矣。

大势已去，南唐的江山已经风雨飘摇，再也不复往日的辉煌。而中主李璟，也失去了高高在上的姿态，当年那个意气风发、立誓要一统天下的君王，已经模糊在江南的暖风和满目的金碧辉煌之间。他颓然倒在金色的龙椅上，提笔写下了屈辱的求和书：唐皇帝奉书大周皇帝，请息兵修好，愿以兄事帝，岁输货财以助军费。

作为一国之主，写下这样的文字，无异于是求饶讨好。李璟深知，自己的国家再也无力同兵强马壮的后周抗衡。在连连战败的情况下，为了保住最后的荣华富贵和父亲用血汗打下的江山，为了守护住最后仅有的太平，他放下了帝王的尊严，抛弃前尘往事，卑微地请求对方高抬贵手。

李璟的卑微，并未换来柴荣的丝毫同情。一心想要成为至高无上的帝王的柴荣，以为一将功成必然是万骨枯朽，他的野心里盛放不下任何怜悯，也没有任何事物能够阻挡他行进的脚步。当李璟以户部侍郎钟谟和工部侍郎李德明为使，带着黄金千两、白银万两，更兼无数绫罗绸缎前来求和时，柴荣不屑一顾，断然拒绝，他想要的何止是对方割地求和或是俯首称臣。

束手无策之下，李璟只好再一次派出使臣向后周乞和。这一次，李璟提升了使节的档次，改派右仆射孙晟和礼部尚书王崇质前往徐州，并携带上南唐愿意俯首称臣的国书。此次，李璟在国书中表示自己愿意取消帝号，将寿州、濠州、四洲、楚州等六个州郡割让给后周，并且愿意每年供奉金银百万两，以此请求柴荣赐下些微怜悯，给南唐留有一息生存之地。这样近乎于屈辱的条件，已经是李璟的极限了。

柴荣接到降表之后，经过一番深思熟虑，答应了李璟的乞求。他亲自致书李璟，表示自己同意他的恳请，愿意与南唐划江而治，同时罢兵归国。收到柴荣退兵的消息，李璟顿时如释重负。几许寒暑，他还未曾像此时一样焦头烂额。他原以为，这片国土必然沦陷，没想到自己还能够保住祖上的半壁江山。出于某种微妙的感激，李璟上书后周，主动承认南唐之于后周的附属地位，并且下令撤去帝号,废除一切天子才能享受的礼节,将自己改称为"唐国主"。同时,南唐保大国号也被停用,改用后周国号"显德"。

从此,南唐正式失去了自己的独立地位,成为后周的附属国。曾经的南唐君主李璟,也因为名字中的"璟"字同柴荣高祖郭璟相同,因而改成了"景"字,不可谓不屈辱。

这次的失败太惨烈,实力雄厚的后周直接将当年傲视群雄的南唐击败成落荒而逃、只求一息苟延残喘的弱者。昔日荣华终成空,任何一个百年大族,都会遭受风雨的侵袭,而来自后周的这场暴风雨,让南唐往日的光辉一去不返,使李璟尝尽了屈辱和卑微的滋味,也让当年风华正茂的少年李煜明白了人生浮沉的痛。

二

后周显德六年(959年)六月,突发重病的柴荣终于在文武大臣的苦劝之下,放弃了他的战争计划,暂且返回京师汴梁养病,本月中旬就撒手而去。他丢下的除了他的梦想,还有他的寡妻幼子。这场病来得沉重而且仓促,他只来得及匆匆立下遗诏,立年仅七岁的幼子柴宗训为继承人,并且嘱咐范质、王缚、赵匡胤等心腹重臣尽心辅佐幼主,便溘然长逝。

后周孤儿寡妇软弱可欺,次年新春,一向雄心勃勃的赵匡胤趁机发动政变,上演了一出"黄袍加身"的好剧,史称"陈桥驿兵变"。此后,赵匡胤逼迫幼帝柴宗逊禅位于他。正月,赵匡胤即位称帝,定国号为"宋",史称"北宋"。

后周发生了这样天翻地覆的变化,令南唐岌岌可危的后周无声无息、兵不血刃地消失在历史之中。可是这一切,对于南唐来说都没有任何变化,唯一改变的不过是它俯首称臣的国家改成了大宋,曾经的君主柴氏现在换成了赵匡胤。

赵匡胤登上宝座之后,为了天下太平,笼络周边属国。他派去专使,释放了南唐三十余名战俘，表示友好。李璟决定投桃报李，派遣使臣携重礼恭贺，同时依旧承认了南唐之于大宋的属国地位。同年七月，原扬州城节度使李重发动叛乱，赵匡胤亲自领兵镇压。平叛结束后，李璟竟然设宴为赵匡胤庆功，并以重金犒赏北宋三军。这无异于是开门揖盗，使得赵匡胤更加不将南唐放在眼中。次年二月，李璟决定迁都，原京师金陵距离淮水太近，宋朝随时可以挥军南下，覆灭整个南唐。为此，他决定放弃金陵，将都城迁往洪州。在离开金陵之前，李璟命李煜在金陵监国，自己则带领文武百官走水路迁往洪州。

到了洪州之后，李璟下令建造宫殿，工部官员开始大兴土木。这场苍白背后的盛世，多年后依旧有人记得当时的风光。直至明朝，还有人撰诗说：长衢通辇路，宛马竞纷纭。帝子凌风去，銮声尽日闻。杂花迎队去，御柳看行分。千载宸游地，临歧惜别君。然而，这样的盛景并没有让李璟满足，他依旧记得金陵城内，碧落深宫的穷极奢华，他开始不满洪州宫殿的"狭小"和"简陋"，因洪州到底比不上金陵的繁华，日常出行，总是多有不便，思念之情难免要漫溢出怀。

思念金陵的并不止李璟一人，还有众多家在金陵的文武百官。他们纷纷上书，请求李璟将都城迁回金陵。当初极力建议迁都的大臣唐镐在舆论中忧惧而死，李璟也开始考虑迁回金陵的可行性。然而，还没等到他做出决定，这位懦弱优柔了一生的君王就郁郁寡欢地病逝在了洪州城。

北宋建隆二年（961年），李煜从他的父亲手中接过了南唐微弱的权柄，在风雨之中登上了那个荆棘遍布的黄金宝座。那年，他只有二十五岁。这位年轻的君王像他的父亲一样，温柔而顺从，对于政治上弄权之事全无概念，一心留恋琴棋书画，艺术造诣远胜过治国之道。

这个南唐文弱的君王，在即位之初就被赵匡胤定义为"弱者"。新皇即位，南唐举行了盛大的登基典礼，文武朝拜，天下大赦。按照礼仪安排，礼部在宫门前立起一只金鸡，以绛绳系住，口中衔七尺绛幡。这原本只是一个微小的细节，却为赵匡胤所知。赵匡胤大怒，即刻传召南唐进奏使陆昭符，质问他一个属国国主，为何登基大典上所用的竟然是天子才能用的金鸡。

一场战争似乎顷刻而来,所幸陆昭符能言善辩,见机行事,将金鸡说成"怪鸟",这才令赵匡胤转怒为笑,令一场弥天大祸消弭于无形。虽然赵匡胤怒气已消,消息传回国内,李煜到底寝食难安,于是亲自提笔给赵匡胤写了一封《即位上宋太祖表》。书中言辞恳切,恭敬而谦卑,一如寄人篱下毫无自尊的仆童,处处谨小慎微,不敢越雷池一步。李煜深知北宋是乘人之危,然而国道衰微,终究只能忍气吞声。

另一个棘手的难题则是父亲谥号一事。按照惯例,生前成为过帝王的人,死后追封的谥号都是帝王的身份,都应该以帝王身份落葬。然而,李璟生前就已经主动向后周削去了自己的帝号,要是李煜想要恢复李璟的帝号,必须向北宋请旨追封。所以,李煜只能屈辱地上书赵匡胤,请求他恢复父亲的帝号。这在赵匡胤眼中,不过是一件无可无不可的事情,他念在李璟生前安分守己的份儿上,追封李璟为"明道崇德文宣孝皇帝",庙号"元宗",陵号"顺陵"。

李煜松了口气,开始着手为李璟修筑陵寝一事。虽然李璟生前留下遗诏,令李煜节俭行事,李煜却不愿老父冷清落葬,大肆修筑陵墓。李璟的"顺陵"修筑在李昪"钦陵"的西侧。据记载,这座豪华的陵墓长二十余米,宽十余米。李煜已经极尽国力来修筑"顺陵",然而由于南唐的国力已经大不如前,跟实力雄厚时修筑的"钦陵"相比,无论是在规格上,还是质量上,"顺陵"都远逊于"钦陵"。

在李璟落葬之时,赵匡胤为了笼络南唐,派来一个末流官员带来三千匹绢衣以示安慰,而在赵匡胤的母亲昭宪皇太后落葬时,李煜却派遣户部侍郎等人携带厚礼前往汴梁。不论是从官员品级,还是资费上来说,都显示出南唐的卑微地位。地位的卑微,李煜心知肚明,可为了苟延残喘,他只能屡屡上贡巨额财物来换取一息尚存。有资料显示,仅仅是建隆三年(962年),南唐就向北宋进贡了三次,仅六月那次,就有绫罗绸缎万余匹,银一万两,金二千两。

本来就已经空虚的国库,哪里经得起这样的折腾?李昪留下的富饶江山,在李璟和李煜的手中已经是入不敷出。为了填补巨额亏空,李煜只能巧立名目,增加税收,同时以铁换铜,弥补国库。拆东墙补西墙的做法,只能度过一时,却不是长久之计，久而久之，就会形成一个恶性循环。何况，赵匡胤的野心又岂是丰厚的财帛就可以填满的？

很快，他就制定了一统全国的计划，并先后攻克了荆南、后蜀。出兵下一个目标南汉之前，赵匡胤曾考虑到北宋与南汉路途遥远，战线过长，而决定"先礼后兵"，令李煜致信刘鋹，意欲其主动俯首称臣。如今，南唐、南汉已经是唇亡齿寒的关系，如果南汉亡国，赵匡胤的铁蹄或许顷刻之间就会覆盖南唐全境。思虑良久，李煜决定"先公后私"，于公，修书劝刘能够按照赵匡胤的要求，化干戈为玉帛；于私，李煜又命江南才子潘佑暗中修书一份，苦苦劝说刘鋹小不忍则乱大谋，暂且向赵匡胤俯首称臣，以待来日东山再起。没想到，刘鋹收到来信之后却十分震怒，直言李煜厚颜无耻、为虎作伥。

刘鋹的拒不投降让赵匡胤勃然大怒，他以潘美为桂州道行营都部署，朗州团练使尹崇珂为副都部署，兵分两路，各占东西包抄南汉。宋军先是攻破了南汉边防大城贺州，继而攻占了韶州、广州等地。刘鋹本就昏庸无道，南汉已是强弩之末，宋军势如破竹，汉军根本无法抵挡。这是一场早被预知结局的战役，次年二月，南汉架不住北宋的铁蹄践踏，宣告灭亡。这个山川秀美、民风淳朴的国家，终于也成为历史。

随着周围国家一个个灭亡，李煜想下一个，或许就是他的南唐了吧。这位手无缚鸡之力的君主，月夜里辗转难眠，没有人知道他心中的惶恐。他是那样害怕，片刻之后就会有人匆忙而来，告诉他宋已经大兵压境。历史总是在不断嬗变，他已经无比准确地预测到，赵匡胤将会是天命所归、成就霸业的那个王者。他胆战心惊地等待着那一天的来临，阴影挥之不去，迷蒙了这残破的山河家国。

第四节 / 一生一世一双人

她就这样消逝在他的年华里，如同一个最好的梦，
以最残忍的方式画上了句号。

都说缘分是前生注定的今生。

李煜注定的姻缘，在南唐保大十二年（954年）的某个时节。十八岁，对于我们来说，还是风华正茂的年纪，人生从这里刚刚开始，正式面向人世的嶙峋峥嵘和温柔暖意。纵使是在古时，距离弱冠之礼也还有两年，算不上是真正的成人，然而在帝王之家，却是需要开宗立府、履行传宗接代的责任的时候了。那年，李璟为自己的继承人，挑选了南唐名臣周宗的长女周蔷（小字娥皇）为妻。周宗历经三朝，官至宰相，从南唐开创者李昪开始，就尽心辅佐李氏皇族，甚得几代国主尤其是李璟的器重。周宗为南唐的建立和稳定立下过汗马功劳，直至晚年功成身退，一直在故乡扬州致仕赋闲。

周宗是一代名臣，教养出的孩子亦知书达理、秀外慧中。窈窕淑女，君子好逑，李煜未来的妻子娥皇待字闺中时，求亲的人家便络绎不绝。还没等周宗为女儿择定人家，宫中却传来了圣上欲要与他结为儿女亲家的旨意。于是，一切都顺理成章，仿佛这段姻缘原本就已注定。

可以说，在婚姻上，李煜是幸运的，更是幸福的。他生于荣华富贵之中，

对于婚姻的不幸，亦是感同身受。他见过太多太多媒妁婚姻的残酷。因为盲婚哑嫁，许多人在婚后发现性格爱好无法协调，没有爱情的基础，所有的缺陷都无法容忍，两人渐行渐远，形同陌路。男子还可以在纷繁红尘中寻觅自己的温暖，或者放浪不羁，前往烟花柳巷中眠花宿柳，那里自有解语花善解人意。女子则只能独守空闺，一夜夜人静秋深，心亦是一夜比一夜凉，听着雨声折落，东方恍然又是一白。

所幸，他们都没有让彼此失望。在婚后的进一步了解中，他们更加确认，世界上再也没有比他们彼此更加合拍的人。李煜精通诗词，善于书画，对于音律亦是造诣颇深，京城中的贵女能够做到这三点的寥寥无几，而娥皇却知书达理、能歌善舞，更是弹得一手好琵琶。相同的喜好令他们心有灵犀，一个眼眸流转，就知道对方心中的所思所想。李煜所渴求的琴瑟和谐当真如愿以偿了，他是由衷地欢喜，真诚地庆幸。

情人眼里出西施。娥皇本来就生得极美，在有情人从嘉眼中，更是宛如九天仙女下凡尘。婚后，李煜曾为妻子写过一首《长相思》的词：

> 云一涡，玉一梭。澹澹衫儿薄薄罗，轻颦双黛螺。
> 秋风多，雨相和。帘外芭蕉三两窠，夜长人奈何！

在他的笔下，她化作了仙女一样美人儿，轻盈，灵动，如云如玉，风仪清秀，宛如洛神。

自从有了娥皇，李煜才真的懂得何为相思。那是南唐保大十四年（956年），春暖花开，后周发兵淮南，身为太子的从嘉奉命南下沿江巡视。江南春光甚好，泥融飞燕子，沙暖睡鸳鸯，春花如火，春水如染。万人簇拥的从嘉，却只惦记着临行时娇妻如泣如诉的眼波，自他心头流转，萦绕了他在外的所有梦乡。于是，不论行走在名山大岳里，还是探访古寺隐僧，抑或诗酒会友、把酒高歌，他都牵挂着金陵城里独守空闺的娥皇。

小别胜新婚。短暂离别后，两人的感情更加甜蜜恩爱，时常是如胶似漆般不可分离。有时候,起了戏弄之心的从嘉会在晨起时悄悄执起眉笔,将娥皇已经画好的黛眉添上几分凌乱。待得娥皇发觉时,她又急又气,却显出无可奈何的神情,当真可爱可怜。就在平淡而不寻常的生活中,两人益发缠绵恩爱,就连从嘉自己都兴致勃勃地为这生活做了记录。

晓妆初过,沉檀轻注些儿个。向人微露丁香颗,一曲清歌,暂引樱桃破。

罗袖裛残殷色可,杯深旋被香醪涴。绣床斜凭娇无那,烂嚼红茸,笑向檀郎唾。

——《一斛珠》

世人最爱这句"笑向檀郎唾",只觉得寥寥数语里有无限娇憨风情,一举一动皆是动人心魄。其实,娥皇究竟是怎样妙不可言,千年后的我们已经无从得知,我们更多地是凭借历史上的文字、从嘉亲身描绘下的诗词来猜测,那个令从嘉神魂颠倒的女子一定是一个风情万种而不失纯善的女子。也只有这样的女子能够在从嘉心中坚不可破地占据着半壁江山。

然而,世间甜蜜难久长。

北宋建隆二年(961年)九月,深秋时光,落花流水,红叶凄离,华美的宫殿上挂上了层层白色幡布,从嘉亦是穿上了麻布孝服,跪在幽深的大殿里。他知道,自己一再躲避的事情终于发生了,父亲的死亡将自己推上了那个命定的位置——他再三逃避的位置。他知道,那些高枕无忧的时光已经结束,不久之后,他将会成为南唐的君主,肩负起一国臣民的巨大责任。

即位后,从嘉将名字改为"煜"。煜字意为太阳升起,光辉照耀,而他叫作"重光"的字更能说明此时的他如同南唐的太阳,将主宰南唐的命运。理所当然,在李煜成为南唐君王之后,娥皇也成为一国之后,母仪天下。此时的娥皇已经不再是当初那位温婉清和的少女,她已经是两个孩子的母亲了。

那两个孩子都是男孩。作为嫡子,他们深得李煜的宠爱,这一方面因为他们的母亲娥皇是李煜深爱的女子;另一方面,这两个孩子亦聪慧可爱,十分讨喜。在李煜即位之后,他们分别被封为清源郡公和宣城郡公。

长子李仲寓诞生于李煜即位之前,次子李仲宣则在长子出生后的五年降临人世。这两个天资聪颖、少年早成的孩子继承了父母所有的优点,生得美丽秀气,宛如观音座下的金童,并且在父母的悉心教养之下知书达理,小小年纪就懂得长幼尊卑,待人接物都十分大方得体。李煜由不得将所有的希望都寄托在这两个孩子身上,渴望他们能够出人头地,长成栋梁之材。此生,他已是一个软弱无能的皇帝,可这并不意味着他不能希冀自己的孩子扭转乾坤。

可以说,虽然内忧外患,然而深宫之中的一家四口却是尽享天伦之乐,其乐融融。如果能够就这样走到尽头,未尝不是一种幸福。若是一家人能够团聚一堂,哪怕山河飘零,哪怕寄人篱下,只要齐心协力,分享所有的痛苦和折磨,那些生命中的苦难亦是甘之如饴。然而,有一个词叫作好景不长。

北宋乾德二年(964年),幼子仲宣不过四岁,李煜也依旧风华正茂,这个家庭的女主人却忽然之间染上重病,卧床不起。这场来势汹汹的病,令花容月貌的娥皇缠绵病榻,憔悴不堪,尽管身为皇后的她得到了国中最好大夫的诊治,又有最好的药材和环境,尽管深爱的丈夫也陪伴在身侧,嘘寒问暖,无微不至,然而她的病情却依旧未见好转。

> 玉树后庭前,瑶草妆镜边。去年花不老,今年月又圆。莫教偏,和月和花,天教长少年。
>
> ——《后庭花破子》

李煜为此写了一首词,希望自己的妻子能够早日安康,如同过去一样,一家人团聚在一起赏花赏月,人月两团圆。他祈求上苍垂怜,能让妻子安然无忧,此时的李煜,他是真诚的,是毫不作伪的。他如同世间寻常的男人一般,一心希望妻子能够得以好转。如果没有妻子,那么,这个家也就不再是一个真正的家了。

只是美好的愿望,最终只是成为一个空愿。李煜的希冀非但没有成为现实,这个曾经美满无比的家庭还经历了一次深重的打击。娥皇病重不愈已经给这个家庭蒙上了阴影,谁都没想到的是,幼子仲宣竟然在此时夭折而亡。这个孩子原本是出于一片孝心,偷偷溜出寝殿为母亲祈福,祈求上苍让母亲赶快好起来,却被突然跳出来的一只大猫惊吓至病,由此一病不起。孩子本来就极其脆弱,纵使父亲日夜宽慰,也无法将他从噩梦中拯救出来。不日,这个圆满的家庭就失去了他们最年幼、也最疼爱的孩子。

这个噩耗原本是瞒着娥皇的,李煜下了命令,谁也不许将此事告诉病重的皇后。他顾惜着娥皇重病未愈,哪里能够承受如此沉重的打击。他独自将此事隐瞒下来,强忍悲痛安排幼子的身后事,却没想到人多嘴杂,这个消息到底还是传到了娥皇耳中。娥皇听闻此事之后悲恸无比,病情很快就恶化了。李煜悲痛之中,前去守候在她的病榻,然而此时的娥皇,在失去爱子之后已经明白天不假年,自己的生命已经就快要走到尽头,如果能够就此离开,去陪伴黄泉下年幼的孩子,未尝不是好事呢?这个尘世,已经令她那样失望。

仲宣的死,是令娥皇迅速走向死亡的一个原因。另外一个原因便是,在她病重中,夫君和自己的亲妹妹产生了爱情。这对于一个皇后来说,是何等悲哀之事。最初得到这个消息时,她隐忍悲伤,却依旧怨恨李煜的薄情,也怨恨妹妹的残忍。她曾经以为他们的爱情固若金汤,原来竟是这样的不堪一击。她的恨、她的怨,却在得知仲宣死后,忽然淡然如素。人生不过黄粱一梦,她又何必生死牵挂。

未久,娥皇病逝。此时,李煜已是追悔莫及。他曾想过,若是娥皇病愈,他一定不再三心二意,一定如同从前一样专心善待她一人。他没想到,这个心愿竟然就成了泡影。她以最后的时光原谅了他,也原谅了她的妹妹,但是他知道,她一定曾为此黯然神伤。他欠她一声对不起,而这一声抱歉,她已无法听到,也无法回答。她就这样消逝在他的年华里,如同一个最好的梦,以最残忍的方式画上了句号。

三

娥皇、女英原本就是一同嫁给舜的姐妹,而千年后,南唐老臣的一对也叫娥皇、女英的女儿也嫁给了同一个身为君王的男人——李煜。

娥皇去世数年后,李煜终是以皇后之礼迎娶了女英,即历史中的小周后。大婚之后,李煜非但没有将心思回转到国事上来,反而变本加厉。他下令大宴群臣,依旧觉得不过瘾,遂下令打开国库,与民同乐。如果这是太平盛年,这自然是臣民求之不得之事,然而,南唐正是内外交困、风雨飘摇的岁月,李煜倾国之力举办如此奢华的婚礼不说,还耗费国库,只为了满足一己的私欲。

于是,便有臣子上书劝谏:

> 时平物茂岁功成,重翟排云到玉京。
> 四海未知春色至,今宵先入九重城。
> 银烛金炉禁漏移,月轮初照万年枝。
> 造舟已似文王事,卜世应同八百期。
> 汉主承乾帝道光,天下花烛宴昭阳。
> 六衣盛礼如金屋,彩笔分题似柏梁。
>
> ——徐铉《纳后侍宴三绝》

从中就可以看出,李煜对小周后非常宠爱,不惜耗费巨资来讨佳人欢心。徐铉身为老臣,看到如此情形,亦是极为痛心的,只可惜李煜已经浑然忘记了自己的责任，不仅没有觉醒后奋发图强，反而一心沉沦情海，在爱欲物欲中寻找天堂，排解烦恼，和小周后一起花天酒地，沉醉不归。

这首诗中的金屋，用的是东汉汉武帝"金屋藏娇"的典故，柏梁说的则是汉武帝晚年给宠妾王夫人修筑的宫殿，极尽华美，以黄铜为柱，柏木为梁。在这位老臣眼中看来，小周后不啻是当年的陈阿娇，李煜在她身上穷极奢华。只可惜，李煜生性柔弱，又如何与雄霸天下的汉武大帝相比呢？

小周后自成婚之后，便摆脱了无名无分的尴尬境地。此时，圣尊太后已逝，后宫之中唯有她尊贵无比。她一心只想着取悦李煜，为他排忧解难。在物质条件上，不论南唐如今如何潦倒，皇室的生活依旧是华贵奢靡的。小周后以此要求工部在移风殿外修筑一座花房，那是他们未成婚之前时常幽会的场所，她希望李煜走进这座花房时，能够忘记政事上的烦恼。

这座花房耗费了无数能工巧匠的心思和金钱，不久，花房落成。这座花房内晶莹剔透，设满花筒，奇彩绚丽，并以越窑青瓷为花盆，栽种各种形形色色的珍稀花卉。越窑青瓷有"夺得千峰翠色"的美名，素来为宫中御用之物，寻常人家等闲都不能一见，此时被拿来当作花盆，当真奢华无比。一走入花房之中，放眼尽数葳蕤花开、青翠碧流，伴随着阵阵花香，仿佛神仙洞府、天上人间，李煜忍不住龙心大悦，赐名为"锦洞天"。一旦稍有闲暇，他就和小周后一起来到锦洞天赏乐游玩，恣意怜爱，将一切国事都置之度外。

当时的后宫，小周后便犹如当年的杨玉环，集三千宠爱于一身，李煜对她的恩宠可谓登峰造极，或许是为自己当初不能给她名分，令她受到折磨而做出弥补，不论小周后如何行事，李煜都欣然允之。他对她的宠爱纵容，一方面亦是知道她的所作所为都是为了让自己开心一点，忘却烦恼罢了。小周后的受宠，若只是寻常人家，不过是夫妻两人之间的情趣，过后更添几分爱意，但在后宫之中，难免有些令人嫉妒。虽然李煜的后宫并未达到三宫六院七十二嫔妃的程度，但亦有许多佳丽宫娥看到小周后的春风得意，心里难免会蠢蠢欲动。

争宠的风气一开，后宫之中便争相邀宠。小周后生性并非是善妒之人，宫娥们便越发变本加厉。后妃黄氏原为汉水人氏，其父黄守忠为楚国将军，在与南唐的一次交战中不幸身死,遗下家眷被俘,送回南唐后,黄氏因容貌秀美被送入宫中。当时李煜还未曾即位,李煜即位之后,无意中发现了黄氏。

此时,流年略去,当初年幼的少女日渐出落成美貌的女子,一颦一笑,十分动人,李煜龙心大动,封为"保仪"。奈何当年娥皇专宠,她并未得到李煜的宠幸,直至如今,女英被封为皇后,对后宫管束渐松,黄氏趁机苦练书画,收集书画孤本,献给一向喜欢书画艺术的李煜,两人因此结缘,李煜对机敏聪慧的黄氏亦有几分喜欢之情。后来,李煜将宫中的珍贵善本等都交给黄氏看管,显然是委以重任。

除此之外,令李煜有几分动心的还有善弹琵琶的宫妃流珠,据说,流珠是宫中除了娥皇之外最擅长弹奏琵琶之人,娥皇演奏的曲子,只有她最能得其神髓。因而娥皇专宠之时,也只有流珠不为她所忌妒,两人反而时常一同钻研曲艺。她最擅长于演奏娥皇的《邀醉舞破》和《恨来迟破》两首琵琶曲,每每演奏,总会令李煜回忆起当初与结发妻子的甜蜜之意。

娥皇故去之后,宫中琵琶曲渐少,能够将琵琶弹好的也不过流珠一人而已。于是,每当李煜怀念娥皇,他总会将流珠招之身侧,令她演奏琵琶曲,以慰相思之情。久而久之,难免也有几分真情。

史书中有所记载的还有宫娥薛九、秋水、乔氏、窅娘等人。薛九能歌善舞,每当她翩然起舞时,便犹如惊鸿仙子。她还专门研练李煜所作的《嵇康曲》,所跳的舞步同诗意相合,如梦如幻。她的歌声亦是宫中一绝,字正腔圆,珠圆玉润,可惊为天籁之音。后来南唐亡国,薛九流落宫外,以教坊卖唱为生,歌声绕梁三日而不去。宫娥秋水容颜,纯真娇美,时常以香熏衣,身处花丛犹能引蝶环绕,犹如花中仙子,以此来取悦李煜。她亦精通书墨,其名秋水就是从王勃《滕王阁序》中而来,落霞与孤鹜齐飞,秋水共长天一色。如此妙人,李煜亦有所钟情。

至于乔氏,沉静温婉,柔贞平和,与她共处一室,如沐春风。她听说李煜信佛,便苦心向佛,李煜曾经赐她一卷《般若心经》,她日夜随身携带,不敢离身。直至李煜故去之后,她才将这卷心经拿出来,交由相国寺收藏。

还有一名有史记载的宫娥窅娘，据说她是一名混血儿，祖上有西域血统，因而肌肤如雪，隆鼻深目，身材高大挺拔。她最擅长的是跳舞，李煜一次无意中见过她翩然起舞，便记住了这个艳光四射的女子。他不由想起了梁朝萧宝卷和其宠妃潘氏步步金莲的典故，据说萧宝卷极其宠爱这名妖魅入骨的妃子，令人用金片熔铸成朵朵莲花，平贴于地面上，如同莲花遍开，其后再令潘妃舞于其上，故名"步步生莲"。这个穷极奢华的典故令李煜十分神往。为了讨李煜的欢心，窅娘费尽心思，苦心钻研，由此研制出一套极为独特的舞步。

她以布帛缠足，使步履纤细，以足尖而舞，更显得轻盈多姿、婀娜娇美。这种舞步不啻是受酷刑，然而她依旧笑意含春，令座下的众人如痴如醉。她在金莲上如蝶翩跹，足下彩光熠熠，璎珞装饰，宛如瑶池下凡的仙子，连在纸醉金迷里沉浸多年的李煜都不免为之神魂一动。

这些如花似玉的女子生于后宫，一生一世都为了君王为活，取悦于君王已经成为她们生存的目的。可是当她们含笑而来，语笑盈盈地望着李煜时，这个阅尽千帆的君王在柔情满怀的同时，或许是有几分惆怅的。这些不知是真是假的情爱，又怎么会令他真正展颜呢？也许，这一切不过是他以此麻痹人生、沉醉下去的工具罢了。他的人生已经是残破的锦上花，光影过后，只剩下了虚无。

第五节 / 半梦半醒终成劫

城楼风高,城下的铁骑暗黄了不远处的天空,李煜定睛望去,遮天蔽日的军旗覆盖了自己的土地,而他们身后的江流上还停泊着无数战船。

如果这些都是属于南唐的军队,那该多好啊!

只可惜,所有的旌旗上都飘扬着一个刺眼的"宋"字。

直至此刻,李煜才明白,自己的这个噩梦已经走到了终点,

而另一个更加残酷的噩梦才刚刚宣告开始。

北宋开宝三年(970年),对于南汉的灭亡,作为邻国的南唐始终保持了一种隔岸观火的态度,从未施以援手。这种态度让北宋的君王愈加发现这个国家的软弱可欺。于是,赵匡胤开始变本加厉,要求李煜派南唐官兵护送樊若水的家人渡江北上。这无异于对南唐上下的公开挑衅,因为这个樊若水不是寻常百姓,而是南唐叛国投靠北宋的奸细。赵匡胤下诏命李煜护送樊氏婆媳前往北宋的命令,显然是在再三挑战南唐的底线。

樊若水原是南唐一个屡试不第的书生,虽然自幼熟读四书五经,却不求甚解,时常闹出各种笑话。这样的人屡试不第也在常理之中,但是他却认为南唐君臣耽误了他的前途,自以为怀才不遇,决然叛国潜逃到北宋境内。机缘巧合,他潜逃到宋京汴梁,见到了宋太祖赵匡胤,虽然在赵匡胤面前又出了洋相,

却居然因祸得福得了宋太祖的眼缘，他还将其原名樊若水改为樊知古。实际上，赵匡胤此举并非真心"爱才"，一方面是为了挑战南唐的底线，另一方面不过是觉得樊若水此人迂腐可笑罢了。

樊若水出逃北宋时，曾携带南唐边防地势的秘图。面见赵匡胤时，他特意将此图献上。赵匡胤见樊若水如此忠心，于是格外开恩赐了他一个舒州军事推官的位置。这个官位虽然低微，但也举足轻重，专门从事北宋谍报活动及南唐机密的收集。熟知南唐国情的樊若水坐上这个位置，对于南唐来说，显然是有百害而无一利的。

舒州与樊若水的故里池州不过一江之隔，他的家眷在他叛国潜逃时都被留在家中，此时已被南唐看守软禁起来。南唐朝中得知樊若水叛国之后，举国沸然，他们在愤怒之下，纷纷上书要求李煜下令严惩樊氏家眷。李煜却担忧北宋因此出兵南唐，只是下令软禁樊氏婆媳，却不曾做出处置。这却刚好给了赵匡胤一个契机，所以才下了那道丧权辱国的诏令。

虽然南唐已是北宋的属国，可实际上还是一个有一定自主权的国家，赵匡胤这道诏令，分明是无视南唐，将它当作一个任意欺辱的对象，他料定了李煜不敢轻举妄动，也不敢违背他的旨意。果然，李煜在接到诏令之后，虽然愤怒无比，却依旧无可奈何，最后只能忍气吞声地派兵将樊氏婆媳送出南唐境内。为了避免留下把柄，还将叛国者的家眷当作上宾款待，直至他们抵达北宋境内。

此事过后，赵匡胤越发嚣张，变本加厉地派出使臣，要求李煜献上南唐山水舆图。如果说前事还只关系荣辱，那么此事就直指南唐的根本了。自古以来，一个国家的详细版图，都是被严加看守、细心保管的。没有哪个国家的君王会将自己的版图拱手献上，这等于是叛国、卖国的行为。可是李煜为了安抚北宋，拖延亡国的时日，竟然亲自将舆图交给北宋使臣卢多逊。

卢多逊是北宋名臣，因精通书史、熟知地理而供职于北宋翰林院，是赵匡胤的心腹大臣。他对南唐的地理情况、风土人情了如指掌，得到这份舆图之后，更是对南唐上下心知肚明。这无异于开门揖盗，自己亲手打开了国家的大门，欢迎北宋的侵略。

赵匡胤的狼子野心，实际上李煜是最清楚的，早在大周后娥皇的丧礼上，赵匡胤就派了一个粗鄙之人前来给自己一个下马威。他知道以自己的这些行为日后必将无颜面对黄泉下的先辈，但是在强大的宋军面前，他懦弱了，他胆怯害怕了，他只希望在自己生命终结之前，南唐还能保持一个属国的地位。他因此无须面对暴虐血腥的战争，无须面对子民形形色色的面孔和目光，也无须被内心的挣扎煎熬得辗转难眠。

他处处退让，委曲求全，只希望赵匡胤能够看在他安分守己、不敢越雷池一步的份儿上高抬贵手，放过这个孱弱的国家，让这个国家自生自灭。他加大了对北宋的供奉，将南唐百姓的血汗凝结成一车又一车的财物，丰盈北宋的国库。除此之外，李煜在政治上对北宋的臣服亦是全方位的，他不仅取消国号，还将南唐改名为江南，自己则自称为江南国主。至此，南唐显然已是处处都透着一种穷途末路的腐朽气息。

二

> 东风吹水日衔山，春来长是闲。落花狼籍酒阑珊，笙歌醉梦间。珮声悄，晚妆残，凭谁整翠鬟。留连光景惜朱颜，黄昏独倚阑。
>
> ——《阮郎归》

这首词写于李煜的弟弟从善出使北宋被赵匡胤扣押之后。此时，南唐已对北宋俯首称臣。李煜放弃了国号，将中枢三省尽数更名，连封王的名号也一律降格为国公。就连他本人也放弃了君王的尊荣，每当北宋遣臣来见，总是要脱去一身黄袍，身着下臣所穿的紫衣前去面见。

一个君王做到如此地步，显然已放弃了自己所有的尊严、希望以及名利。可赵匡胤并不满足，他觊觎天下，并不在乎这一点点唾手可得的快感。他倒情愿李煜宁为玉碎，不为瓦全，抱着必死的信念坦然与他一战。这样他师出有名，而且他知道自己必将马到功成，可李煜偏偏不肯从容就死。

于是，赵匡胤软禁了南唐使臣李从善。赵匡胤虽然并不苛待李从善，甚至专门安排了一座金碧辉煌的豪宅以供其休憩。然而，皇室族人这样被软禁在异国他乡，说出去当真贻笑大方。于是，李煜屡次上书，乞求赵匡胤将从善放还，赵匡胤却总是置之不理。从善被软禁在北宋，他的王妃与家人却在南唐，失去了丈夫的王府就等于失去了主心骨，惶然失措的王妃苦求李煜出面想办法，却换来了李煜的一声长叹，他连自己都难以保全，更何况是从善呢。

然而，王妃的凄苦，在李煜心底留下了极深的印象，他几乎是感同身受，这首《阮郎归》，就是李煜以从善王妃的角度为出发点而写就的。东风起，时光去。春去秋来，满地落花残旧。心中的忧愁无人可解，只能借酒消愁，最终却依旧意兴阑珊。身边没有那个人的陪伴，纵使是艳妆以待的容颜也无人可赏。妆容因此渐渐颓败，如花的容颜也在时光里逐渐枯萎，黄昏时分，只能独自倚靠着栏杆，愁肠百转。

留连光景惜朱颜，黄昏独倚阑。这种凄凉的心境，李煜说的恐怕不止从善王妃，还有他自己。能够这样残喘偷欢的时日已经不多了，趁着最后的灭亡没有来临，就尽力过好每一天吧。

在软禁从善的期间，赵匡胤也并未放过李煜、放过南唐。他采用了反间计，通过兄弟二人除去了南唐名将林仁肇。林仁肇是南唐一员骁勇善战的勇将，在军民之中声望甚高，曾为南唐立下汗马功劳，在保卫南唐的战争中起到了关键作用。李璟封其为润州节度使，后来他又负命镇守武昌这个军事重地。李璟即位后，林仁肇屡次上书，为南唐出谋划策，愿意身先士卒，保卫南唐。甚至上书李煜，希望他能够同意他公然起兵反抗北宋。若是事成，李煜可一统天下，安然无忧，纵使失败，李煜也可上书赵匡胤要求平叛，进可攻，退可守。林仁肇忠心耿耿地为南唐思虑，连生死都置之度外，却换来了李煜一纸"不忠"的罪名，落得个身死家破的下场。

赵匡胤甚是忌惮林仁肇，于是故意在从善面前走漏风声，说林仁肇已然叛国，不日将和北宋里应外合，灭亡南唐。从善惊惧之下，将此消息秘密传回国内。当初三国鼎立时,诸葛孔明也曾用过反间计,熟读史书的李煜在收到密信之后,却未能看穿赵匡胤的阴谋,竟然赐林仁肇一壶毒酒,令其自杀身亡。

自此之后,本来就国力衰弱的南唐又失去了一道屏障,赵匡胤再也没有了损兵折将的担忧,在他眼中,如今的南唐已经是一个可供北宋长驱直入而毫无反抗能力的弹丸之地。然而,纵使如此,赵匡胤也不肯将从善放回国。李煜对此无计可施,只能放纵心情于诗词当中,怀念兄弟,发泄着不满。

> 玉斝澄醪,金盘绣糕,茱房气烈,菊蕊香豪。左右进而言曰:"维芳时之令月,可藉野以登高。矧上林之伺幸,而秋光之待褒乎?"余告之曰:"昔时之壮也,情乐恣,欢赏忘劳。恫心志于金石,泥花月于诗骚;轻五陵之得侣,陋三秦之选曹。量珠聘伎,纫采维艘。被墙宇以耗帛,论邱山而委糟。岂知忘长夜之靡靡,累大德于滔滔。怆家艰之如毁,萦离绪之郁陶。陟彼冈矣企予足,望复关兮睇予目。原有兮相从飞,嗟予季兮不来归。空苍苍兮风凄凄,心踯躅兮泪涟涟。无一欢之可作,有万绪以缠悲。於戏!噫嘻!尔之告我,曾非所宜。"

——《却登高赋》

李煜这首诗赋淋漓尽致地抒发了自己对胞弟从善的思念之情,同时,他也怀念其他因为命运而逐渐疏离的兄弟。身在异乡为异客,每逢佳节倍思亲。想必身在北宋的从善,虽然衣食无忧,但也是如同自己这般,深深地思念着他的故乡、他的亲人,还有他所熟悉的江南一草一木吧。

挥笔纵横的李煜,此时此刻,心中不曾想到,他的这种思念在不久的将来就会消散于无形,他再也未能在自己的国土上见到分散的胞弟,他们重逢在异国的土地上,如同一个可笑的宿命,而那时,南唐已永远地消失了,他们也都成为敌国的阶下囚,相对相望,不过发出一声徒然的哀叹。

三

别来春半，触目愁肠断。砌下落梅如雪乱，拂了一身还满。雁来音讯无凭，路遥归梦难成。离恨恰似春草，更行更远更生。

——《清平乐》

李后主的词总是清秀典雅的，如同宫装的仕女，一身幽香，翩然行走于红尘里，却不染雪色。这首写于胞弟从善被扣押之后的词，有泪、有愁、有伤。多情人总多心痛，他用笔墨将自己的悲哀言明，那样沉重、那样悲伤，仿佛字字都带着这多情君王的泪。

然而，一将功成万骨枯，这位一心统一天下成就霸业的帝王，又怎么会因为对方的眼泪和乞求而有一丝半毫的退让？李煜的卑微和乞求，只会让赵匡胤步步紧逼、时时挑衅。

公元974年，也就是北宋开宝七年，后主李煜热情地接待了赵匡胤派来的两位使臣，但这两位使臣却带来了一个令李煜手足无措的消息——汴梁的"礼贤宅"已经竣工，赵匡胤希望李煜能够前往汴梁去观礼。这就不得不提到赵匡胤的意图了。刚开始，赵匡胤并不想对南唐动武，毕竟一场战争付出的代价不是能够轻易承受的。他希望李煜能够识趣地自己放弃一国之主的位置，乖乖地做一个降臣，像末代吴越王一样，不费一兵一卒就纳土归降。如能这样，对于赵匡胤而言，自然是再好不过了。

为了表示自己的仁厚大度，赵匡胤特意在汴梁的上好地段修筑了一座金碧辉煌的宅子，取名"礼贤宅"，意为自己乃是一个礼贤下士的帝王。这座宅子十分华丽，园内小桥流水、飞檐画壁比比皆是，既庄严宏伟，又充分考虑到了李煜的心情，充满了江南的意趣。"礼贤宅"竣工后，犹如一座皇宫之外的宫殿，令人赏心悦目，那仿佛不是囚禁降臣的金笼，更像是李煜在汴梁的一所行宫。

如果李煜像吴越王一般，像其他一些只要自己能够尽享荣华富贵、百般诸事都可尽数抛却的国主一样，轻易放弃南唐，生活在汴梁的他必然会受到上宾的礼遇。但李煜尽管从未做过任何改变处境的努力，他却不愿真正地成为一个亡国之君。

他知道，这举足轻重的一步一旦跨出去，他要承受的不仅是青史上的骂名，还有自己内心的挣扎和煎熬。如果说他看不到后人的鄙夷，自然不会为之难过，但是良心的痛苦才是最难以承受的。他终究是传统的中国文人，哪怕再不忠不义，也有着几分铮铮傲骨。

李煜心知肚明，赵匡胤此时的仁厚只是为了尽快让自己纳土入朝，他好一统天下。对此，他采取了拖延政策，既不出口应承自己将会尽快前往汴梁观礼，也不断然拒绝。面对李煜的躲避，赵匡胤则派了使臣梁迥前去南唐传旨，想强迫李煜以"降臣"的身份陪同赵匡胤进行祭天大典。如果李煜不肯前往，梁迥就决定趁李煜给自己送行之际，强行将他带回北宋。

在南唐君臣的齐心协力之下，李煜借病不见，梁迥的阴谋未能得逞。然而赵匡胤并不在乎一次两次的失败，未久，赵匡胤再次派使臣李穆邀请李煜前往汴梁。由于上次称病的借口无法再次使用，李煜于清辉殿中接见了这位趾高气扬的使臣。尽管李煜对李穆处处以礼相待，用上宾的待遇宴请这位使臣，但这次会晤还是在双方的不悦中不欢而散。

李穆仗着自己的身份，对李煜口出狂言，十分不敬。尽管如此，李煜依旧忍气吞声、以理服人，婉言谢绝了赵匡胤的"邀请"。李穆在愤怒之下，公然出言威胁李煜，如果他再不肯就范，北宋就会出兵南唐，那时候南唐就将土崩瓦解、溃不成军。对方的狂妄令再三退让的李煜也心生不悦，他终于正面回应了，说自己是绝不会前往汴梁当一个降臣的。就算非要兵戎相见，他也要为了这残破的南唐江山而战，绝不会主动向北宋俯首称臣。

话已至此，双方都无话可说，李穆当即离开南唐返回北宋，向赵匡胤禀报此行结果。与此同时,李煜终于表明了自己的态度,当着南唐上下臣子的面,立誓自己将会为南唐而战,绝不会成为北宋的降臣。"他日王师见讨,孤当躬擐戎服,亲督士卒,背城一战,以存社稷。如其不获,乃聚宝自焚,终不做他国之鬼。"铮铮的誓言掷地有声,一如先祖的气骨血性在李煜身上重生。这句话虽然来得太晚、太迟,但还是给了臣子们莫大的信心。

有人说,世界上最了解彼此的,不是父母,不是爱人,不是兄弟,而是对手,这句话在赵匡胤和李煜身上同样适用。当赵匡胤听到李煜的"誓言"之后,这位胸怀天下的帝王并不以为然,他笑了笑,说:徒有其口,必无其志。显然,经过多年的试探和斗争,赵匡胤已经看出李煜在文学上虽能纵横一世,身为君王,他却绝不是一个合格者。他日,当李煜坐上前往汴梁的舟,望着已经改姓的半壁河山,他会明白,赵匡胤所说的是正确的,而他当日的誓言,不过是在无计可施之下的孤注一掷。他依旧未能践诺,为自己的江山勇敢地、光荣地流淌鲜血,直至付出生命。

四

晚雨秋阴酒乍醒,感时心绪杳难平。
黄花冷落不成艳,红叶飕飗竞鼓声。
背世返能厌俗态,偶缘犹未忘多情。
自从双鬓斑斑白,不学安仁却自惊。

——《九月十日偶书》

阴冷的夜,苦雨缠绵在梧桐间,一声声、一叶叶,如同哀婉哭泣的女子。夜晚宫深,持灯的宫娥都已露出倦色,一袭白衣的男子却依旧埋首疾书,紧缩的眉目之间尽是萧索哀愁。笔端流淌而出的是一纸的愁绪,是轻薄的澄心堂纸张载不动的愁绪。

或许，大多数人对李煜都是这样的印象：单薄、清瘦、柔弱、哀愁，而体现在他诗歌当中的也是这样一个形象。他的眉宇总是解不开，他的眼眸总是充满了惆怅。那些年少轻狂、肆意逍遥的时光，仿佛他从未经历过，他像是从开始生命的那一天就背负上了痛苦和悲伤。

这种苦难，在南唐亡国的前期开始最后的摧枯拉朽。如同以上这首《九月十日偶书》中所体现出来的负面情绪，在这段时期到达了一个极致。即将亡国的阴影如影随形地跟在李煜的身后，他感到一种令人窒息的沉闷。他开始害怕睡梦，害怕孤单，害怕独坐，唯一解脱的途径就是大量地饮酒、寻欢。可是短暂的狂欢过后总会醒过来，于夜深时分被窗外的鸦声惊醒。

四周一切都是静的，连一缕呼吸的声音都显得格外突兀。

枕畔的小周后酣然入眠，可她的双眉也是微微皱着的。或许，她亦是担忧无限，只不过从未在他的面前流露半分。爱是他的救赎，可是当爱也变得沉重时，他不知道自己该何去何从。他忧愁悔恨，试图力挽狂澜，可是连他自己都无法相信局势将会因为他的决定而有任何的改变。或许，唯一改变的只是他自己。

南唐的探子回来禀告说，赵匡胤已经开始训练水师，想要将南唐收归囊中。南唐虽然国力弱小，但地理状况十分险要，不仅有重山做屏障，还有长江作为天堑，想要令大批军马都渡过长江而无一折损，并不是一件容易的事情。当赵匡胤还跟着周世宗柴荣南征北战时，就已意识到了这一点。因此，当他决定征讨南唐时，率先要训练出的就是一支精良的水师队伍。

北宋开宝七年九月（974年），这场毫无悬念的战争终于拉开了帷幕，赵匡胤以曹彬为西南面行营马步军战棹都部署，挂帅出征。这个消息传到南唐的深宫之中，正沉溺在酒色之中的李煜忽然明白自己的好日子终于要与自己诀别了，一时间，他惶惶然，不知该如何是好。

与李煜形成鲜明对比的是赵匡胤的进取，在出发之前，他面对三军将士三令五申：对于南唐百姓，绝对要秋毫不犯；对于南唐的皇族，也应该礼遇有加，绝不伤害。他要的不止是一方土地，还有天下的人心。面对此次南征，赵匡胤精心制定了整个计划，他以颍州团练使曹翰为开路先锋，率精锐水军和骑兵重创并震慑南唐沿江守军。随后，主力兵分两路进发：一路由主帅曹彬亲自指挥，并由侍卫马军都虞候李汉琼和贺州刺史田钦祚率部分舟师和步骑，自蕲州入长江顺流东下；另一路则由山南东道节度使潘美任指挥，同时由侍卫步军都虞候刘遇、东上门使梁迥率步骑舟师，乘战船从汴梁水东门启程，沿汴水入长江。然后两路兵马在池州会合，由此从西向东进逼金陵。另外，赵匡胤还授末代吴越王为东南面行营招抚制置使，并以内客省使丁德裕为监军，沿太湖进攻，与前面两支队伍密切配合，对金陵造成两面夹击之势。

　　显然，对李煜而言，这是无比艰巨的背水一战。面对赵匡胤南下的大军，南唐同时采取了防御和求和两条道路。一方面，南唐将大量军力派往长江，希望能够阻挡宋军的行进；另一方面，南唐又向北宋主动上贡大量财物，乞和求宁，希望借此打消赵匡胤南征的念头，继续保住一方太平。然而，这次求和却失效了。枕畔之处，哪里容得下他人酣睡。赵匡胤想要吞并南唐、完成大业的心是积蓄已久的，不论李煜是主动纳降或是有所反抗，都不会改变赵匡胤的野心。

　　此时，南唐上下纷纷为救国而向李煜进谏，其中，就有池州郭昭庆建议李煜不要过分相信长江的力量，而要对池州等要地加强兵力。在当时，为了突破长江，赵匡胤就地取材，攻下池州等地的采石场，在长江上搭建浮桥，以渡兵力。这些中肯的建议，却被李煜一笑置之。他以为，自古以来素有"天堑"之称的长江并不是赵匡胤修建一两座浮桥就能够攻下的。于是，金陵城里，繁华依旧，繁华到所有的人都以为宋军的进攻不过是一个遥远的传说、一个虚伪的谣言。显然，是李煜过分高估了长江，也过分低估了宋军的能力。

　　等到宋军已经渡过长江的消息传来，李煜才明白，自己对地利的相信有多么可笑。当他坐在深宫之中享受最后的荣华时，宋军已悄无声息地从长江以北抵达南唐境内。终于到了刻不容缓的时候，这位一向懦弱退让的君王也挽起了衣袖，决定进行最后的死战。这并不是李煜自愿的，这更像是他在毫无退路的情况之下无可奈何的抉择。既然已成定局，还不如殊死一战，好歹在史书上也留一个为国殉死的名义。

李煜将澄心堂定为军机重地,特设"内殿传诏",只准为数有限的重臣参与决策。这其中,除了心腹谋士徐游、徐辽兄弟之外,还有谋划军国大政方针的陈乔、张洎等人,另外还有操持落实者吏部员外郎徐元、兵部郎中刁、负责前线战争的新任"神卫统军都指挥使"皇甫继勋。李煜又命镇海军节度使郑彦华为主将,遴选精锐水师二万人乘战船西进;另以天德都虞候杜贞为副将,率领步骑军一万五千人在长江的南岸向西行进。

李煜这是意在水陆两军密切配合,进兵采石场,抵挡宋兵,挽救国家。出师之日,李煜亲自在江岸为唐军执酒壮行,殷殷叮嘱郑彦华:"二位爱卿要鼎力合作,互为表里,精诚协力迎击宋师,我朝成败在此一举。望尔等深解朕意。"郑彦华信誓旦旦地回答:"臣遵旨效命沙场,粉身碎骨在所不惜。"不想郑彦华却是叶公好龙之人,当他指挥的战船溯流而上接近采石场时,刚与曹彬指挥的田钦所部小试锋芒失利,便怯阵而拥兵不前。副将杜贞虽然竭力按照约定的计划行动,也就是当宋军沿浮桥南进至江心的时候,唐军发起攻击,浴血苦战,但终因主将郑彦华按兵不动而贻误了战机,杜贞只得孤军奋战,唐军伤亡惨重,被宋师打得溃不成军。

首战败北的消息很快传回金陵,如晴天霹雳令李煜震惊不已。这场战争的严峻性,似乎超出了他可以承受的范围。既然已经无力回天,还不如尽力一搏。他公然与北宋决裂,废弃了北宋年号,暂时以天干地支为记时,南唐上下一齐抵御宋军。然而,这一切都已经太晚了,所有可能挽回的机会都与南唐擦身而过。

这个曾经物华天宝、安居乐业的国家终于因为政治的颓败、力量的衰弱、国君的昏庸无能,即将消失在华夏大地上。这在历史发展轨迹中是一种必然。

然而,一个国家的灭亡,不论是出于什么原因,都是令人唏嘘的。那终究是有过繁华时光,有过灿烂文明,有过民心和威望的国家,像一朵花盛开,经历过璀璨后无声寂灭,消失在泥土尘埃里。风起风落,虽然是自然的抉择,但被惹起的情怀,总归不能风过无涟漪。

五

城楼风高,城下的铁骑暗黄了不远处的天空,李煜定睛看去,遮天蔽日的军旗覆盖了自己的土地,而他们身后的江流上还停泊着无数战船。如果这些都是属于南唐的军队,那该多好啊!只可惜,所有的旌旗上都飘扬着一个刺眼的"宋"字。直至此刻,李煜才明白,自己的这个噩梦已经走到了终点,而另一个更加残酷的噩梦才刚刚宣告开始。

他踉跄着走下城楼,步履沉重,神色悲哀。他想,或许这一次就是永别了吧。可就在不久之前,他还满怀希望地在萧萧的秋水之畔为他的军队送行,希望他们能够带回胜利的消息。这些年来,当年为南唐立下汗马功劳的老将都纷纷离世,震慑一方的老将林仁肇也因赵匡胤的反间计枉死黄泉,李煜屡屡自毁长城的作为,使得战争一开始,南唐就面临无将可用的尴尬境地。

最后,李煜无奈之下只能选择任用年轻将领出战,其中皇甫晖之子皇甫继勋就在此战中起到了至关重要的作用。皇甫继勋曾经随父参加过滁州大战,却因在阵前贪生怕死而遭到父亲的责打,他的父亲却因此战身亡。皇甫晖战死后,中主李璟顾念他为国身死,对其遗孤加封晋爵,荣宠有加。皇甫继勋因此仗着家世飞扬跋扈,恣意妄为,挥金如土,自辱门庭。

李煜在情急之下,任命皇甫继勋为守城重将,显然,这是一步错棋。南唐多年都是以重金求和,将士们都已多年未战,身娇体贵,打起仗来自然软弱无力。加上主将皇甫继勋骄奢淫逸,为保住自己的荣华富贵,不惜动用手中权力敛财,招募新兵时巧立名目,导致招募进来的新兵素质低下,根本担不起保卫家国的重任。战争开始之后,皇甫继勋在指挥中同样犯了贪生怕死的老毛病,指挥不当,致使南唐很快丢掉了军事重地采石矶,那是南唐的最后一道防线,宋军攻占采石矶后,挥兵金陵易如反掌。

在这场力量悬殊的战争中，也出现不少愿为南唐决一死战的军民，其中就有统军使张雄父子。张雄父子八人都是南唐军中猛将，他们原来负责镇守袁州、汀州等地，当宋军挥师南下时，他们本可以选择生路，离开南唐，但当张雄得知金陵告急的消息后，毅然决定北上勤王。父子八人一同北上，途径溧阳，遇上宋军，八人都在血战里大无畏地为国捐躯。这些英烈的事迹传到李煜耳中，或许他会因此感到羞愧难当，但不论李煜心里何等惭愧，南唐的国势，到底已经无力回天了。

李煜和南唐面对的不仅是一个异常强大的国家，同时也面对着南唐的种种弊病：政治的腐败、军队的无力、国军的软弱以及百姓的水深火热，凡此种种都将导致这个国家走向穷途末路，土崩瓦解。

同时，李煜的识人不清，也令他遇到前所未有的困境。皇甫继勋在战败之后，依旧向李煜隐瞒了惨败的战况，令李煜误以为宋军暂时还不能攻占金陵。殊不知，那时宋军已渡过长江，屡战屡胜地占据了南唐境内的大多重镇，而北宋潜伏在南唐宫中的小长老，多年来深受李煜宠幸，此时也对李煜报喜不报忧，以佛法麻痹李煜，令李煜对自己转危为安、化险为夷的命运深信不疑。这导致李煜沉溺在这种幻想中不可自拔，纵使南唐上下都身处水深火热之中，也不能让李煜警醒。这个扶不起的阿斗，更加愿意在佛法中寻求宁静和安慰。

宋军却在南唐的招架无力中越战越勇。主帅潘美身先士卒，第一个冲向战场，这种行为极大地鼓励了宋军的将士们，宋军势如破竹，很快就逼近金陵。李煜做了多年的噩梦，终于在此刻成为现实——宋军的兵临城下，令他迅速意识到自己多年来过着一种怎样的生活。他在忍无可忍、惶然失措中下令将皇甫继勋等人斩首示众，就算南唐最终都要失败，但这些人却是南唐这样快就崩溃瓦解的罪魁祸首。此刻，李煜终于清醒过来，这种清醒付出的却是极其惨重的代价，而这个代价的名字就叫作亡国。

皇甫继勋多年来横行霸道，在战争时又暴虐昏庸，甚至公然迫害爱国人士，这些行为早已让民间对他恨之入骨，因而没等皇甫继勋被施以极刑，周围的士兵卫军们就对这个人拳打脚踢，送他归了西。这些事情令李煜看到了最后的希望——还是有子民站在他这边的,还是有人并不希望这个国家就此灭亡的。于是,他最后下令,督促各地守军前往金陵勤王。

这是李煜最后一次努力,尽管后来的事实证明这依旧是徒劳无功的,但那时的李煜一定是充实的,他的灵魂也必然不再苍白。

第六节 / 亡国之恨长悠悠

多年之前,他就已经接受了自己的宿命,
现在不过是跟着宿命的安排颠沛流离罢了。

乞缓师表,臣猥以幽孱,曲承临照,僻在幽远,忠义自持,惟将一心,上结明主。此蒙号召,自取愆尤,王师四临,无往不克。穷途道迫,天实为之。北望天门,心悬魏阙。嗟一城生聚,吾君赤子也;微臣薄躯,吾君外臣也。忍使一朝,便忘覆育,号眺郁咽,盍见舍乎?臣性实愚昧,才无异禀,受皇朝奖与,首冠万方。奈何一日自踵蜀汉不臣之子,同群合类而为囚虏乎?贻责天下,取辱祖先,臣所以不忍也。岂独臣不忍为,亦圣君不忍令臣之为也。况乎名辱身毁,古之人所嫌畏者也。人所嫌畏,臣不敢嫌畏也,惟陛下宽之赦之。臣又闻:鸟兽,微物也,依人而犹哀之;君臣,大义也,倾忠能无怜乎?倘令臣进退之迹不至丑恶,宗社之失不自臣身,是臣生死之愿毕矣。实存没之幸也。岂惟存没之幸也,实举国之受赐也;岂惟举国之受赐也,实天下之鼓舞也。皇天后土,实鉴斯言。

——《乞缓师表》

这篇文章写得不可谓不文采风流、感人肺腑。这些文字,有着李煜一贯以来以情动人的特点。他在其中将自己摆在了一个极其卑微的位置，近乎低入尘埃地恳求赵匡胤高抬贵手，放过南唐。只要宋军撤回，他做什么事情都心甘情愿。

他特意以江南才子徐铉为使臣朝见赵匡胤。对于徐铉的来意，赵匡胤自然是心知肚明的，不论李煜如何苦苦哀求，他都已经在心中打定主意，绝不会撤回北上，但对于名满江南的才子徐铉，这位素来爱才的帝王还是颇感兴趣的。

徐铉对于求和一事，竭尽所能，希望能够说服赵匡胤。他口若悬河，舌灿莲花，将李煜描述成一位仁厚爱民、喜好和平的君王，更是一位博学多才、精通诗词的文人。赵匡胤微微一笑，开口道："既然如此，那请徐先生背诵你们国主几句佳句可好？"

徐铉背诵的是李煜的《三台令》，其中有两句是：月寒秋竹冷，风切夜窗声。赵匡胤却讽刺说这两句不过是寒士语。徐铉忍不住反唇相讥，请求赵匡胤也说说自己的寒士语，赵匡胤欣然应允，朗声吟诵出了四句咏日诗：欲出未出光辣达，千山万山如火发。须臾走向天上来，赶却流星赶却月！

如果两诗比的是文学艺术，二者当然是无法相比的。但徐铉一听，就明白自己落入了赵匡胤的圈套。前者跟后者相比，实在过于委婉柔弱、清秀雅致，比不上后者气势开阔，有泱泱的王者之气。徐铉在这一回合中败下阵来，只能旁敲侧击地指出宋军此次出征师出无名，纵使胜了，亦是胜之不武。赵匡胤听罢后怒不可遏，厉声道："卧榻之侧，不容他人酣睡！"既然对方如此将自己的野心赤裸裸地挑明，徐铉也无话可说，只能回到金陵，向李煜禀报说南唐到底已是无力回天。

宋军节节逼近，常州、润州……一个个军事重镇都宣告沦陷，甚至有深受李煜信任的将领带头投降宋军。在这种情况下，李煜是又惊又怒，却又无可奈何。乞和无望，南唐又频频失守，他只好将希望寄托在南都节度使朱令身上。朱令此人，血气方刚，身材高大，虎背熊腰，又争强好胜。林仁肇死后，朱令便接替他成为镇南节度使。他手中的十五万大军是南唐兵力最为强盛的军队，李煜除了将最后的一线希望寄托在他身上外，别无他法。

朱令当机立断，开始训练水师，挥兵北上，同其他几支勤王军会合。很快，朱令北上首战，旗开得胜，占据了湖口，而后决定调南都留守柴克贞，令他带兵移镇湖口，作为大军的后盾和后备。可是柴克贞未能及时前来，朱令怕贻误战机，只好忍痛放弃要塞湖口。临行之前，他与指挥舟军的战棹都虞候王晖密议，针对当时隆冬枯水季节，巨舰不易在近岸浅滩航行的情况，准备以数百艘大筏载重开道，顺流直下，以雷霆万钧之势猛烈撞击采石浮桥，切断宋兵南下的通道，赢得时机，确保战船东进，金陵解围。

他的计谋原本十分缜密，然而却被曹彬的暗探得知，回报赵匡胤。赵匡胤下令王明派水师在朱令进军方向下流的洲渚间密布高大木桩，破坏南唐水师的行动计划。一时间，宋军在暗，唐军在明。对于唐军的计谋，宋军了如指掌，而宋军的行动，朱令却一无所知，依旧决定采取原定计划顺流而下。唐军载着火油的船顺江而下，原想冲破宋军防守线，没想到风向忽转，大火转而烧向唐军的船只。由于江流之中布满木桩，唐军寸步难行，一时间江上火海烈烈，一片惨呼。胜败已成定局，朱令自感愧对李煜，遂投江自尽。

这场火烧尽了最后一支力量强大的唐军，烧破了唐军的防守线，也烧完了李煜最后的满腔希望。他终于认命了，不再做困兽之斗，颓然沉默。他对着祖辈的灵位忍不住失声痛哭。如今这一切或许都是命里的因果，他必然要经受这样的失败和痛苦，承受这残酷的命运。

宋军已在金陵城下重重盘踞，这座昔日繁华如梦的城池，在战争烟火的熏燎之下显得那样彷徨萧索。谁家玉笛暗飞声，凄凉的笛声静默萦绕，这座城池里的人们谁都没有说话。他们都不知道，他们的明天会怎样，又有什么在等待着他们。这其中就包括红墙绿瓦里落寞的君王。

江南可采莲，莲叶何田田。每次想起这句诗，总会想象那盛夏里的江南。接天莲叶无穷碧，映日荷花别样红。总有那么多诗人妙笔留下了那些风情。璀璨、骄傲、明艳、温婉、柔软、朦胧……那么多美好的词汇，仿佛都可以用在同一个江南身上。我想，这是一个值得所有人留恋和向往的地方。

李煜亦是深爱着这片土地的。他在诗词中写道：遥夜亭皋闲信步，乍过清明，渐觉伤春暮；数点雨声风约住，朦胧澹月云来去。桃李依依春暗度，谁在秋千，笑里轻轻语。一片芳心千万绪，人间没个安排处。（李煜·《蝶恋花》）词中写的总归是江南的风景，清明谷雨，桃李争春，朦胧的月色和朦胧的雨雾，染几分仙气，飘飘然的。

他是最典型不过的江南人。江南的云和雨，最容易孕育出温柔秀气的男子，眉目温和，性情宁静。他亦是忧愁的，如同江南连绵不尽的雨水，在漫长的梅雨时节里堆积了汪洋的哀伤。这样的人离开了这片土地，就如同魂魄脱离了肉体，桃花脱离了枝头，再繁华璀璨，亦是索然无味。

在汴梁的李煜，最终再也没有写出"人间没个安排处"那样心气高的词句。人间的万千风景虽好，汴梁也别有风韵，豪宅更是有通幽的曲径和明珠般的流水，可那些独独不是他生活了大半生的江南。此后，他魂牵梦萦，心之所想都是故乡的模样，可他写的最多的还是满满的伤感，愁绪不解，愁眉不展。

那年的农历十一月，天气寒冷，已近新春，金陵古城却再也没有即将过年的气氛，整座城市都陷入即将亡国的惶然和伤痛里。城外的宋军已经做好攻城的准备，主帅曹彬派人通知李煜，希望他不要再做无谓的挣扎，尽早投降北宋，他依旧可以享受尊荣和富贵。

李煜痛定思痛，令长子仲寓前往汴梁请降，自己依旧在深宫之中闭门不出。曹彬再度敦促，李煜依旧拖延时日，置之不理。曹彬再三思量之下，决定不日攻城。他在攻城之前特意嘱咐三军绝对不可伤害城中的一草一木。盟誓之后，他立刻进行战前动员和攻城部署，随后全线出击，强渡护城河，并攀墙攻城。

自二十四日起，宋军和吴越王派来的军队开始联合攻城。那一天，战鼓震天，厮杀声四面而起。烽火硝烟，映红了金陵城的碧空。南唐守将率部拼死抵抗，联军则屡次发动强攻。

27日，金陵被联军攻破，南唐将士退守城内，双方在城内展开激烈的巷战，彼此伤亡惨重，血流成河。虽然曹彬在战前三令五申破城后不得杀戮平民，不得焚烧古迹，但拖延多日的战争已令将士产生疯狂的报复心理，这导致城破之后，他们的行动失控。

联军中的吴越军甚至焚烧了升元阁，造成当时骇人听闻的最为残忍的一桩血案。升元阁原称瓦官阁，乃是南朝时期梁武帝所建。这里曾收藏了魏晋时顾恺之的名画维摩诘像、狮子国奉献的白玉佛像等海内外奇珍，在佛教界颇有盛名。联军破城之前，金陵城一些士大夫及豪民、富商、妇孺数百人为躲避战乱而逃到此处。没想到，吴越兵入城以后，罔顾人命，竟然放火焚寺，其间无一人幸免。吴越兵还在此时狂欢作乐，强迫俘虏的教坊乐工奏乐侑酒。国难当前，乐工慷慨就义，拒不操琴演奏。吴越兵恼羞成怒，将乐工全部杀死，以泄心头之恨。

辘轳金井梧桐晚，几树惊秋，昼雨新愁，百尺虾须在玉钩。琼窗梦断双蛾皱，回首边头，欲寄鳞游，九曲寒波不溯流。

——《采桑子》

深宫之中的李煜面对这样的残酷血案，却只能眼睁睁地看着自己的子民遭受凌辱。国破，家亡。一个国家的灭亡不是史书上的寥寥数语，隐藏在其中的血迹和魂魄，使得每一个字都如重千钧。面对如此国难，李煜痛苦难当。他明白，自己应该为这场战争中所有死去的人负责。他没有成为一个带领他们走向太平盛世的君王，甚至都无法成为守卫这片土地的主人。

鸦声暮，寒气重。这位柔弱的君王一时间泪流满面。他放下手中的笔，像平日里一样慢慢站起，蹒跚着走向澄心堂。在那里，等待着他的是他的心腹和近臣们。也是在澄心堂，他最后一次以君王的名义和臣子们商议国家大事，也就是他们应该如何前往宋军中请降。

当时的气氛，凝重而苍白。李煜最后一次走向他的王座，他知道，之前不管自己如何卑微地向赵匡胤俯首称臣，在他的国土上，他依旧是高贵的王，被子民信任崇拜、景仰爱慕，然而，从今以后，这种生活将要同他永远地告别了。他的国土将被署上另一个名字，而他的子民也将忘记曾经尊荣的姓氏，为另一个截然不同的姓氏而骄傲。想到这里，李煜不由泣不成声。

堂下的臣子亦是无言以对。他们看着他们的国主从王座上颓然而起，慢慢走向殿外。那里，曹彬已率领三军，井然有序地列出了一条漫长的道路。李煜奉表献玺，肉袒出降，无比沮丧地托着皇帝玺绶，走在神色各异的宋军之中。他的身后跟随着他的重臣和皇室子弟，每个人的脸上都是凝重凄凉的。

谁甘心成为亡国之臣，谁又愿意在黄泉之下无颜面见先辈？又有谁愿意离开生活了半生的故里，前往一无所知的异乡寄人篱下地生存着？但那都是他们必须面对和经历的，今日之后，他们都将是没有国、没有家的人了。

三

纳降仪式是李煜心中永远的伤痛，他经历了前所未有的耻辱，也经历了从天堂到地狱的轰然转变。他的人生里，值得欢喜的事情是那样少，令他流泪的事情却是那样多。他小心翼翼、如履薄冰地走向曹彬，姿态卑微，如同小丑。生死都被掌握在他人手中的滋味，确实是不好受的，甚至连提问都轻声细语，唯恐他人一个不满，就放火烧了整座金陵城，如同当日他们焚毁升元阁那般。他小心地问："在下今后如何行止？尚望元帅不吝赐教。"曹彬回答说："圣上已修筑华丽楼阁以供阁下居住，衣食住行，俸禄优厚。只是俸禄终究有限，阁下可先行回宫准备行装，多带金银，以备不需。"曹彬的言语中透露出的宽慰之意，令惶惶不安如同惊弓之鸟的李煜稍感安慰。

曹彬容许李煜先行回宫，下属担忧李煜自尽而无法向赵匡胤交代，曹彬却不以为意。经过几次交锋，他已断定李煜不会如此。果不其然，虽然当初唐宋两军交战在即时，李煜曾立下豪言壮语，誓同南唐同生共死，如今国破家亡关头，他却踌躇起来，犹疑不决，不敢放弃生命，走上绝路。这位生性懦弱的君王毕竟不曾勇敢决绝过，他以迟疑的姿态怯弱了半生，此时亦是如此。

他没有殉国的勇气，屡屡食言，在这点上，他甚至比不上净德尼院的女尼们。在得知宋兵入城、南唐亡国的消息，又看到远处燃起的熊熊烟火时，以为南唐皇室已起火自焚，因而她们也放了一把大火，将整座寺院都付之一炬，自己也投入火海，以身殉国。那些刚烈的女子大多出身名门，是深宫里的宫娥，不愿将年华虚度在深宫里，情愿以身常伴青灯，让佛禅清静一心。她们本可以还俗，回归尘世，安然终老，在家国大义面前，她们却慷慨地选择了一条不归路。

四十年来家国，三千里地山河。凤阁龙楼连霄汉，玉树琼枝作烟萝。几曾识干戈。一旦归为臣虏，沉腰潘鬓消磨。最是仓皇辞庙日，教坊犹奏别离歌。垂泪对宫娥。

——《破阵子》

李煜愧对的又何止是三千宫娥，他伤害和辜负的更是整个南唐以及所有对他曾怀抱希望的人民。那个离开南唐的日子终究到来了，他带着后宫妃子、皇室子弟以及南唐重臣来到江边，随着曹彬登州北上，离开了这片他生活了多年的土地，他的心情沉重得近乎窒息，而身后诸人，亦是满面凄哀之色。

那天，天气十分阴沉，乌云低垂，几乎顷刻间就要压落，很快，雪色密布。或许天意也能感知人情，天气温润的江南竟然落了雪，为李煜一行人送行。雨雪茫茫而下，李煜登上船头，最后一次凝视着他的家国。苍茫的雪色里，一切都遥不可见，唯有宫殿的飞檐远远地露出嶙峋飞舞的一角，犹如画壁上挂着的梦。他急忙低下头，掩住眼眸中的泪光。

多年前，他的先祖李昪建立了南唐，将之前的亡国之君送离金陵，走的亦是水道。当年，作为胜利者的李家，欢喜之中无人想到那个被送走之人的凄凉；多年后，他们的子孙也成为亡国之君，惶惶如丧家之犬般走上离国的路。

风水同样萧萧索索,两岸青山的样貌都没有变化,仿佛唯一变化的只是故事里的主人公。这支船队带着曾经的君王逆流而上,穿过遥遥的青山和绿水,奔赴另一座历史悠久的古城。

他们先是顺流东下,到了扬州之后又沿着运河北上。这条古老的河流无声地流淌,仿佛喜悲苦忧都与它无关。老臣徐铉感于心中的空虚苍茫,站在潇潇的风口,忍不住吟诵出一首凄凉的诗:

> 别路知何极,离肠有所思。
> 登舻望城远,摇橹过江迟。
> 断岸烟中失,长天水际垂。
> 此心非橘柚,不为两乡移。

——徐铉《过江》

只有经历过人间那样巨大变幻的人,才能写出这样沉痛的字句,一字一句都沉重无比。他们渡过的仿佛只是一条江流,可他们知道,其实他们离开的是一个永远都回不去的时代,这又如何能够令他们不感到茫然和痛苦呢?

船队到了楚州淮阴再入淮水西南行,沿途经洪泽湖至泗州临淮而入汴水,再经虹县、宿州、宋州、雍丘等地,最后驶抵汴梁。时值深冬,汴水冰冻,船只无法通行,赵匡胤唯恐夜长梦多,当即下令沿途州县衙设法开水。各地官吏奉旨查办,冒着风雪酷寒,采用各种方法疏通河道。

北宋开宝九年(976年),北宋南征的队伍终于抵达宋都汴梁,前后历时一年的战役终于正式宣告结束。那天,恰好是正月初二,新的一年刚刚拉开帷幕,汴梁的人们在烟火和爆竹声中庆祝新年的来临和军队的凯旋。整座城市都沉浸在一种欢天喜地的气氛中。

然而,对于战俘李煜而言,这必定是他最为煎熬痛苦的一个新年。当他踏上北宋的土地时,他仿佛是惶惶然的流浪儿,在这片陌生的土地上不知如何是好。前来迎接和验收的是赵匡胤的四弟秦王赵廷美,他十分热情地款待了李煜。两人谈论诗词，以文会友，仿佛这不过是一场普通的朋友聚会，没有战争，也没有敌对，一切都是平和的，只有朋友之间的谈笑风生。

秦王赵廷美的友善令李煜暂时卸下了重负，他开始以一种全新的眼光打量着北宋的京都。汴梁如同金陵一般，亦是位于江河之畔，虽然没有江南的美丽风景，但也别有韵味，往来商旅如流，行人如织，极是热闹繁华。他收回了打量的目光，开始安慰自己——虽然自己失去了国家，但还好，还有命在，心爱的人也陪伴在自己的身侧，这算得上是不幸中的万幸了。多年之前，他就已经接受了自己的宿命，现在不过是跟着宿命的安排颠沛流离罢了。

四

柳丝长，春雨细，花外漏声迢递。惊塞雁，起城乌，画屏金鹧鸪。

香雾薄，透重幕，惆怅谢家池阁。红烛背，绣帷垂，梦长君不知。

——《更漏子》

一个新的地方总会有新的风景。走进北境的李煜离开了他的江南，离开了他的家国，种种过往，俱往矣，唯独不变的，是她的笑颜，他一直贪着的暖意。那亦是他如今苍凉的人生中唯一的慰藉——千里迢迢，她一路跟随，荣辱喜悲，她无畏无惧。此时的小周后已经不是当年那个为爱而生的少女，也不是高贵端庄的一国之后，她只是亡了国的女子，跟着自己的夫君，随着宿命漂泊。

这更加验证了她爱上的只是李煜，并非南唐的君王。她爱他，于是愿意包容他的好和坏，她纵容他的任性、温柔、孩子气，放纵他的沉溺故梦；她承担当年的骂名，却在亡国之后还愿意跟着他接受命运的安排，哪怕成为囚徒。时光流逝，她的容颜也在老去，可与日俱增的是她的爱和勇气。因为爱他，所以她经得起金银的雕琢，也能忍受苦难的折磨。

李煜信佛，不知道小周后是否也信仰神佛，但唯一可以确定的是，爱就是她的信仰。一个有信仰的女人，无论生活多么艰难，纵使三百六十五日，日日风霜刀剑严相逼，她也会绽放出璀璨的光芒，坚定地走下去。

香雾薄，透重幕，惆怅谢家池阁。红烛背，绣帏垂，梦长君不知。或许，她始终不知，自己爱上的是一个多么优秀的词人，开篇断代，犹如一个时代的开创者。他断送了自己的家国，却在另一方天地开辟了自己的国土。可是知不知道，又有什么关系呢？她已甘愿生死相随，又何惧风雨飘摇。

普光寺，这座素来香火鼎盛的寺庙，在那年接待了这对曾贵为国君和王后的夫妇。这是一座闻名遐迩的大寺，李煜身在江南时就听说过它的盛誉，如今天命弄人之下流离至此，又怎能不前去看看呢？他不顾老臣们的阻止，在得到曹彬的首肯之后，毅然带着小周后一同前往。

时年，正值新春，往来的香客们熙熙攘攘，一派香火繁盛。妙龄的少女结伴而来，对着佛祖拜了又拜，不知求的是什么，总归是一脸盈盈笑意，半袖满怀憧憬。曾经的帝后二人，却在重重看守之下来到这座寺庙，一举一动都有人严密监守。在宝相威严的神佛之前，两人一同跪下，祈求佛祖庇佑，往后的一切不求荣华富贵，但求此生平安顺遂。为此，李煜甚至捐出千两白银的巨额香火钱。他们跪下的那一刻，一定十分虔诚。除了神佛，他们已经再无所依靠。

汴梁是一座由外城、里城和宫城三部分组成的城池。外城有十二座城门，城墙高四丈，四周环绕着护城濠，被称"护龙河"，而里城则有十座城门，城外也环绕护城河，外城和里城分为居民区和商业区。宫城又被称为皇城，有六座城门，分别为三门：宣德门、左掖门和右掖门，东一门则是东华门，西一门则是西华门，北一门则是拱宸门。从总体上而言，这确实是一座气势恢宏、井然有序的城池，只是对于李煜而言，这里的一切都是那样的陌生和冰冷，令他辗转反侧、难以心安。

抵达汴梁之后，赵匡胤并没有立刻召见李煜，他将李煜安置在一座守卫森严的住所里，自己则和臣子们商议该如何举行"受降献俘"仪式。此时，李煜已是北宋案板上的鱼肉，任他们随意宰割而毫无还手之力。李煜不知道赵匡胤会如何安排自己，虽说曹彬已告诉自己赵匡胤绝不会亏待自己，甚至为自己修筑了华美的庭院，但那终究是在战争之前。在战争发生之后，他不知道赵匡胤还会不会信守"诺言"，善待自己的家人和臣子。

正月初四，北宋举行了盛大的纳降典礼。在李煜表示自己愿意归降之后，赵匡胤下令宣读了当初征讨南唐的檄文，其文将李煜形容成一个暴虐无道、不知天命的君王，而自己的南征正是天命所归。李煜如今身为战俘，寄人篱下，自然不敢有所违抗，只好忍气吞声，任由赵匡胤摆布。看到李煜逆来顺受，赵匡胤十分满意，下令宣读他之前就准备好的诏书：

江南伪主李煜，承奕世之遗基，据偏方而窃号。惟乃先父早荷朝恩，当尔袭位之初，示尝禀命。朕方示以宽大，每为含容。虽陈内附之言，罔效骏奔之礼，聚兵峻垒，包蓄日彰。朕欲全彼始终，去其疑间，虽颁召节，亦冀来朝，庶成玉帛之仪，岂顾干戈之役。寒然弗顾，潜蓄阴谋。劳锐旅以徂征，傅孤城而问罪。洎闻危迫，累示招携，何迷复之不悛，果覆亡之自掇。

昔者唐尧克宅，非无丹浦之师；夏禹泣辜，不赦防风之罪。稽诸古典，谅有明刑。朕以道在包荒，恩推恶杀。在昔骡车出蜀，青盖辞吴，彼皆闰位之降君，不预中朝之正朔，及颁爵命，方列公侯。尔实为外臣，庆我恩德，比禅与皓，又非其伦。特升拱极之班，赐以列侯之号，式优待遇，尽舍尤违。可光禄大夫、检校太傅、右千牛卫上将军，仍封违命侯。

"违命侯"，李煜心知这是一个带有侮辱性的封号，赵匡胤是故意这么赐封的，但他如今无权无势，不过一介亡国之君，又哪里能够反抗分毫呢？他只能怏怏不乐地接受了这个封号，当他的"违命侯"。跪在他身侧的小周后侧过脸，凝视着眉目紧锁的夫君，忽然莞尔一笑。李煜明白过来——违命违命，这又何尝不是一种骄傲呢？世上能有几人敢于违背天命？他轻轻握住她的手，于心中黯然道：不管赵匡胤如何伤害侮辱他，他并不是一无所有之人。

第七节 / 粲然锦花随风散

> 一切的一切都已经是青史上的谜团,那个惆怅凄苦了一生的词人,
> 也最终走向了自己的黄泉末路。

一

李煜成为违命侯没过多久,平静的生活再度生起波澜,先是老臣徐铉、张洎被赵匡胤委以重任。他们原本无惧赵匡胤的帝王威严,敢于在他面前仗义执言,这份勇气反而令对方龙颜大悦,对他们赏识有加;再是未久,赵匡胤竟然驾崩于深宫之中,此前并无预兆。

赵匡胤死后,继承皇位的不是他的儿子,而是跟随他多年戎马征战的胞弟赵匡义。在赵匡胤灵前,赵匡义手持其兄遗诏,才得以继承大宝。遗诏的真假已无从判别。然而,李煜的命运却因此发生了巨大的变化。

当年11月,赵匡义下令废去李煜"违命侯"的封号,改封"陇西郡公"。公侯爵子男,按照爵位等级来看,改侯为公,李煜的地位似乎有所提升,但实际上却并非如此,李煜的处境更加困窘,陷入某种诡异而无法伸张的境地。

赵匡义素来爱好读书,后人说他嗜书成痴,他自己也不止一次在公开场合提及自己的爱好。在即位之后,他以为原来宫中的三个书院过于狭窄,特意下令修建了崇文院,将原先三个书院的收藏尽数搬入之后,还增添了许多珍本。其实,赵匡义并不是一个毫无雄才大略的皇帝,他懂得收买人心、礼贤下士,

一改往日北宋重武轻文的风气，下令优待大江南北的士子文人。只是，这些都不意味着他能够善待李煜，或许，这其中也有着文人相轻的缘故。

即位之后的赵匡义曾多次召李煜入宫，与他一同前往崇文院观书，然后故意笑问："据闻卿在江南亦喜读书，更喜收藏。此中孤本、善本多是卿的爱物。不知卿归顺本朝后是否常来书院披览？"每每面对这种情况，李煜总是无可奈何，总是满怀悲愤，却只是不敢有所反抗。赵匡义此举，只不过是为了侮辱伤害他，只是他如今寄人篱下，连性命都掌握在他人手中，只能忍气吞声。

崇文院中的书籍字画，有很大一部分来自南唐，来自李煜的精心收藏。南唐亡国之后，这些珍贵文物被运往汴梁，成为崇文院的一部分。试想，沦为阶下囚的李煜，面对这些熟悉的事物，如何能够不回忆起往昔？想当年，轻衣挑灯的君王深夜不眠，描摹着珍贵的书画，于一旁细密地落下自己的感言和鉴赏，如今，物是人非，字画上面还有自己的一字一句，它们的主人却已经不再是自己。

更令李煜痛苦的还是赵光义对自己妻子的伤害。南唐降宋之后，小周后循例被封为郑国夫人。名号虽然华贵，但却毫无意义，赵光义又哪里会真正地将她当作郑国夫人呢？他时常将小周后召入宫中，肆意调笑，百般凌辱。从前堂堂的一国之后竟然被当作可以肆意玩弄的宫娥艺伎，深爱着李煜的小周后不堪凌辱，每次从宫中回来都对着丈夫失声痛哭、以泪洗面。后来，元人张宗在其画《太宗逼幸小周后图》中说：一自宫门随例入，为渠宛转避房栊。太宗就是宋太宗赵光义，显然，此事并非是子虚乌有的野史传闻。沦为囚徒的李煜夫妇确实在身体和精神上都受到了十分深刻的伤害。

面对此情此景，李煜感到十分痛苦。身为君王，已经失去了自己国家的他，日夜都生活在痛苦和自责当中。如今为人夫君的他，又无法保护自己的妻儿，只能眼睁睁地看着她受尽欺辱，心中的悲愤几近喷薄而出。看到李煜的无能为力，赵匡义更加乐此不疲。小周后成为战争的牺牲品，对于赵匡义的所作所为，她恨不能将他食肉寝皮，可转念一想，自己和丈夫的性命都掌握在他手中，他只要轻轻一捏，就能够令他们死无葬身之地。为了丈夫，她只好咬牙强忍。

李煜也并不比她好过,每当小周后被强行带入宫中时,他都会忍不住陷入痛苦之中。虽然小周后并不是他的发妻,可他对她的感情并不比对娥皇的少。她小小年纪,就愿意放弃一切跟随着一个如此失败的自己,不要名利,不要荣华,只要跟着他,哪怕走到如今如此惨然的境地中,她都不曾后悔,如今,窗下落花,凄冷山水,偌大的繁华里,自己是备受监禁的笼中鸟,她也因此受到牵连。如若她当初没有选择自己,纵使下嫁一个默默无闻的寒士,今日又何至于会受到这样的伤害和侮辱。

晓月坠,宿云微,无语枕频倚。梦回芳草思依依,天远雁声稀。莺啼散,余花乱,寂寞画堂深院。片红休扫尽从伊,留待舞人归。

——《喜迁莺》

望着空荡荡的厅堂,冰冷的寒气陡生在墙壁上,自己被烛光画出一道长长的影子,却只有一个,李煜不禁泪落长衫。他想起当年初遇时,她粲然的笑靥,明艳、放纵,如同秋水的双眸盈盈澹澹,就这样抓住了自己的心。他们有过甜蜜的往昔,也有情浓得化不开的誓言。往事中的一切美好都历历在目,只是骗不过自己如今的孑然一身。他孤身坐在窗前,月落西沉,天边隐隐传来鸟鸣,划过的流莺和花影转瞬即逝,映衬着此处的清冷花厅,一如雪上加霜。他抬眸,脖颈已僵硬,晨色已近,夜色已去,可是他等了一宿的人却依旧不见踪影。他不知道自己将要等到什么时候,他只知道,自己除了等待,也只能等待。

降宋之后的李煜不再是年少时那个凡事都由父亲担待着的少年,可以纵情山水,无忧无虑;亦不是初为人父的君王,身侧美眷如花,谁都赞叹他的文采与情思;也不是南唐的末代后主,纵使家国残破,在自己的小小天地里,依旧有人为自己出谋划策、遮风挡雨。过往里的人们都已成为故人,那些追随自己、保护自己的老臣们也不知前往何处,有些在黄泉,也有的另投了明君。

朦胧的天光里,寂寞悲伤的昔日君王扬起脸,明烈的日光映照在他的脸庞上,照出了他两鬓斑驳的青霜。时光似水流年,在不经意里,他也已老去,不复过往青春年华。

二

清明，谷雨。大暑，小暑。霜降，冬至。二十四节气，亦是二十四种人生。降宋后，这一时期的李煜正值人生的霜降时分。大寒降至，即将走向生命的尾声，却依旧有着夺目的光彩，寒霜熠熠，绽放着最后的流光溢彩。他的诗词人生亦是如此。走进这段人生的李煜经历了此前难以想象的痛苦，他的心境亦是有了极大的改变。苦难磨砺人生，苦难里的李煜，他的文学才华被这种残酷的命运激励出来，愈发地光彩耀眼。

是的，赵匡义可以侮辱他、伤害他，用各种残忍的方式打压他，却无法掠夺他在文学上的成就；相反地，在某种程度上，他对李煜的伤害成为一个契机。尽管李煜无法从政治上反抗他，如他所愿地推翻赵氏王朝，重新建立南唐，而后一统天下，名列三皇五帝，因为他没有那样的才能，也没有那样的勇气，然而他可以在另一个领域功垂千秋、昭彰青史。

> 林花谢了春红，太匆匆。无奈朝来寒雨晚来风。胭脂泪，留人醉，几时重？自是人生长恨水长东！
> ——《乌夜啼》

初春时节，当深山中绽开了第一抹水红，被幽禁在重重楼阁中的李煜推开小窗，眺望一城山水。他想起了烟雾缭绕的昔日，岁月是这样匆匆，过往的亭台楼阁、三千宫娥都化作灰烬青烟，无声散去。他回忆起他的人生，只觉得如同黄粱一梦、笑话一场。浮生袅袅，谁的人生能够如他一般，跌宕回环，兜兜转转，起起落落成阶下囚。他怅然无语，心中的愤懑、惆怅、哀伤、痛苦交织成无法抑制的情愫，从笔端倾泻而出。

如今粲然盛开的花，终有一日会随风飘散，盛开得璀璨，凋谢得也疾速，人们甚至都无法捕捉一缕花影，它就已飘然而去。时光太匆匆，命运太弄人，他多想回到当初，只要命运给他一个同所有好好告别的机会，而不是记忆中的匆匆错过，留下如今的无限惦记与感怀。

李煜是一个多情的人，正是因为他多情，专注于一切温柔的、含情脉脉的事物，不论是文字还是人，这才断送了他的南唐江山。但也正是他的多情，令他纵使被幽禁高楼，依旧能够温柔地感受身侧的一草一木，作出无数华彩的词作。他怀念昔日落花满地香满衣的生活，因此能够写出"烛明香暗画堂深，满鬓清霜残雪思难任"的词句；他细腻地感知着自己内心的细微活动，因此能够描摹出"剪不断，理还乱，是离愁。别是一般滋味在心头"的伤感。

纵使只是听到遥远的楼外农妇洗衣的声音，他也能留下精彩的作品：

> 深院静，小庭空，断续寒砧断续风。无奈夜长人不寐，数声和月到帘栊。
>
> ——《捣练子令》

夜深人静之时，独守空楼的李煜难以入眠，思绪是不任人管束的飞鸟，即使李煜想要安静地享受月色，亦是难以如愿，他只能听着楼外远处隐隐约约的捣衣声，伴着寂寥的风声，任由思绪如泉涌。如此静夜，如此怅然时分，听到这声音，难免想起自己寄人篱下的处境。就算只是一介寒妇，亦是自由的，她有着自己的家、自己的亲人、自己的人生，她可以自由地行走在天地之间，不会像自己一样，一举一动都要受到严密的监视，处处都不能顺心如意。

他只能像在南唐时一样借酒消愁。赵匡胤在位时，李煜的供奉之中包括每日三石酒的供奉。赵匡胤驾崩，赵匡义即位后，这项供应就悄然终止了。身在汴梁的李煜无法同在南唐时相比，有求必应，人人都在奉承讨好他。他也没有丰厚的财富供他挥霍，继续以往纸醉金迷的生活。他只好上书赵匡义，希望他能够看在自己亡国的份儿上，宽厚地对待自己。赵匡义见到之后，为了表示自己的宽厚大度，便给李煜添了三百万钱的酒钱。酒的问题总算是得以解决了。

酒喝多了，自然会醉。人醉多了，往往就会做梦。那一晚，他梦到了千里之外的故国。抑或只是故乡。他梦到自己行走在江南的春花绿树里，林间隐约有莺啼，婉转娇憨的，伴着淡淡的琵琶声，宛如天籁。身侧萦绕着幽幽的芬芳，那是久违的花香，北国虽然也有花，可总比不上江南的温柔，连香气里都有淡淡的甜。他走出美好的春光，走进一个车如流水、马如龙的城市，城市里的人们安居乐业，街市上人流熙熙攘攘，灯花如繁星，明艳了一座城，亦明亮了他的双眸——那是他的金陵城，他生活了数十年的金陵城。

欢喜里，他随着人流走到秦淮河畔，一切如旧，流水潺潺，歌声婉婉，画舫小舟穿梭在人们的目光和叫喊里。他抬眸，将所有的景物都牢记在心底。总是要失去之后，才知道珍惜。这座城市还属于他的时候，他不曾将它放在心上，直至今日，这里终于成了他人的国土，他才知道，他是那样爱着这里，爱着他的家国。

梦终究是要醒来的。很久没有睡得这样安谧，李煜留恋着梦境中的一切。如今的李煜，也只能在梦中寻觅他过往的荣耀和辉煌，来安慰现实里他那颗百孔千疮的心。他蓦然回首，仿佛要望向梦里的繁华和流彩，可是回首里看到的不过是一堵冰冷的墙，隔着墙，他知道墙外又是一座墙。他的生死就被困在这些重重的深墙里了，一生一世，无望的，亦是无尽的。

  闲梦远，南国正芳春。船上管弦江面绿，满城飞絮滚轻尘。忙煞看花人。

  闲梦远，南国正清秋。千里江山寒色远，芦花深处泊孤舟。笛在月明楼。

——《望江梅》二首

梦境里的美妙被永远地凝固在笔墨上。这是一个永远不会被惊醒的世界，他可以安心地徜徉其中，回味其中的一分一毫：春深时分的南国、清秋时节的南国。秦淮河上飞流而过的画舫船只渐渐从城市来到两岸青山相对出的地方,满城飞絮逐着水流而来,落入芦花的深处。绮丽而宁静,如同当年月明楼上一曲笛声吹落梅花,吹断惆怅。

> 人生愁恨何能免?销魂独我情何限!故国梦重归,觉来双泪垂。高楼谁与上?长记秋晴望。往事已成空,还如一梦中。
>
> ——《子夜歌》

金陵城的繁华终究是一梦。梦和现实有如隔着天堑。梦境是那样美好,现实是那样痛苦和苍白。故国梦重归,觉来双泪垂。往事已成空,还如一梦中。这才是李煜的现实,他不得不认同与顺从的现实。

他知道,生性懦弱的自己是无法承担起家国大业的。守成尚且无能为力,更何况是被寄予成就大业的希望呢?世界上再也没有一个人比李煜自己更加了解自己。他对自己有着清醒的认知,因此在投降北宋后并未做出任何反抗的举动,甚至不曾玉石俱焚。这是他的胆怯,亦是他对命运的服从。但服从命运却并不意味着他能够安然无愧于一切,可以坦然走向命运的终点。

据说,南唐旧臣校书郎郑文宝曾是李煜的长子仲寓府内的校书郎,君臣二人相交甚密。亡国之后,郑文宝不愿投靠宋人,流浪多年,终于流落汴梁。得知李煜被困高楼之后,他屡次想要面见旧主,无奈次次都无法如愿,最终只能化装成渔夫,隔着楼墙,遥遥相见。那一瞬间,想必李煜已是泪流满面。旧日辉煌,已成黄花。陌路相逢,相逢已是不敢相见,又是一种怎样的悲凉。

当初的豪言壮语,已在种种困窘中消磨殆尽。那颗曾经纵使不算是足智多谋也算颇有计谋的心,如今再也提不起任何意趣。被禁锢的日子里,李煜时常想起当年校检太尉鹿虔扆的一首《临江仙》:金锁重门荒苑静,绮窗愁对秋空。

翠华一去寂无踪。玉楼歌吹，声断已随风。烟月不知人事改，夜阑还照深宫。藕花相向野塘中。暗伤亡国，清露泣香红。

鹿虔扆原是后蜀人氏，这首《临江仙》是为凭吊后蜀而作的。此时，李煜反复吟诵，只是在其中找到共通之处罢了。后蜀和南唐一样，都是"短命王朝"，那些重重楼阁、华丽的宫殿楼宇曾人烟繁盛，香风如画，如今只是在月色下暗自寂寥，秋色里无声生尘。凌波不过横塘路，寂静的碧水里，多年前枝叶翩跹的莲花，现今只落得一个留得残荷听雨声的结局。

原来，亡国是这样一件难过的事情；原来，沦为阶下囚是这样一件痛苦的事情。李煜吟诵着亡国的词句，又是一夜辗转难眠。因为心有所感，他写了许多怀念故国的诗词。由于他的政治和文学地位，这些词作很快被传到大江南北，在众多文人之间竞相传诵。李煜并没有反抗赵氏王朝的本意，然而此时北宋正处在统一天下不久后的阶段，人心未稳，赵光义这个王座还坐得并不稳。潜伏在民间的探子将此事报给赵光义之后，赵匡义按捺不住心中的怒火。

在他的眼中，李煜降宋之后的生活并没有什么可以抱怨的地方。北宋对待降王大度宽容到这个地步，实在是古今罕见。不但为他修建了堪比皇宫的住所，还高官厚禄地养着他，然而李煜居然还心有不甘，写出这些东西来挑战他的自尊，实在是太过分了。赵光义没有赵匡胤那样有王者风度，一笑置之就按下此事，这时，这位素来心胸并不宽大的皇帝，暗暗对李煜存上了怀恨之心。

赵匡义并没有立即开始行动，他先是召来李煜的旧臣徐铉，此时徐铉已为宋臣，奉命撰写《江南录》。赵匡义命徐铉时常去探望李煜，并将两人对话如实禀告。徐铉如今已非唐臣，虽然心有疑虑，却不敢抗旨不遵，只好前往幽禁李煜的地方。徐铉虽然今非昔比，但心中依旧留恋旧年旧主，此时君臣二人相见，自然是感慨万千。

两人相见后，徐铉欲给李煜行礼，李煜战战兢兢地阻止了老臣，只说自己如今已是降王，若是徐铉给自己行礼的事情被赵匡义知晓，说不定又是一场弥天大祸从天而降呢。他已经被生活消磨成了更加怯弱的男子，徐铉忍不住长叹一声。这声长叹唤起了李煜的记忆，他心中百感交集，悔道："当初真不该错杀潘佑、李平啊！"那两位冤死的南唐旧臣对李煜和南唐都忠心耿耿，却死在自己效忠的君王手里。如果他们没有丧命，那么南唐的命运会有所转机也说不定。如今李煜的悔意只是徒然，只是苍白。提起旧事，徐铉亦是默然无声。一切都已无法回头，李煜的忏悔亦是毫无意义了。

徐铉起身离去之后，即刻被赵匡义召入宫中，详问两人交谈。徐铉惶然之下不敢有所隐瞒，只能不分巨细将两人的对话告诉赵匡义。李煜的话令赵匡义勃然大怒，身在汴梁，享受着大宋衣食的李煜竟然还敢思念故国，悔杀忠臣！此时，赵匡义已非怀恨在心那么简单了，恨意已被燃烧成杀机，对于李煜，赵匡义已恨不得杀之而后快了。

对于赵匡义的杀心，蒙在鼓里的李煜一无所知。他不知道自己的一句叹息竟然让对方起了杀心，自己的性命也将断送在这句话上。梦里不知身是客，他并不属于北宋，他的魂魄是属于那个美好得宛如梦境的江南的，他亦是如此依恋着失去的江南。可倘若他知道这种依恋和怀念将成为他的催命符，他是否还有胆量纵容自己的想念？一切的一切都已经是青史上的谜团，那个惆怅凄苦了一生的词人，也最终走向了自己的黄泉末路。

四

北宋太平兴国三年（978年），七夕夜，南唐降王李煜身死寓所。赵匡义追封其为太师，加封吴王，最终落葬邙山。那是李煜第四十二个年头，四十二年前的七夕，他呱呱降生在繁华的金陵城里，开始了他灿烂而悲惨的一生，四十二年后，他身中剧毒，痛苦地死在异国的土地上，结束了他遗憾而圆满的人生。

生于七夕，又死于七夕。这仿佛是一个轮回，亦是一个笑话。贾宝玉在林黛玉死后，茫茫然里魂魄出窍，懵懂无知里询问鬼差，鬼差只问他所寻何人。他道是：姑苏林黛玉。却不知李煜走向奈何桥时，报的身家姓名是否是"南唐李煜"。他的家、他的国，已经覆灭，成了灰，成了烟。纵使成了北宋的降王，他依旧只是这片土地上的孤魂，无国，亦无家。

或许，李煜从未想过自己也会死。风里浪里，那么多次的刀山火海，他都侥幸留下命来，苟且偷生。他或许以为自己会在漫长的屈辱中慢慢老去，平静地接受死亡。可是命运却赋予他一种屈辱且神秘的死亡方式。这令后人们百生疑窦，却没办法给出一个正确的答案。历史总归只是一个人的历史，相信与否，也是一个人的事情。

当然，对于李煜的死因，最为公认的说法，是赵匡义下的毒手。那年的七夕节是李煜四十二岁的寿辰。随着李煜一同来到汴梁的后妃宫娥们为了讨他的欢心，特意安排了一场精心设计的表演。庭院里彩灯盈盈，歌舞声声，一如当年身在南唐时。只是什么都不一样了，天上的牛郎织女年年相会，地上的人们却日渐白头。面对妃子们的苦心，李煜挤出了一个笑容，但是，他们都知道自己只是在强颜欢笑，默默地忍受着心里的屈辱和悲哀。

冰冷的酒入了喉，一路熊熊燃烧，仿佛一场滔天的火。他忍不住掷开手中金杯，长声道：春花秋月何时了？往事知多少。小楼昨夜又东风，故国不堪回首月明中。雕栏玉砌应犹在，只是朱颜改。问君能有几多愁？恰似一江春水向东流。那是他最为人熟知的诗篇，亦是他最后的放纵和豪气，更是生性柔弱的李煜对赵氏王朝的反抗，在这里，他找回了他的尊严和人格。

身侧的妃子们听到，亦是泪眼婆娑，已经有熟知音律的女子轻声歌唱，忧愁悲伤。渐渐地，这缕歌声有越来越多的声音相和——她们虽然未曾经历李煜的悲伤，但是失去故国、沦为孤魂的痛，她们都感同身受。

这件事被赵匡义的暗探探询得知，很快，赵匡义也听到了风声。他勃然大怒，往日积累起来的恨意成了燎原的大火，他觉得，势必不能将李煜此人留在世上了。这个人不知天高地厚、不懂知恩图报，他已是忍无可忍！帝王的杀心是最可怕的，更可怕的还是李煜对此事的浑然无知。他只是顺从自己的内心，却没想到，即使自己对对方俯首称臣、极尽卑微，也换不来对等的回报。

赵匡义将素来同李煜交好的秦王赵廷美召入宫中，借说自己对李煜的文采十分欣赏，今日恰逢七夕佳节，又是李煜的生辰，希望赵廷美能够前往李煜的府邸，将自己的赏赐传达给他。秦王一向同李煜颇为投机，两人对诗词歌赋都很有研究，赵匡义这样一说，赵廷美便欣然答允，当夜就将赏赐送到了李煜的府邸。

由于送来赏赐的人是秦王，李煜毫无戒备，更不会想到赵匡义会这样毫不掩饰地将毒药放在酒中。是夜，李煜喝下了赵匡义赏赐的美酒，即刻毒发，四肢抽搐，痛苦难当。经过一番痛苦的煎熬，李煜终于闭上了双眼。时年，不过四十二岁。这位风流了一生、痛苦了一生、荒唐了一生、优美了一生的词人，在经历了文人、皇子、君王、阶下囚等多种身份的转换之后，终于成为政治斗争的一缕亡魂。

或许，他毒发时，死不瞑目，直至黄泉亦觉得冤枉。他还年轻，他还有很多美酒未曾喝完，还有满腹的好词未曾出世，他还不想就这样去面对父亲和祖父以及那么多的南唐亡臣。或许，闭上双眼的那一刻，他是无怨无悔的，甚至含笑而去。亡国后的生活是那样的痛苦，这已经让他生无欢、死无趣了。只是偏偏自己没有结束生命的勇气，只能任由命运摆布。能够以这种方式终结，离开这个满是血泪的尘世，未尝不是好事。

不论是不甘，还是无怨，他都无法逃脱死亡的命运，无法逃脱任由后人评说的命运。他死后，旧臣徐铉奉命为他撰写了墓志铭。在墓志铭里，徐铉不失偏颇地评定了李煜的一生，不论是功，还是过，徐铉都极其公允地记录下来：李煜为人，乃是以儒家修心养性的说教，以及佛门普度众生的信条为言行准则，既宽人又爱物的。可遗憾的是，由于他不善变通，结果物极必反，善成了恶，最后落得个自食苦果的结局。李煜为政则是躬行仁义，但是在五代十国"用武之世"，这种适用于太平盛世的政策已经无济于事。至于李煜为文则独具特色，"精究六经，旁综百氏""洞晓音律，精别雅郑"。李煜不仅写就了雅颂文赋凡三十卷，杂说百篇，而且续写了《乐记》，堪称旷世奇才。

李煜死后未久，整日以泪洗面的小周后便随之而去。在众人的努力之下，小周后得以与丈夫合葬在邙山。当初花前月下的海誓山盟，终究得以实现。对李煜而言，这不啻是人生的另一种圆满。

第二辑 柳永

追前事，暗心伤，一生赢得是凄凉

第一节 / 优游少年柳三变

十几岁的少年,正是人生最生机勃勃之际,再稳重老成的理想,

再沉重压抑的寄托,也无法将少年的活泼天性湮没。

更何况,酷爱游山玩水的柳三变,早已学会了用慧眼捕捉自然之美。

（一）

宋太宗雍熙元年（984年），暮春三月，草长莺飞，江南早已一片樱红柳绿，湿润的风自南而来，白墙黑瓦的私塾里，孩童诵诗的声音若隐若现，屋檐下盘旋着几只雏燕，享受着初次飞翔的乐趣，时光无声无息，仿佛也被这温柔的水乡揉碎。

然而在儒臣柳宜家里，此时却热闹非凡。一个男婴的诞生，给这个平日里总是奔波劳碌的家庭平添了一份喜悦，尤其是柳宜，彼时他已四十六岁，仍宦游于州县之间，担任些无关紧要的官职。他已育有二子，长子柳三复，次子柳三接，此时都在为考取功名埋首苦读。柳家又添一子，邻居纷纷前来道喜，柳宜一边拱手道谢，一边在心底揣度着男婴的名字……

柳氏一族的故乡，在钟灵毓秀的福建省崇安县（今武夷山市），柳宜的父亲柳崇在当时便以儒学显名。唐末五代豪强四起，时局动荡，为避祸乱，柳崇携家隐居在崇安县的金鹅峰山下。

柳崇此举，本是想避世，没想到在如此人迹罕至的偏僻之地，却迎来了

一位朝廷要员,此人奉命诏柳崇出山为官,柳崇淡然摇首,只道家有高堂无人奉养。

后来,无论朝廷如何催促,柳崇果然不为所动,但这位闭门治学的儒者,并没有阻止儿子们的求仕之路。柳崇育有六子,皆出仕为官。其中长子柳宜,曾上书朝廷,畅谈政论得失,南唐后主李煜见之,颇为赞赏,遂招入宫中为官。柳宜性格耿直不阿,一身傲骨,官居监察御史之职,讽贪刺邪,直言敢谏。他的好友王禹偁曾在《送柳宜通判全州序》称,柳宜"多所弹劾,不避权贵,故秉政者尤忌之"。

公元975年,北宋的铁骑踏破南唐都城金陵(今江苏南京)的城墙。三年后,后主李煜被宋太宗以牵机药夺了性命。按照话本小说的故事套路,国破君亡,有骨气的旧臣当以死报答龙恩,方能赢得后世的赞誉。

然而,倘若不是身处其间,谁也无法体会柳宜的难言之隐。

宋太祖赵匡胤给柳宜等一干旧臣提出了优渥的条件,又言之以情,晓之以理,大谈"天下初定,亟须尔等能臣辅佐朝廷,以保苍生"云云,最终,柳宜选择了降宋。

南唐旧臣的身份不是与生俱来的胎记,柳宜穷尽前半生所学,才在风雨飘摇的南唐换得一顶乌纱帽,孰料世事变幻无常,顷刻间,他治国平天下的宏愿便被搁浅,他感激旧主李煜的知遇之恩,但他亦清楚,要在幅员辽阔的中原建立一个统一政权,非赵匡胤这等铁血之人不可。降宋之事虽已坐实,但若能解救天下苍生于水火之中,骨气名节又算得了什么?

虽然宋主认为柳宜"识理体而合经义",但因他的旧臣身份,终归不肯委以要职。当然,也不能指斥帝王心胸狭隘、不懂用人之道,历代王朝的兴亡皆是如此,对前朝的臣子以礼相待已颇为可贵,倘若真的委以要职,则未免显得草率。宋主深谙此道,对柳宜等旧臣,表面尊敬有加,实则即为打压。柳宜在宋为官数年,政绩颇佳,却仍只是州县闲散小官,且朝廷一纸调令,就需四方奔波任职,所以,柳家人亦饱受颠沛流离之苦。

生命中出现这样的变故,柳宜也唯有一声长叹。在他的后半生里,"南唐旧臣"这顶帽子成为他摘不掉的梦魇……

柳宜为儿子起名"柳三变"。柳三变在族中子弟排行第七，故亲密的人亦称他"柳七"。"三变"二字取自《论语》："君子有三变：望之俨然，即之也温，听其言也厉。"大抵描述了孔圣人眼中的君子形象：远观严肃不苟，接近即温和坦荡，谈吐严厉庄重，无嬉闹之态。柳宜给幼子起了这样一个寄托深远寓意的名字，自然是希望他能饱读诗书，以儒家之礼约束自己，以修身治国平天下为己任，在功名之路上能有所作为。

年幼的柳三变，过早地开始了漂泊生活。父亲柳宜仕途不定，朝廷的调令指向哪里，就须拖家带口，奔赴那里去任职。柳三变自出生起，就随父亲辗转于蒲州、泉州、扬州等地。少年的他还不懂离别羁旅之苦，只觉得各地风景新鲜有趣，而车马劳顿的辛苦、披星戴月的奔波，自有大人操办，他也不必多想。

直到太宗至道年间，失意的父亲辗转回到故乡，柳家人的漂泊不定的生活才总算暂时结束。

在推崇儒家礼法的崇安白水村，六子入仕的柳门颇受当地人敬重，柳三变随父刚回到故乡，迎接他的便是乡民们热切的目光和殷切的招待。在这里，他隐隐体会到入仕给人带来的荣耀感。彼时他刚满十三岁，已经度过了蒙童的天真无知，光耀家族门楣的观念已深入少年的骨髓，他对唐诗所云"乘风破浪会有时，直挂云帆济沧海"深信不疑，幻想着"春风得意马蹄疾，一日看尽长安花"的生活。

柳三变少年自幼聪慧，加之老师指点，学业更是突飞猛进，十四岁时的一篇习作，他便发下宏愿，立志求学：

> 父母养其子而不教，是不爱其子也。虽教而不严，是亦不爱其子也。父母教而不学，是子不爱其身也。虽学而不勤，是亦不爱其身也。是故养子必教，教则必严；严则必勤，勤则必成。学，则庶人之子为公卿；不学，则公卿之子为庶人。

——《劝学文》

柳宜看罢儿子的习作，心中甚是欣慰。柳三变也知晓，他虽出身仕宦之家，境况比庶民优越，但和那些贵族公卿相比，毕竟差距悬殊。父亲郁郁寡欢的神情、终日紧锁的眉头，还有朝廷无休无止的调令，让这个生性敏感的少年体会到了柳门子弟求仕之路的不易，他盼望着有朝一日能科举及第，光宗耀祖，才不负父亲的谆谆教诲。

(二)

十几岁的少年，正是人生最生机勃勃之际，再稳重老成的理想、再沉重压抑的寄托，也无法将少年的活泼天性湮没。更何况，酷爱游山玩水的柳三变，早已学会了用慧眼捕捉自然之美。有家乡的景色为伴，少年的眼里仿佛整日都框住一幅巨画里。在《乐章集》中，保留了一首他写于崇安的词作，《巫山一段云》是他现存最早的词作：

六六真游洞，三三物外天。九班麟稳破非烟，何处按云轩？
昨夜麻姑陪宴，又话蓬莱清浅。几回山脚弄云涛，仿佛见金鳌。
——《巫山一段云》

这如仙山道乡一般的地方，便是柳三变家乡附近的名胜武夷山。武夷山是道教名山，北宋道教昌盛，柳三变慕名游览，抒情感怀，再寻常不过了。

在这首游仙诗中，他幻想自己正遨游于天庭，与美丽的麻姑一起，为王母祝寿。宴席上，麻姑讲起了人世的沧桑变化，他正喟然长叹，蓬莱岛的流水却变得又清又浅。麻姑感叹，自己在天上一日，人间却已过万年，生命在瞬间灰飞烟灭，富贵功名也不过沧海一粟。原来这世上，根本没有什么不朽与永恒，一切皆如过眼烟云，随风而散……柳三变突然惊醒，望见山脚的云海翻腾，仿佛一只金鳌在翻腾搅弄。

同是游山之作，比起早前的《题建宁中锋寺》，这首词多了些波诡云谲的想象，颇有李贺和韩愈的味道。难得的是，词中充满了对自由的向往、对永恒的追求，虽被寄托在缥缈的游仙世界里，但毕竟已经开始呈现出柳三变的特色，仿佛对山水情人之耳，吐尽绵绵相思意……

除却纵情山水诗词，柳三变的世界里还有一扇小小的门扉。

大约在十六到十九岁之间，在长辈的主持下，柳三变在故乡娶了妻。史书中关于柳三变的记载凤毛麟角，其妻的故事更是难以寻到。因此，后人只能从柳三变的词作中，推测他与这个女子之间的情事。

这个与柳三变结合的神秘女子，竟然未能在他的浩瀚词海中留下芳名，或许是幸福来得太过迅疾，年轻的柳三变还不懂得向后世倾吐他的喜悦，或许真正的爱情本就不必言说，平淡的生活处处都有诗意，这个被柳三变词名包裹的女子，留给世人的，亦是美丽的侧影。

古人成婚讲求"门当户对"，柳家在崇安也算高门大户，再加上柳三变的两个兄长，三子早已名声在外，人称"柳氏三绝"。如此推断，这个女子也定不是寻常人家的女儿，即使不是钟鸣鼎食的贵族之家，也当是个贤良淑惠的大家闺秀。后人在柳三变的词作里，捕捉到了些许踪迹：

> 飞琼伴侣，偶别珠宫，未返神仙行缀。取次梳妆，寻常言语，有得几多姝丽。拟把名花比。恐旁人笑我，谈何容易。细思算、奇葩艳卉，惟是深红浅白而已。争如这多情，占得人间，千娇百媚。
>
> 须信画堂绣阁，皓月清风，忍把光阴轻弃。自古及今，佳人才子，少得当年双美。且恁相偎依。未消得、怜我多才多艺。愿妳妳、兰心蕙性，枕前言下，表余深意。为盟誓。今生断不孤鸳被。
>
> ——《玉女摇仙佩·佳人》

清人沈谦在《填词杂说》中评论道："大畏唐突，尤见温存。"这番细致而认真的掂量,道出词人心底最难以启齿的秘密。词章,如同一盘洁白无瑕的青花瓷器;文字,如同瓷器上甘冽冰凉的露水。在这之下,是词人滚烫郁勃的赤子之心。

看来,这段父母之命的婚姻对柳三变而言是弥足珍贵的,古今多少才子,因为媒妁之言、父母之命不可抵抗,而与心仪的佳人天涯相隔。幸运的柳三变不必接受这种悲剧,妻子温柔的臂弯承接了他所有关于春花秋月的幻想,那份喜悦犹如竹林中送来的一阵清风,吹得人每根汗毛都微微战栗。

"自古及今,佳人才子,少得当年双美。"在《玉女摇仙佩·佳人》里,柳三变第一次讲到了自己推崇的爱情观。那便是世间最完美的才子佳人式的爱情,郎才女貌,情投意合,遂结良缘。普天之下,还有比这更浪漫的邂逅吗?在他后来的诸多词篇中,都能体悟到他对这一份信念的追求和坚持。这种爱情观,正是对当时门户观念的反对,然而他并未意识到,自己这一桩美满的婚姻,正是他所反对的正统观念给予的。

此时的柳三变,羽翼尚未丰满,仍旧是封建家庭制度下的一只幼雏。虽然多年后羁旅在外的他常以浪漫不羁的性格自嘲,但在故乡崇安时,少年恐怕并没有能力捍卫他那才子佳人的美梦。

然而美梦就这样不期然在现实中呈现,词人如痴如醉。

满搦宫腰纤细。年纪方当笄岁。刚被风流沾惹,与合垂杨双髻。初学严妆,如描似削身材,怯雨羞云情意。举措多娇媚。

争奈心性,未会先怜佳婿。长是夜深,不肯便入鸳被。与解罗裳,盈盈背立银釭,却道你但先睡。

——《斗百花》

新婚妻子方当笄岁,如出水芙蓉,一尘不染,她梳着垂杨双髻,面色微红,立于窗下。遥遥看去,那纤细的腰肢、婀娜的身影,仿佛偶然离宫的仙女下凡,令人心生爱意。娇妻妩媚,但那种妩媚浑然天成,只是画了淡淡的眉,便清丽可人。夜已深,她却迟迟不肯睡下,背着夫婿宽衣解带,红色的蜡烛映照着她羞涩的脸,就像一幅仕女图般安静而又动人。

"闺房狎媟,不宜实说,而有本色描写,迹近诲淫者。"或许是柳三变的笔触太过细腻,才引起了后世学者如钱基博这些正统文人的不满。其实,古代写闺房之趣的诗词并不少,只是旁人多用旁敲侧击的含蓄之法,给读者以朦朦胧胧的美感,唯有柳三变,大胆地挑开那一层薄纱,营造着属于自己的感官世界。

娇妻在侧,生活安宁,这种再好不过的日子却并未长久。宋真宗咸平四年(1001年),十八岁的柳三变在家乡通过了乡试,准备进京赶考。他与妻子柳氏刚刚成婚半载,正是如胶似漆之时,无数甜蜜的诺言才刚刚说出口,便被现实击打得支离破碎。夹杂着有情与无情,伴随着希望和失望,他告别了家乡,挥别了深爱自己的妻子,开始了新的旅程。

第二节 / 烟花巷陌别样情

他像初尝蜜糖的孩子，在风月之地流连忘返，痛饮大醉，将自己彻底地放逐在此处。
桃花扇底，美人起舞，醺醺然的柳三变仿佛又看见了幼年在苏州所见的奇妙场景。
歌声轻柔，筚篌寂寥，他的折扇刻尽"风流"二字，醉在胭脂扣中，
他似乎已经忘了来此地的初衷。

功名之路漫浩浩，自崇安至汴京，一路风光无限，上有天堂，下有苏杭，柳三变骑马换舟，不日便抵达杭州。杭州，乃江南最富庶的地方，文人墨客、富商巨贾皆汇聚于此，此处风光无限又多风月之地，自然是文人骚客们驻足之处。

柳三变在杭州停驻，除了仰慕风光、寻访古迹之外，还有一个重要的原因，那便是干谒求仕。杭州乃江南重镇，达官贵人亦多居此处，柳三变若能干谒其中一二，获得赏识，他日科举及第，便不是难事。

初到杭州，他便领略到了"上有天堂，下有苏杭"的真谛。这个古老的南方城市处处散发着甜腻的气息，是新酿的米酒从乌篷船上飘荡出来，是贵族少女们唇上的胭脂撩人心魂，也是灯火阑珊的秦楼里琵琶跃动的曲调……一阵柳絮飞来，迷了他的双眼，吞吐着这种玫瑰似的气息，柳三变有些不知所措，柔情如此，词人怎能抗拒？

春花秋月，暮暮朝朝，父亲语重心长的祈愿，妻子盈盈盼归的眼神，终于在柳三变心里变成越来越小的情愫，最后就如一场春雨拂后，终究不留痕迹……

他像初尝蜜糖的孩子，在风月之地流连忘返，痛饮大醉，将自己彻底地放逐在此处。桃花扇底，美人起舞，醺醺然的柳三变仿佛又看见了幼年在苏州所见的奇妙场景。歌声轻柔，筌篌寂寥，美酒盛宴，柳三变的折扇刻尽"风流"二字，醉在胭脂扣中，他似乎已经忘了来此地的初衷。美人如画，停滞了他求取功名的脚步，若有爱人长相厮守，功名富贵也不过弹指之事。

> 东南形胜，三吴都会，钱塘自古繁华。烟柳画桥，风帘翠幕，参差十万人家。云树绕堤沙，怒涛卷霜雪，天堑无涯。市列珠玑，户盈罗绮，竞豪奢。
>
> 重湖叠巘清嘉。有三秋桂子，十里荷花。羌管弄晴，菱歌泛夜，嬉嬉钓叟莲娃。千骑拥高牙，乘醉听箫鼓，吟赏烟霞。异日图将好景，归去凤池夸。
>
> ——《望海潮》

这首词气势博大、力量非凡，成为书写杭州的千古绝唱。很难想象，如此大开大阖、直起直落的笔法出自柳三变这样的文弱书生笔下，若非心有坦荡气魄而不可得。区区数十字，就将杭州的地理位置、历史风貌、优美景色纳于笔中。"烟柳画桥，风帘翠幕，参差十万人家"，远远望去，这一处人烟阜盛，各式建筑鳞次栉比，檐牙错落，再将镜头移近，只见闹市繁华，户盈罗绮，熙熙攘攘；下阕笔锋一转，只见风和日丽，桂子飘香，荷花荡漾，钓叟莲娃泛舟于湖上，一派安宁祥和气象。

此时距宋太祖赵匡胤立国不过四十余年，华夏中原在经历五代十国的战火后，又一次在大一统帝国的统治下，开始新的复苏与繁荣。年轻的北宋王朝无疑是骄傲的，这是盛唐之后，九州大地再次以富庶和文明享誉世界。太祖立国之初，曾立下祖训"刑不上大夫"。于是，优待文人成为北宋统治者的惯例，在这一风气影响下，民众对文人普遍尊重，而文人亦多享乐无忧，所以才有"千骑拥高牙，乘醉听箫鼓，吟赏烟霞"的场景。

一曲《望海潮》，撩拨着无数人的江南大梦。湖山之美好、城市之富庶，吊起了路人的嘴角，有凌云之志的士子，将仕途作为归宿；风流倜傥的才子，将风月场作为温柔乡，柳三变两种心思兼而有之，所谓苏杭之梦，大梦无边。

这阕词，亦是他走上仕途的第一块探脚石。

当时，杭州有一朝廷大员名叫孙何，柳三变曾慕名前去拜谒，奈何孙门戒严，非有名望之士不得相见。于是他创作了此词，并携其词相见江南名妓楚楚。楚楚姑娘虽为歌妓，但精通词律，颇有造诣，读罢《望海潮》，大喜，连声称赞。柳三变诚恳地说道："欲见孙相，恨无门路，若因府会，愿借朱唇歌于孙相公之前。若问谁为此词，但说柳七。"眼见才子致仕无门，楚楚姑娘欣然答应。

适值孙府中秋府会，楚楚应邀献舞一曲。在孙家丰盛豪华的宴席上，众多达官贵人为一睹楚楚容颜纷纷上前。丝竹声起，红烛袅袅，楚楚一袭红衣，在厅堂之上随风起舞，琵琶奏乐，朱唇轻启，一曲《望海潮》婉转悠扬，众人对她的舞姿如痴如醉，对所吟之歌，更是拍手叫绝。

舞毕唱罢，全场默然，仿佛沉浸在钱塘繁华中不愿抽离，许久，孙何问道："词曲为何人所作？"楚楚答道："崇安柳三变。"

南宋杨湜在《古今词话》记载了这件事的结局："孙即日迎耆卿预坐。"于孙何而言，结识这样一位有才之士是光耀门府之事，于柳三变而言，则顺利走上了干谒投献的第一步，可谓皆大欢喜。

在这则故事里，后人亦采撷出了其他意味。分明是以投献干谒为目的颂词，在柳三变手中，不仅毫无阿谀奉承之丑态，反而写得潇潇洒洒，极尽风流。在他笔下，钱塘之地没有那种香软浮靡的小家之态，却是大气磅礴而不失清秀之姿。由此可见，柳三变虽有意仕进，但也绝不是一味见利忘义之徒。他有干谒之心，却不肯低眉折腰，以至于后来屡屡碰壁，在这首词中即可看出一二端倪。

古往今来，干谒之举，何不是士子们心头的矛盾？分别被冠以"诗仙""诗圣"美名的李白、杜甫，就是在干谒之途尝尽人间冷暖。他们左手敲打着王侯将相的朱门，右手又掂量着此举的得失，这欲罢不能的痛苦，非身处彼时而不能体会。

孙何被柳七的才华折服，在杭州对柳三变礼遇有加。真宗景德元年（1004年），孙何奉旨回京任职太常礼院，柳三变作词以赠别：

渐觉芳郊明媚，夜来膏雨，一洒尘埃。满目浅桃深杏，露染风裁。银塘静、鱼鳞簟展，烟岫翠、龟甲屏开。殷晴雷。云中鼓吹，游遍蓬莱。

徘徊。隼旟前后，三千珠履，十二金钗。雅俗熙熙，下车成宴尽春台。好雍容、东山妓女，堪笑傲、北海尊罍。且追陪。凤池归去，那更重来。

——《玉蝴蝶》

孙何或曾许诺，有朝一日待柳三变抵达汴京，定助他青云展翅，叱咤朝野。可惜的是，春来秋去，风雨飘摇，等来的却是一纸白蝴蝶——同年冬月，孙何在汴京病逝。

还未从孙何病逝的噩耗中解脱，柳三变又听见一桩京城奇闻：这一年，自幼聪慧的少年晏殊，得江南按抚张知白的力荐，以"神童"之名入京殿试，一举成名，宋真宗对其刮目相看，赐同进士出身。

到底是江南的烟雨朦胧更令人迷醉，还是汴京的权力争夺更摄人心魄，柳三变心里，早有了定夺。

拆桐花烂漫，乍疏雨、洗清明。正艳杏烧林，缃桃绣野，芳景如屏。

倾城。尽寻胜去，骤雕鞍绀幰出郊坰。风暖繁弦脆管，万家竞奏新声。

盈盈。斗草踏青。人艳冶、递逢迎。向路傍往往，遗簪坠珥，珠翠纵横。欢情。对佳丽地，信金罍罄竭玉山倾。拚却明朝永日，画堂一枕春醒。

——《木兰花慢》

风尘仆仆的柳七郎步入汴京时正值清明，此时绵绵的雨幕下四野如市，汴梁城中的歌儿舞女步出了舞榭歌台，在盛开着烂漫桐花的芳树之下，或是有细桃和艳杏交相点映衬缀的园囿中间，罗列杯盘，互相劝筹。柳三变的面前，不断经过的是携带着炊饼、鸡雏、名花、异果等各类土仪来踏青寻春的行人。在这格外的喧闹中，远游之人是否会突然感到格外的寂寞呢？

元旦、寒食、冬至是宋人最重视的三个节日。清明节与寒食节相连，在寒食节后的第三天，所谓"人间佳节重清明"，人们往往在这一日拜扫新坟，城市中的人们纷纷步入郊野。此时的行人都有亲朋陪伴，唯有孤单的七郎静静地驻足于喧闹的人群中，如一块寂寞的礁石分开涌动的潮水，他已不忍想象此时家乡的情景。

闹和静、冷和暖，它们往往相伴而生，就在柳三变心头微寒之时，阵阵清脆悦耳的管弦丝竹之声奏起了他未曾听过的新曲，迎面刮起了一股熏人的暖风，它使柳三变从寂寞伤春之情中挣脱了出来。淅沥沥的小雨洗去了笼罩汴京的胭脂香，却带不走那浓情的源头。于是他收拾心情，调转马头，沿着乐曲跃动的踪迹向着暖风的来处一路寻去。

柳三变的旅途中美人总是比美景来得可贵，柳暗花明间，也许是美景衬托了美人的娇媚，也许是美人夺去了美景的妖冶，当采花斗草的少女嫣然一笑间露出她们的瓠犀般的贝齿；娇艳的歌姬摇曳着她们如细柳般的腰肢交往迎合，传递风情，一切美景都在美人之前失却了颜色。

柳三变好似步入了《红楼梦》里那片如梦似幻的仙境之中，随处可见遗簪坠珥尽情欢愉的痕迹，无数笑靥如花的佳丽让他沉醉了、迷失了，他随波逐流于幻境中不可自拔，抛却了功名利禄的烦恼，只在浅斟低唱中求个长醉不复醒。

"富丽天下无"的汴京对于柳词无异于芬芳的沃土，在这个地方，千载长青的中华文坛又蔓延出了一支茁壮的枝干。《四库全书总目》卷一九八《东坡词》提要称："词自晚唐五代以来，以清切婉丽为宗，至柳三变而一变，如诗家之有白居易。"词本是源于配乐而歌的燕乐，自文人染指之后，词就走上了诗化与雅化的道路。

当某种事物脱离了大众而变为一小部分人的专属时，它往往会有失于偏颇，走向极端。词大抵如此，当它成为只是士大夫消磨时光的婉转小令时，就被禁锢在士人的筵席和寝榻之间，失去了向前发展的动力。

柳三变自雅词之外开辟了词"骫骳从俗"的新境，他把汴京城里世俗的活力，滚滚红尘的五彩斑斓嫁接到了词的身上。词脱离了生涩的舞文弄墨，开始关注普通人的喜怒哀乐。这是开风气之先的一步壮举，自此，词开始天下咏之，宋词开始与唐诗一较长短。可以说，柳三变成就了赵宋一代之文学，苏东坡、辛稼轩等都受到了柳词的余荫。

柳词的新创也并非"天工"，汴京的青楼画阁、市井风情浸染着词人的根骨，把他从一个痴情少年变成了一个多情浪子，这个汇聚了万丈红尘最美好及最龌龊的地方用同样的方式精炼了词人手中的笔。只有在这座昂首挺立在世俗的巅峰，将当世最顶尖的经济、文化集于一身的城市才可以酝酿出有井水处必歌之、雅俗共赏的柳词。

初到汴京不久的柳三变成了一颗博得彩云竞相追逐的明星，年少轻狂的词人还不懂和氏美璧要宝光暗藏的道理，他肆无忌惮地散发着光辉，彰显着自己的才华。《醉翁谈录》丙集卷二记载："耆卿居京华，暇日遍游妓馆。所至，妓者爱其词名，能移宫换羽。一经品题，声价十倍。"叶梦得的《避暑录话》也记载了当时其受追捧的盛况："柳耆卿为举子时，多游狭邪，善为歌辞，教坊乐工每得新腔，必求永为辞，始行于世，于是声传一时。"

风流才子还未状元及第就已凭着他的词作名满京华，只不过为他的才华传诵的不是谈经论史的文人士子，而是乐工和歌妓的巧手与朱唇。其父柳宜希望他成为一个"望之俨然，即之也温，听其言也厉"的"三变"君子，但品尝了瓦肆勾栏里的温软、唇齿间尽余香甜，夫子乐道的清淡如水便如何也品不出滋味了。他只道，不得辜负了樽中美酒、玉盘珍馐，不敢消磨了美人的韶华。柳三变旁若无人地在一条条烟花柳巷中安步当车，渐行渐远于"正人君子"的康庄大道。

繁红嫩翠。艳阳景，妆点神州明媚。是处楼台，朱门院落，弦管新声腾沸。恣游人、无限驰骤，娇马车如水。竟寻芳选胜，归来向晚，起通衢近远，香尘细细。

太平世。少年时，忍把韶光轻弃。况有红妆，楚腰越艳，一笑千金何啻。向尊前、舞袖飘雪，歌响行云止。愿长绳、且把飞鸟系。任好从容痛饮，谁能惜醉。

——《长寿乐》

年轻的柳三变毫不怀疑才高八斗的自己会在庙堂留下浓墨重彩的一笔，他不是为自己的际遇而忐忑，只因他天生一颗博爱多情的七窍玲珑之心，身边的美人、风光所有触动过他心灵的事物，都已成为他割舍不下的珍宝。

初到汴京的岁月是荒唐且快乐的，但韶光往往易逝，好梦终究难圆。就如我们欣赏繁红嫩翠的艳阳景时总会担心江河日下万物凋零；感叹美人的朱颜时尤不能忘却一日春光尽，可怜白发生。时间不会为了我们任何人停止前行的脚步，这是它最公正也最残忍的事实。

第三节 ／ 羁旅生涯峥嵘路

行走在青春的边缘，有人怅惘，有人哀叹，有人潇洒地对过去挥手作别，有人苦心经营着如烟往事，千百年来，多少文人骚客在青春面前驻足，如空谷遇幽兰，却又渐行渐远，空留一声声永恒的文字盛宴。

（一）

日子就如同护城河边初绿的杨柳，刚刚舒展开她娇弱的嫩叶，阳光便迫不及待地卧了上来。美人如花，柳三变就在这万紫千红中享受着时代的富饶和文人的风流。他正值青春年华，贪玩的心性还未磨灭，对未来日程也没有周密计划。

他太年轻，还不懂得时间的珍贵，距离科考还有几日，胸有成竹的他仍将大把时间挥霍在舞姬歌女身上；他虽饱读诗书，但历史上那些惊心动魄的朝野倾轧之事似乎还离他很远很远，至于那遥远的故乡崇安，也只是偶尔才在他的梦中浮现。

然而，命运全然不顾浪子的懵懂无知，就在柳三变滞留汴京游山玩水的时候，从崇安快马加鞭传来的一纸家书击碎了他的幻境——妻丧速归。白纸黑字，甚至还有泪珠滚落、字迹晕开的痕迹。一纸家书，柳三变紧紧攥在手中，这才发现，"故乡"已经成为别人诗句里朝思暮想的对象了，崇安的一切，于他而言，似乎是一个缥缈的梦境，而梦中那仙女似的妻子，还在喃喃低语，盼得郎君一朝及第，荣归故里……

诺言禁不住时光的冲刷，转眼便成谎言。

这一回，悲伤来得太过迅疾，他还大梦未醒，人事变故就将他打回现实。柳三变匆匆收拾行囊，此时此刻，那种漫天的痛苦才一点点向他袭来。他明白，从汴京到崇安，快马加鞭亦需十天半月，彼时妻子早已入土，见到的恐怕也只是一抔黄土。但他别无所求，只盼妻子"入土为安"，这趟归来，既是告慰妻子的亡灵，也是安抚他满腹的愧疚之心。

乘车换舟，归心似箭，柳三变快马加鞭，一路南下，终于到了崇安县城，可是，越靠近崇安的城门，步伐就愈加缓慢，心情也愈加沉重。离家数载，京城的纸醉金迷早使他的灵魂飘起，无所依靠，只有在崇安，时光在这里仿佛放慢脚步，白墙黑瓦，黄发垂髫，萌童稚嫩的读书声在耳边回响，一如多年前他出发时的模样。

一切都那么静谧，老者垂手与他招呼，安慰他不必太过伤心，亲朋好友也将他团团围住，告诉他妻子后事的诸多安排，叫他不必亲自操劳。柳三变一边点头应允，一边推门入室，门扉开启的那一刻，妻子的遗物顿时跃入眼帘：那一盒胭脂，是他赶到附近的城镇特意为她买的；那一只发簪，是他在杭州托友人所带；还有那一卷诗集，是他生平最爱，想必妻子爱屋及乌，不舍放回吧……

想起分别时的场景，一切皆恍如昨日。

君生我亦生，何不与君老？

是夜，柳三变大醉，趁着月色，提笔挥毫，作词一首：

花谢水流倏忽，嗟年少光阴。有天然、蕙质兰心。美韶容、何啻值千金。便因甚、翠弱红衰，缠绵香体，都不胜任。算神仙、五色灵丹无验，中路委瓶簪。

人悄悄，夜沈沈。闭香闺、永弃鸳衾。想娇魂媚魄非远，纵洪都方士也难寻。最苦是、好景良天，尊前歌笑，空想遗音。望断处，杳杳巫峰十二，千古暮云深。

——《离别难》

这是柳三变为妻子写的悼词。从崇安到杭州，从杭州到汴京，柳三变逐花问蝶，写过许多词章，无不是街头巷尾、茶馆酒肆、青楼妓院处处有人吟唱。那一篇篇佳作中，少有几篇是写给结发妻子的，这篇《离别难》便是其中之一。从相遇到相知，从相知到相守，从相守到相离，而后，是相忘于灯红酒绿中。再有心为她填词时，已是天涯两端，阴阳相隔。

坟茔的新土渐渐暗淡，妻子的骨殖滋润了来年春天的野草。逝去的早已逝去，柳三变在坟头沉默良久，最后一次，将一碗女儿红浇洒在土中，三叩首之后，转身离开。

这一次离开，他不必再面对那一双盈盈泪眼，也不必为自己内心的矛盾纠结不休。只是，调转马头时，心里却落寞万分，父母的鬓角开始斑白，他也已不再是十九岁的少年，只顾看前面的路，二十四岁的柳三变已经懂得回首。远处，金鹅峰傲然挺立，紫气盈天，他闭上双眼，快马加鞭，再次离开了家乡崇安。

二

死亡，让柳三变成长，也埋葬了他的年少轻狂。抵达汴京之后，他暂时收敛了往日的风流倜傥，开始谋划自己的仕途未来，不久，朝野上发生了一桩大事。

在古代，每逢太平之年或天降祥瑞，皇帝感恩于上天的眷顾恩德，会举行声势浩大的祭祀大典。

与五代乱世相比，宋初至真宗时期，可谓政通人和，天下太平，再加上那一年风调雨顺的天时相助，据《续资治通鉴》记载，景德四年（1007年），境内"诸路皆言大稔"，四海俱获丰收，天地间弥漫着一片祥和喜气。但是，三年前缔结的澶渊之盟如鲠在喉，宋真宗每每想及此，眉头就不禁微微皱起。

为了用更伟大的祥瑞显示自己乃真龙天子，大中祥符元年（1008年），在朝臣的曲意逢迎与联合表演帮衬下，宋真宗称有"天书"降于承天门。《宋史·真宗本纪》记载："大中祥符元年春正月乙丑，有黄帛曳左承天门南鸱尾上，守门卒涂荣告，有司以闻。上召群臣拜迎于朝元殿启封，号称天书。丁卯，紫云见，如龙凤覆宫殿。"

"天书"上有黄字盛赞真宗是至孝至道之君，称赵宋王朝江山永固，必可流传万代，于是举国庆贺。到了这年六月，"天书"再次降于泰山醴泉北，宋真宗随后在泰山封禅，以最盛大的方式昭告天下：这旷古难见的大吉之事之所以出现在本朝，是因为君明臣贤、政治清明，才得神祇庇佑。一时间，朝野上下"争奏祥瑞，竞献赞颂"。

面对这场举国欢庆的盛世，柳三变亦不能充耳不闻，这首《巫山一段云·琪树罗三殿》便是他对这一盛事的称颂：

琪树罗三殿，金龙抱九关。上清真籍总群仙，朝拜五云间。
昨夜紫微诏下，急唤天书使者。令赍瑶检降彤霞，重到汉皇家。

对于世间是否真有祥瑞之事，人人心中自有定夺，但在那个迷信专制的时代，柳三变和大多数人一样，对祥瑞之事极尽夸张，大唱赞歌以献皇帝，他还有一篇同词牌作品，写的是大中祥符三年的"河清"之事，古人有云："黄河清，圣人出。"

那年，陕州官员连连奏报"黄河水清"，时任集贤校理的晏殊献上《河清颂》，歌颂升平之世。彼时柳三变还是无名之卒，词作也不大可能流传到皇帝手中，但他还是抱着莫大热情再次创作了赞词。

阆苑年华永，嬉游别是情。人间三度见河清，一番碧桃成。
金母忍将轻摘，留宴鳌峰真客。红猊闲卧吠斜阳，方朔敢偷尝。

——《巫山一段云·阆苑年华永》

与早期的投献词《望海潮》相比，柳三变在这一段时间的创作的确有急功近利、高唱赞歌的嫌疑。那一年，天下太平无事，文武官员皆携妓远游，享乐天下，这个盛世撩拨着柳三变的心，尤其当他发现与自己年龄相仿的年轻士子已经逐渐登上权力舞台时，他的确有些着急了。他渴望有朝一日，朝廷能听见他的才名，以不负他十年的寒窗苦读。

一段时间的悲伤，亦是一段时间的沉淀，当柳三变重回风月场时，少了一份轻浮，多了一丝稳重。这时的他，已不是因为风流与寂寞在心中作祟才流连花丛，而是因为心中的那一点空白需要有人来书写，不是以美酒佳肴，不是以红烛罗衣，而是以一颗真心，谁愿捧一颗真心而来？柳三变也没有答案。

> 尤红殢翠。近日来、陡把狂心牵系。罗绮丛中，笙歌筵上，有个人人可意。解严妆巧笑，取次言谈成娇媚。知几度、密约秦楼尽醉。仍携手，眷恋香衾绣被。
>
> 情渐美。算好把、夕雨朝云相继。便是仙禁春深，御炉香袅，临轩亲试。对天颜咫尺，定然魁甲登高第。待恁时、等著回来贺喜。好生地。剩与我儿利市。
>
> ——《长寿乐》

他在一次宴席上认识了这一佳人。对这位女子，柳三变用了"可意"二字来形容，所谓"千金难买心头好"，这世间最难的感情，恐怕就是"可意"二字。

她善梳妆打扮，淡妆浓抹总相宜，清新时如邻家尚未出阁的少女，香艳时则如含苞欲放的新婚少妇。她只要一笑，就如飞鸟掠过柳三变那平静的心湖，波澜壮阔，却又波澜不惊。她那一双眼睛，仿佛秋水剪瞳，看似宁静如古潭，实则装满了人生沧桑的历练。逢场作戏，或是她的拿手好戏，在歌楼卖唱为生，她自有难言的隐痛，在见到一袭白衣的柳三变之后，芳心便有所属。

那女子，便是在柳三变词中留下芳名的虫娘。

"近日来，陡把狂心牵系"，浪荡的才子终于肯为这个女子牵住狂心，他们相约秦楼，把酒言欢，互谈心事，两情相悦。柳三变或许谈到了不日即将举行的省试，表明自己欲一鸣惊人的鸿鹄之志，虫娘或许并不在意眼前这个男子是否能一朝及第，荣登仕途，她依偎在他怀里，不过希望他能在她身边久伫而已。

"便是仙禁春深，御炉香袅，临轩亲试。"寥寥十四字，却含义颇丰。事实上，柳三变此时仍是举人身份，只有通过了省试获得进士身份，方有资格进入殿试，由皇帝亲自监考选拔。柳三变直接略过省试不提，遥想自己已经坐在殿试的皇宫里，这是何等自信！又是何等狂妄！

真宗大中祥符二年（1009年），二十六岁的柳三变第一次在汴京考试。多少文人，就如此刻的柳三变，踌躇满志地上了考场，十年寒窗只为那一日，然而，柳三变却最终落第。二十六年翘首以盼，却落得个竹篮打水，镜花水月。是柳三变无才吗？非也。

据《宋史·真宗本纪》记载，在这年正月，也就是春闱开始之前，真宗下了一道诏令："读非圣之书及属辞浮靡者，皆严谴之。"所谓"圣书"，无非是圣贤所著，以教人"六德"——智、仁、圣、义、忠、和为目的。

柳三变或许在策论中还能把自己束缚在四书五经的范畴内，但"属辞浮靡"却不是能够随意控制的。便是在这首述深情、表志向的《长寿乐》里，也可看出柳三变的"浮"。

将如此庄重严肃的科举考试视如儿戏，"严谴之"的诏令让柳三变第一次尝到了命运无情的滋味。

科举之路漫长而艰辛，省试之时，他就看见许多已进入耄耋之年的老者，拖着不堪一击的身躯，颤颤巍巍地向考场走去，而考官似乎已经对此司空见惯，对这些老贡生甚是鄙薄。那一刻的震撼，深深刺激了柳三变的心，倘若不能早日及第，沦落如同这些老者，那他宁愿回家乡守一亩薄田，落得个清静无为。

年轻，已然是他最大的资本。他总是这样安慰自己，那个狂妄落魄的柳三变已经离他而去，他还有时间，还有许多机会，把失去的都放回自己的行囊之中。

> 帝里疏散，数载酒萦花系，九陌狂游。良景对珍筵恼，佳人自有风流。劝琼瓯。绛唇启、歌发清幽。被举措、艺足才高，在处别得艳姬留。
>
> 浮名利，拟拚休。是非莫挂心头。富贵岂由人，时会高志须酬。莫闲愁。共绿蚁、红粉相尤。向绣幄，醉倚芳姿睡，算除此外何求。
>
> ——《如鱼水》

这首词作于柳三变省试落第之后，内容看似浮艳，其实主旨无关风月，而是行于汴京对仕途的感怀。

这一条路，柳三变走得很辛苦，但他并不孤独。在柳三变身边，有这样一个女子，在他失魂落魄的时刻守护在他身后，用温柔抚慰那颗年轻而倔强的灵魂。邂逅此君，三生有幸，女子爱上的，是他的才华与情怀，而非那颗跃跃欲试的功名之心，纵使他被命运无情地摔落在崖底，她也会用柔弱的双手将他拉回。

这个女子，便是与柳三变相识不久的虫娘。

> 虫娘举措皆温润，每到婆娑偏恃俊。香檀敲缓玉纤迟，画鼓声催莲步紧。
>
> 贪为顾盼夸风韵，往往曲终情未尽。坐中年少暗消魂，争问青鸾家远近。
>
> ——《木兰花》

在柳三变为虫娘写的曲词中，这首《木兰花》是最能描摹出她的姿态的。虫娘的一举一动，在柳三变看来都温润得恰到好处，无论是浓妆还是淡抹，虫娘都美艳如冬日的蜡梅，淡月疏梅，美人独立，俄而一声，大梦初醒。虫娘精通音乐，纤纤玉指，通透如葱，琵琶箜篌，在她手中婉转悦耳，一曲弹毕，许多人犹在梦中，不愿苏醒。曹植的《洛神赋》有云："髣髴兮若轻云之蔽月，飘飖兮若流风之回雪。"用来形容虫娘，恐怕并不为过。

虫娘的风情，将在座的少年们迷得神魂颠倒，纷纷上前去打听她的住处，然而她早已心有所属，与柳三变那相视一笑，未被众人捕捉到。看着心爱的女子被众人所迷醉，柳三变心里也泛出复杂的感情，那里面有一个男人的骄傲，也含有少许的醋意。他虽明知，青楼女子，固然以讨客人欢心为目的，虫娘似有似无的撩拨之意，也许是生存的无奈之举，但他仍旧希望自己可以独自占有她，将她安静地收藏。

听红颜唱弹一曲，那一刻，时光仿佛在指尖凝固，什么功名利禄，什么科举及第，都被消释得无影无踪。名落孙山、无人赏识的痛苦在这世间又算得了什么？如果他耗尽一生所追求的，不过是青灯美人相伴，那么，既然已经拥有，又何必费力去追寻？

柳三变爱得如痴如醉，为虫娘写的词章一篇又一篇地在笔下流淌，写下的不仅是一纸温柔，更是一纸期望、一纸时光。

> 小楼深巷狂游遍，罗绮成丛。就中堪人属意，最是虫虫。有画难描雅态，无花可比芳容。几回饮散良宵永，鸳被暖、凤枕香浓。算得人间天上，惟有两心同。
>
> 近来云雨忽西东。诮恼损情悰，纵然偷期暗会，长是匆匆。争似和鸣偕老，免教敛翠啼红。眼前时、暂疏欢宴，盟言在、更莫忡忡。待作真个宅院，方信有初终。

——《集贤宾》

雅欢幽会，良辰可惜虚抛掷。每追念、狂踪旧迹。长祇恁、愁闷朝夕。凭谁去、花衢觅。细说此中端的。道向我、转觉厌厌，役梦劳魂苦相忆。

须知最有，风前月下，心事始终难得。但愿我、虫虫心下，把人看待，长似初相识。况渐逢春色。便是有、举场消息。待这回、好好怜伊，更不轻离拆。

——《征部乐》

虫虫，是他对虫娘的爱称。这些词被写进精美的信笺里，小心翼翼地递到虫娘手中。他们依偎在一起，字字细读着，时而微笑，时而细语，精通音律的柳三变，还将这些词哼唱出来。他们相信，不久，这些甜言蜜语，便会成为京城最流行的曲子。

虫娘的确被他感动了，"就中堪人属意，最是虫虫"。这是一个风流浪子最真的心话，他甚至提到了两人的未来，"争似和鸣偕老，免教敛翠啼红"。白头偕老，是她生活中最不可企及的梦想，来到青楼的人不过逢场作戏博得一时欢乐，深情唯有柳三变，竟要与她执手偕老，不诉离殇，这样的男子，怎能不让人为他倾心？

柳三变拥有了倾心的知己，却未能得到仕途的青睐。宋真宗大中祥符八年（1015年），柳三变第二次参加礼部考试，折戟落第；三年以后，宋真宗天禧二年（1018年），他第三次应考，这一次，他的兄长柳三复及第，而他，再一次铩羽而归。

此时，距离他第一次参加科举考试已经过去整整十年。犹记得，十年前第一次踏上征途，少年春风得意，以为一顶乌纱帽不过如此；十年后，眼看那一顶顶乌纱帽在别人头上戴稳，三十五岁的柳三变的功名之路依旧一事无成。他像是坠入无尽的深渊，又或陷入一片的沼泽，年华的衰老与仕途的坎坷，一同将他逼入茫茫黑夜……

汴京城内，柳三变的词名已经声名鹊起，仿佛今日的流行歌曲，在大街小巷内歌唱，只是他的词仍为正统文人所不齿，他们一边赞叹他的词工，一边又板起道统的面孔，批评他太露骨。十年前，柳三变立志功名、词名皆收入囊中，时至今日，功名的希望日渐渺茫，而词名，也被那个时代所误解。他自诩才高八斗无人能敌，如今却落得如此下场，在愤怒与失望中，他写下这篇著名的《鹤冲天》：

　　黄金榜上，偶失龙头望。明代暂遗贤，如何向？未遂风云便，争不恣狂荡？何须论得丧。才子词人，自是白衣卿相。

　　烟花巷陌，依约丹青屏障。幸有意中人，堪寻访。且恁偎红倚翠，风流事，平生畅。青春都一饷。忍把浮名，换了浅斟低唱！

一首《鹤冲天》，看似狂傲无边，实则辛酸无限。时间蹉跎，岁月者几何，谁肯将十年心血付之东流，说是不慕名利，无所羁绊，但左脚已经踏入求仕的河流，又怎能全身而退？终其一生，他都无法在官员与浪子的身份中做出最终的选择，前者是理想的声音，后者是心灵的呼唤，该听从哪一种，该何去何从，恐怕他自己也并不知晓。

同年八月，九岁的赵祯被立为太子，举朝庆贺，柳三变献词：

　　星闱上笏金章贵，重委外台疏近侍。百常天阁旧通班，九岁国储新上计。

　　太仓日富中邦最，宣室夜思前席对。归心怡悦酒肠宽，不泛千钟应不醉。

——《玉楼春》

《宋史·真宗本纪》记载："六月壬辰，诏三班使臣经七年者考课迁秩。己亥，诏诸州上佐、文学、参军谪降十年者，听还乡。"又有云，"秋七月壬申，以星变赦天下，流以下罪减等，左降官羁管十年以上者放还京师，京朝官丁忧七年未改秩者以闻。"这一系列体恤民情的举措令柳三变颇为振奋，遂在词中热情夸赞宋真宗之举。

这的确是一个伟大的时代，宋真宗在位时，明君贤臣，勠力同心，共治天下，经过多年的休养生息，当年战争的痕迹已不复存在，赵宋王朝也即将迎来了发展的巅峰。当时四海承平，国库充盈，尤其令人称赞的是，宋代文化在唐朝之后又有了卓越的进步，成为世界瞩目的文化中心。

泱泱大国，江山如画，有志之士都想在此留下属于自己的浓墨重彩的一笔，柳三变也不例外，庙堂之上，最初的理想还在那里，他不愿辜负了时代，更不愿辜负了年华。

第四节 ／ 明朝散发弄扁舟

人生路漫漫,此处的失意会在彼处得到安慰,美人的眼角是他时常驻足之处,此时汴京城里的青楼,处处都在传唱他写的曲词,多少男女在他的文字里相遇相知,在他绮丽的曲调中流连忘返——而这一切,似乎又在向世人宣告着他的荒唐。

墨与纸的游戏,给文人们带来屡试不爽的快意。柳三变喜欢在折扇上写词,他时常随身携带一方空白的折扇,酒酣耳热,情到浓处之时,便左手杯盏,右手狼毫,将心中所想一泻而出,待墨迹干透后,再将其送于心爱的女子。得到才子柳三变的一方折扇,是当时舞女歌姬们相互炫耀的资本。

人生路漫漫,此处的失意会在彼处得到安慰,美人的眼角是他时常驻足之处,此时汴京城里的青楼,处处都在传唱他写的曲词,多少男女在他的文字里相遇相知,在他绮丽的曲调中流连忘返——而这一切,似乎又在向世人宣告着他的荒唐。他的安慰是那些含苞待放的面孔,是那些风情万种的眼神,是那些微微开启、欲拒还迎的红唇。枕边人均匀的呼吸,窗外连绵的春雨,是他沉酣的梦境。

误入平康小巷,画檐深处,珠箔微褰。罗绮丛中,偶认旧识婵娟。

翠眉开、娇横远岫，绿鬓軃、浓染春烟。忆情牵。粉墙曾恁，窥宋三年。

迁延。珊瑚筵上，亲持犀管，旋叠香笺。要索新词，媵人含笑立尊前。

按新声、珠喉渐稳，想旧意、波脸增妍。苦留连。凤衾鸳枕，忍负良天。

——《玉蝴蝶》

《开元天宝遗事》记载："长安有平康坊者，妓女所居之地，京都侠少萃集于此，兼每年新进士，以红笺名纸游谒其中。时人谓此坊为风流薮泽。"可见，所谓"平康小巷"其实是歌女舞姬聚集之地，柳三变所云"误入"恐是牵强，一番"误入"之后，他在这片罗绮丛中结识了虫娘、心娘、英英等舞姬，她们容颜姣好，能歌善舞，给柳三变的生活带来无限欢欣。

今日在此处，他又结识了一个女子——虽不知其姓名，但柳三变称其为"婵娟"，足见其迷人风姿。与她相遇的一刹那，柳三变便被那弯黛眉所吸引，那弯眉毛娇弱地卧在青山之上，如远山上一抹青绿，她鬓发乌亮，像一层薄薄的青烟，醉了词人的眼角。

金风玉露一相逢，便胜却人间无数。难得的是，女子对柳三变亦充满倾慕之意。到底有多倾慕呢？柳三变在此用了宋玉的一段典故说明。

战国时，楚王身边大臣登徒子因为忌妒宋玉的贤能，便在楚王面前诬陷宋玉乃好色之徒，宋玉辩解道："天下之佳人莫若楚国，楚国之丽者莫若臣里，臣里之美者莫若臣东家之子。东家之子，增之一分则太长，减之一分则太短；着粉则太白，施朱则太赤；眉如翠羽，肌如白雪；腰如束素，齿如含贝；嫣然一笑，惑阳城、迷下蔡。然此女登墙窥臣三年，至今未许也。"宋玉言下之意为，东家之子如此倾慕与我，我仍无动于衷，怎能说我是好色之徒呢？

柳三变用此典故，是想说明这位女子和战国的东家之子同样痴情，无论是"窥宋三年"还是"窥柳三年"，若有女子为心上人心甘情愿守候三年，亦是一桩悲伤的情事。时间的年轮中，守候者悲情与无奈被嘲笑般的一句话带过，东家之子的辛酸她不必体会，因为多情的柳三变不似宋玉那般冷酷，他且愿意为她填词一首，留作纪念；而她，亦"凤衾鸳枕，忍负良天"，用手心的温度给了他无限安慰。

那女子倾慕的,想必是柳三变那傲人的才华,所以她才时常"要索新词",几番缱绻之后,三变即将离开,女子苦苦挽留,不愿作片刻分别,的确,如此良辰美景,谁人愿无端辜负呢?

在这一片温柔乡中,柳三变一点点被催眠:也许,做个白衣卿相,是正确的选择。就这样,他在一点一点,下沉,下沉……

柳三变以一颗平等之心对待这些风尘女子,对她们的身世也给予充分的同情与怜爱,"同是天涯沦落人,相逢何必曾相识"。此时他身如不系之舟,任意漂荡,而这些女子们亦是雨打浮萍,起起落落。在这些女子身上,他体会到了何为惺惺相惜,何为流水知音,时光从她们身上划过,却在柳三变的心里留下一道道划痕……

帘下清歌帘外宴。虽爱新声,不见如花面。牙板数敲珠一串,梁尘暗落琉璃盏。

桐树花深孤凤怨。渐遏遥天,不放行云散。坐上少年听不惯,玉山未倒肠先断。

——《凤栖梧》

那撩人的歌声仿佛唱透少年的心事,但是只闻其声不见其人,柳三变人在帘外,心却已飞到天边,牙板律动,那声音仿佛圆珠滚落一般清脆动听,连房梁上的积尘都在歌声中静静飘落,让琉璃灯盏蒙上一层淡淡的阴影。

忽而一个转音,歌声扶摇直上,仿佛桐花里传来的幽怨凤鸣,天上的行云也被这歌声所吸引,凝滞不动,久久不肯散去。一曲歌罢,座中宾客都被她的歌声所感染,那如泣如诉的声音,惹人泪水涟涟,不忍再听。

那个歌女到底没有露面,但在柳三变心中,那如花的面孔已经清晰地浮现在眼前。又是一次短暂的相逢,只用了一曲歌的时间,他便读懂了这位女子的心事。那声音在他心里打了一个旋儿,就钻进他的心尖,座中的柳三变如一堤岸，任由那起伏的潮水拍打着自己，渐渐地，脚下出现了一个小小的旋涡，他的眼睛深陷在里面，溅起一阵阵旖旎的涟漪……

一路相遇，一路守望，这便是柳三变的人生底色。当离别成为生命的常态，他亦没有信心对一个女子轻易许下诺言，他能做的，唯有填词三行，以一场文字盛宴告慰那些凄美的灵魂。待到曲终人散，薄情儿郎纷纷离席，唯有深情如柳三变，还在为歌者的身世唏嘘不已，有人说他是天生的情种，有人说他是女子的心事，无论如何，柳三变都是那个时代独一无二的男子。

二

宋真宗乾兴元年（1022年），御宇多年的真宗皇帝驾崩，年仅十三岁的太子赵祯继承皇位，成为历史上的仁宗皇帝。真宗皇帝执掌政权期间，民不加赋，官不征丁，四海承平，国库充盈，为仁宗皇帝的统治打下了良好的基础。

仁宗在位时期，赵宋王朝迎来了它的盛世巅峰，经济上，南方城市迅猛发展，丝绸、陶瓷、茶叶等产品远销海外；文化上，汴京仍是全国的文化中心，仁宗一朝，便出现了如范仲淹、三苏、包拯等贤良文臣，重文轻武的国策被沿袭下来。文人地位空前提高，鉴于朝廷文职的增加，科举取士的规模也日渐扩大，汴京城里，来自五湖四海的文人墨客饮酒弄诗，一派盛世繁华。

在这样的盛世背后，亦有些不为人道的秘密。赵祯继位之初，因其年幼，由真宗的皇后刘太后代理朝政。虽然刘太后不似历史上的吕太后、窦太后那般残忍霸道，但十三岁的赵祯彼时的确是一个傀儡皇帝，在很长一段时间，赵祯被压制在刘太后的权力之下。在刘太后主政期间，宋代党争日趋激烈，被贬的苏轼不久便被刘太后召回并委以要职，而赵祯掌权之后，新旧党争便陷入你死我活的境地，大宋王朝的裂痕也一点点地扩大着……

但是回到历史的那一刻，四海升平的景象迷惑了无数士子的求仕之心，他们所看见的，是朱门里官员纵情享乐的繁华。蛰伏已久的柳三变也决定再次出击，于公元1024年，他再一次走进科举考场。

不知不觉中，滞留汴京的岁月已经过了十五个年头。这已经是他第四次应考了，屡次折戟的柳三变终于大放异彩，博得主考官的青睐。可是当主考官将中榜士子的名单上报朝廷时，一切又发生了逆转。仁宗皇帝向来推崇务本务实、儒雅体正的为人风范，当他翻阅名单，突然龙颜不悦，说道："这个柳三变，岂不就是有词《鹤冲天》流传，大呼'忍把浮名，换了浅斟低唱'的浪荡子吗？"未及细看柳三变的文章，便御笔一挥："且去浅斟低唱，何要浮名！"

原本青云直上的仕宦之路，就这样被皇帝的御笔一笔勾销。当日作词的柳三变不会想到，他以词章闻名，也因词章惹祸上身，其中的辛酸百味，恐怕只有他自己知晓。吞下多年前种下的苦果，失落与悲哀猝不及防地席卷了他的整个世界……

后来人在谈论这件事时，除了对柳三变的遭遇心怀同情之外，对事件的另一主角——宋仁宗亦颇多微词，直斥他依据个人喜好而埋没人才，导致这位才子在离理想最近时突然跌落，从此后半生受尽生活的折磨。

这一年，仁宗皇帝刚满十五岁，虽已是心怀大志的落落少年，也有心收回被刘太后把持多年的政权，但宫廷斗争向来不是局外人所见的那么简单。仁宗的亲政之路走得并不容易，据史料记载，直到北宋明道二年（1033年），刘太后去世，二十四岁的宋仁宗方才摆脱傀儡身份，收回大权。因此，柳三变在放榜前突遭黜落，很可能是当时掌权的刘太后所为，并非后世人所猜测的宋仁宗赵祯。

其中缘由到底如何，已经无从考证。唯一可以确定的是，在令人艳羡的乌纱帽几乎是触手可及时，他却恍然发觉依旧是一场幻梦。

此前，他的父亲柳宜已经去世，比父亲的去世更令他悲痛的是，他未能实现父亲的期望，未让老人家在临终前舒眉展颜。半生潦倒的柳三变，从此也失去了家庭的经济资助，入仕无门，无妻无子，一身落魄的柳三变从此混迹于乐工、舞女、歌姬周围，白日饮酒作乐，夜晚专心词业，如果这就是世人眼中的堕落，那这时的他也不过如此吧。

平生自负，风流才调。口儿里、道知张陈赵。唱新词，改难令，总知颠倒。解刷扮，能（口兵）嗽，表里都峭。每遇著、饮席歌筵，人人尽道。可惜许老了。

阎罗大伯曾教来，道人生、但不须烦恼。遇良辰，当美景，追欢买笑。剩活取百十年，只恁厮好。若限满、鬼使来追，待倩个、掩通著到。

——《传花枝》

这是一曲无奈的悲歌。柳三变风流才子的名声举国皆知，他能诗、能文、能词、善曲，听说还善于给女子化妆，难怪他自称"平生自负，风流才调"，而他最擅长的，还是改旧曲为新词。

据学者统计，在宋代所用八百八十多个词调中，有一百多调是柳三变首创或首次使用。"词至柳永，体制始备"，词人对文字的敏感无人能及，尤其遇到酒席歌宴，便是他大展身手的时候。青楼里，当红花魁歌唱的都是他的新词，惹得众人拍手叫好，时常有歌女环绕在他周围，向他索要新词。

人人都知柳三变，可惜柳三变已不再年轻。当日那个翩翩白衣少年，两鬓也开始泛起点点星光，曾经心高气傲地以为功名利禄如探囊取物般毫不费力，如今岁月蹉跎，不仅一事无成，反而感觉到死亡的迫近。但是，阎王迫近又能如何？人生本就不如意，不如在剩下的日子里，"遇良辰，当美景，追欢买笑"。倘若有鬼差来收命，便放下尘世的纷纷扰扰，潇潇洒洒随他而去罢了。

是豁达？是无奈？昏昏灯火下，才子掩卷叹息，往事如风，就让往事随风而逝吧。

第五节 ／ 羁旅宦游求显达

> 少年时代的漂泊，就像一场孤独的旅行盛宴，没有那么多的心绪，
> 只有一颗纯粹的赤子之心，不必担心前途，不必牵挂妻子，
> 只管随着他人的脚步前行，世界看起来都那么柔和。
> 如今，心如已灰之木，身似不系之舟，被川流不息的人潮裹挟着朝下一站走去，
> 而下一站，又在何方？

醉生梦死的人毕竟是醉眼蒙眬地活着，而非真正地死去，他终归有清醒的时刻。在移宫换羽、遍游妓馆的欢娱之余，他总会陷入对往日生活的追忆中。初到汴京时的书生意气，恨不得明日就拜相封侯、指点江山，到如今，他"白衣卿相"的词名远播，在脂粉间红袖添香、描摹风月。

生活从不按预定的路线行走。在回忆的路口，他站在今日依旧繁华如昔的汴梁城门上，俯视那个十余年前城门口青涩的自己，会否道一声抱歉？他试图在安逸享乐的生活中寻找内心的平和，但理想生活缺失的部分让他得到的那一部分也黯然失色，在对词名和功名的追求中，只有尽揽才能安抚他躁动的心。

虎踞龙盘的汴梁城群贤毕至，英才云集，机遇遍地，每一日都上演着青云直上的戏码。才华横溢的柳三变虽然夺目，但也只不过权贵们茶余饭后的笑谈对象，只是在那风云际会的中心之外向隅而泣。

他想用红粉建筑一道"篱笆",将自己和那个他一败涂地的世界隔离,但这屏障只遮得住他歌舞升平的黑夜,夜幕终究会散去,当阳光泼洒到这座城市上空,他的所有遗憾、落寞都无处遁形。要如何医治这种伤痛?柳三变再一次想到了离开。

他决定去四方漫游,和旧日的自己与一切的失意来一场道别,但割舍往日伤痛的同时也割舍着往日的快乐。前路漫漫,人生苦短,对这些美丽如烟花的人和事物,"后会有期"难说出口。他想要逃离伤痛,偏偏迎面而来的就是不得不面对的离别之伤。

> 寒蝉凄切,对长亭晚,骤雨初歇。都门帐饮无绪,留恋处,兰舟催发。执手相看泪眼,竟无语凝噎。念去去,千里烟波,暮霭沉沉楚天阔。
> 多情自古伤离别,更那堪冷落清秋节!今宵酒醒何处?杨柳岸,晓风残月。此去经年,应是良辰好景虚设。便纵有千种风情,更与何人说。
> ——《雨霖铃》

多情之人自古便被离别所困扰,柳三变更是如此,情感敏锐是一把双刃剑,赋予了他天工的妙笔,也让他更易被萧索的情绪所伤,更何况这离别发生在万物走向凋零的冷落清秋。黄叶离开了旧枝,打着旋儿作别一季的繁荣;鸿雁飞离了故巢,在天际发出阵阵哀鸣。所有光彩夺目的事物在一阵寒雨后暗淡了色彩,也黯淡了多情人的柔肠。

前人那些流传千古的离别诗句顾及着"男儿有泪不轻弹"的古老传统,把奔涌的情感"发乎情,止乎礼"地压抑在字里行间。柳词泼洒的却净是儿女动情之泪,佳人"梨花一枝春带雨"的凄美将永远定格在柳三变的脑海中,世人为了别离而感动神伤,那动情的眼泪只有如柳三变般溢出眼眶,才能略加抚慰离别后的情殇。柳词正是因为能言诗之不能言,才能把千百年前的景象凝固,超越了时间感动着一代又一代的有情人。

舟桨划动,下一站他要再次重游故地江南。

二

秋风把太阳吹得日渐高远，将杨柳岸边的绿丝绦换成了黄金帘，四季的脚步一路追逐着柳三变的乌篷船，随着桨橹的轻摇荡漾于水乡的清流上。光阴在船尾拖出一道蜿蜒的涟漪，从碧水间蔓延到了旅人的眼角、发梢，扎根在他的心坎上，变幻成又一段枫叶荻花、秋月梧桐的回忆。

在这样一个秋意浓浓的季节，柳三变漫游的脚步暂缓于苏州城畔。沿着汴河一路东去，自江淮转道南行，他渐渐逼近那个初出茅庐时流连忘返的锦绣江南。

江南水乡的风光依旧旖旎，如一个青春永驻的少女，四季的流转未曾让它沾染风霜，只是给她换了身衣裳。变的是柳三变，此时的他已没有了年轻时充满好奇的目光。年轻时的他初到此地如冉冉而升的骄阳，如节节拔高的修竹，必会高歌一首白乐天的《忆江南》，而如今的他人未老心已疲，出现在脑海中的诗句变成了另一首《南湖春早》。情人眼里出西施，反之亦然，观赏者失去了欣赏美的心情，再美的事物也是枉然。

当人生不如意时，人们常常将目光转向往昔。在陷入人生低谷的柳三变眼中，过往之地处处皆是"此情可待成追忆"的遗迹，更何况他来到的又是这么一座遍布历史故事和旧址的城市。立于现实和历史的交接点，他将一副疲惫的心灵寄托于千百年的风云变幻，一个个天之骄子来了又去，聚了又散，成了又败，他在昨日里寻到了慰藉，在颓唐中获得了共鸣。

> 晚天萧索，断蓬踪迹，乘兴兰棹东游。三吴风景，姑苏台榭，牢落暮霭初收。夫差旧国，香径没、徒有荒丘。繁华处，悄无睹，惟闻麋鹿呦呦。

> 想当年、空运筹决战，图王取霸无休。江山如画，云涛烟浪，翻输范蠡扁舟。验前经旧史，嗟漫哉、当日风流。斜阳暮草茫茫，尽成万古遗愁。
>
> ——《双声子》

在这座演尽人间沧桑的城市，柳三变在放任自己犹如断蓬浮萍于萧索的晚秋迟暮中随波逐流，途经苍凉的姑苏台榭、三吴故里，不禁幽思古今，睹物思人：旧日吴王治下强盛的国家，此刻空余寂寞的荒丘，不见高楼栋梁、雕坊画楼，不闻声声金石丝竹，繁华落尽后，唯有昏蒙蒙的雾霭中呦呦的鹿鸣在空山间回荡。苏州城里再寂静，终究是遍布人烟，自然不会听到麋鹿的叫声。柳三变的笔下的荒凉如此夸张，不过是心头的凄冷使然，纵使深处闹市也感到隔绝于世俗之外。

吸引多情才子的除了不朽功名，还有在吴越争霸的金戈铁马，有着艳绝天下的容貌，轻笑间便搅动风云的西施。柳三变自然不会被世俗的浅见遮蔽了双眼，他向来以同情的眼光看待身世不幸的女子。想到当年的西施是如何的命似浮萍、身不由己，他手中的笔便不由又温柔感伤了几分。

> 苎萝妖艳世难偕。善媚悦君怀。后庭恃宠，尽使绝嫌猜。正恁朝欢暮宴，情未足，早江上兵来。
>
> 捧心调态军前死，罗绮旋变尘埃。至今想，怨魂无主尚徘徊。夜夜姑苏城外，当时月，但空照荒台。
>
> ——《西施》

红颜自古多薄命，也许太过美丽的容貌招惹了太多的是非，得来了太多的忌妒，更也许是主掌这世间秩序的多为欲壑难平的男人们。

柳三变之笔，写出了西施的专宠和娇艳，也道尽了她的无奈和可怜。在双雄争霸的大舞台上，她举足轻重，决定了两个国家的兴衰。除此之外，她又别无所有,她自己的情感、归宿乃至生死都是操持在他人之手,自身无力把握。人们无法评价一个所作所为都非出自己愿的人物的功过,只能感叹美人的命运。千百年来无数文人骚客将西施入诗填词,叹她、怜她,痴情者不乏柳三变之辈,但再多的笔墨吟唱对她又有何用呢?她已无心知道,前尘二三事,也不过是后世之辈聊表闲愁罢了。

一路飘荡,任意东西,生活于柳三变而言,似乎都在别处。虽然这边风景独好,他却注定要孤身前往,就像他幼年那样,漂泊,终于成为他的人生姿态,只是成年后的漂泊与年少时相比又有些不同。少年时代的漂泊,就像一场孤独的旅行盛宴,没有那么多的心绪,只有一颗纯粹的赤子之心,不必担心前途,不必牵挂妻子,只管随着他人的脚步前行,世界看起来都那么柔和。如今,心如已灰之木,身似不系之舟,被川流不息的人潮裹挟着朝下一站走去,而下一站,又在何方?

仕途无望,囊中羞涩,无妻无子,漂泊无依,这就是他的现状。点点星光缀满鬓角,饱满的面颊日渐消瘦,虽然一路上词名鹊起,无人不识,但终究得不到朝廷的回应。江南风景独好,可惜时光催人老。杭州终究不是久留之地,他只有再次启程,词人的踪迹难寻,直到今日,也没有人敢肯定柳三变漫游的具体路线,一沟一壑,都可能是他的栖身之地。

这期间,偶有汴京佳人为其寄来书信,这份不远千里的情谊让柳三变感动不已,也让他愈发怀念汴京的一切。于是,在苏杭一带漂泊了一段时间后,到公元1029年左右,柳三变决定返回汴京。

当他风尘仆仆地站在汴京繁华的街巷时,才发现这座阔别已久的城市并未因他的离开而有丝毫倦怠。他在车水马龙中伫立良久,如今他已四十六岁,不知不觉度过了人生的一大半,他在汴京的岁月,早已超过在故乡崇安的日子,这里已然成为他的另一故乡。他的故事大都在这里书写,他的爱恨情仇也都在这里埋葬。

当年离开时,飒飒秋风扫落叶,汴京一派萧瑟之景,令人心生凉意。此次归来,正值春暖花开之际,草长莺飞,蜂鸣蝶舞,心情自然随着这万事万物一同复苏:

花发西园,草薰南陌,韶光明媚,乍晴轻暖清明后。水嬉舟动,禊饮筵开,银塘似染,金堤如绣。是处王孙,几多游妓,往往携纤手。遣离人、对嘉景,触目伤怀,尽成感旧。

别久。帝城当日,兰堂夜烛,百万呼庐,画阁春风,十千沽酒。未省、宴处能忘管弦,醉里不寻花柳。岂知秦楼,玉箫声断,前事难重偶。空遗恨,望仙乡,一饷消凝,泪沾襟袖。

——《笛家弄》

这才是记忆中的汴京,那久违的和谐之美。清明前后,正是一年中最舒适的时光,在冬日中蛰伏的花草虫鸟,都渐渐恢复了饱满生机。西园里,百花怒放,竞相争艳,顺着南方的小路看去,芳草萋萋,露珠在草尖上熠熠生辉。气温渐渐回暖,空气微凉而湿润,在这里深深呼吸,吞吐自然,整个脾肺仿佛都被滋润了。

美丽的又岂止风景?放眼望去,郊野里、溪流边、运河内,到处是前来踏春寻乐的人。在阳光熏染下,河塘波光粼粼,如光滑的明镜一般,舟楫攒动,船上的人传来阵阵欢笑,丰盛的宴席在船头摆开,贵族子弟们簇拥着几位貌美如花的女子从岸边经过,那肆意挥霍的青春,那爽朗无忧的笑声,突然搅动了词人的心怀。

"遣离人、对嘉景,触目伤怀,尽成感旧。"他仿佛置身于一个巨大的背景之中,背后是锦衣华服的士子和年轻貌美的女子。此情此景,多像数年前的自己,汴京的舞台没有改变,只是主角被时间换掉了。"感旧"二字足以说明他的所有心绪,柳三变所感何事呢?词的下阕便将读者引入了他往日的风流生活。

"帝城当日,兰堂夜烛,百万呼庐,画阁春风,十千沽酒。"过往的岁月,也曾是在酒香里溢满了欢声笑语,大醉之后,管弦声犹在耳畔,她们的一颦一笑也依稀游弋在眼帘,士子们呼朋引伴,寻花问柳,一时春光无限。"玉箫声断,前事难重偶",人与人之间的缘分,或许真的比藕丝还要脆弱,藕断尚且丝连,人散则缘分也尽。细细思量前事,有多少遇见再也无法重复,有多少温情再也无法体会,曾经拥有过,失去才更加心酸。人到中年,明知回忆往事只能徒增忧愁,却不得不在回忆中怀念故人。

初回汴京,本应心情大好,但从现存词作来看,抑郁的情绪一直萦绕着柳三变。的确,物是人非的伤感并非每个人都能承受,街巷、青楼、画船、酒坞依旧是原来模样,只是昔日一起欢宴的女伴如今已芳踪难觅,她们的容颜憔悴几许?她们是否都有所归属?她们是否和他一样,在这个局外的世界踽踽独行?

在另一首词中,柳三变表达了同样的心绪:

> 花隔铜壶,露晞金掌,都门十二清晓。帝里风光烂漫,偏爱春杪。烟轻昼永,引莺嗁林,鱼游灵沼。巷陌乍晴,香尘染惹,垂杨芳草。
>
> 因念秦楼彩凤,楚观朝云,往昔曾迷歌笑。别来岁久,偶忆欢盟重到。人面桃花,未知何处,但掩朱扉悄悄。尽日伫立无言,赢得凄凉怀抱。
>
> ——《满朝欢》

"春杪"乃暮春之意。暮春时节,诗人常作惜春之叹,而柳三变却道"帝里风光烂漫,偏爱春杪",可见诗人的兴致似乎不错,再看看周围的风景,薄雾、青烟将远处的青山环绕,处处莺莺燕燕,好不热闹!

在这样的景致中,词人当然想到去拜访昔日相好的姑娘。"彩凤"和"朝云"当是他念念不忘的女子,自汴京一别,许久未见,也不知两人如今过得怎样,是否还记得与柳七郎的盟约。然而,等待他的却是"人面桃花,未知何处,但掩朱扉悄悄"。

唐代崔护有诗云:"去年今日此门中,人面桃花相映红。人面不知何处去,桃花依旧笑春风。"后世便用"人面桃花"形容那些偶然相遇而不可得的女子。这首《满朝欢》中,当是指那些得到过又失去的女子。

他在那门外伫立良久,门扉轻掩,却不见昔日令人心动的身影。也许她们已经搬离此处,也许她们有难言之隐而不愿相见。总之,一切皆是空欢喜。他们之间的爱情,也被时间这条河流无情地冲刷,搁浅的是誓言,失去的却是永恒,唯有"凄凉"二字,能用来形容此时失落的情绪。

故地重游,知交零落,眼前的一切仿佛在不断揭开昔日的伤疤。对汴京的感情,也由当初的崇拜变为五味杂陈,这座伤城有太多故事他不敢回忆,也许,逃离才是释怀的唯一办法。

就这样,在汴京停留数月后,柳三变骑着一匹瘦马,背着简单行囊,再次出发,只是,他没有像上次一样一路向南,而是选择西行,一路到达了关中平原。

这是一片与江南决然不同的土地。没有小桥流水,没有烟柳翠幕,更没有碧水画船与乐坊酒坞,放眼望去,满目皆是蛮荒粗粝、广袤无垠的黄土地。狂风从这里吹过,卷起碎石如雨点般落下,黄沙弥漫,只能看见远处一轮巨大的落日,在狼烟中缓缓下垂。柳三变便赋词一首,记录下着颇为壮观的景色:

长安古道马迟迟,高柳乱蝉嘶。夕阳鸟外,秋风原上,目断四天垂。
归去一云无踪迹,何处是前期?狎兴生疏,酒徒萧索,不似少年时。

——《少年游》

长安城原是汉唐定都之地,"长安古道"作为前往京师的必经之地,历来都是兵家必争之地,如今四海升平,"长安古道"便成了重要的交通枢纽,这里人来人往,车水马龙,无论是贩夫走卒还是豪门贵族,都在这条大道上书写着自己的传奇。

柳三变见道路两边柳树参天,树上夏蝉嘶鸣,踩在这样的厚重的土地上,不得不涌起一股历史兴亡之叹。初秋的荒原上,一两只飞鸟孤独地盘旋着,在落日余晖的映照下,这种孤独仿佛无边无垠。"归去一云无踪迹,何处是前期?"这句看似在说天空高远,万里晴朗无云,其实乃是自喻,表明自己的身世行踪如同浮云,随风而逝,漂泊无依。因此行到此处,纵然有美酒一坛,也了无兴致,缘由只有一个,那便是"不似少年时"。词牌名为"少年游",却在最后一句点透"不似少年时"。那沉甸甸的心情,便在词中显露无遗。

在长安古地,萧条的西北风光似乎更能激发词人无尽的感伤:

> 参差烟树灞陵桥,风物尽前朝。衰杨古柳,几经攀折,憔悴楚官腰。
> 夕阳闲淡秋光老,离思满蘅皋。一曲阳关,断肠声尽,独自凭兰桡。
>
> ——《少年游》

"灞桥"乃是古时送别之地,在灞桥折柳送别,是古人的习俗,因为常常有人离别,所以高大的柳树不断地被攀折,那模样犹如楚女纤细的腰肢,不堪憔悴。这样一片肃杀之景中,偏偏落日迟暮,令人叹息人生光阴转瞬即逝,所谓"秋光老",老的亦是一颗少年心。

在灞桥边,听一曲《阳关三叠》,那句"劝君更饮一杯酒,西出阳关无故人"的歌词在耳边久久回荡,曲终人散,断肠离殇,独自凭栏眺望,旧时人在何方?

当你不断怀旧时,表明你正在衰老,愁到极致的柳三变,也在衰老中尝试着不断成长。

第六节 守得云开见月明

年轻时,他向朝廷写了不少投献诗,大肆歌颂这盛世王朝的永恒与伟大,
如今成为地方父母官,他亦毫不掩饰自己的失望与愤怒。
人们在词作中惊奇地发现,这个曾经以"艳词"闻名的浪子,
原来深藏着一颗勤政爱民的赤子之心。

公元1033年,北宋第一位垂帘听政的皇太后——刘太后去世。宋仁宗赵祯在即位十一载后终于能够独掌九五之尊的权柄。他所做的第一件事就是改元,废"明道",定1034年为景祐元年,以"景祐"迎和气,示万象更新,向天下宣告他的时代的到来。伴随着最高领导者的雄心壮志,这一年的开科取士也是别开生面。

北宋的文官队伍自宋仁宗起有了新的面貌,进入了文词风华的时期。他之前的宋真宗由于体弱多病,北宋的科举已经停办了多年。再往上数,太祖、太宗两朝,国家初定,更是无暇顾及锦绣文章。赵祯之前的大臣不论如何有经世之才或是清廉之品性,却都在文章上逊色不少。且不论开国的名相赵普,号称以半本《论语》治天下,就是当时颇有名望的老臣、寇准、王钦若等人,与其后辈相比,笔墨功夫也是不能拿来称道的。

宋仁宗即位后就大兴文治,招致范仲淹、司马光、王安石、欧阳修、苏轼、

苏辙等文坛巨子伴随身侧,而景祐元年的科举就是把大宋文治推向顶峰的重要一步。这次科举贯彻了皇帝更新政局、"以迎和气"的方针,仁宗为了给自己的亲政造势,延揽声誉,向士林广开大门,大大增加了进士诸科的录取名额。而且特开"恩科",为如柳三变这样屡试不中而"白首不得进"的学子另辟蹊径。

山重水复疑无路,柳暗花明又一村。柳三变和众多苦寒学子为了仕途多年所耗费的心血终于得到了回报。虽然以"进士五举年五十"的恩科作为进身之阶远没有金榜题名来得荣耀,并且快乐中还带着苦熬的萧索,他自弱冠走上追求功名之路,二十多年的求仕辛酸,放弃的太多,辜负的太多,不足为外人道的太多。但他终究是一偿所愿,从此迈入了日思夜想的朝堂。

当幸福来得太突然时,人们往往会在难以置信的惊喜下怀疑现实的真实。身在鄂州的柳三变听闻恩科的消息,便迫不及待地向汴京出发,仿若起身慢了这好不容易盼到的佳期便会如易碎的梦境般消散了似的,他在梦中已不知把这一日演练了多少遍,这一刻是幻还是真?他不敢验证,只有加紧步伐。

> 一枕清宵好梦,可惜被、邻鸡唤觉。匆匆策马登途,满目淡烟衰草。前驱风触鸣珂,过霜林、渐觉惊栖鸟。冒征尘远况,自古凄凉长安道。行行又历孤村,楚天阔、望中未晓。
>
> 念劳生,惜芳年壮岁,离多欢少。叹断梗难停,暮云渐杳。但黯黯魂消,寸肠凭谁表。怎驱驱、何时是了。又争似、却返瑶京,重买千金笑。
>
> ——《轮台子》

离开鄂州的那一晚,柳三变带着对未来的憧憬做了一个甜美的梦。梦中的他是变成了一个文能提笔安天下、武能上马定乾坤的无双国士,还是衣锦还乡、携爱人之手共话前尘,他未曾提及。不过,晨晓的鸡鸣打断了美梦让他不禁感叹良宵苦短,梦的余味让他回味无穷。但他并没有对匆匆消散的美梦留恋太久,因为前方还有更美的风景等待着他,早日启程,便能早日到达美梦成真之地——汴京。

二

柳三变的仕途生涯于睦州团练推官开始。

推官，始于唐代，唐人设其为观察使、节度使之属官，到了宋代，虽然继承了名称，但职能和职权范围都发生了转移，权力大小也因地而异。隶属三司下六部的推官，其职权仅相当于如今的办公室主任；隶属汴梁一地的推官权力不小，相当于现在法院院长，而如柳三变这般地方上的推官，虽名为"官"，但更像是地方官员的幕僚罢了。这相较于一心想通过仕途指点江山、光耀门楣的他的期待实是相去甚远。但好在已入了公门，相比于前朝的士子他已幸运了许多。

在唐代，通过了进士考试只是获得了做官的资格，被称为秀才。想要获得官职，还要通过吏部严格的选试。选试分为身、言、书、判四项。最先考校的是书和判，即考校秀才的书写是否工整，文理通达程度；然后考校身和言，它们要求秀才相貌端庄，口齿清晰。

所以，古人一说到官员就称其仪表堂堂、正气凛然，这并不全是对于权贵的偏赞，官员的选拔过程中就有对官员内外兼修的要求，獐头鼠目之人想要为官可谓困难重重。选试中还有拔萃和博学宏词等各类名目，唐代大诗人白居易就是通过拔萃当上秘书省校书郎的，而唐宋八大家之一的柳宗元则是以博学宏词得任集贤殿正字的。

唐代选试的困难程度不下科举，甚至犹有过之。许多举子早早通过了科举，以为功名可期，却在选试之上熬白了头。宋代废除了科举后选试的流程，进士及第就可获得官职，科举中出类拔萃者甚至可以一入仕途就得到高官厚禄，不用从底层熬起。所以柳三变虽然未能一跃飞上最高的枝头，但总算获得了向上攀爬的阶梯，不用像前人般十年寒窗后又进入另一段苦熬。

柳三变告别汴京，奔赴千里之外的睦州。他途经苏州，偶闻知睦州的范仲淹已经调到苏州为官，于是前往拜会，还特意做了一首《瑞鹧鸪》相赠。

吴会风流。人烟好，高下水际山头。瑶台绛阙，依约蓬丘。万井千间富庶，雄压十三州。触处青蛾画舸，红粉朱楼。

方面委元侯。致讼简时丰，继日欢游。襦温袴暖，已扇民讴。旦暮锋车命驾，重整济川舟。当恁时，沙堤路稳，归去难留。

——《瑞鹧鸪》

就在不久之前的景祐元年正月，范仲淹因为上书反对仁宗废郭皇后而再次遭到贬谪。六月，范仲淹迁知苏州，时逢当地大雨不止，酿成水患，"湖溢而江壅，横没诸邑"，受灾民众多达十万户。生民罹难之际，他临危受命，一到任就马不停蹄地走访水患现场，深究根源，遍查前人治水经验，最终确立了疏白茆江等五河、导太湖水入江海的方案。他在一年多的时间里废寝忘食，亲自主持监督疏浚河道的工程，终于为江南解除了水患，恢复了苏、常、湖、秀四州的农业生产，保大宋社稷安稳。

柳三变遇到范仲淹时，正是水灾未消，但已得到了控制之时，苏州在范仲淹的治理下恢复了元气，重返繁华。二人皆有文名在外，柳三变是井水处必歌其词作的白衣卿相；范仲淹是"先天下之忧而忧，后天下之乐而乐"使得宇内震动，天下传扬。

但若论为官，柳三变与范仲淹相比，就望尘莫及了，尽管此时的范仲淹处于仕途的低谷，身为一州主官的他也是初出茅庐的柳三变需要仰视的存在。柳三变所作这首《瑞鹧鸪》便多少带了些奉承攀附的味道。他先是赞扬范仲淹将此地治理得物阜民丰，又歌颂他在苏州的功绩，最后祝愿范仲淹在不久的将来仕途高举，重归中枢。

历史记载中关于柳三变和范仲淹的交集仅限于这首词作，其余细节都不曾流传，不知道正为了江山万民忧心的范仲淹看到这首词作时是怎样的心情。

一个是秉承儒家传统，以天下兴亡为己任的贤士；一个是曾以离经叛道闻名的"浪荡子"，他们的相遇是宾主尽欢还是虚与委蛇，大约只有当时的风月可以知晓了。

三

太容易得到的事物，人们往往不加爱护，只有体会到了它的来之不易，人们才会倍加珍惜。爱情、金钱、健康都是如此，功名也不例外。柳三变蹉跎了半生才走上了为官之路，由不得他不小心翼翼、兢兢业业。他竟然收起了已沉浸到骨子里的放荡不羁，远离了花天酒地，洁身自好，一心要做个能臣贤吏。官职虽小，所做事务虽琐碎，他也没有任何怨言，时光的磨砺已经削平了他身上众多的棱角，还有什么能比漫无边际的等待更加煎熬的呢？既然已身在公门，有了施展的舞台，不论这方天地有多狭小，也阻拦不住他燃烧自己的热情。他只需做尽自己的本分，展现一身才华，静等乘风青云直上的那一天到来。

柳三变是幸运的，他初入官场就遇到了肯赏识自己的上司已故宰相吕端的次子吕蔚。吕蔚本就是柳词的追捧者，只是"浪荡才子"的名号实是惹人误会，起初，吕蔚也未敢对这声名赫赫的手下抱太大期望，只道手底下多了个善于作曲填词的妙人，为闲暇多添几分乐趣。至于从政为官的真才实干，能够草草应对即可。

但在柳三变到任三两日间，谈吐中流露的不凡，举止间惹人钦慕的风度都让人为之眼前一亮，让他大感意外。吕蔚又暗中观察数日，更为了柳三变难以遮掩的才华、废寝忘食的为政态度而深受触动，对其赏识非常。乃至柳三变只为官月余时间，他已止不住大呼屈才，不顾礼制，迫不及待地向朝廷举荐这位流落市井多年的贤才了。

假如这次举荐能够顺利，柳三变的仕途无疑会顺风顺水很多。这或许会为他在北宋官场打响名声。新官月余即被上司举荐高升，这必将会成为一时美谈，不仅是对才能的铁证，说不定还可以让朝堂之上的大人物改变对他的一贯看法。命运再一次在柳三变面前展现了其多变的面目：前一刻它还温情脉脉，转眼间就又恢复了冰冷残酷。原本慧眼识金的美事到最后却成了个官场间的笑话。

叶梦得《石林燕语》卷六载："祖宗时，选人初任，荐举本不限成考。景祐中，柳三变为睦州推官，以歌词为人所称。到官方月余，吕蔚知州事，即荐之。郭劝为侍御史，因言三变释褐到官始逾月，善状安在而遽荐论？因诏州县官初任未成考不得举，后遂为法。"

一个从小小八品官员的升迁所引发的风波最终竟然令大宋朝改制，柳三变刚刚燃起了一簇希望的篝火，迎面而来却是滔天的浪潮，不仅扑灭了一切还带来了彻骨凄寒。非议、怀疑、冷嘲热讽接踵而来，人们总是不惮于以最大的恶意揣摩事件，尤其是事件中的主人公身上还有未洗清的污点。

归根结底，还是他前半生不容于儒家正统的行止"恶名"在作祟。他猛然间意识到了一切都没有想象中那么美好，所谓"洗心革面"只是他的一厢情愿，就算他可以用近在眼前的事实让身边之人扭转态度，但他又如何能改变天下人先入为主的观念呢？人生的长卷无法想当然地割裂，他注定要为前半生的放荡不羁埋单。冰冻三尺非一日之寒，三十载积下的成见需要时间来洗涤，但偏偏属于他展露才华的光阴已不多了。

四

升迁无望后，柳三变在睦州的日子便显得分外漫长而悠闲。完成每日的政务后，便在闲暇的时光里喝酒品茶，游山玩水。睦州是个小城，风景优美，民风淳朴，一年下来，倒也没有什么要紧的事务，因此除了优游岁月，似乎也无别事可做。当地的文人墨客对大名鼎鼎的柳三变倒是非常熟悉。时常有文人来访，同柳三变一起切磋词艺，饮酒赋诗。这种日子过了两年有余，相比较之前漂泊的经历，这里的生活已是圆满美好。当柳三变都认为自己要在睦州终老时，一纸调令又打碎了这静好的时光。

北宋景祐四年（1037年），柳七从睦州团练使推官调任余杭县令。从此处到彼处，既是为官之人，也不必追问朝廷调任的缘由。和他的父亲柳宜一样，柳三变的宦游生活似乎才刚刚开始。他亦没有什么怨言，只是奉命启程，前往余杭县，柳三变在睦州这座温柔的小城的故事也到此终结了。

这一年，他已经五十四岁。在余杭县，一切又得重新开始，他勤勉政务，兢兢业业，日子踏实地像一个规矩的三角，并不因为年龄、职位、地点而有丝毫改变。他为官清正，当地讼简词稀，百姓对他十分爱戴。清代嘉庆《余杭县志》把他归入名宦之列，记载道："柳永字耆卿，仁宗景祐间余杭令，长于词赋，为人风雅不羁，而抚民清净，安于无事。百姓爱之，建玩江楼于溪南，公余啸咏，有潘怀县风。"

上任不久，他便主持修建了余杭苕溪南畔的玩江楼，将此楼作为文人骚客雅集之地。每逢佳日，玩江楼上就预备好笔墨纸砚、酒茶甜点，鸿儒俊彦汇聚于此，或高谈阔论，或饮酒品茶，或临溪赋诗，或投壶游戏，一时间，玩江楼便成了当地文人不得不光顾的场所。

柳三变惜才爱民，胸怀大度，对于潦倒的文人也尽力接济，玩江楼上宴饮不断，甚至宋代以后，也常有余杭文人聚集于此，谈琴棋书画，品诗酒花茶。明代有位叫田艺蘅的文人作诗云："息戈重作太平民，载酒江楼唤永新。白雪调高人似玉，青霞杯暖笑春生。"诗下自注："余杭有柳耆卿玩江楼遗迹。青霞杯，高丽瓷器，徐民所藏。"

这座玩江楼，从某种意义而言，也代表着大宋盛世下文化昌盛的标志，只可惜，如今的玩江楼已经被湮没在历史无情的尘埃之中，人们只有在那一片芳草萋萋的河岸边，遥想当年一袭青衫的柳三变的风姿。

公元1039年，柳三变在余杭县任职不久，朝廷又是一纸调书将政绩卓著的他调离，任命为浙江定海晓峰盐场的盐监。所谓"盐监"，是宋代设立负责管理监督盐场的行政长官。这一职务，是柳三变从未涉足的领域，因此盐场于他而言，也是一个陌生而新奇的存在。初到晓峰盐场，他便被那与众不同的景色所吸引。宋代祝穆的《方舆胜览》记载："柳耆卿监定海晓峰盐场，有题咏。"所谓"题咏"指的是他刻石于官舍的《留客住》。

  偶登眺。凭小阑、艳阳时节，乍晴天气，是处闲花芳草。遥山万叠云散，涨海千里，潮平波浩渺。烟村院落，是谁家绿树，数声啼鸟。
  旅情悄。远信沈沈，离魂杳杳。对景伤怀，度日无言谁表。惆怅旧欢何处，后约难凭，看看春又老。盈盈泪眼，望仙乡，隐隐断霞残照。

——《留客住》

  晓峰盐场位于舟山群岛附近，四周是汪洋大海，每逢涨潮，大浪翻涌，如万马奔腾，如千帆竞渡，景象颇为壮观，常常激起观潮者的满腔豪情。柳三变立于海边，对这大浪淘沙的景象并无多少兴致，此时，他已年过半百，早已从波澜壮阔走向了波澜不惊，锐气不及当年，而捕捉美的能力却丝毫未减。

  沿着海岸向陆地看去，一座座平静的村落像偶然遗失人间的翡翠。艳阳高照的日子，南方亚热带的花草恣肆地生长着，这里的天气随着季风而阴晴不定，温暖的阳光也因此显得分外珍贵。村庄里绿树环绕，茂密的森林仿佛自然的栅栏，圈出一个静谧的世外桃源。远处，鸟在鸣叫，虫在低语，蜂飞蝶舞，流水淙淙。

  这样的时光本是静好，但柳三变却发出了"对景伤怀，度日无言谁表"的感叹。或许是因为这天涯之南，仍旧无法安放他漂泊的灵魂；或许是因为对游宦生活的无奈、对坎坷仕途的失落无以言表；又或许是因为时光流逝地如此轻巧，岁月在他心里划出一道深深的凹槽……总之，在这茫茫大海边，柳三变看清了这潮涨潮落背后的人生百态。他心里亦有一片海，年少时风起云涌，如今又归于平静，他也说不清楚，在这个暗流涌动的世界，自己究竟在挣扎什么。

  他对仕途已是心灰意冷，倘若朝廷想重用他，早已将他调任汴京，而不是在这愈加偏远之地自生自灭，他也不愿沉浸在这种悲伤的情绪中，但他无力救赎自己。伤春悲秋,似乎已成为敏感的词人的习惯,这里的一丝风、一片落叶、一只孤鸟都会在他心底掀起可怕的波澜。

虽然心如死灰,但柳三变在任职期间绝不敷衍,到盐场不久,他便走访当地百姓,体察民情,了解当地盐民亭户的生活。这一走访,他惊愕地发现,原来在这太平盛世背后,还有许多百姓生活在水深火热之中:

> 煮海之民何所营?妇无蚕织夫无耕。衣食之源太寥落,牢盆煮就汝轮征。年年春夏潮盈浦,潮退刮泥成岛屿。风干日曝盐味加,始灌潮波溜成卤。卤浓咸淡未得闲,采樵深入无穷山。豹踪虎迹不敢避,朝阳出去夕阳还。船载肩擎未遑歇,投入巨灶炎炎热。晨烧暮烁堆积高,才得波涛变成雪。自从潴卤至飞霜,无非假货充馁粮。秤入关中得微值,一缗往往十缗偿。周而复始无休息,官租未了私租逼。驱妻逐子课工程,虽作人形俱菜色。煮海之民何苦辛,安得母富子不贫!本朝一物不失所,愿广皇仁到海滨。甲兵净洗征轮辍,君有余财罢盐铁。太平相业惟尔盐,化作夏商周时节。
>
> ——《煮海歌》

在古代,盐和铁由政府垄断买卖,一方面因为盐铁资源有限,另一方面是由于盐铁是日常生活和军事活动的必需品,控制了盐铁买卖,不仅能从中为朝廷牟取暴利,还能起到稳定社会统治的作用,所以,中国盐铁专营始于汉代,历代王朝皆沿袭旧制。明代官员王铎曾言:"笼天下盐铁之利,则军帅无侵渔,逴行无绝饷,而中国可高枕矣。"如此重要的资源,朝廷当然严加控制,宋代盐法苛刻,盐税太重,加之当地官员的层层盘剥,盐民的生活自然苦不堪言。这首《煮海歌》真实地反映了盐民的真实生活。

盐民既无耕地,也无蚕桑,只能靠海吃饭,以卖盐为生,每日退潮之后,便有衣衫褴褛的盐民来到海滩,刮泥、风晒、灌湖、采樵、溜卤、煮盐,必须经过一道道严格的程序,耗费大量的精力,才能制作出符合官府要求的盐粒。

好不容易制出了盐，却又有无穷的烦恼。官府规定，盐品禁止私人买卖，好的盐只能等待官府前来收购，而在此期间，盐民只能借贷来维持生计；好不容易等来了官府收购，却发现官府付的报酬一年比一年少，而盐税却不断增加，拿到手里的钱，甚至还不够偿还债务。如此恶性循环，盐民的妻子也不得不出去做工，全家人都落得面如菜色、形销骨立。

"煮海之民何苦辛，安得母富子不贫！"这是他对朝廷发聋振聩的质问：朝廷本当是百姓的父母，为何如今母亲富甲四海，而子民却穷困潦倒？

年轻时，他向朝廷写了不少投献诗，大肆歌颂这盛世王朝的永恒与伟大，如今成为地方父母官，他亦毫不掩饰自己的失望与愤怒。这首为民请命的诗篇，成为柳三变文学生涯中的一朵奇葩。人们惊奇地发现，这个曾经以"艳词"闻名的浪子，原来深藏着一颗勤政爱民的赤子之心。

清代诗人朱绪曾，特意为柳三变作诗曰："积雪飞霜韵事添，晓风残月画图兼。耆卿才调关民隐，莫认红腔昔昔盐。""洞悉民瘼，实仁人之言。"这是朱绪曾对《煮海歌》的评价，也是对柳三变的赞誉。看来历史终究是公平的，柳三变所失去的，一定会以另一种方式偿还。

第七节 / 落寞晚年凄凉了

当追忆成为一种习惯，那么，衰老也会悄悄来临。

站在人生的白塔上，岁月悠久，沉淀如沙，柳三变的回忆开始在无数个失眠之夜游弋。

那片白色的幽影，盘旋在高空，他从高处俯视回忆，像俯视一个最熟悉的陌生人。

犹记得，崇安故乡洁白的墙壁，黑色的砖瓦，幼年的自己在草丛中玩耍，在父亲严厉的教诲中，他扑通跳进水里，起来便看见那日与妻离别的少年，他的眼里也有泪花，而她的面容竟有些模糊；他策马而去，尘埃里走出一袭白衣的青年，他面容清秀，须发整洁，正把玩着手里的折扇，一个女子向他盈盈走来，他放肆地大笑着，将一杯美酒递到她唇前；他醉了，捧起那琉璃制成的夜光杯，突然低首看见酒杯中的那个倒影，头发斑白，面容憔悴，眼睛也如茫茫黑夜般没有半点光亮……他惊叫一声，梦，就这么醒了。

窗外，大海的波涛发出阵阵咆哮，如雪的泡沫在沙滩上迸裂，倘若年少时，他一定会为这样的壮阔之境而亢奋，而现在，他只是起身泡了一杯青茗，月光下，那是一个六十岁的侧影。六十岁，已经是孔圣人口中的"耳顺之年"了。所谓"耳顺"，就是外界的任何言语，毒辣粗野或甜言蜜语，在他的心里都激不起半点波澜。柳三变虽未能做到此境界，但人生的大起大落他已经历过，也已经读懂了人间冷暖与世间百态的含义。

随年龄而到来的，还有智慧。那是一种老者所独有的魅力，是大海深处最纯净的白沙，它曾经被滔天巨浪高高卷起，如今又在岁月中温柔沉淀。他像一座安静的古堡，与自己的故事相依为命。

九年过去了，当日进士及第的喜悦已被日子打磨得日渐黯淡。按照常理，为官九年，早应当有所升迁，而朝廷似乎已经将他遗忘。按照宋代官制，文官包括幕职州县官、京官和升朝官三类，前者即所谓的"选人"，是初等官职；后两种是"京朝官"，属中高级官职。想由选人进入京官行列，就要先通过复杂的考察程序，也就是朝廷对官员政绩的认可，然后再有人举荐，才有可能通过。选人的官职，一般每任三年，每年一考，通过这三任六考的磨砺，才可有所升迁。柳七在睦州、余杭、定海任职九年有余，且政绩颇佳，论理当赴京任职才是。

一番漫长的等待，他终于盼来一纸调令。北宋庆历三年（1043年），他被调任为泗州判官，仍是幕职。他自知升迁无望，却没料到朝廷对他竟如此冷淡。他不由得想到父亲柳宜，如今二人的命运如此相似，曾经的他还不理解父亲的眉宇为何总是紧皱，如今他突然读懂了一切，既然生活的本质就是忍耐，他也只好继续那段颠簸的路程。

这年秋天，朝廷发生了一桩大事。司天台报告说老人星垂眷天际，老人星乃是象征长寿的星宿。宋仁宗听后大喜，适逢教坊进献一首新曲《醉蓬莱》，于是一位"爱其（指柳永）才而怜其潦倒"的史姓官员趁机向皇帝推荐柳七，称他擅词，可以令他应制新词。仁宗对柳三变早有耳闻，虽没什么好印象，但念在心情大好，倒也无妨给他一个机会，便欣然同意。

消息传到柳三变耳中，他又惊又喜，他没想到在这暮年之际，还有机会向皇帝投献，而且这一次，是皇帝御点了他的名字，可见朝廷并未将他完全忘记。倘若博得皇帝喜爱，这将是他命运转折的一次关键契机。况且他写过不少投献词，对这种歌功颂德的词体更是手到擒来。他思索再三，便挥笔写下这首《醉蓬莱》：

> 渐亭皋叶下，陇首云飞，素秋新霁。华阙中天，锁葱葱佳气。嫩菊黄深，拒霜红浅，近宝阶香砌。玉宇无尘，金茎有露，碧天如水。
>
> 正值升平，万几多暇，夜色澄鲜，漏声迢递。南极星中，有老人呈瑞。此际宸游，凤辇何处？度管弦声脆。太液波翻，披香帘卷，月明风细。

初读此词，并未觉得有何不妥，与柳三变之前的投献词相比，甚至少了一些富丽堂皇和王者霸气，但此词的内容却是值得把玩的。开头两句，化用梁代诗人柳恽诗句"亭皋木叶下，陇首秋云飞"，描述了一番迷人的秋景：雨后初霁，天高云淡，纷飞的枯叶如蝴蝶般翩翩起舞，远处，恢宏华丽的宫殿高高耸起，直上云霄，飞宇凌云，雕龙舒展，笼罩着一股王者的贵气。玉砌的石阶下，菊花怒放，吐出一个个金色的锦绣，而枫叶绯红，迎风招展，似乎也在昭示着生命的高潮，这绚丽多姿的百花，消融了秋日的肃杀之气，为王朝点缀出妩媚的身姿。

出现这样祥和的景象，并非没有原因。当朝皇帝日理万机，爱民如子，因此四海晏清，国库充盈，百姓遇到这样的升平盛世，实乃万幸。在这样澄净的夜晚，老人星在夜空熠熠生辉，预兆着皇帝长寿，天下安宁祥泰。太平之年遇见这样的祥瑞，真是喜上加喜，皇帝乘兴出游，秋日的美景映衬出他的威严，又有悦耳的丝弦演出助兴，君臣同乐，好不快活！回到宫廷，在秋风吹拂下，太液池碧波荡漾，轻卷香帘，一轮圆月悬于夜空，清明的恩泽普照大地。此情此景，真如蓬莱仙境，妙不可言。

字里行间，既有文人的雅致，又不失含蓄的态度。比起那些大肆宣扬、歌功颂德的词作，反而更值得咀嚼，但仁宗皇帝读后却龙颜大怒，《渑水燕谈录》中曾有记载：上见首有"渐"字，色若不悦。读至"宸游，凤辇何处"，乃与御制真宗挽词暗合，上惨然。又读至"太液波翻"曰："何不言波澄？"乃掷之于地。永自此不复进用。

"渐"字缘何不妥，后人不得而知。但在贺词中出现与真宗挽词相似的字句，实属大忌。太液池乃皇家独有，"太液波翻"似乎在暗示皇帝有所不测。

如此读来，难怪仁宗会龙颜大怒。

　　文字之祸，是历代文人的噩梦，仁宗之举还算宽厚，只是断了柳三变的仕途，而没有将他投入囹圄，甚至施以极刑。常言道"伴君如伴虎"，柳三变何尝不懂这个道理，此番触怒圣上，或许因为不够谨慎，或许因为缺少经验，或者就像柳三变所相信的那样，一切都是命运。既然命中注定与仕途无缘，任他怎么挣扎也是徒劳。

　　后来，他也曾向当时的宰相词人晏殊求助，却因晏殊不喜其词风而无奈告终。

　　多年前因《鹤冲天》而惹得祸事还历历在目，如今悲剧重演，心境却大不相同。年少轻狂时，对朝廷的黜落还会感到愤愤不平，如今这桩祸事降临，他既无多少愤怒，也无任何怨言，只是默默承受着一切，明知前路暗淡，仍固执地踽踽独行。

（二）

　　不久之后，范仲淹任宰相一职，向心怀大志的宋仁宗提出"庆历新政"的方案，这其中就包括对原有官职审查制度的改革，改革之后，原有受到不公平待遇的官员可以向朝廷提出申诉，待复审合格后，便可得到妥善处理。柳三变得知后，便及时向朝廷提出了申诉请求。终于，经过吏部复查磨勘成为京官，改官著作左郎，后被授官西京灵台令。

　　几年后，他官至屯田员外郎，属从六品，却是京官中品衔最低的。这是他此生官宦生涯的终极，后人也因此称他为"柳屯田"。事实上，没有人关心他在屯田员外郎这一卑微职位上做过什么，有什么政绩，人们更习惯打听他的风流往事和他笔下的那些相思风月。柳三变的真正追求，终究被历史遗忘了，而他因此焕发出的魅力，却始终吸引着人们的目光。

　　其实于他而言，能留在一生挚爱的汴京，已是心满意足。他正衰老，他已年迈,他最大的心愿就是在高台上眺望这繁华的汴京,追寻那逝去的欢欣。岁月的沉淀令他像一坛老酒,静静栖居在此处,此处便有淡淡酒香。

北宋官员年满七十而致仕,北宋皇祐五年(1053年),七十岁的柳永终于离开了政治舞台,他的官宦生活从此画上了句号。人到七十古来稀,他的苍老在面颊上蔓延,花白的须发、佝偻的身躯、枯瘦的手指,每一条皱纹里似乎都郁结着每一个故事,时间的小手指,轻轻撩拨着他的神经,有时偶尔一阵风,会吹得他眼睛发酸,夜晚惊醒,他还以为自己不过做了一场关于衰老的噩梦。

  屈指劳生百岁期。荣瘁相随。利牵名惹逡巡过。奈两轮、玉走金飞。红颜成白发,极品何为。

  尘事常多雅会稀。忍不开眉。画堂歌管深深处,难忘酒盏花枝。醉乡风景好,携手同归。

——《看花回》

颤抖的手指可还记得曾经的岁月,那里有欢笑、有泪水,而世间泪水太多,滋味苦涩,倒不如那美酒一杯,一醉方休,忘却泪水几何。他的生命里,最使他难忘的,还是年轻时的那些幽欢雅会,那番热闹场景,总会令他轻轻扬起嘴角。画堂深处,美人独舞,花朵一枝,携手同归,与其说这是年老的柳三变的幻想,不如说是他不小心抖落的回忆。"红颜成白发",他微微叹息,一生的坎坷辛酸,如今看来不过弹指一挥间,什么功名利禄、富贵荣华,不过沧海一粟,与生活本身相比,根本不值一提。

这样的感叹,已经不止一次在他的词作中出现,愈到晚年,他参悟得愈深,在人生最后的岁月中,他的作品多半是回忆往事,抒发情怀。这首著名的《戚氏》,便是一个最好的总结。

  晚秋天,一霎微雨洒庭轩。槛菊萧疏,井梧零乱惹残烟。凄然。望江关,飞云黯淡夕阳间。当时宋玉悲感,向此临水与登山。远道迢递,行人凄楚，倦听陇水潺凌。正蝉吟败叶，蛩响衰草，相应喧喧。

孤馆度日如年。风露渐变，悄悄至更阑。长天净，绛河清浅，皓月婵娟。思绵绵，夜永对景，那堪屈指暗想从前。未名未禄，绮陌红楼，往往经岁迁延。

帝里风光好，当年少日，暮宴朝欢。况有狂朋怪侣，遇当歌对酒竟留连。别来迅景如梭，旧游似梦，烟水程何限。念利名、憔悴长萦绊。追往事、空惨愁颜。漏箭移，稍觉轻寒。渐呜咽、画角数声残。对闲窗畔，停灯向晓，抱影无眠。

——《戚氏》

秋雨连绵，滴落槛菊井梧，从高阁上眺望江关，江面上缭绕着淡淡青烟，夕阳垂落，飞云暗淡，宋玉曾经因此景发出悲秋的感叹，这样的季节里，众人行色匆匆，心事重重，花草虫鱼都无精打采，旺盛的夏天正一点点衰败。

词人幽居孤馆，无人分享他的快乐与悲伤，他已习惯这种生活。他常常对着月亮枯坐半宿，这世间永恒的唯有月亮，从真宗朝的盛世一直照耀至今，那雪白的银盘中，仿佛还回放着从前的景色，绮陌红楼，暮宴朝欢，皆历历在目。每当想起往事，又觉得一切都像大梦一场，迅景如梭，故人零落，眼前灯光如豆，一夜抱影无眠。

后人说："《离骚》寂寞千载后，《戚氏》凄凉一曲终。"柳三变七十年的日日夜夜，终于随着一曲《戚氏》落下了帷幕。

生命这段奔波总需要走向停歇，当扛不住了，看不清了，或靠半壁残垣瞭望半边远山，或凝一盏碧玉品味一段红尘。记忆中的艳霞早已散去大半，只有几个还想和他说几句的人，几件能勾动他嘴角的事儿。

到最后，漫天繁星皆隐，记忆的天空独余一点光芒，他安静地躺在无垠的大地上，痴迷地望着它、对着它，似哭似笑、似怨似嗔，努力伸手将它触及。直到它也伴随着他的目光逐渐化去，化成纠缠了他一生的悲欢离合，化作另一段不为人知的人生。

至和三年，这一年，信手间毁掉了柳三变封侯拜相的豪情壮志，同时造就了他"奉旨填词"千古文名的宋仁宗已经四十七岁。这一年，包拯以龙图阁直学士权知开封府，开始了他人生中最为传奇的一段政治生涯。这一年似乎和历史上的许多年一样没什么分别，有人得意、有人失意、有人高升、有人落魄，但某个人的离去又让这一年对我们来说不同寻常。

经历了海誓山盟、春风得意、羁旅行役、落魄潦倒种种人世滋味，在对这滚滚红尘发出最后一声若有若无的叹息之后，柳三变卸去了一身顽疾、满鬓风霜，这颗在世俗流浪了数十个寒暑的"文曲星"又重归天阙。

对于柳三变死时及身后事的情境，人们莫衷一是，正史上不见详录，前人笔记中倒是多有痕迹，但也只让历史的真相更加扑朔迷离。有人说他葬于襄阳，也有人说枣阳县花山是他最后的归宿，据传仪真县也有一座柳耆卿墓。相比而言，以下这种记载虽不可盖棺论定，论据无疑最是充分。

据叶梦得《避暑录话》中录："永终屯田员外郎，死旅殡润州僧寺，王和甫为守时，求其后不得，乃为出钱葬之。"又据明万历《镇江府志》卷三十六有所记载："永字耆卿，始名三变，好为淫冶之曲。仁宗临轩放榜，特绌之，后易名永登第。文康葛胜仲《丹阳集·陈朝请墓志》云，王安礼守润，欲葬之，藁殡久无归者。朝请市高燥地，亲为处葬具，三变始就窀穸。近岁水军统制羊滋命军兵凿土，得柳墓志铭并一玉箧。及搜访摹本，铭乃其侄所作。篆额曰：'宋故郎中柳公墓志'，铭文皆磨灭，止百余字可读云：'叔父讳永，博学，善属文，尤精于音律。为泗州判官，改著作郎。既至阙下，召见仁庙，宠进于庭，授西京灵台令，为太常博士。'又云：'归殡不复有日矣，叔父之卒，殆二十余年云。'"

王和甫就是王安礼，和甫是他的字，他就是那位大名鼎鼎的"拗相公"王安石的弟弟。叶梦得曾经在润州丹徒有过为官经历，葛胜仲本身就是丹阳人，他们都言王安礼在出任润州知州时埋葬了柳三变，这说法于理而言是比较可信的。

相较之下，"群妓合金葬柳七"的故事只不过是仰慕柳三变的文人为他续写的一段风流故事。但一切历史都是当代史，感性的我们无心如汗牛充栋、韦编三绝的史学家那般"不虚美、不隐恶"，既然柳三变跌宕的一生如此让我们神牵梦绕，我们不妨把最凄美的传闻当作应该发生过的事情吧。就像对伟大的诗人李白，我们装饰了一个浪漫的"奔月"，相伴他步入生命的终程；同样地，相比于默默无闻地湮没于历史的尘埃，我们更倾向于柳三变那流离于庙堂、扬名于宇内的不羁人生以一种传奇性的方式收尾。

"乐游原上妓如云，尽上风流柳七坟。可笑纷纷缙绅辈，怜才不及众红裙。"

就如他不为正统士人接受但却被世俗乐道的人世经历一样，后人同样为他安排了一场惊世骇俗的葬礼。七十年前，当他呱呱坠地时门前的池渠中生满了白莲；七十年后，他魂归天际，同样也被千百朵出淤泥而不染的花儿围绕。

柳三变死时，早已断绝了功名利禄之心的词人孑然一身，家无余财，可谓落魄至极，是钦慕他文采和痴情的群妓合资为他买了棺木，建了陵墓，安葬在城外。当地官府找不到他的家室，于是，在他生前与他互相倾心的青楼女子就为他披麻戴孝。他没有送葬之人，百千青楼女子就自发地聚集起来组成祭奠的队伍。

她们中有的是千金难得一见的花魁，有的是已光阴不再的人老珠黄。有的人更是闻讯不远千里而来，只为送他最后一程，急匆匆未及卸下舟车的劳顿。她们都曾吟唱过柳三变的词，惊艳于词人的才情，被他笔墨下的景和情触动过心扉。

是他，虽然落魄市井，题词于酒肆勾栏，但随笔挥就的一首词作就可造就一位佳人，使得那些骚人豪客趋之若鹜；是他，用一己之力开启了宋朝一代之文学，让最初只是微末小道的诗余，通过琉璃坊间的弹唱，几百年间传唱不衰，今日出了贩夫走卒、黄口稚子的口，明日又入了公卿将相、妃嫔帝王的耳朵。

我们无法用地位、声名来定义一位古人的伟大，那只会牵累了"伟大"二字，但当一个人的行迹超越了时间，在千百年的变迁后仍然能使后人感动，那么他大可和伟大沾边了。

一个人在世人心中的分量，并不在于他生前有多少人为他歌功颂德，而是要看死后有多少人为他垂泪。对于情痴，红颜知己的泪便是最好的送别礼物了，柳三变得了个天下痴情人最想要的结局。希望纯洁的泪水可以洗净他的伤痕累累，一切冷落、嘲笑和污蔑都随风而逝，他的灵魂在安详里潇洒回首，向所有痴情人道一声珍重。

那一天，小雨淅淅沥沥，淋湿了长街，千百把油纸伞犹如盛开的繁花，伞下是一张张更胜花色的容颜，只不过她们的脸上已没有了往日的笑容，泫然欲泣。她们默默地步行至城外的郊野，驻足于一处陵墓之旁，斟满一盏清酒，把它泼洒在墓前，让晶莹的酒水和着她们的眼泪滋润墓前的泥土。她们默默吟唱着柳三变生前所作的词令，怀念着这个爱过、恨过、怨过、笑过的白衣卿相。那一日青蛾画阁少了轻吟箫鼓，红粉朱楼不见春光融融，半城尽缟素；那一日冷清了迤逦御香却情义了无边风月。

此后每逢清明，群妓便会蜂拥而至，到柳三变墓前凭吊柳郎，世人谓之"吊柳七"，又称"吊风流冢"，以致渐成风气，乃至没有入"吊柳会"、上"风流冢"的人不敢到乐游原上踏青，这种风俗延续至宋氏南渡。

这些朝云暮雨的烟花伴侣们为何会为柳三变的离世而垂泪，大概是少了七郎的笔，那些绮罗勾栏、相思哀怨，总是失却了几分真颜色，她们的百般情思衷肠又被锁回了独自一人时的漫漫长夜。"此去经年，应是良辰好景虚设。便纵有千种风情，更与何人说。"

所有的故事都会有个结局。这一次柳三变终于可以从奔波中脱身，停下来好好歇息了。此前，无论再美的风景，柳三变总不能驻足久观。他总是骑着白马，带着一身风尘，匆匆而来又匆匆而去。哒哒的马蹄声里，他永远不是那个别人翘首以盼的归人，而只是意外的过客。这一次，不会再是了。

走过城市被春雨打湿的石板路，在柳枝的抚弄下通过斑驳的城门，踏着嫩绿多汁的青草，穿过乐游原上擦肩而过的各色人群。在草长莺飞的春色深处，一个白衣翩翩的身影正悠闲地安憩在那里，他用温柔多情的目光迎接着我们，为我们谱一阕倾城之曲，吟唱一首打动我们心扉的千古柳词。

第三辑 欧阳修

名家风范，独醒醉翁

第一节 ／ 寒门才子初长成

多年的彻夜苦读终于有了回报，他从书海中抬头时，却发现天色已经微白了。

看着窗外渐渐落下的星辰，任清风轻轻拂过面庞，他感到一丝惬意。

天边的墨色有些淡了，浅浅的白色缓缓漫了上来，推开夜的幕，还世界一片光明。

推开历史的大门，向前，再向前，我们看到了一座院子。院子不大，外面是灰色的墙，里面有大小几间屋子，上面覆盖着绿色的瓦片。院子里种着几棵树，风起时，树冠轻轻晃动，给院子添了几许生机。

这里是绵州（今四川省绵阳市）边一座贫穷的小县城，院子的主人是这里的推官——欧阳观。北宋景德四年（1007年），欧阳修就出生在这里，父亲欧阳观和母亲郑氏为其起名为欧阳修，表字永叔，意为修身养性、福寿绵长之意。

欧阳修四岁那年，欧阳观被任命为泰州判官，举家迁往了泰州。欧阳观为人严谨、处事严格，为了避免造成冤假错案，他对每个案件都仔细推敲。一个深夜，郑氏见他对着案卷叹气，便抱着欧阳修走到他身边，轻声询问他是否遇到了烦心事。欧阳观说，他研究了这个案件的所有细节，也没发现任何漏洞，看来这名死刑犯确实没有生还的机会了。

当时的欧阳修还很小，自然听不懂父亲话中的意思，也看不懂父亲眼中的遗憾。然而，欧阳观的这种心性却遗传给了他，所以他当官之后，也一如他的父亲——爱民如子，谨慎为人。

然而，到达泰州不久后，欧阳观便染上了重病，不治身亡。郑氏一手抱着仅仅三个月的女儿，一手牵着刚刚四岁的儿子，心中无限悲痛和愁苦。欧阳观一生清廉，家中既没有什么积蓄，也没有土地房产。如今，他撒手人寰，家中没了经济来源，郑氏要如何才能带大这两个幼小的孩子呢？

在当时，身为妇人，只能做奶娘、厨娘之类下人的工作，且不说郑氏出身没落望族，做不了粗活，关键是两个孩子都太小，若是她出门干活，孩子们怎么办？思前想后，郑氏决定带着两个孩子投靠他们在湖北的叔叔欧阳晔。

欧阳晔非常疼爱这两个孩子，非常想尽其所能照顾好兄长的一双儿女和他的遗孀，无奈他只是一名小小的地方官，没有太多俸禄，所以常常心有余而力不足。郑氏明白欧阳晔的难处，她对小叔子的收留非常感激，于是主动分担起家务，一家人倒也过得很和睦。

郑氏出身大户人家，知书达理，性情温婉且坚强。生活安定下来之后，她便开始教欧阳修识字。富贵人家的孩子识字，有先生、有书本、有书桌、有笔墨纸砚，这些，欧阳修都没有。他有的只是亲切耐心的母亲、一支荻秆和一片沙地。但他从不感到委屈，反而很喜欢这样宽阔随性的学习环境。

每到傍晚时分，郑氏都会将欧阳修带到那片沙地边。她一手抱着尚在襁褓中的女儿，一手缓慢地用荻秆在沙地上写下一个字，然后耐心地给欧阳修讲解字的意思，并带着他读。欧阳修十分聪慧，字的读音和意思，他听过之后便不会忘记，而字的样子，他看了一阵之后便能牢牢记住。

郑氏见欧阳修记住了地上的字，便轻轻擦去，再写下新的字，继续教他识字。就在这样的一画一抹中，欧阳修认识了许多字。他也开始拿着一支荻秆，学着母亲的样子一笔一画地在沙地上练写字。虽然不如在纸上写得方便省力，却也多了一份乐趣。

随着欧阳修渐渐长大，他已经不满足于单单识字，他喜爱读书，尤爱将自己喜欢的书一遍阅读一边抄写。但由于家贫，只能向当地好心的读书人借阅，他的一位好友李尧辅家境殷实，是城中的大户，家中藏书颇多，为他读书提供了极大的方便。欧阳修少年时一直珍惜的《昌黎先生文集》就是李家老爷所赠。

在阅读中，欧阳修的文学修养日益提高，心思也日渐细密，能够写出如成人般有深度和内涵的文章。他的叔叔欧阳晔读过他写的文章后，心中大喜，对他的作品大加赞扬。看到侄子年少有成，欧阳晔深感欣慰，他想，若是哥哥九泉下有知，自然也会欣慰的。

北宋年间，发展最快的便是文化，这一切都要归功于宋太祖赵匡胤。宋朝以前，人们重武轻文，有"握军权者得天下"之说。赵匡胤虽行伍出身，却对书籍有着特殊的喜好，平日里只要有空闲，便书不离手，即使出兵打仗，也会随身携带许多书籍。

书中自有锦囊妙计，读的书多了，赵匡胤意识到，之前的朝代之所以会出现兵权之争，便源于朝廷过于重武轻文，以至于百姓只懂得用武力解决问题。于是，建立宋朝之后，他为了社会安定，决定一改旧制，提倡重文轻武。

为了让人们意识到从文的重要性，赵匡胤推出了"偃武修文"的政策。他不断提高文人的地位，对他们礼遇有加，增加科举录取名额，并宣布"不得杀士大夫及上书言事人"。

赵匡胤的后人们也谨遵其制，全力发展宋朝的文化事业。宋太宗赵光义推行了"文官制"，积极鼓励文人参加科举考试，入朝为官，于是"读书为做官"的观念开始在文人中弥散开来。考取功名，入朝为官，成为大部分宋朝学子读书的唯一目的。

成长于这种环境中的欧阳修，自然也将考取功名视为人生大事。转眼间，欧阳修十七岁了。他知道母亲和叔父将他抚养成人不易，明白自己若是能早日考取功名，既能让他们心安，也能让他们的生活过得好一些。于是，欧阳修决定入京赶考。

在当时，学子们在入京参加考试之前要经历多场考试，一如当今最常见的各种海选。

北宋天圣四年（1026年）秋，在经历了第一次的失败后，欧阳修终于不负众望，通过了乡试。这个结果令全家人都非常喜悦，欧阳修自己更不必说。那年冬天，欧阳修满心兴奋地收拾好行囊，带着家人的期冀和对未来的向往，离家前往汴梁，参加礼部考试。

初次只身一人离家，欧阳修对外面的世界充满了好奇。他对沿途的一切都感到新鲜，汴梁的繁华更是让他惊讶，尤其是那些华丽的高楼，是他在随州从未见到过的。

六曲雕栏百尺楼，帘波不定瓦如流。
浮云已映楼西北，更向云西待月钩！

——《高楼》

离家时，欧阳修是激动的；到达汴梁后，他是好奇的；离开汴梁时，他的心情是低落的。未能通过这次的礼部考试对于欧阳修而言又是一次打击。到达汴梁时，虽然"楚天风雪犯征裘"，可心中那希望的火焰却没有让他感到一丝寒冷，如今虽已是春末夏初，他的心里却弥漫着凉意。

楚天风雪犯征裘，误拂京尘事远游。
谢墅人归应作咏，灞陵岸远尚回头。
云含江树看迷所，目逐归鸿送不休。
欲借高楼望西北，亦应西北有高楼。

——《南征道寄相送者》

京城的经历让欧阳修意识到，读书多年，自己只学会了书本上的东西，而且随州地处偏远,文化水平相对落后,自己若是想学到更多东西,必须走出去,外出求学。汉阳就是他求学的第一站,因为那里有一位他仰慕已久的文人——胥偃。

胥偃是汉阳的知军,欧阳修在拜见他之前,用心撰写了一封书信,并随信附上了许多自己的作品。信笺递去之后,欧阳修便焦急地等待着胥偃的回复。

胥偃读过欧阳修的信和作品后,对这个年轻人非常欣赏,立刻将欧阳修请到府中,并备好了丰盛的酒席招待他。在席间,胥偃得知了欧阳修的身世,欣赏之余又多了几分怜惜,于是邀请他住到府上,并亲自指导他的学习。对此,欧阳修喜出望外、感激不尽。

接触得越久,胥偃越是赏识欧阳修。同年冬天,胥偃得到晋升,入京为官,便将欧阳修一并带到了京城。在京城,欧阳修过的是一种不同的生活。当时的士大夫家中常常设宴,招待好友,一群人坐在一起饮酒谈天、讨论文学。胥偃也是如此。每当家中宴请宾客,胥偃都会叫上欧阳修陪侍,他得以被引荐给许多名公巨卿,有幸与许多上层人士结识。

一次酒宴中,欧阳修突然被眼前的景象打动了,那桂树上悬挂的雨滴,那枝头飞舞的鸟儿,那静静绽放的花朵,以及穿梭在花朵之间的蝴蝶……一切都是那样和谐美好,他的心里不由得涌出一串美丽的句子,令他无法抑制而要将它们书于纸上。

> 桂树鸳鸯起,兰苕翡翠翔。
> 风高丝引絮,雨罢叶生光。
> 蝶粉花沾紫,蜂茸露湿黄。
> 愁醒与消渴,容易为春伤。

——《小圃》

一首诗书写完毕,在座的宾客无不赞叹欧阳修才华出众。之后,欧阳修频频在宴会上创出佳作,一时名动文人圈,许多人都知道了这位胥偃府中的少年才子。

没过多久，欧阳修再一次在另一场雅集中展现了他的才华，以他独特的观察力写下了《早夏郑工部园池》一诗。

> 夜雨残芳尽，朝晖宿雾收。
> 兰香才馥径，柳暗欲翻沟。
> 夏木繁堪结，春蹊翠已稠。
> 披襟楚风快，伏槛更临流。

不过，小有名气并没有让欧阳修沾沾自喜，相反，他的心中感到了更大的压力。胥偃待他很好，可无论如何好，他都是寄人篱下。虽然父亲过世之后，他就一直过着寄人篱下的日子，然而欧阳晔毕竟是他的亲叔叔，胥偃却只是一个欣赏他才华的长者，那感觉，自然是不同的。他不贪图于此时的小有名气，日夜苦读诗书，准备迎接即将到来的国子监广文馆入学考试。功夫不负有心人，北宋天圣七年（1029年）春，欧阳修以第一名的成绩考入了国子监。

国子监是一所官办学校，其中的广文馆专门招收想要考取进士的学生，其课程也都是针对进士考试而设的。半年的学习生活令欧阳修受益颇多，而国子监解试考试中又一次名列榜首的欧阳修，顺利获得次年春天参加礼部考试的资格。

多年的彻夜苦读终于有了回报，他从书海中抬头时，却发现天色已经微白了。看着窗外渐渐隐去的星辰，任清风轻轻拂过面庞，他感到一丝惬意。天边的墨色有些淡了，浅浅的白色缓缓漫了上来，推开夜的幕，还世界一片光明。

> 帘外星辰逐斗移，紫河声转下云西。
> 九雏乌起城将曙，百尺楼高月易低。
> 露裛兰苕惟有泪，秋荒桃李不成蹊。
> 西堂吟思无人助，草满池塘梦自迷。

——《晓咏》

清晨的第一缕阳光让欧阳修心中涌出了希望——对未来的希望、对功名的希望、对事业的希望。怀着这种希望，北宋天圣八年（1030年），他参加了礼部考试。此次礼部考试的主考官是有着"太平宰相"之称的晏殊。晏殊博学严谨，由他负责的考试，其难度可想而知，他出了一道"司空掌舆地图赋"的题目，其关键不在于解题而在于发现题目中"司空"一词的漏洞。参与考试的众生中唯有欧阳修发现其中端倪，并向晏殊提出了自己的疑惑。

待到揭榜之日，欧阳修第三次名列榜首。按照当时的惯例，考生当以门生的身份拜见主考官，于是欧阳修整理衣冠，毕恭毕敬地前去拜访了晏殊。

自从上次一见，晏殊便对欧阳修有了极深的印象，也时时惦记着这位瘦弱少年，只是由于各种不便，他没能打听到这位少年的姓名，也没机会得知这位少年的情况。当听说第一名的考生来拜见自己时，晏殊的心中还不由得想，不知当初那位看懂自己题目的少年考得如何。当他见到欧阳修后，便突然安心了。

接连三次高中激发了欧阳修的斗志，也增强了他的信心。参加殿试时，在殿堂之上，欧阳修针对当时朝中的奢靡之风写下了《藏珠于渊赋》，其文论据确凿、条理清晰，对奢靡之行为直言进谏、毫不留情，文中凛然之气尽显。

之前的几次成功让欧阳修有种预感，自己此次也能高中，为了迎接即将到来的消息，他还特意准备了一套新衣服。谁知，当晚同学中年龄最小的王拱辰一时兴起，穿着他的衣服开起了玩笑，并说："为状元者当衣此。"没想到，一语成真，最后王拱辰考中了状元，欧阳修却只考取了第十四名。他心里自然有些遗憾，不过一想到终于能够承担起母亲和妹妹的生活，能够有资格追求自己心里的梦想，他又立刻喜悦起来。他心里那份对文学的热爱和向往，又一次涌动起来，推着他一路向前。

第二节 赏花品茗心清雅

与一群有着浪漫情怀的文人在一起,欧阳修心中的浪漫情结也渐渐地浮现出来。
他的生活也从此变得更加丰富、浪漫,且充满生机。
曾经的他像一只孤独地飞翔在天空中的鸟,只能将心中的旋律唱给空气,
然后任由它们飘散,听不到一丝回响;如今,他有了可以唱和的伙伴,
喜悦也就成倍地增加了。

暖春三月,枝繁叶茂,花团锦簇。朝廷为这些新进士举办了"闻喜宴"。席间,宋仁宗还亲自作诗赠予他们,以示朝廷对文人才子的重视。对于欧阳修来说,虽然他曾参加过许多宴会,可没有一次让他有如此深刻的感受。满座才俊,如同夜空中的繁星;皇恩浩荡,如同春日里的暖阳。

欧阳修永远都忘不了那一天,他穿着新做的衣服,坐在新郑门外的琼林苑中,听唱名官叫出自己的名字。身边尽是与他同样衣着华丽的新进士们,他们个个面露喜色,翘首以待。杯中斟满了美酒,他们举杯相庆,杯空后又再次斟满,如此循环,举杯不停。正如他在《蝶恋花》中所描述的那样:

翠苑红芳晴满目。绮席流莺,上下长相逐。紫陌闲随金鞚辘。马蹄踏遍春郊绿。

一觉年华春梦促。往事悠悠，百种寻思足。烟雨满楼山断续。人闲倚遍阑干曲。

宴会接近尾声时，新进士们纷纷在石上题名，留下永久的纪念。他们的名字，将作为众人心中的翘楚，被世人久久地羡慕和敬仰。而后，是大规模的游行。全城达官贵人和百姓的目光全都聚集在这些衣着鲜亮的青年才俊身上。百姓们关注是出于羡慕，而达官贵人们的关注则"别有用意"。考取进士便可为官，食朝廷的俸禄，享一生的荣华，对于达官贵人们而言，这样的人与自家女儿可谓门当户对，若是能从中挑选出一位，作为自家适龄女子的如意郎君，自然是极好的。

但其中的人选已不包括欧阳修。胥偃对欧阳修不仅有知遇之恩，而且偏爱其才的他已经将爱女许配给他。当初爱女年龄尚小，且欧阳修一心修学无心其他，如今，欧阳修学业有成，中了进士，女儿也刚好到了适嫁之龄，胥偃便不再犹豫，向欧阳修说出了自己的想法。欧阳修与胥家小姐虽平日里接触得不多，但毕竟生活在同一屋檐下，也知道小姐是性情纯良之人，而且对方是恩人之女，无论从哪方面看，他都没有拒绝之理。

很快，他便与胥家小姐举行了订婚宴。

少年得志，仕途与爱情双得意，人生再美满不过。

北宋天圣九年（1031年）春，欧阳修携家人来到洛阳，任将仕郎、试秘书省校书郎、充西京留守推官一职。洛阳景致，美不胜收。一路上，欧阳修看到山水如画，心驰神往。

初到洛阳，礼节不可失，欧阳修决定遵循惯例，去留守府拜见自己的上级。他骑着马一路慢行，行至伊水河畔、午桥庄边时，突然听见不远处的竹林中传来吟诗之声：

> 修禊洛之滨，湍流得素鳞。
> 多凭折腰吏，来作食鱼人。
> 水发黏篙绿，溪毛映渚春。
> 风沙暂时远，紫线忆江莼。

这种感觉的诗句，欧阳修还是第一次听到。吟诗之人的声音很平缓、很放松，其中透着一种对平静生活的享受。欧阳修听过后，心里不由得一动。细品诗中所表达的意境，欧阳修的眼前浮现出一幅悠闲雅致的画面，没有当时世间流行的浓郁之色，也没有令人眼花缭乱的繁华，他的心情顿时更加明朗。

欧阳修情之所至，不由得击掌叹赏，那人听了，从竹林中走出，来到欧阳修面前。两人相视片刻，欧阳修在对方的脸上看到了熟悉的神色，那是一种坦然自若的神色。对方虽然身材高大，眉目却十分清秀，一看便是饱读诗书之人。待对方自报姓名后，他才知道，原来自己面前站着的竟是河南县主簿梅尧臣。

梅尧臣字圣俞，乃是河南县新任主簿。梅尧臣也是刚刚上任，在此地尚未结识许多好友，才会趁闲暇之余独自一人出来游玩。就在刚才，他见仆人在急流中捉到两尾鳜鱼，而且那鱼儿非常活泼，不停地摆尾挣扎，一时兴起，便作诗一首，却不想一首即兴之作竟招来了欧阳修这样的知己。

相识即是有缘，何况二人因文而结识，自然是有许多相似相投之处。而且两人都是初次来到洛阳，心中略感孤单，突然间遇到与自己兴趣相投之人，一种亲切感油然而生。他们从诗词歌赋聊到文坛名家名篇，再聊到时事，聊得越多，越有一种相见恨晚的感觉。

欧阳修曾在诗中用"逢君伊水上，一见已开颜"来形容他与梅尧臣的初见，而梅尧臣则在诗中写道"春风午桥上，始迎欧阳公"，可见，二人对此次见面都有着深刻的印象，这次相见对于他们二人而言，都有着重要的意义。

二人越聊越投机，梅尧臣便邀请欧阳修与他一同游香山，欧阳修欣然应允，全然忘记了自己今日本是要去留守府拜访。两人来到香山，一边悠然地在林间漫步，一边谈天说地，时间一点一滴地流逝，二人却浑然不觉。

知音难觅，备感珍惜。红日渐渐西下，暮色渐渐降临，欧阳修和梅尧臣却仍然意犹未尽，彼此不愿分开。不到一天的相处让他们二人深深感到，对方就是自己一生难得的知音，所以当梅尧臣提议到他家中继续把酒谈天时，欧阳修立刻答应了。

傍晚，欧阳修坐在梅尧臣家中的小桌旁，面色红润，喜笑颜开。鲜美的鱼香和浓郁的酒香弥漫在房间里，欧阳修和梅尧臣一边饮酒，一边高谈阔论、吟诗作对，屋内满是欢的笑语。

欧阳修与梅尧臣就此结缘，之后的日子里，他时常与梅尧臣相约，品茗赏花，饮酒赋诗。二人如伯牙子期般，惺惺相惜之情日渐增长。欧阳修对梅尧臣的诗才极为欣赏，曾用"圣俞翘楚才，乃是东南秀"这样的句子来称赞他，还用"玉山高岑岑，映我觉形陋"来表达自己在梅尧臣面前的自愧不如之情。

自从与梅尧臣相识，欧阳修的诗歌风格便发生了很大的变化。梅尧臣善作古体诗，于是欧阳修也模仿他的风格创作了许多古体诗。北宋天圣九年（1031年），梅尧臣作《黄河》，欧阳修受其启发，于次年作了《黄河八韵寄呈圣俞》。而后，梅尧臣又作了《依韵和欧阳永叔黄河八韵》，以表对欧阳修的认同。

河水激箭险，谁言航苇游。坚冰驰马渡，伏浪卷沙流。
树落新摧岸，湍惊忽改洲。凿龙时退鲤，涨潦不分牛。
万里通槎汉，千帆下漕舟。怨歌今罢筑，故道失难求。
滩急风逾响，川寒雾不收。谈能穷禹迹，空欲问张侯。

——《黄河八韵寄呈圣俞》

欧阳修一生赠予梅尧臣的诗文有《与梅圣俞》（三书简）及《送梅圣俞归河阳序》《黄河八韵寄呈圣俞》《和梅圣俞杏花》《和杨子聪答圣俞月夜见寄》等。

梅尧臣赠予欧阳修的诗文也有数篇。

> 谁道梅花早，残年岂是春。
> 何如艳风日，独自占芳辰。
>
> ——《和梅圣俞杏花》

交往的三十年中，欧阳修与梅尧臣从未断过来往。平日里，二人在生活上的交往并不频繁，即使是同在洛阳时，生活上的交往也不过六七次而已，然而，当对方有难时，对方都是雪中送炭之人。后来，欧阳修因直谏触怒君王被贬荆州，梅尧臣赠诗以表关切，嘱咐他"黄牛三峡近，切莫听愁猿"。梅尧臣生活遇到困难时，欧阳修便对他施以援手，送他澄心堂纸、美酒、丝绸等。梅尧臣身故后，欧阳修还代为照顾他的家人，若不是真心朋友，怎能如此尽心？

天下知音难觅，或许对他二人而言，得此友，便已终生无憾。

洛阳，让欧阳修体验到了与过去全然不同的生活。儿时的欧阳修是孤独寂寞的，真正陪伴他的，只有那些被他一笔一画抄写下来的书籍，以及那些印在他脑子里的诗词名篇。他有时也渴望有个人在他身边，与他共享文学带来的乐趣和喜悦，然而在随州那样一个偏僻的小城市里，这个愿望太难实现。

如今，一切都不同了。洛阳是一座繁华的大城市，这里有许多才俊，他们在文化的熏陶下长大，对文学有着很深的认识和理解，他可以与他们一同探讨文学、研究诗词，这让他感到很满足。

在梅尧臣之后，欧阳修又结识了许多身在洛阳的官员，这些官员都有着极高的文学素养和文化品位，喜好高雅艺术，钟情于文学。

当地的留守钱惟演虽然好趋炎附势、野心很大，是一个绝对的政客，但这并没有影响他对文学的喜好和追求。他不但自己喜好文学，还非常爱才，遇到才学出众的文人和官员，他总会给他们极高的礼遇，鼓励他们再接再厉。

钱惟演博学能文，颇有情趣，品位高雅，善作注重形式美感的西昆体诗歌，并曾因此而出名。不过他在文学方面并不死板教条，各种文体都欣赏，各种有才之士都接纳。正因如此,在他管辖之下的各位文人雅士才有机会聚在一起,形成一个小小的文人圈子。

梅尧臣的妻兄谢绛气质出众,有品位、操守,工于词赋,以善于文学而闻名一时。在这个小圈子中,他的诗词成就最高,深得钱惟演的赏识,也深为其他人所敬佩。唐末五代以来,诗风一直偏于浮艳,是谢绛改变了这一局面。

与谢绛同样反对浮靡文风的还有尹洙。尹洙提倡古文,尊崇韩愈,所作之文皆简古有序,据说欧阳修在修习古文时,也受到了他的许多影响。除文学外,尹洙也对兵事颇有兴趣,创作了《叙燕》《息戎》等谈兵的文章。

除了极具影响力的这几位之外,尹洙、王顾、王复、杨愈、张先、张汝士和梅尧臣在他们这一文化圈子中尤为活跃,即多年后与欧阳修并称为"八老"的七位。韩愈文风一直是欧阳修所推崇的,此时能与尹洙等志同道合的、偏爱韩文之人,探讨韩文也成为欧阳修极为难得的体验和乐趣。

与一群有着浪漫情怀的文人在一起,欧阳修心中的浪漫情结也渐渐地浮现出来。他的生活也从此变得更加丰富、浪漫,且充满生机。曾经的他像一只孤独地飞翔在天空中的鸟,只能将心中的旋律唱给空气,然后任由它们飘散,听不到一丝回响;如今,他有了可以唱和的伙伴,喜悦也就成倍地增加了。

三

闲来无事,有朋相伴,游山玩水,佳作百篇。这样的生活对于文人而言,无疑是最好的。然而,这样的生活又是受到局限的。只有在安定祥和的社会中,这些文人雅士才能有这样的机会,一旦时局发生变化,他们的安定生活也注定会受到影响。

北宋明道元年(1032年),宋朝出现了一个劲敌——西夏。西夏原本是由羌族的一支——党项所建的小国。宋朝成立后,赐西夏赵姓,封当时的国主赵德明为"夏王"。赵德明死后,他的儿子元昊在契丹的支持下开始频频侵扰宋朝,攻占州府，令宋朝陷入了一场危机。

北宋明道二年（1033年）冬，刘太后去世，宋仁宗亲政，朝中政局开始出现动荡，并出现各持政见的几个派别。二十四岁的宋仁宗在支持他的一批大臣的提议下，将范仲淹上调回京，任右司谏一职。

范仲淹，这个名字人们并不陌生，"先天下之忧而忧，后天下之乐而乐"便出自他笔下。此人年少时生活清苦，常以冷粥为食，却心系天下，在晏殊的推荐下，任秘阁校理一职，后因过于直谏，触怒皇太后而被贬。如今，皇太后过世，宋仁宗急于改革，这才想起还有这样一位贤臣，于是重新起用范仲淹。范仲淹也不负宋仁宗之托，上任之初即在江淮、京东地区开仓放粮，赈济灾民，因此大获民心。

欧阳修非常敬佩范仲淹，认为身为谏官就当如此，无畏权势，直抨时弊，因此，他作了篇《上范司谏书》：

> 月日，具官谨斋沐拜书司谏学士执事。前月中得进奏吏报，云自陈州召至阙拜司谏，即欲为一书以贺，多事，匆卒未能也。
>
> 司谏，七品官尔，于执事得之，不为喜，而独区区欲一贺者，诚以谏官者，天下之得失、一时之公议系焉。今世之官，自九卿、百执事外至一郡县吏，非无贵官大职可以行其道也。然县越其封，郡逾其境，虽贤守长不得行，以其有守也。吏部之官不得理兵部，鸿胪之卿不得理光禄，以其有司也。若天下之失得，生民之利害，社稷之大计，惟所见闻而不系职司者，独宰相可行之，谏官可言之尔。故士学古怀道者仕于时不得为宰相，必为谏官。谏官虽卑，与宰相等。天子曰不可，宰相曰可；天子曰然，宰相曰不然。（节选）

欧阳修在文中提议应"朝拜官而夕奏疏"，"伏惟执事思天子所以见用之意，惧君子百世之讥，一陈昌言，以塞重望"。这篇文章使欧阳修与范仲淹产生了交集，也注定了他在日后无法远离那一场"朋党"风波。

那一年，钱惟演受到弹劾，被贬出京，他的离开使那些曾因他而聚集起来的文人们十分伤怀。欧阳修对钱惟演也十分不舍，他是知恩图报之人，想到钱惟演曾经对自己的关怀和倚重，不由得"徒零涕以怀恩"。

钱惟演的离开拉开了离别的序幕，在他之后，洛阳各位任职期满的官员纷纷被调离。先后送走了各位好友，欧阳修有些寂寞，仿佛又回到了当初独自唱吟却无人和之的境地。他很想念那时每日有好友相伴，一同在山间游乐创作的生活，可是现实却不许他如此了。

接替钱惟演留守一职的是王曙，此人性格与钱惟演不同，虽也是爱才之人，却不喜文人们时常游乐，故而时常斥责他们。习惯了游山玩水的文人们对此感到不适，却因职位之碍，不敢言怒，只有欧阳修敢于反驳。

一次，王曙以寇准旧事为例，训斥下属生活不应奢华放纵，否则便会像寇准一般招致杀身之祸。在场的官员听了，全都畏惧了，谁也不敢多言，欧阳修却起身对王曙说，寇准之祸不在于贪杯，而在于他不知退步，年事已高仍居高职而不放手，这才使他遭人迫害，最后遭到流放而惨死他乡。

此时的王曙也已过致仕之龄，欧阳修此言，虽明指寇准，却也有指他之意。不过，王曙心胸宽广，听了欧阳修的话，不但没有生气，反而对他的见解心生赏识之意。之后，欧阳修的一个决定更使他意识到其是位精明干练且胆量十足的人。

在处理案件时，欧阳修时刻记得母亲告诉过他，他的父亲对犯人总是存有怜悯之心，每次审案，必谨慎至微，多究细节，尽量帮他们找到可轻判的理由。于是，他也遵循父亲之法，严加调查之后才断案。

一次，欧阳修负责审判一名逃兵，按照当时的法律，逃兵应该问斩，可是欧阳修一直认为此事还有隐情，于是迟迟不肯判决。王曙听说此事之后，责怪欧阳修太过于畏首畏尾了，应立刻判处死刑。欧阳修却坚持己见，要等调查结果，不肯轻易判决。

数日后，王曙接到逃兵服役地的公函，称此逃兵事出有因，不应处死，请交还服役地，由当地官员处置。想起若不是欧阳修坚持己见，此逃兵早已命丧九泉，而自己则要承担误判之名，王曙惊出一身冷汗，不由得佩服起欧阳修来。

代任西京留守的两个月里，随着与欧阳修的接触越来越多，王曙越来越感受到他的与众不同，也越来越欣赏他。于是，王曙离开之前对欧阳修表示，待到他回朝，必向朝廷加以举荐。

第三节 / 事业爱情皆明朗

> 欧阳修想要看尽洛城的繁花,可那花又怎能看得尽呢?
> 年年岁岁花相似,繁花开了又败,败了又开,是永远看不尽的。
> 正如诗人那如浪涛般奔涌不停的情怀一样,有时平缓,有时激烈,但永不会消失。

一

转眼已过三年,洛阳的生活即将结束,欧阳修也将迎来新的生活。在洛阳的日子里,欧阳修感到十足的幸福,因为这里有一群志趣相同的伙伴,有美丽的牡丹,还因为他的身边有一位貌美温柔的贤妻。

胥偃的女儿嫁给欧阳修时年方十四,正值妙龄。这样一位从小衣食无忧的大家闺秀,身上却无半点娇气,嫁给欧阳修后,她每日辛勤操持家务,侍奉丈夫和婆婆,从未有过一句怨言,也从未流露过委屈的神色。她既温柔大方,又体贴贤德、知书达理,得妻如此,欧阳修心里满满的都是幸福。

结婚三年,欧阳修时常和朋友出去游玩,胥家小姐从来没有因此有过埋怨,只是在家中精心地照顾婆婆,安静地等待丈夫回来。对于丈夫在外的生活,她从不怀疑,也从不干涉,使得欧阳修能够将全部的精力用于工作和创作。

结婚第三年,胥家小姐有了身孕。得知自己将为人父,欧阳修高兴极了,可是由于公务日渐增加,他很少有时间留在家里陪在妻子身边,对此,他总是心有愧意。

十月怀胎，一朝分娩。转眼间，欧阳修的妻子即将临盆。身为丈夫，理当守在妻子身边，等待孩子降临，可就在此时，欧阳修接到命令，需要离开洛阳处理一桩公事。看着已经行动不便的妻子，欧阳修的眼中露出愧色，可是通情达理的妻子却安慰他工作重要，并嘱咐他快去快回。

欧阳修从前与好友出游，虽然有时也会记挂家人，但从来没有哪一次的思念如这次一般强烈，人在路上，心却早已飞回了家中。他惦记妻儿，一心希望快些办完公事马上赶回家，奈何这一切由不得他做主，一天过去了，一个月过去了，公事仍然没有办完。

突然间，一封家信扰乱了欧阳修的心。信中有一个好消息和一个坏消息。好消息是，妻子于三月为他生下一名男婴；坏消息是，他的妻子自生产之后就患了重疾，如今生命垂危。

欧阳修看过信后，心急如焚，连夜赶回洛阳。当他冲入家门，见到躺在床上奄奄一息的妻子时，不由得泪如雨下。妻子看见他难过的样子，想要轻声安慰他，却虚弱得说不出话来。不过几日，她便咽下了最后一口气，离开了人世。

妻子的离世令欧阳修深受打击，她还那样年轻，还没来得及享受为人母的快乐，为何就早早地逝去了？欧阳修越想，心里越无法平静，接连多日，他都以泪洗面，无心生活。

> 夫君去我而何之乎？时节逝兮如波。昔共处兮堂上，忽独弃兮山阿。呜呼！人羡久生，生不可久，死其奈何！死不可复，惟可以哭。病予喉使不得哭兮，况欲施乎其他？愤既不得与声而俱发兮，独饮恨而悲歌。歌不成兮断绝，泪疾下兮滂沱。行求兮不可过，坐思兮不知处。可见惟梦兮，奈寐少而寤多。或十寐而一见兮，又若有而若无，乍若去而若来，忽若亲而若疏。杳兮倏兮，犹胜于不见兮，愿此梦之须臾。
>
> ——《述梦赋》

在《述梦赋》中，欧阳修说，人们都羡慕长生不老，其实当死亡真正来临时，没有人能抵挡得了。人死不能复生，除了痛哭，他什么都做不了，可尽管哭得喉咙已经嘶哑，也难以消散心中的悲伤。佳人已逝，曾经游览的风景、如花的笑颜，都已暗淡，令人神伤。

二

送走了妻子，缠绵病榻许久后，也到了欧阳修离开洛阳的时候了。对于洛阳，欧阳修还是有些舍不得的。这里有着太多美好的回忆，给了他太多灵感，让他对这里产生了浓厚的依恋之情。然而，三年任期已满，圣命难违，调任令一下，无论他的心里有多少不舍，他都只能选择离开。

樽前拟把归期说，欲语春容先惨咽。人生自是有情痴，此恨不关风与月。

离歌且莫翻新阕，一曲能教肠寸结。直须看尽洛城花，始共春风容易别。

——《玉楼春》

欧阳修想要看尽洛城的繁花，可那花又怎能看得尽呢？年年岁岁花相似，繁花开了又败，败了又开，是永远看不尽的。正如诗人那如浪涛般奔涌不停的情怀一样，有时平缓，有时激烈，但永不会消失。

不久后，得益于王曙回朝后的举荐，身在襄城妹妹家的欧阳修接到参加学士院考试的通知，并在通过考试后，被授予了宣德郎、试大理评事兼监察御史等头衔。虽然头衔有许多，听上去非常气派，可事实上大部分头衔都只不过是用于定禄秩的官阶，真正有事可做的只有馆阁校勘一职。

在馆阁，欧阳修的第一个任务是参与编辑和叙录史馆、昭文馆和集贤院三馆秘阁藏书总目。史馆、昭文馆和集贤院均是藏书馆,这种馆式藏书机构自唐代起就已存在了。随着藏书的增加,宋朝又新建了许多藏馆,然而由于多年来缺乏管理,对藏书的质量审核不够仔细,许多藏书中时有漏洞产生。

为了提高藏书的质量,宋仁宗下令,在全国召集知名学者,一并将朝中藏书整理分类,并编撰出总目录。刚入馆阁的欧阳修当仁不让地成为其中之一。

坦白而言,馆阁中的各种职位都不过是朝廷为了养人而设的,所以工作相对轻松。馆阁校勘需要负责的工作无非是对馆秘阁藏书进行整理、校对、列书目等,这些工作时间比较宽裕,做起来也不是很难,所以大部分时间欧阳修都是很清闲的。欧阳修也不满足于编撰和校勘的工作,他时刻关注着外面的世界,关注着天下黎民的疾苦,以及社会中存在的种种问题。

欧阳修曾在前往京城的途中收到当时西京留守王曾寄来的书信。读过之后,欧阳修想,百姓的幸福是社会安定的基础,只有先让百姓安居乐业,天下才会太平,于是他修书一封寄给王曾,建议为政者应关心百姓的生活,这样才能让民安、让国强。

途经郑州时,当地刚刚遭受了风雹灾害。那里的百姓纷纷认为风雹之灾源于不久前樊侯庙被盗,一时间人心惶惶,大家都担心樊将军怒气不平,再降其他灾害给他们,使他们无法生活下去。欧阳修听闻百姓们的担忧,便写了一篇《樊侯庙灾记》。在文中,他用简单易懂的语言阐述了自己的观点,向百姓们解释了灾害的发生与樊侯庙被盗毫无关系,并说樊将军生前正直大气,不是伤害百姓而泄愤之人。况且,若是他死后真的有灵,应当去惩治那些剖开他腹部的强盗,而不是责怪百姓们保护不周。

欧阳修的短短几句话让当地的百姓们放下心来,传言不攻自破,百姓们不再成天忧心忡忡、担惊受怕,生活也恢复了正常。

范仲淹"每感激论天下事,奋不顾身",曾不顾身边人反对,直谏刘太后应放弃垂帘听政,将皇权全部交给宋仁宗。曾极力推荐范仲淹入朝的晏殊得知此事后大惊,斥责范仲淹不知轻重,不应如此。欧阳修听闻范仲淹这一段经历后,却心生敬佩。他曾经写了一篇《上范司谏书》,令他与范仲淹成为忘年交，所以当他自己也有幸入朝后，他在处理许多问题时开始不自觉地向范仲淹靠近。

范仲淹曾在《奏上时务书》中提道："国之文章，应于风化；风化厚薄，见乎文章。"欧阳修非常认同这些观点。他认为，一名文人不但要能作文，还要能作有社会教化意义的文。在他心中，一种想要"兴复古道""救斯文之薄"的念头萌生了。正是这种念头促使他在日后发起了"古文运动"。

世间好男子，自有百家求。何况在官场之中，一向有依姻亲之事拉拢其他官员的习惯，像欧阳修这般年少有成、前途一片光明的男子，一进京城，自然会被许多公卿之家看中。一时间，许多家中有待嫁之女的官员纷纷上门提亲，只是欧阳修一直没有应下任何一家。

胥家小姐病故后，欧阳修曾一度颓废不振，心系亡妻，无法忘怀。如今，时过境迁，他已经能够平静地接受这一事实。他曾遇到过许多妙龄女子，其中不乏一些娇媚可人、温柔似水的女子，也不乏一些才华出众、风情万种的女子，可是没有一个女子能够走入他的心里。

直到有一日，他偶然在郊外一户人家的院子里，看到一群正在打秋千的少女，对比着自己的凄凉，她们的欢笑让欧阳修的心里又一次产生了对家庭和爱情的渴望。他希望能够有一位女子与他共同生活，让那个空荡的房间不再空荡。这个女子正是已故谏议大夫杨大雅的女儿。

杨大雅生前是一位口碑很好的谏议大夫，为人正直谦逊，不喜奢靡，又喜欢研究古文，世人称之为"有德君子"。生于这样人家的女子，也是知书达理、性情温雅的。

欧阳修再婚半年后，他的妹夫张龟正过世了。欧阳修的妹妹是张龟正的继室，与张龟正不曾有孩子，如今张龟正不在了，妹妹若是继续留在张家，就要独自承担起张家的家事，还要照顾张龟正前妻的女儿。欧阳修心疼自己的妹妹无依无靠，便主动将妹妹和张家的女儿接到了身边。

一大一小两位新成员的到来令欧阳修肩上的担子又重了几分，幸好杨家小姐通情达理，待他的妹妹如自己的亲妹妹一般，从未有过半点不悦，只是此时她已患病,身体日渐虚弱,无法给予她们更多的关怀。欧阳修的妹妹也很喜欢这位新嫂子,看到嫂子身体不适,便主动帮忙分担家务,二人相处得非常和睦。

世事不定,不知上天是否有意为难欧阳修,杨家小姐的病越来越严重,成婚后九个月,年仅十八岁的她甚至还没来得及为欧阳修留下一儿半女,便匆匆地去了,欧阳修又一次经历了丧妻之痛。他生活中刚刚迎来的阳光,就这样被无情地夺走了。

三

欧阳修为人光明磊落,好仗义执言,这种性格难免会让他得罪一些权贵,然而,也有一些人恰恰欣赏他的这种直率和坦诚。曾经的王曙正是被他的刚直敢言所吸引,进而推荐他进入馆阁,如今又有一人被他的这种性格所吸引,对他产生了好感,这个人便是御史中丞杜衍。

在《欧阳修文集》中,欧阳修这样评价杜衍:"公自曾、高以来,以恭俭孝谨称乡里,至公为人尤洁廉自克。其为大臣,事其上以不欺为忠,推于人以行己取信,故其动静纤悉,谨而有法。至考其大节,伟如也。""惟其不已,既去而思。铭昭于远,万世之诒。"

欧阳修与杜衍相识已久,私下也有些交往。在杜衍眼中,欧阳修是个非常有才华的晚辈,值得被赏识;在欧阳修眼中,杜衍则是位值得尊敬的长者,德才兼备。二人成为朋友后,时常就一些观点和学术上的东西进行交流。

当初,杜衍推荐石介为御史台主簿的,但当石介因上书被责难后,杜衍为了自保,却没有站出来为石介说一句话。当时的欧阳修因杨家小姐的病逝而大病了一场,在家休养了一个多月,当他身体好转回到朝中后,很快便听说了这件事。

刚得知此事时,欧阳修有些气愤,认为作为石介的推荐者,杜衍有责任帮石介说话，况且石介所犯之过错并不至于被贬，于是他上书杜衍，称石介"刚果有气节，力学，喜辩是非，真好义之士也"，同时指责杜衍不明是非，有辱使命。

> 修前见举南京留守推官石介为主簿，近者闻介以上书论赦被罢，而台中因举他吏代介者。介，一贱士也，用否未足害政，然可惜者，中丞之举动也。
>
> ——《上杜中丞论举官书》（节选）

欧阳修在写《上杜中丞论举官书》时，完全没有在意他与杜衍之间的辈分和官职差异。他批评杜衍不能仗义执言，任由朝廷将一位适合为御史的正义之人贬官下放，没有尽到中丞的职责。身为中丞，"上虽好之，其人不肖，则当弹而去之；上虽恶之，其人贤，则当举而申之，非为随时好恶而高下者也"。

欧阳修对杜衍的冲撞没有引起他的反感，反而让他对这个后辈更加刮目相看。在这之前，他欣赏欧阳修，是因为他的才学和为人，而这件事又让他从欧阳修身上看到了一个闪光点，那就是直率和果敢。杜衍虽然不敢当面反对朝廷的决定，但他也不是一个不明是非之人，所以面对欧阳修的指责，他非但没有生气，反而坦然地接受了。

类似这样的事情后来也时有发生，但是欧阳修的这种性格和作风却不能被所有人接受。生活之中，人与人的关系往往会影响一些事情的发展，当两个人的关系变得亲密时，就难免会相互生出一些包庇之心，即使明知对方犯错，也要为其开脱和辩护。欧阳修却不会这样，对待朋友如此，对待亲人也是如此。这使得欧阳修在一些人的眼中成为不近人情的人，这其中最令欧阳修苦恼的，是胥偃对他的不理解。

范仲淹以文学侍从的身份回到朝中后，不改本色，仍然屡屡谏言，与皇帝讲政论道。不仅如此，他还大刀阔斧地开展工作，并时常干涉刑部之事，根据自己的判断擅自对狱中人应受的刑罚进行改判，使得当时担任纠察在京刑狱之职的胥偃非常不满。

北宋景祐三年（1036年），胥偃与范仲淹之间的冲突越发激烈，于是胥偃向朝廷上书，控告范仲淹判案时有过度。朝中其他一些与范仲淹有嫌隙的人也纷纷表示赞同，希望他能够因此事离开朝廷。此时，曾身为胥偃女婿的欧阳修却站到了范仲淹的一边。

欧阳修此举令胥偃很失望，他希望欧阳修站到自己的一边，可是劝说过后，他的心情从失望变为气愤。欧阳修对胥偃也有些失望，虽然胥偃对他有知遇之恩，又曾与他同为一家人，在他的心中有着重要位置，可在是非面前，他绝不允许自己感情用事。

胥偃不明白欧阳修的用心，只当他背弃了自己，于是渐渐与他疏远了。欧阳修心里自然苦闷，可又别无他法，只能眼看着曾经的亲人一天天与自己形同陌路。

欧阳修的这种性格使他失去了一些朋友甚至亲人，但令他感到欣慰的是，还是有一些懂他的人愿意留在他的身边。他们愿意与他交谈，在他的指点下拨开迷雾，开阔眼界。他的一位好友苏舜钦便曾在文中记载道："城南访永叔，共可豁蒙蔽。"

第四节 / 气盛奈何路坎坷

欧阳修的仗义执言使他的仕途上步入了一个低谷,看着栖身在船里的母亲和妹妹,
欧阳修心里很是煎熬,他也不是没有想过总有一天会遭到这样的境遇,
可就是改不了本性——那种正直、敢言、不屈的本性。

(一)

花开花又谢,转眼间又是一年,又到了正月十五赏花灯的时候,想起去年元夜时与佳人相约共赏花灯的情景,想起家中曾经柔情软语萦绕的日子,一首《生查子》从他的心头流出。于是,便有了那句千古名句:"月上柳梢头,人约黄昏后。"

> 去年元夜时,花市灯如昼。
> 月上柳梢头,人约黄昏后。
> 今年元夜时,月与灯依旧。
> 不见去年人,泪湿春衫袖。
>
> ——《生查子·元夕》

过去的一年里,为了平抑心中的悲伤和对亡妻的思念,欧阳修将自己的时间排得很满,不是在馆阁校勘藏书,就是外出考察,让自己没有多愁善感的

时间。在考察中，他发现宋朝已经不像看上去那么牢不可破、繁华昌盛，在许多人们看不到的地方，早已有了些漏洞。

欧阳修在《原弊》一文中写道，宋朝的社会中存在着三种主要弊病，即"诱民之弊""兼并之弊"和"力役之弊"。"夫此三弊，是其大端。又有奇邪之民去为浮巧之工，与夫兼并商贾之人为借侈之费，又有贪吏之诛求，赋敛之无名，其弊不可以尽举也，既不劝之使勤，又为众弊以耗之。……天下几何其不乏也！"

此外，还有"不量民力以为节""不量天力之所任"，欧阳修认为这些都是社会中的弊端。欧阳修提倡民本思想，认为国家应该以民为本，关心民生，先安抚民众，让民众过上安稳的生活，保护农业生产，才能让财政危机真正得到缓解。

欧阳修在文中指出，自古以来，农业是天下之本，如今的官吏轻视农业，将务农看作低贱之事，便是忽略了立国之本。官吏们不但不考虑发展农业，还通过赋税将农业物资据为己用，这样不但会伤害农民，令农业发展滞后，还会影响国家的发展。

欧阳修提议君王应有节制地使用物资，同时爱护百姓，百姓们就会心甘情愿地将物资献给君王，从而维持平衡。否则，农民无法满足自己的生活，只能以糠麸为食，必然会损害农业生产，进而使经济危机越来越严重，造成恶性循环。

欧阳修将自己的观点尽书于纸上，建议朝廷以务农为根本，不要诱使农民离开土地去当兵，不要让大地主无限制地兼并土地并对农民放高利贷，不要给农民施加过重的徭役。

此时，范仲淹也没有停止对朝政的关注。与欧阳修不同的是，他将着眼点放在了惩治腐败官吏方面，而他最大的目标人物便是当朝宰相吕夷简。吕夷简在刘太后摄政时便已是宰相，后宋仁宗亲政，他仍为宰相，朝中大小官员见状，知他位高权重，于是纷纷依附于他。

既然是依附，自然少不了贿赂和献媚，一时之间，朝中掀起了贪污腐败之风。其他官员惧于吕夷简的地位,即使对贪腐之事心知肚明,也不敢直言,可范仲淹是何人,他一生最不惧权贵,不屑于那些卖身求荣之人,于是他上书宋仁宗,建议宋仁宗亲自掌握官吏的任用权,不要交给宰相。

为了让宋仁宗更清楚地看到官场现状,范仲淹作了一幅《百官图》,并一一向宋仁宗说明每个人的晋升过程,将那些买官之人一一挑出。吕夷简得知此事后非常愤怒,于是根据自己对宋仁宗的了解,在宋仁宗面前恶意中伤范仲淹,说他"私结朋党"。

宋仁宗一生最忌官员私结朋党,听到吕夷简这样说,便立刻将范仲淹贬至饶州。许多熟悉范仲淹为人的正直官员出面为他求情,但他们全都遭到了贬斥,一些平日里与范仲淹交好的官员更是没能逃过一劫。其他官员见状,纷纷闭上了嘴巴,对他们而言,保住自己的乌纱帽比什么都重要。右司谏高若讷为了自保,甚至落井下石,大加诋毁范仲淹,称他平日里便谋求升进,为人不当,理当被贬。

看到自己尊敬的人受到如此待遇,欧阳修再也抑制不住胸中的愤怒,挥笔疾书,写下了《与高司谏书》,将高若讷趋炎附势、只知谄媚讨好的嘴脸刻画得栩栩如生。

> 夫正直者,不可屈曲;有学问者,必能辨是非。以不可屈之节,有能辨是非之明,又为言事之官,而俯仰默默,无异众人,是果贤者耶!此不得使予之不疑也。自足下为谏官来,始得相识。侃然正色,论前世事,历历可听,褒贬是非,无一谬说。噫!持此辩以示人,孰不爱之?
> ——《与高司谏书》(节选)

他本以为高若讷读过之后会心生愧意,却不想他收到信后恼羞成怒,真的将此信呈给了宋仁宗,并称欧阳修意在讽刺皇上非明君,随意驱逐意见不同的贤臣。宋仁宗以欧阳修是范仲淹朋党为由,将他贬至夷陵任县令。命令一下达,御史台的官吏们便踏破了欧阳修家的门槛。这些官吏为了讨好上级,以表自己的忠心，每天都会上门来催促欧阳修一家快些搬走。

第五日，欧阳修一家被赶出了汴京的住宅。欧阳修本打算雇一辆马车，从陆路前往夷陵，可是由于出发时间太紧，一时间雇不到车马，他只能带着一家老小走水路。

欧阳修的仗义执言使他的仕途上步入了一个低谷，看着栖身在船里的母亲和妹妹，欧阳修心里很是煎熬，他也不是没有想过总有一天会遭到这样的境遇，可就是改不了本性——那种正直、敢言、不屈的本性。那种本性占据了他的整个灵魂，使他在日后的道路上纵然走得艰难，也要无愧于良心。

二

一路颠沛，终到夷陵。夷陵地处偏僻，这里的百姓认为，被贬到此地的官员多是朝廷不看好的人或是有罪之人，所以对于欧阳修，他们心里有很强的防备心，连见面时都直呼其名，更不要说给予礼遇、表达敬重了。

若说百姓们有此态度是因为愚昧，那么上级官员对待欧阳修的态度更是让他感到屈辱。"设有大会，使与州校狱人为等伍。得一食，未彻俎而先出。上官遇之。喜怒诃诘，常敛手慄股以伺颜色，冀一语之温和不可得。"

幸有故人朱庆基为其安排一二。住在朱庆基为他修建并起名为"至喜堂"的房子里，欧阳修的心渐渐平静下来。"至喜堂"取自"既至则喜"，朱庆基希望欧阳修既然到了夷陵，那么便以"既来之，则安之"的心态在这里住下，欧阳修也开始努力让自己适应这里的环境。一段日子住下来，欧阳修竟然真的习惯了这里，喜欢上了这里。

起初，欧阳修很不适应当地的风俗习惯，当他经过那狭窄得只容行人、不容车马的小街，闻到满街腥臭的咸鱼味，看到茅草搭建的民舍中厕所和厨房相邻的场景时，不由得频频皱眉。初到夷陵时，欧阳修曾寄给苏舜钦一首诗：

> 三峡倚迢峣，同迁地最遥。
> 物华虽可爱，乡思独无聊。
> 江水流青嶂，猿声在碧霄。
> 野篁抽夏笋，丛橘长春条。
> 未腊梅先发，经霜叶不凋。
> 江云愁蔽日，山雾晦连朝。
>
> ——《初至夷陵答苏子美见寄》节选

欧阳修在诗中用"江云愁蔽日，山雾晦连朝"表达了心中的愁绪；用"光阴催晏岁，牢落惨惊飙"描述了自己的处境；用"须知千里梦，长绕洛川桥"表达了自己对洛阳生活的思念。从这首诗中可以看出，欧阳修当时的心情非常低落，对夷陵抱有强烈的排斥心理。

后来，欧阳修发现，夷陵虽然地处偏僻，但是民风却很淳朴，极少有偷盗之事发生，而且，此地"有稻有鱼"，又有"橘柚茶笋四时之味"，可保日常三餐健康自然。闲来无事，欧阳修也会去附近的山川游览一番，那些风景给他的感觉不再是荒凉，而是"江山美秀"。

夷陵是一个文化气息较淡的县城，这里的居民大多没读过书，不识字。每当居民遇到田契方面的问题，总会第一时间找到官府，可是官府的官吏也没有什么文化，所以主要根据涉案人员的陈词，仅凭自己的直觉来断案。若是官吏正直，尚且会仔细调查，还受害者一个公道；若是官吏腐败，则冤案错案在所难免。

在其职，尽其责。欧阳修上任后，发现这里不但没有健全的法律，连对案件的记录都残缺不全，于是他上任后的第一件事，便是整顿吏治，修订当地法制，一忙就是半年。

生活在夷陵这样的小县城里，消遣的方式自然少了许多，何况欧阳修已与尹洙有约定，不再放任饮酒，懒散怠慢，所以，闲暇之时，欧阳修便坐在府中翻阅以往的卷宗，他发现，夷陵虽小，可当地的腐败问题却很严重。为了整顿吏治，欧阳修制定了一套新法规，并警示所有的官吏，不得再有收受贿赂、徇私舞弊之举，一经发现，严惩不贷。在他的严格治理下，当地的吏治有所好转。

工作虽忙，却也不是一点儿闲暇时间都没有。每当空闲下来，欧阳修都会去拜访好友，和他们聊聊天，或者一起出去走走。除了峡州的知州朱庆基外，欧阳修在这里还遇到了一位旧友——峡州的军事判官丁宝臣。在丁宝臣的引荐下，他又结识了峡州推官朱处仁。有了这些朋友相伴，欧阳修感到自己不再孤单了，他们经常结伴相游，夷陵的风景民俗都成了欧阳修笔下的篇章，广为流传。

三

仕途上的第一次挫折对欧阳修造成了重大的打击，他为此痛苦过，但痛苦过后，他变得成熟了，身上那丝浪漫悠闲之气也褪去了，他又开始进行学术方面的研究。

心态变了，看待一些事情的眼光就变了，对待一些问题的方式也变了。抛开了对功名的追求，学习就变得更加纯粹。回过头来看以前阅读过的那些书籍时，他开始研究、思考，竟然还从中挑出一些问题来。曾经被人们视为"宝典"的那些文章，如今在欧阳修眼中，却并非那么完美了。

汉、唐以来，许多先贤对儒家经典进行研究后，根据个人的理解为这些经典作了大量的注疏。由于这些先贤在学术领域都拥有较高的声望，所以后人将他们的注疏视为不可动摇的"宝典"，从未有过质疑之心。

欧阳修再次阅读时，突然发现前人的注疏中时有纰漏，有些注释不明，有些词不达意，有些模棱两可，于是他将自己发现的这些可疑之处一一记录下来，仔细研究，最后写成了论文。这些论文对《易经》《诗经》《春秋》中的内容都有所质疑。

在针对《史记·孔子世家》而作的文章中，他指出，"自孔子殁，周益衰，王道丧而学废，接乎战国，百家之异端起，十翼之说，不知起于何人？"以此质疑《周易大传》是孔子所作的观点。他还指出，《春秋》的三传都不可尽信，其中有许多内容是人们故意将人圣人化后用以迷惑学者的。

出自欧阳修之手的《易童子问》《易或问》《春秋论》等文章一经流传，便引起了人们的关注，也在当时的社会中引起了极大的反响。毕竟在他所生活的那个时代，注疏仍然是人人信奉的东西。欧阳修的这些文章无疑是在挑战传统权威。

欧阳修起初并没有打算将这些文章公开，谁知他的朋友们看过之后，一传十，十传百，最后竟然传得尽人皆知，并由此掀起了一股疑古思潮。在欧阳修的带动下，渐渐地，更多的人开始关注并质疑那些旧的东西，同时努力发现新的东西。不知不觉中，一种"新儒学"的氛围形成了。

在政治方面，欧阳修还有《本论》《春秋论》等著作。欧阳修曾在给梅尧臣的信中提及："闲中不曾作文字，只整顿了《五代史》，成七十四卷。"又云："此小简立焚，勿漏史成之语。惟道意于君谟，同此也。"由此，人们推断，欧阳修的《新五代史》也是从这一时期开始准备编写的。

《新五代史》原名《五代史记》，由于是欧阳修所著，所以也有后人将《新五代史》简称为"欧史"。这是一本具有极高学术价值的史著，被后人录入了"二十四史"。赵翼在《二十四史札记》中给予了欧阳修这部《新五代史》极高的评价，称其"不惟文笔洁净，直追《史记》，而以《春秋》笔法，寓褒贬于传记之中，则虽《史记》亦不及也"。

在夷陵，欧阳修还决定与尹洙一起继续撰写当初未完成的《十国志》。在撰写的过程中，他的心渐渐沉淀了下来。欧阳修认为，正史需要的是精简，而非冗长。他建议尹洙："前岁所作《十国志》，盖是进本，务要卷多。今若便为正史，尽宜删削，存其大要；至如细小之事，虽有可纪，非干大体，自可存之小说，不足以累正史。数日检旧本，因尽删去矣，十亦去其三四。"在欧阳修的主张下，二人将原有的《五史》改为纪传，并将《梁纪》与《汉周》两部合为一部。

"庐陵事业起夷陵，眼界原从阅历增。"每当提到欧阳修在夷陵的经历，人们总会不由得想起清人袁枚在《随园诗话》中所写的这两句话。想来确实如此。一个性情直率、正直，却因直言进谏而遭到贬斥的人，经历了这样一场打击，反而变得更加坚韧，并且在学术上有所建树，这是凡人所不能及的。

第五节 / 历经辗转终达成

千丝万缕的感情汹涌而来，让欧阳修有些疲惫，不知不觉中，他沉沉地睡去了。在梦里，他仿佛看到了夷陵城外的青草渡，看到了与丁宝臣等人一起走过的山川，可是当他睁开眼后，眼前却只有一片茫茫的江水，还有那远处渐渐下沉的夕阳。

夷陵的生活忙碌而紧凑，让欧阳修没有时间去顾及儿女私情，母亲看在眼里，忧在心中，她不仅担心没有人照顾欧阳修的生活，更是担心欧阳家的子嗣问题。欧阳修的第一任妻子只为他留下一子便撒手人寰，第二任杨氏则无子便早早故去，所以母亲很希望为欧阳修再续娶一室，无奈她相识的人不多。就在她忧心之际，一封来信给了她新的希望。

一天，欧阳修收到好友薛仲儒的来信。薛仲儒在信中提到，他的伯母金城夫人有意将四女儿许配给欧阳修，不知他意下如何。

其实，关于这门亲事，薛家早在三年前便提出过，当时金城夫人的丈夫薛奎尚在人世，他对欧阳修的才学非常赏识，得知他的胥氏夫人病故后，便有心将家中的四女儿许配给他，然而当时欧阳修并没有答应。因为两家的身份、地位相差悬殊。薛奎曾为参知政事，相当于副宰相，欧阳修担心成长在这样富贵家庭之中的女子会性情骄纵，便婉拒了这门婚事。

不久后，薛奎突然身染重病，两个月后便病故了。一时间，薛家没了当家做主的人，且按古时风俗，父亲过世，女儿需要守孝三年，其间不得嫁人，于是，薛家人带着薛奎的灵柩回到了老家许州，为薛奎守丧，薛家四小姐的婚事就这样耽搁了下来。

如今，薛家小姐服丧期已满，而欧阳修的第二任继室杨家小姐过世也有两年了，看着年已二十的四女儿，金城夫人又一次想到了欧阳修，并将这门亲事再一次提起。此时的欧阳修对薛家四小姐已有了些了解，他从旁人口中得知，薛家四小姐虽贵为相门之女，却毫无半点傲气，与她的父亲一样处事严谨、宽厚待人，至于其他方面更是不用说，不但知书达理，还懂乐理，弹得一手好琴。如此好的女子，怎能不被珍视？

同年八月，欧阳修与薛家四小姐在许州完婚。

半年后，欧阳修的仕途也迎来新的转机。欧阳修突然接到朝廷的恩赦，将他调到京城附近的乾德县，这一喜讯令欧阳修喜出望外。

其实，欧阳修能够得到皇帝的恩赦缘于一个巧合。那一年，灾难频频发生，先是杭州遭受了台风的侵袭，江海翻腾，千余丈堤坝被冲毁；随后越州遭遇特大洪水，房屋和田地均被冲毁，牲畜溺毙无数；之后便是汴京、并州、代州和忻州突然地震连连，死伤者无数。直史馆叶清臣借此机会向宋仁宗上书，称此次天灾是因范仲淹、余靖等直谏之人被贬，上天动怒，请皇帝赦免忠直敢言之士。历代帝王都信奉神佛、相信天意，所以宋仁宗听取了叶清臣的建议，对因范仲淹一事而被贬的官员进行了安抚，但并未消除他们头上那个莫须有的罪名。

在离开夷陵的路上，欧阳修看着两岸匆匆而过的青山绿水，想起自己刚到此地时的不适应和厌恶，想到自己这一年多来所经历的一切，恍然如梦一场。

那年的四月，叔父去世，他却身在夷陵不得前去奔丧。叔父照顾他多年，待他恩重如山，他却不能在叔父身边尽孝，甚至不能见上叔父最后一面，这是他一生之中的一大遗憾。数月后，叔父即将入葬，可是他却需在朝中为谏官，亦无法亲临叔父的葬礼，不免为此抱憾。

千丝万缕的感情汹涌而来，让欧阳修有些疲惫，不知不觉中，他沉沉地睡去了。在梦里,他仿佛看到了夷陵城外的青草渡,看到了与丁宝臣等人一起走过的山川,可是当他睁开眼后,眼前却只有一片茫茫的江水,还有那远处渐渐下沉的夕阳。

二

欧阳修到达乾德后不久,乾德便遇上了一场大旱,百里之内没有降过一滴雨,田地里的庄稼无精打采,如同枯草一般。百姓们饱受旱灾之苦,却无能为力,只能等旱灾过去之后再进行耕种,可是却不知还要等待多久。欧阳修出城视察灾情时,有位老人告诉他,若是这一个月再不下雨,就无法播种,怕是这一年都将没有收成,到那时日子也就过不下去了。说完,老人深深地叹了口气,脸上满是愁容。欧阳修见到老人这样的神情,心中悲痛万分,无奈之下,只能写下一篇《求雨祭文》,希望上天能够怜悯这些可怜的人,赐予一场甘霖。

这场旱灾持续了数日,最后终于被一场春雨化解了。农民们欢呼雀跃,纷纷感谢上天,欧阳修也松了一口气,欣然地写下了《答杨辟喜雨长句》:

> 吾闻阴阳在天地,升降上下无时穷。
> 环回不得不差失,所以岁时无常丰。
> 古之为政知若此,均节收敛勤人功。
> 三年必有一年食,九岁常备三岁凶。
> 纵令水旱或时遇,以多补少能相通。
> 今者吏愚不善政,民亦游惰离于农。
> 军国赋敛急星火,兼并奉养过王公。
> 终年之耕幸一熟,聚而耗者多于蜂。
> 是以比岁屡登稔,然而民室常虚空。
> 遂令一时暂不雨,辄以困急号天翁。

赖天闵民不责吏，甘泽流布何其浓。
农当勉力吏当愧，敢不酌酒浇神龙。

从科学的角度来看，欧阳修的这番关于怨气能导致天灾的理论无法立足，但他认为"吏之贪戾"会导致百姓的"怨吁之气"却是正确的。官贪则民怨，民怨则世乱。百姓一旦被逼迫到无法维持生活的地步，就会出现官逼民反的情况，古往今来，这种事情并不少见。

欧阳修认为，要想保证百姓的生活，官吏们必须"均节收敛勤人功"，公平征税。他的意图是好的，可不知是他的性格有问题，还是方式有问题，时常与当地的知军张询就吏事发生争执。有时，张询还会将矛盾上报朝廷，令欧阳修进退维艰。这样的日子对于欧阳修而言实在是难熬，他只能将满腹的情绪写进诗中，寄给远在异乡的好友。

经年迁谪厌荆蛮，惟有江山兴未阑。
醉里人归青草渡，梦中船下武牙滩。
野花零落风前乱，飞雨萧条江上寒。
荻笋时鱼方有味，恨无佳客共杯盘。

——《离峡州后回寄元珍表臣》

在前往乾德的路上，欧阳修曾对这里的生活报以希望，毕竟这里离京城较近，一切都相对完善，生活水平也会得到改善。然而，到达乾德后他才发现，这里虽然生活条件远远好过夷陵，可是从精神领域来看，这里简直就是一片荒漠。

世上最强烈的孤单，不是无人共枕、无人共食，而是无人能分享心中的感悟和脑中浮现的种种思想。当地学者寥寥，想要与他们探讨学术简直是难于登天，这令欧阳修时常感到憋闷，所以，当他听说阔别已久的好友梅尧臣被任命为襄城县事，谢绛被任命为邓州兵部员外郎、知制诰时，他兴奋极了。这两地距乾德都不远，这意味着他们三人可以时常相聚了。

自上次见面已有五年，几位旧友再次相见时，发现彼此的脸上都添了许多岁月的痕迹，不由得感叹时光催人老，但彼此的情谊却还是那么真切。

同年夏天，为了防范西夏对宋朝的侵犯，宋仁宗广召壮士，扩充军力，同时在苏舜钦的建议下，重新起用之前被贬的"刚明耿直"之文官。欧阳修被任命为复镇南军节度掌书记、滑州判官。

自接到任命起，欧阳修便卸下了县令一职，但由于现任滑州判官任期未满，他便难得有了一段短暂的假期。在谢绛的邀请下，欧阳修携家眷前往邓州，住进了谢绛的府中。

谢绛为人慷慨、乐善好施，欧阳修在他的家中见到许多年龄不一的孩子，一问才知这些孩子都是谢绛远房亲戚家的孩子，其中一些失去了父母，无依无靠，另一些则家境过于贫寒，生活难以维持。谢绛得知他们的生活状况后，主动将他们接到自己家中，独自一人承担起他们的生活。

以谢绛的俸禄，维持四十余口人的生活实属不易。欧阳修得知这一切后十分感动，由衷地敬佩好友的这份仁心仁爱，所以在谢绛家中小住时，他也不时地帮忙照顾一下这些孩子，尽一下自己的绵薄之力。

在谢绛府中小住的日子是惬意爽快的，不过不久欧阳修得知了一个令人悲伤的消息，他的恩师胥偃在京城病逝。初闻此事时，欧阳修心中一惊，虽然自上次一事后，胥偃与他已有嫌隙，不再与他来往，但欧阳修仍将胥偃视为自己最敬重的人，以严父之情待之。如今阴阳两隔，欧阳修非常悲痛。

滑州节度判官离任之日将至，欧阳修也要告别谢绛，前往滑州赴任了。然而，就在此时，谢绛却突染重疾。没几日，谢绛还是医治无效，与世长辞了。安顿好谢绛的家人后，欧阳修决定去一趟襄城，与梅尧臣小聚一段时日，以此缓解心中的丧友之痛。

临行前，欧阳修望着好友长眠的地方，静静地站立了许久。随后，他转过身，离开了这个曾令他备感幸福，如今却装满痛苦的地方。

三

寒冬至，出邓州，过南阳，到襄城。

此时，宋夏大战已爆发。西夏的君王元昊带兵大举侵宋，宋朝的守将或骄横轻敌，或不懂兵法，以致宋军连连败退，失去了大片国土。随着西北边境一带接连沦陷，宋朝陷入了严重的社会危机。

欧阳修意识到，外患起源于内忧，长久以来宋朝官僚的腐败、荒淫无度，以及肆意敛财，都是造成宋朝外强中干的原因。于是，他想到了变革，只可惜他的官职较低，无法直接向朝廷提出这些建议。

幸好，朝中存在许多与欧阳修一样的有识之士，如富弼建议宋仁宗解除"戒越职言事"的禁令，广开言路，允许各级朝臣直言进谏，同时将韩琦、范仲淹、尹洙等曾因直谏而受到贬斥的官员重新委以重任。在一系列的改革下，延州一带的边防得到了大力改善，及时抵御了西夏的侵犯。

欧阳修身在滑州，却时刻关注着边疆战事以及朝中动态。听闻范仲淹再次受到重用，他心中甚喜，满心期望自己也有机会参与其中，与自己崇敬之人一同效命沙场。谁知他的愿望只成真了一半，范仲淹确实向朝廷推举了他，然而他最后得到的职位却只是书吏之职。

书吏的职责不过是撰写军中文书，再无其他。欧阳修对这一职位感到十分失望，他本就不喜那种四六传统文书，何况他所期望的是真正参与到主持防务、出谋划策的工作中去。于是，在《答陕西安抚使范龙图辞辟命书》中，欧阳修写道："若夫参决军谋，经画财利，料敌制胜，在于幕府苟不乏人，则军书奏记一末事耳，有不待修而堪者矣。由此始敢以亲为辞。"

欧阳修表面上的拒绝理由是要留在年老的母亲身边尽孝，不便远行。其实，这只是一种委婉的说辞罢了，他真正的理由是不愿以文士见召。他说，时文本就非他所好，曾为了考取进士，不得已而为之。"今废以久，惧无好辞以辱佳命。"

不肯赴命，并不代表欧阳修就此不再关心国事，恰恰相反，在与范仲淹的书信中，他还时时提醒范仲淹欲速则不达，对待军事务必要"较彼我之利否"，不能因想快速取胜而忽略细节、失掉谨慎。

没能去往前线是欧阳修心中的一个遗憾，幸而在他拒绝书吏之职不久后，朝廷恢复了他馆阁校勘的职务。他终于结束了被贬的生涯，回到京城，重入朝堂。

回到汴京，欧阳修的主要工作是奉命继续参与《崇文总目》的编撰工作，这样的工作对于欧阳修而言可谓驾轻就熟。事实上，欧阳修虽然回到了汴京，但他的生活条件并没有多大的好转，反而更加拮据了。馆阁校勘的俸禄不多，对于欧阳修这个上有老、下有小的人来说，要维持生活是很艰难的。于是欧阳修在给梅尧臣的回信中写道："某于此，幸老幼无恙。但尤贫，不可住京师，非久，亦却求外补。"这样拮据的生活持续了一年之久，直到《崇文总目》完工，欧阳修被升职为集贤校理，俸禄稍增，他的生活才略有改善。

复职返京第三年，朝廷临时派欧阳修与张方平一同担任"别头试"的考官。同年三月，欧阳修根据宋仁宗所出的御试题目自作一篇辞赋呈给宋仁宗。赋中指出天灾实则人祸而为之，身为国主，理当"慎择左右而察小人"，"肃清宫闱而减帘列"。欧阳修还直谏宋仁宗，请他"应天以实"，要实实在在地给百姓以恩惠，不要只给口头承诺。

此时的宋仁宗正急需直谏之士，以消除宋朝所面临的危机。读过欧阳修的这篇赋后，宋仁宗感到他言之有理，于是不但赐书赦免了他之前的"罪责"，还对他进行了奖赏，欧阳修的仕途开始上升。

西夏国主元昊野心不死，继续派兵攻打宋朝。契丹见状，也想趁乱分一杯羹，于是集兵备马威胁宋仁宗，若不将宋朝北部的一处边防要地拱手相让，就举兵攻城。宋仁宗派出使者和谈，最后以每年向契丹增赠白银十万两、绢十万匹的代价才保住了那一片国土。

同年四月，朝廷任命欧阳修为权同知太常礼院。上任之后，欧阳修自感责任重大，于是时常明察时弊，直言进谏。当宋仁宗召三馆之臣上书议论朝事时，他也立刻上奏，其中写了许多他在朝中所见到的问题以及他对国家的担忧。他希望自己的这份奏章可对宋仁宗起到一定的作用，使其从谏如流，先除朝中之弊，再除世间之弊。可惜的是，他的奏章并未得到回复。

欧阳修没有放弃，又撰了《本论》三篇，就思想、政治和伦理的基本建设展开了论述，但宋仁宗仍未有回应，这让他感到有些失落。他想起自己曾用"退之序百物，其鸣由不平。天方苦君心，欲使发其声"的诗句安慰过失意的好友苏舜钦，如今这诗句用在自己身上，倒也恰如其分。

欧阳修也曾对朝廷寄予厚望，认为只要自己不断进谏，终有一天皇帝会突然醒悟，不会再整日声明需要贤才，却将贤才闲置一旁；也不会频频鼓励众臣积极进谏，却又对他们的谏言置之不理。可是他等了许久，宋仁宗仍然没有行动。

北宋庆历二年（1042年）九月，心灰意冷的欧阳修自请外调，于是宋仁宗将他调回滑州，任通判。通判的官阶高于节度判官，权力也大了许多。

北宋庆历三年（1043年），西夏终于停止了对宋朝的侵犯，派使者求和。这对宋朝来说无疑是一个好消息，百姓们终于可以重新过上安定的生活，宋仁宗也可以不再为应对入侵者而头痛了。

同年，吕夷简因病向宋仁宗请辞，接替他宰相一职的是晏殊。晏殊对欧阳修一直很欣赏，所以当宋仁宗决定开放言路、增补谏官时，他第一个想到了欧阳修。在晏殊的推荐下，欧阳修成为一名谏官。

千里马常有，而伯乐不常有。对于一个长久以来怀才不遇之人而言，知遇之恩如同再造，对于晏殊的提拔，欧阳修感激不尽。他从这件事中看到了曙光，自感责任更重，并说，"修今岁还京师，职在言责，值天下多事，常日夕汲汲，为明天子求人间利病"。

与欧阳修一同上任的谏官还有三人，分别是蔡襄、余靖和尹洙。他们四人均是敢于直言进谏之人，个个眼光敏锐，能够先人一步看到隐藏在繁华之中的腐朽以及隐藏在平静之中的危机。他们在当时属于谏官之中的新锐,被人们称为"四谏"。他们的出现和扬名,也预示着宋仁宗已有了改革之心。

事实上,宋仁宗早已有心改革,只是吕夷简任宰相时,对新政的实施多有阻碍,宋仁宗念及他是老臣,不忍舍弃,便一直不曾直面与他发生冲突。如今他已离开朝野,宋仁宗终于可以无所顾忌,将自己一直以来都有的念头付诸实践了。

宋仁宗之心,欧阳修并不理解,只知道多年来自己一直致力于向宋仁宗提议除弊布新,指出朝野之中的腐败现象日益猖獗,若不及时处理,将有危国体,宋仁宗却不为所动。如今宋仁宗将他升为谏官,他十分兴奋,对时弊的抨击也更加尖锐和犀利。在宋仁宗的认可下,欧阳修得以发挥他的长处,针砭时弊,所提种种举措无不让百姓拍手称快。

第六节 ／ 愿与墨香长相伴

欧阳修早知自己的直白和敢言会招来一些祸患，但他无论如何都想不到，自己竟然会被这种流言击倒。他自问无愧于心，德行端正，可他的对手们却能制造出如同真相一般的流言，而皇帝竟然相信了那些流言，将他放逐了。

庆历三年十月，宋仁宗决定接受范仲淹、富弼、韩琦等人提出的建议，实施"庆历新政"，针对官场中"不问贤愚，不较能否"以及"人人因循，不得奋励"的情况进行整顿。

在当时，被推荐的御史台官员中，有极大一部分都是滥竽充数之人，没有实才，只因朝中有亲属，便可以捷足先登，占一官位。上任之后，他们不懂从政、不懂为学，在其位而不谋其职，整日里虚度光阴，而那些真正有才学之人却屡屡落榜，有志难展。

范仲淹秉承"宁愿让一家哭，不能让一路哭"的原则，一一审核了各地转运使名册，将无才之官、贪官、老朽无能之官等全部解任，同时，他还严格控制了权贵子弟入馆阁的机会，那些不学无术的纨绔子弟再也无法轻易得到一个闲职了。为了避免冗官冗费，范仲淹提出了"抑侥幸"的主张，要求不再按照以往惯例，每逢祀典、帝王寿诞等日，一定级别的官员便有机会将其子孙推荐为官，如此，便极大保证了官员的质量。

宋仁宗改革之心急切，而真正能协助他进行改革的人却少之又少。除了范仲淹、欧阳修、富弼这一群人外，朝中再无能为新政的实施贡献实力之臣，不仅如此，朝中的一些保守之人拒不配合，使新政的开展难上加难。

半年过去了，新政却一直没有取得太大的成效。许多措施实施了一半便无法继续，一些措施虽然实施了但效果并不明显，还有一些措施则根本没办法实施。在宋仁宗的一再催促下，欧阳修也有些焦急，情急之下，他想出了让皇帝召开两府大会的办法。

欧阳修认为，既然大臣们将皇帝的手谕当成耳边风，那么索性将手谕改为会议，由皇帝直接命令他们不得推诿，以促进新政的开展。可是他忽略了一个事实，这些大臣即便无为，同样可以升迁。他的这一建议不但没能将事情向好的一面推进，反而为他自己招来了麻烦。

新政的实施对国有利，对权贵们则无利。权贵们的利益受到了侵犯，不满之心更重。当他们得知这一建议是欧阳修提出的后，立刻对欧阳修等人产生了更大的敌意。为了保护自己的利益，一群人开始集体将矛头指向欧阳修等人。从这时开始，"庆历新政"就已经出现了失败的苗头。

渐渐地，朝中关于"朋党"的谣言又起，称范仲淹、欧阳修、富弼等人看似心系朝廷，为国效命，实则结为朋党，扩大势力，借机铲除政见不同之人。以夏竦为代表的守旧派们针对新政中的一些纰漏大做文章，并时常向宋仁宗上书，指责欧阳修等人"以国家爵禄为私惠，胶固朋党"，"误朝迷国"，"挟恨报仇"。

宋仁宗虽然重用范仲淹等人，但听到这样的言论，心里不免有些动摇。一次宋仁宗问范仲淹，君子是否也有朋党之说，范仲淹以"物以类聚，人以群分"，以及自古正邪各为一党应答，并对宋仁宗说，若是君子聚在一起，做出对国有益之事，理当被提倡而非被禁止。宋仁宗听后，并没有明确表态。

欧阳修得知宋仁宗心生动摇之后，十分担心。新政的实施是宋仁宗提出的，他们几人也是由宋仁宗任命的，若是此时宋仁宗对他们产生怀疑，他们之后必然会遇到前所未有的阻碍，推行新政之事也必然无法继续进行。想到这里，欧阳修决定写一篇《朋党论》，以此稳定宋仁宗之心。

若是风波就此平息便好，然而事实却没有欧阳修等人所期望的那么乐观，随着新政的开展，被弹劾的官员越来越多，怨恨欧阳修等人的人也就越来越多。紧接着，对欧阳修等人的诽谤之言也日渐增多，各种各样的诬陷层出不穷，让宋仁宗再难相信欧阳修等人的清白。

对于朝中的变化，欧阳修并不知情，此时，他正忙着在山西一带考察，无暇顾及朝中之事。直到三个月后，他回到京城，才知道一切都并未遂人愿，不但宋仁宗开始怀疑他们，就连朝中之前一些中立官员如今也站到了他们的对立面。

恰在此时，契丹开始西征，并要求宋朝不得支援西夏。范仲淹主动请求出使边境，远离了宦海风波。北宋庆历五年（1045年）正月，范仲淹被贬，调往陕西。之后，石介因在《庆历圣德颂》中将夏竦斥为大奸而遭到怨恨，夏竦派人伪造了石介与富弼的书信和一封在石介、富弼"授意"下所写的废帝诏书。此事一出，石介和富弼也无法继续待在京城了，不得不被远调。富弼被调离的第二天，杜衍和韩琦也被降职，分别调往兖州和扬州。不出十天，欧阳修也接到了调离的命令。朝廷给出的理由是契丹来犯，北部边境需要有能之人前去监督。

谣言如洪水般来势汹涌，朝中人心动荡。守旧派的谣言动摇了宋仁宗，也令朝中一些原本支持欧阳修等人的大臣心生怀疑。当初极力推荐欧阳修的晏殊此时也不再相信他的为人，欧阳修此次被外调，正是他极力主张所致。

欧阳修无奈，却无能为力，他知道，自己越是努力辩解，越是争取留在朝中的机会，宋仁宗的疑心就会越重，他的处境也就越艰难。况且宋仁宗向他表示，只是暂时外调，不久后便会将他调回，所以欧阳修只得听命。

自范仲淹、韩琦、富弼、欧阳修等人相继被排斥出朝廷后，由他们提出的各项改革措施均被废止，而随后的"进奏院事件"又令"庆历新政"的实施者们陷入了回天乏术的境地。

"进奏院事件"是守旧派们为了扳倒苏舜钦，进而彻底铲除范仲淹等人在朝中根基之所为。苏舜钦是杜衍之婿,又是范仲淹推荐入朝的,守旧派们认为从他入手,便能一举多得,让革新派再也无法在朝中立足。

苏舜钦所在的进奏院主要负责祭神活动,那次活动后,苏舜钦自出银两,又加上一些变卖废纸的钱,宴请了本院官吏以及新政之中一些表现突出的学士。一名叫王益柔的官员酒醉后作下了"醉卧北极遣帝扶,周公孔子驱为奴"的诗句,守旧派们听闻这两句诗后,便以王益柔亵渎圣人为由,向御史中丞王拱辰告状。

王拱辰虽与欧阳修曾为同学,又是好友,但从政以来,由于政见不同,分属不同派别,两人之间的情谊也渐渐变了。王拱辰借题发挥,以此事为由弹劾苏舜钦。之后守旧派乘胜追击,上书弹劾范仲淹、富弼、杜衍等人。

最后,宋仁宗以"恣为苛刻,构织罪端"为由,将革新派全部人员贬出京城。守旧派重新占据了朝野,新政被废,科举恢复旧制,"庆历新政"彻底失败了。

(二)

在刚刚遭到贬斥时,欧阳修曾竭力上书申辩,冒死进谏,希望宋仁宗能免去杜衍、范仲淹、韩琦和富弼莫须有之罪名,然而,他越是这样,守旧派就越是怨恨他,越想将他置于死地。

为了让欧阳修无路可退,守旧派的人将眼光全都聚集在了他身上,希望能够找到一些蛛丝马迹,可是欧阳修为人正直,光明磊落,为官清廉,实在难有可令他们大做文章之事。

正当守旧派们为如何扳倒欧阳修而大伤脑筋时,开封府右军巡院接到一起报案,一个名叫欧阳晟的男子揭发自己的妻子张氏与家中一男仆通奸。当得知欧阳晟是欧阳修的远房堂侄,而张氏是欧阳修妹婿前妻所生之女,曾在欧阳修家中居住数年之后,守旧派们从中嗅到了一丝机会。

守旧派们大喜,立刻吩咐开封府尹杨日严对张氏严加审讯,试图让张氏说出一些有利于他们陷害欧阳修的证词。杨日严曾因贪污遭到欧阳修弹劾，早就对他怀恨在心，如今有机会向他泼脏水，自然全力以赴，对张氏百般恐吓，命其说出一些与欧阳修有关的事情。

张氏尚且年少，又是一介女流之辈，在严刑逼供和诱导下，果然慌乱不已，口不择言，说了许多出嫁之前与欧阳修的暧昧之事。杨日严闻后甚喜，便将这些供词记录下来，打算呈报朝廷，以定欧阳修乱伦之罪。

在守旧派们的授意和怂恿下，杨日严向朝廷上书，指责欧阳修曾在张氏年幼时与其发生过龌龊之事，并一口咬定欧阳修在一首《望江南》中所描写的可爱少女正是张氏，这些足以说明欧阳修在张氏尚且年幼之时便对其动了心思，继而与张氏发生不伦之事。

> 江南柳，叶小未成阴。人为丝轻那忍折，莺嫌枝嫩不胜吟。留著待春深。
> 十四五，闲抱琵琶寻。阶上簸钱阶下走，恁时相见早留心。何况到如今。

——《望江南》

为了加重欧阳修的罪名，谏官钱明逸还指出，欧阳修将张氏接到家中的举动包藏祸心，一方面是为了能与张氏有染，另一方面则是为了借机侵占张家的财产，因为张氏当时不过是一名七岁的无知少女，一旦被欧阳修控制，自然会将所得遗产尽数交到他的手中。

负责监审此案的王昭明虽与欧阳修曾有嫌隙，但一看此案便知是宰相贾昌朝等人想要将欧阳修置于死地的诬陷之举。为了避免日后生出祸端，他没有上呈那份写满对欧阳修污蔑之词的案卷，而是选择了孙揆所记录的，只包含了张氏与男仆私通之事的案卷。

贾昌朝等人没想到王昭明只是一个宦官，竟然如此刚正不阿，使他们的阴谋落空。与王昭明一并负责此案的苏安世曾担心贾昌朝等人报复他们，提议胡乱罗列些罪名将欧阳修定罪，王昭明却不从。最后，苏安世只得避重就轻，在卷中加入了欧阳修私自使用张氏的遗产为妹妹购买田地之罪。

这场风波的结果是，欧阳修被贬为滁州知州。离开河北之时，欧阳修的心中充满了遗憾，可令他遗憾的不是被降官职这一事实，而是他在此地还有许多计划未曾实现。

自从被任命为河北路都转运按察使，欧阳修已在河北进行了五个多月的调查，他深入基层，对此地的官吏、山川、经济等都进行了调查，好不容易对这些信息有了充分的了解，正准备大展拳脚、革弊图新，可这样一个调令使他之前的努力都白费了。

欧阳修早知自己的直白和敢言会招来一些祸患，但他无论如何都想不到，自己竟然会被这种流言击倒。他自问无愧于心，德行端正，可他的对手们却能制造出如同真相一般的流言，而皇帝竟然相信了那些流言，将他放逐。

更不幸的是，就在欧阳修被贬当年的六月，他的长女师师不幸身故。欧阳修犹记去年，当自己将在野外摘得的野花带回家中时，七岁的师师喜悦地满院寻找花瓶，帮他把花插进去。短短一年的时间，那个活泼的小女孩便已不在人世了。在《哭女师》一文中，欧阳修写道："于汝有顷刻之爱兮，使我有终身之患。"

仕途的不顺、家人的离世，欧阳修又一次跌入了人生的低谷，他心痛万分，却仍要坚强起来面对生活。

北宋庆历五年（1045年），石介死于家中。虽然石介生前与欧阳修有些不合，其性格也不被欧阳修所欣赏，但他的死对于欧阳修而言仍是一次沉重的打击。想到那些曾与他一起实施新政的同僚无一人过着安稳的生活，欧阳修的心里悲痛极了。

石介死后，一些小人怀疑他并没有死，而是被富弼调往山东发起叛乱，于是嚷着要劈棺验尸。幸好杜衍携数名正义之士联名具保，石介的遗体才得以保全。第二年，范仲淹将重病的尹洙接到邓州养病，然而尹洙不久也病故了。

相比之下，欧阳修算是比较幸运的，虽然朝廷将他贬至滁州，可他的生活却较安稳，身体虽不太健康，可活得很充实。一篇《醉翁亭记》更是让欧阳修身在小城却名扬四海。而且，虽然守旧派们对他恶语相向，但他的名声并未因此变坏。许多学子仍然视他为可敬的前辈，上门拜访或寄来书信，向他请教，就连新科状元都会主动将自己的情况报告给他，以求他的指正。

北宋庆历七年（1047年）十二月，宋仁宗为之前的处置感到一丝后悔，便借祭典之由，为欧阳修加衔晋爵，待欧阳修在滁州任职期满后，便将他调往了扬州，任制诰。听说欧阳修要离开，滁州的官民都感到不舍，他们为欧阳修举行了欢送宴。欧阳修对此地也十分不舍，在席间他频频举杯，以酒话别。

席罢，欧阳修收拾妥当行李细软，便动身前往扬州。他知道朝廷此举是在安抚他，于是写下了《扬州谢上表》，以谢皇恩。

在扬州，欧阳修仍坚持"在无为中求有为"，不求建功，只求百姓安定。扬州的一切都很好，优美的风景、丰富的文化气息、和善的百姓都让欧阳修感到舒心，唯一令他感到不适的是这里应酬之事太多、逢迎之人太多。欧阳修一向不喜欢那些趋炎附势之人，每当有人邀请他参加各种应酬时，他都感到很厌烦。

北宋庆历八年（1048年）夏，好友梅尧臣路过扬州，前去探望欧阳修，二人度过了一段快乐而短暂的时光。那年中秋，好友们再次相聚，饮酒赏月，月下赋诗，幸福之余，想到远在苏州的苏舜钦，不由得又有些遗憾，于是，欧阳修将席间所作的《紫石屏歌》改为《月石砚屏歌寄苏子美》，寄予苏舜钦。

欧阳修希望苏舜钦能够与他们同乐，并望苏舜钦有机会可与他们再见。没想到，同年年末，苏舜钦便去世了。

突如其来的噩耗让病中的欧阳修瞬间感到双目剧痛难忍，然而他还是努力地睁大眼睛，盯着手中那封从远方而来的讣告，仔细地看了一遍又一遍。许多美好的往事一起涌上心头，让欧阳修更感心痛，怀着满腔哀伤，欧阳修为苏舜钦作了一篇墓志铭，字字血泪，读过之人无不为之动容。

苏舜钦的去世让欧阳修想到一年前病故的尹洙以及身故多年的数位好友，他的心里有些凄凉。遥想曾经年少时，携好友游山玩水，赏花赏月，饮酒作诗，那是多么愉悦！如今却只剩下自己一人在月下静静地思念，自斟自饮，好不忧伤。

这一年，他为已过世的尹洙写下了《祭尹师鲁文》和《尹师鲁墓志铭》，却不想他所作的墓志铭不被尹洙的家人和门生所接受，他们认为此墓志铭过于精简，无法突出尹洙生前的功德和地位。欧阳修有些无奈，他本想效仿尹洙生前的文风为好友奠文，却不想不被其家人和门生理解，于是第二年又作了《论尹师鲁墓志》为自己进行辩解，谁知尹家人仍然不能接受，并请韩琦另作了一篇内容丰富的墓表文。

也许是个性使然，也许是因为早已习惯了小城市里的安定单纯，在扬州生活不到一年，欧阳修便感到累了。扬州那种公务繁忙而多有应酬的生活让他感到难以适应，不时传来的悲痛的消息也一次次冲击着他的心，让他难以平静。他想找个地方过平静的生活，于是上表朝廷，请求宋仁宗将他派去其他城市。

宋仁宗接受了欧阳修的请求，将他派往颍州，那是一个民风淳朴的小城。不太繁忙的政务、秀丽的山水、丰富的特产、淳朴的民风都让他感到无比轻松。初到这里，他便写下了《初至颍州西湖种瑞莲黄杨寄淮南转运吕度支发运许主客》，并在诗中表达了自己的这种喜悦之情。

> 平湖十顷碧琉璃，四面清阴乍合时。
> 柳絮已将春去远，海棠应恨我来迟。
> 啼禽似与游人语，明月闲撑野艇随。
> 每到最佳堪乐处，却思君共把芳卮。

颍州位于颍河之南、淮水之北，此处最为出名的景观是位于城西北方且有"十里碧琉璃"之誉的西湖,它与杭州西湖、惠州西湖和扬州西湖并称为"中国四大名湖"。

置身于美景之中,欧阳修已是十分喜悦,而随后结交到的新朋友更是令他喜上加喜。颍州通判吕公著性情温和,待人诚挚,淡泊名利,喜好读书;学者刘敞知识渊博,满腹经纶;儒者王回才学出众,文笔极佳,为人正直。与他们在一起,欧阳修心里充满了平静和满足。

第七节 垂垂暮老盼田归

此时的欧阳修已不再是当初那个初涉官场、个性冲动的年轻人了，

遇到不平之事，他仍会管，却不会再一厢情愿，不理会现实情况。

在嘱咐后辈们要三思而行、稳中求进的时候，他已不知不觉生出了些退隐之心。

（一）

又是一年夏天来临，许多官员任职期满，即将离开。欧阳修早已看过太多的分分合合，可是马上就要与好友们分别，他的心里还是会有些舍不得。送走一位又一位好友，他自己也要离开这里了，朝廷已经下达了新的任命，任他为应天府兼南京留守司事。

在应天府的日子远不如颍州那般平静，或者可以说，是看似平静，暗起旋涡。入职刚刚三日，便有官吏向欧阳修上报，称此地五郎庙很灵，新官上职，必须前去拜祭，否则神灵发怒，便会危害地方。欧阳修一向不信鬼神之说，于是置之未理，谁知几日后，他的筷子便跑到了神像的手中。

若是胆小怕事的官员，遇到这种事情，定会慌乱不已，信之有灵，急忙拜祭，以表歉意，而欧阳修只是命人将五郎庙上了锁、贴了封条，下令此庙只有等他离开南京之后才可开启。

手下的人照做后，一些人便等着看欧阳修的笑话，谁知老天似乎都在帮欧阳修的忙，自他封庙以来，南京不但没有发生任何灾祸，反而事事顺利。因

此，想借鬼神之力作乱之人由此明白这位新官不好惹，也不敢肆意妄为了。

一些官员惧于欧阳修的公正严明，有心讨好和攀附，岂知他一生最厌恶的便是此类行径。这些人讨好不得，只能一个个灰头土脸地回到府中，之后小心行事，以求尽量不要被欧阳修发现纰漏。

就职南京的日子里，欧阳修也对过去的数十年进行了回顾，特别是"庆历新政"那段时间里所经历的风风雨雨。他意识到，朝中许多弊端已经根深蒂固，想要一拔而后快是不可能的，只能从眼前的利害之处着手，一步一步地开展。他也用这些话劝导身边志存高远却思想单纯的朋友，以免他们如他一般遭到重创。

此时的欧阳修已不再是当初那个初涉官场、个性冲动的年轻人了，遇到不平之事，他仍会管，却不会再一厢情愿，不理会现实情况。在嘱咐后辈们要三思而行、稳中求进的时候，他已不知不觉生出了些退隐之心。接下来的种种噩耗，更是让他身心重创。

天下母亲皆爱子女，只是爱的方式有所不同。欧阳修的母亲郑氏对儿子的爱，便是在他年幼时用尽一切去抚养、教育他，在他成年后则尽量远离他。郑氏认为，如果自己常住欧阳修身边，他难免分心，从而影响公务，所以当欧阳修仕途渐顺后，她便坚持自己居住。

欧阳修明白母亲的苦心，所以母亲尚未花甲时，他也就由着她去了。随着母亲的年纪越来越大、身体越来越不好，欧阳修不再顺从母亲的意思，而是将她接到了自己的身边，为她求医问药，精心照顾她。奈何生老病死是人之常事，即使欧阳修精心地照料着，郑氏的身体仍然一天天地变得虚弱。

北宋皇祐四年（1052年），欧阳修的母亲郑氏在南京病逝。由于南京居所为官舍，不得用于举丧，而欧阳修又早在颍州置办了房舍，打算致仕后定居于此，所以郑氏的丧事理当移到颍州办理。

在此之前，有小人意欲诬告欧阳修，宋仁宗派人去南京调查后，发现他不但不与诬告之词同，反而在当地政绩斐然，深受百姓爱戴。宋仁宗甚喜，正打算将欧阳修调回京城委以重任，谁知调令还未正式下达，便收到了他的告假申请,于是回调之事只得暂停。为了表示体恤,朝廷封郑氏为"郡太君"。

福无双至,祸不单行。就在欧阳修忙于母亲郑氏的入葬事宜时,他的岳母金城夫人也病逝了。欧阳修人在吉州,无法立刻赶去,只得命表弟郑兴宗代为祭奠。

母亲的葬礼结束后,欧阳修便回到颍州家中守丧。在此期间,他极少过问外面的事情,也极少和外人来往。刚刚回到颍州时,得知范仲淹求知颍州,欧阳修还有些期盼,希望范仲淹能早日到达,与他促膝长谈,然而天不遂人愿,范仲淹刚到徐州便一病不起,最后病逝于徐州。

得知自己一生追随的人也离开了人世,欧阳修既震惊,又心痛惋惜。与范仲淹共事朝堂的日子历历在目,仿佛就是昨天发生的,可回过神来,两人已经阴阳相隔,再也无法相见。

接二连三的噩耗让欧阳修彻底无心也无暇去理会其他的事情,于是他不再过问世事,居于家中,过起了单调的生活。守丧的两年里,欧阳修坚持"以孝事亲""以学立身"的家训,将全部精力都用于学术研究,用学术上的成就来抚慰心中的痛苦。结合了众多好友的修改意见,欧阳修于此期间终于完成了历时十七年的《新五代史》。

直到守丧期满,欧阳修才从闭关的状态中走出来。恰在此时,他接到了宋仁宗召他回京的命令。虽然他知道,此次回京,等待他的是官复原职,可是这时的他已没有了当年的那种激动的心情了。此时的欧阳修已不再年轻,数年之间所经历的种种已经让他疲惫不堪,相比于居朝中要职,他更喜欢这种身在小城安逸清静的生活,但一切敌不过皇帝的诏书,毕竟圣命难违。

再度回到京城,回到久别的朝堂,欧阳修心中有千般滋味,当初与他同路之人都已经不在了,如今朝堂之中大都是守旧派的官员,这些人对欧阳修的回来并不欢迎,甚至极度排斥。他曾对仁宗表示想要被派到地方,但终被驳回,成了一名权判流内铨,负责对中下级文官进行选拔和考绩。

欧阳修一上任便对官吏选拔之事进行了详细的调查,而后他发现,此时人事方面的问题比他早年所见有过之而无不及。朝中为官者大多是权贵子弟,而真正有才能的贫寒士子却只能一年又一年地等待,大好的时光就在等待之中错过了。为了改变这种现状,欧阳修提出应限制权贵子弟入仕,宋仁宗接受了他的提议。

欧阳修的这一提议从极大程度上损害了权贵们的利益,于是权贵们冒用欧阳修之名写了一篇札子,字字针对当朝一些炙手可热的宦官,并提出要彻查这些宦官。权贵们的这一招借刀杀人之法很快奏效,果然那些札子中被提到的宦官开始视欧阳修为异类,对他实施了报复。

为了平息众怒,宋仁宗只得免除了欧阳修权判流内铨一职,此时距欧阳修上任还不到半个月。此事令欧阳修心灰意冷,他已经看得很清楚,当初同伴众多,都没能真正实施新政,以挽救大宋王朝,如今只剩下自己一个人,更是无法实现当初的愿望。朝中有识之士见状,纷纷向宋仁宗进谏,请宋仁宗不要听信奸佞之人所言。最后,宋仁宗采取了刘沆的提议,以请欧阳修与宋祁等人一并修《唐书》为由,将欧阳修留在了京城。

同年九月,欧阳修被任命为翰林学士,兼任史馆修撰,之后又被赋予管理三班院的权力。可是,即使身兼三职,有皇帝御赐的官服和金带,也无法抚平欧阳修心中的伤痕。

新年将至时,欧阳修作了二十首《春帖子词》献给皇帝。以往,这种体裁的东西都没有什么实际内容和意义,然而在欧阳修的笔下,它们便有了新的生命和灵魂。

  萌牙资暖律,养育本仁心。
  顾彼苍生意,安知帝力深。

——《春帖子词二十首·皇帝合六首》

欧阳修将这些原本用于讨好皇帝、粉饰太平的东西变成含警示之意的诗句，宋仁宗读过之后，感到非常有新意，也从中看到了作者的用意，便向侍者询问这些帖子词的作者。当得知作者是欧阳修后，宋仁宗由衷地称赞他"举笔不忘规谏，真侍从之臣也"。

北宋至和元年（1054年），宰相陈执中的小妾将家中一名婢女殴打致死。陈执中平日不学无术、为官不仁，早已激起民愤。朝中众臣纷纷上奏宋仁宗，希望罢免陈执中，可是宋仁宗舍不得对陈执中施以重罚，漠视台谏，下令停止办案。最后，为了平息群臣的愤怒，朝廷命陈执中在家中思过两个月，以避风头。

见宋仁宗漠视台谏，欧阳修冒死再次进谏，指出宋仁宗刚愎自用，纵容奸佞之臣。欧阳修的谏词并没有让宋仁宗回心转意，看到宋仁宗继续偏袒陈执中，他失望极了，再次请求外任。这一次，宋仁宗同意了他的请求，将他派往蔡州。

殿中侍御史赵抃、知制诰刘敞纷纷上书，请宋仁宗三思，不要允许正直人士引退，否则朝廷失去羽翼，日后情况将危。宋仁宗重新考虑后，决定将欧阳修官复原职，留在朝中，并在欧阳修回朝之后，宋仁宗将陈执中罢免，任命文彦博和富弼为相。

三

年华易逝，容颜易老。欧阳修的鬓角出现了丝丝白发，眼角也多了许多皱纹。多年来，他虽然忧国忧民，为国事操劳，可也一直没有忘记自己心中的那个愿望，就是通过科举改革实现文学主张。欧阳修一直在寻找与自己志同道合的人，曾经的那些旧人大多已年老体衰，他们心有余而力不足，还有不少人已经身故，他需要新的力量来协助他。所幸，宋朝人才辈出，不断有才华出众的年轻面孔出现于文坛，这给欧阳修带来了希望。

北宋嘉祐元年（1056年），苏洵携长子苏轼、次子苏辙一起入京。苏洵早年不愿苦读，二十七岁之后才开始发奋，后写得一手好文。欧阳修读过其文，深感满意。然而苏洵参试多次，一直不中，也无缘与欧阳修结识。

这一年，苏洵带着托人所写的推荐信和自己的多部论著再次入京，终于有机会与欧阳修相见。欧阳修与苏洵谈兵议政，颇感投缘。欧阳修又读了苏家二子所作文章，均是好文，他甚喜，赞叹道："后来文章当在此。"

欧阳修先向朝廷推荐了苏洵，并随之附上了苏洵的著作，可是没有得到答复。他又请富弼帮忙，结果仍是不了了之。多年以来，苏洵虽然一直没能入朝为官，可他的名声早已在京城之内传开了，他所善用的文风也在当时引起了不小的反响。

相比于父亲，苏轼的运气则稍微好一些。在科考当天，他的一篇《刑赏忠厚之至论》让考官们眼前一亮，纷纷称赞这篇文章文风洒脱、论点清晰，是篇难得的佳作。作者能够将儒家仁爱的思想用自己的语言表达出来，又不失质朴自然，实在难得。

在当时，"太学体"风行于文坛，这种文体的特点在于文风险怪艰涩，既无平实质朴之心，又无典雅华丽之形。将这种文体发扬起来的不是别人，正是欧阳修昔日的好友石介。早年间，欧阳修就曾批评过石介那种哗众取宠的怪异文风，可是很明显，石介并没有听取他的建议，反而愈发起劲。

石介有一名学生叫刘几，是"太学派"最出名的学生，也是石介最得意的弟子。其他"太学派"的学生都视他为偶像，争相模仿他的文风，对此，欧阳修却深恶痛绝。

北宋嘉祐二年（1057年），欧阳修被任命为礼部贡举，负责主持当届的礼部考试。任命一下，欧阳修便打定主意，一定要在科考中选拔精英，打破当时"太学体"盛行的局面，让新的文风文体得以崭露头角，为之后的人才培育与公正选拔开拓出一条路。

在审卷时，欧阳修读到一篇非常怪异的文章，文章的最后几句写道："天地轧，万物茁，圣人发。"欧阳修对其他考官说，这一定是刘几写的，于是在卷上续了"秀才刺，试官刷"，又写上"大纰缪"三个字。

宋朝的阅卷制度与现今相似，考卷上交后，考生的名字都会被遮盖，以免考官与考生串通作弊，失了公平。欧阳修在审卷时看不到考生的名字，但是凭他对太学学生一贯的了解，断定只有刘几才会写出这种晦涩难懂的文章。后来事实证明，他的判断是正确的，此文确实出自刘几之手。

欧阳修一连批了几篇，都是太学学生们写的不通之作，他有些失望，担心此次科考又没有满意之人。直到读到苏轼的那篇文章，欧阳修才感到一丝欣慰，可是他误以为此文是他的学生曾巩所作，为了避嫌，他决定将这篇文章的作者排在第二名，另选了一名考生为第一名。

放榜之日，欧阳修打开封着的卷头，发现被选为第一名的试卷上写着曾巩的名字，十分愕然。欧阳修从未想过，除了自己的学生曾巩外，还有其他学生能够写出如此具有大家风范的文章。他急忙寻找当初那篇打动了所有考官的文章。找到之后，他才知道这篇惊人之作出自苏轼之手。

按照惯例，中举进士需写信向主考官表示谢意。看过苏轼的信后，欧阳修更加欣赏这位年轻人。在写给梅尧臣的信中，欧阳修说："读轼书，不觉汗出。快哉！快哉！老夫当避此人，放出一头地也。可喜！可喜！"言语之间尽是对苏轼的认同，还有一些敬佩和自愧不如。

欧阳修认为，苏轼将在未来的文坛上掀起一场风潮，成为未来文坛中首屈一指的人物。事实证明，他的预感十分正确。由此事可看出，欧阳修不但有远见，还十分有识人之能。

欧阳修因得才而欣喜，可是"太学派"的那些人却不服气。他们聚众闹事，制造谣言，称考官们没有认真评判考卷，才会让一些无名鼠辈榜上有名，而让他们这些满腹才学的才子落榜。一些人不但对上榜之人进行辱骂和挑衅，还将一些考官围起来强加指责。

欧阳修作为主考官，更加免不了受到这些人的攻击。有的人愤怒难平，甚至给欧阳修写了祭文，投到了他的家中。五十一岁的欧阳修不惧、不慌、不愁，为了让文体、文风得到改革，他坚守着自己的立场，绝不妥协。

此次科考的结果是，所有参加殿试的进士都被赐予了进士及第或同进士出身。苏洵、苏轼、苏辙和曾巩都得到了在文坛上大展拳脚的机会，宋代文学的发展也步入了一个高峰期。

与之相反的，是欧阳修的身体状况。现如今，欧阳修已经很少能收到旧友们的来信了，取而代之的是一封封充满伤情的讣告。繁忙的工作和各种忧思让欧阳修的身体越来越弱，当疾疫侵袭了汴京之后，他也终于因体力不支而病倒了。

身体稍微有些好转后，汴京又迎来了雨季。暴雨连连，欧阳修所住之处地势较低，本就容易被水浸泡，如今年久失修，屋顶也开始漏水。欧阳修只得一边带领家人清理积水，一边开始考虑换个地方生活。可是这一愿望想要实现却并不容易。入京之后，他不止一次向皇帝请命调离京城，皇帝都没有批准。

冬季里，欧阳修眼疾加重，视线越发模糊，难以辨别眼前之物，身体其他部分也出现了各种不适。欧阳修便以家在吉州，之前因忙乱不曾修葺好父母的墓地，希望回家乡修葺双亲之墓为由请调，朝廷不但没有批准他的调请，还增加了他的官衔，想以这些官衔束缚住他的脚步。

欧阳修不止一次在诗作中表达自己对旧时闲云野鹤般生活的怀念，以及想要归隐田园的心愿。在写给朋友的书信中，他也多次提到自己的现状以及病痛对他的折磨。

在这样的情境下，欧阳修越来越想念当初在滁州的生活。他感到自己就像一只陀螺，不断地被鞭打，不停地旋转，转得他头晕目眩。北宋嘉祐三年（1058年），朝廷再次给他加官，命他兼侍读学士。欧阳修坚决不肯接受，以理辩驳，朝廷只得作罢。然而没过多久，朝廷又命欧阳修以龙图阁学士的头衔任开封府尹。

欧阳修此时已经无力身兼多职，他上奏朝廷，表示此事已超出了自己的能力范围，若是勉强而为，恐怕辜负朝廷所托。当朝宰相富弼和韩琦均是欧阳修的老友，可是他们都没接受他的请求，坚持让他担任这一要职。欧阳修无法再拒，只得勉为其难地走马上任。

开封府中多是皇亲国戚，这些人倚仗自己的特殊身份，蔑视朝廷律法，肆意妄为。一般官员碍于他们背后的靠山，不敢严管；还有一些官员知道即使重判，他们也会有办法求得圣旨，免其罪过，于是只得睁一只眼闭一只眼。这样的局面使得那些人更加放纵，为所欲为。

包拯上任后，无论犯罪之人是何身份，一概按照律法处置，不肯宽容半点，这些人才因此有所收敛。包拯任期满后，上任的便是欧阳修。朝廷大抵是看中了欧阳修的正直敢言、刚正不阿，所以才将他安排在这个位置。

一些人以为，欧阳修上任之后，会效仿包拯的做法，或者比包拯还要严厉，然而事实并非如此。欧阳修上任后，依循人情事理，从没有刻意摆出一副公正严明的架势。对于一般的小罪之人，欧阳修酌情处理；对于有大罪之人，欧阳修则不留任何情面。

对于罪犯求旨以免除处罚以及皇帝时常下圣旨免人罪过的现象，欧阳修采取了一系列措施，如求情圣旨一律无效，求情请旨之人也将受罚，有罪之人亲自请旨则处罚升级等。他认为，只有这样才能严正法纪。

然而，繁重的工作使他的身体状况越来越差，多年的眼疾和关节炎也越来越严重。欧阳修感到自己已经严重地透支了精力，再无力继续胜任此职，于是连上三篇奏札请辞，朝廷最终同意撤去欧阳修开封府尹一职，但仍不允许他离京。

第八节 / 一生辛劳终得闲

看到儿子们应了下来,欧阳修松了口气,他仿佛又看到了西湖美景,看到了那湖边盛开的鲜花,以及来往的游人。

他向儿子们要来纸笔,用最后的力气在纸上写下了四句诗:

冷雨涨焦陂,人去陂寂寞。惟有霜前花,鲜鲜对高阁。

北宋嘉祐六年(1061年)正月,宋仁宗大病,令朝中之人惶恐不安。此时,宋仁宗年过半百,却仍未立储。所有人心中都明白,国不可一日无君,若是宋仁宗突然驾崩,又无新皇即位,朝中必然大乱。于是,一些谏官开始上奏,提议宋仁宗将立皇储一事提上日程。

宋仁宗看过奏章,明白群臣之意,便召近臣商量,欧阳修也在其列。宋仁宗曾有三子,均年少夭折,后将其弟濮安懿王之子赵宗实接入宫中,视为己出。最后,宋仁宗决定立赵宗实为皇子,改名为赵曙。此诏一出,人心稍安。

两年后,宋仁宗突然病重,御医们诊治了一个月,却还是无力回天。同年三月二十九日,宋仁宗驾崩。皇后个性沉稳,立刻封锁消息,召宰辅入宫,商议新帝登基一事。赵曙本就不肯接受皇储的身份,如今让他登基为帝,他更是极度抗拒。几名宰臣只得强行为他戴冠加袍,将其押到朝堂之上,接受文武百官的朝拜。

欧阳修在朝多年，已是老臣，新帝与曹太后对他非常器重和信任。身为宰执大臣，欧阳修在朝廷易代之时挺身而出，不负众望，新帝与曹太后对他深表感激，特进阶他为金紫光禄大夫，赐"推忠协谋佐理功臣"。

赵曙（庙号英宗）继位后不久突然患病，只得由仁宗之后垂帘听政。曹太后虽然处事冷静，可毕竟是一位妇人，英宗因病时常口不择言，一些宦官又从中挑拨，时间久了，曹太后对宋英宗有了一些误会和嫌隙，便有心废立。

曹太后找到欧阳修与韩琦两位老臣，请他们协助她废立。欧阳修深知此事若成，必会天下大乱，于是极力劝说。

北宋治平元年（1064年），英宗身体康复，整个京城为之庆祝。之后，欧阳修代曹太后撰写了《皇太后还政合行典礼诏》。同年五月十三日，英宗亲政。

朝政好不容易得以稳定，欧阳修的家中却不太平。这一年，欧阳修五十八岁，身体状况更加不好，"衰病交攻，心力疲耗"。此外，家中不断有人患病，这也让欧阳修十分焦虑。同年八月，他唯一的女儿也得了重病，不治而故。经历了白发人送黑发人，欧阳修看上去更加苍老了。

北宋治平二年（1065年），本就体弱多病的欧阳修又患了消渴疾，"渴如鼹鼠之饮河，喘如吴牛之见月"，"癃瘠昏耗，几不自支"。他向朝廷申请降职外调，朝廷不允，于是他只得拖着虚弱的身体勉强出入于朝堂。

欧阳修虽有心为国为民，却始终去不掉身上的文人之气，是而许多人都说他并不适合做宰执大臣。身心俱疲之时，欧阳修又开始渴望那种隐居田园、安逸雅致的生活。然而事情总是不遂人意，不久之后，朝中针对如何追封英宗生父一事展开了争斗，欧阳修也被迫卷入了这场朝政斗争之中，这一入就是十八个月。

北宋治平三年（1066年），英宗再次身患重病，不能言语，欧阳修见状，只得再次出面，帮忙谋划大政。同年底，英宗预感到自己将不久于人世，于是立颍王赵顼为太子。

北宋治平四年（1067年）正月，英宗驾崩，赵顼登基，是为宋神宗。

英宗逝世，朝臣们理当身着素服，前去吊丧。欧阳修去吊丧时，直接在所穿紫袄外面套上了一件丧服。谁知这一细节被一直对他不满的谏官们看到，谏官们立刻上奏神宗，称欧阳修此举"尤伤礼数"，并因此弹劾他。神宗怜惜老臣，压下了奏章，命欧阳修脱掉紫袍，此事才得以平息。

一波刚平，一波又起。二月里，蒋之奇见风使舵，认为欧阳修失去了英宗这座靠山，必然斗不过其他谏官，便不断对他进行言语上的攻击。同时，欧阳修妻子的堂弟薛宗孺因欧阳修不念私情，没有在他有罪时帮他疏通关节使他无罪释放而怀恨在心，制造谣言污蔑欧阳修与长媳吴氏有乱伦之事。

薛宗孺的谣言让蒋之奇找到了攻击欧阳修的理由，于是他一再上奏，请神宗将欧阳修斩首，并暴尸示众。其他一心想要扳倒欧阳修的谏官也一拥而上，可是神宗没有听信他们的谣言，他们的阴谋没能得逞。

欧阳修一生正直，岂容得下一再被人泼污水，何况他已年老体衰，早就无心也无力与朝中那些奸佞之人争斗了，于是一连上呈三表，请求离开朝堂，去外郡为官。神宗理解欧阳修的苦衷，也同情他的遭遇，所以虽有不舍，还是批准了，并允许他在颍州多逗留些时日。

回到颍州后，欧阳修做的第一件事便是在这里买了一处安身之所。值得庆幸的是，他发现守母丧时买下的房子仍然可住，只要稍加修葺和扩建，便是一座不错的可以安享晚年之所，这帮他节省了许多麻烦。想到不久之后，自己便可以在这里过上一直期望的田园生活，欧阳修的心里舒坦了许多。

在颍州停留的日子，欧阳修见到了任颍州知州的陆经，与其饮酒作诗，笑谈人生。从当时欧阳修所作的诗中可以看出，欧阳修的心里已再没有对事业和理想的追求了，而是充满了对田园生活的渴望，只是当时他仍有官职在身，想要过上梦中的生活，还需时日。

数日后，欧阳修离开颍州，前往亳州。那也是一座小城，没有繁重的公务，没有喧嚣的官场，有的只是安居乐业的百姓、简单的生活氛围以及适宜的环境。在这里，欧阳修有充足的时间休息，做自己想做的事，于是他一边整理自己多年来的作品，一边等待着任职期满后回到颍州颐养天年的那一天。

二

自嘉祐四年（1059年）起，欧阳修便开始记录一些朝中逸闻趣事。在亳州的日子比较清闲，他便将那些记录都找出来，整理成册，起名为《归田录》。欧阳修称《归田录》中所记载的均是"朝廷之遗事，史官之所不记，与夫士大夫笑谈之余而可录者"，并说作此册的目的只在于"录之以备闲居之览也"。

亳州的生活让欧阳修的身心都得到了放松和调整，少了繁重的政务，少了复杂的官场，少了小人的陷害，他顿时感到轻松了许多。有了闲暇的时间和悠闲的生活，欧阳修又有了心情去欣赏身边的美景，又有了灵感去创作优美的诗句。

在此期间，欧阳写下了《戏书示黎教授》《答子履学士见寄》《寄枣人行书赠子履学士》等诗。在这些作品中，欧阳修描写了亳州的美景，描述了惬意的日常生活，也表达了他在与好友饮酒对诗的过程中感受到的愉悦。

> 秋来红枣压枝繁，堆向君家白玉盘。
> 甘辛楚国赤萍实，磊落韩嫣黄金丸。
> 聊效诗人投木李，敢期佳句报琅玕。
> 嗟予久苦相如渴，却忆冰梨熨齿寒。

——《寄枣人行书赠子履学士》

正当欧阳修沉浸在安稳的生活之中时，接连而来的几个噩耗让他的心情又变得沉重起来。先是好友蔡襄因病去世，而后是他的妹妹病逝。寂静秋夜，望着空中的明月，欧阳修的心中泛起一阵阵悲凉。

仅仅两年，欧阳修为许多好友写了奠文或碑文。谢绛、杜衍、尹洙、范仲淹……当初那些意气风发、为了理想而奋斗不息的人，如今都成为一座座石碑上刻着的名字，寂静得没有一点生气。

欧阳修一向不信鬼神之说，也不好佛学，早年由于偶得《昌黎先生文集》，欧阳修被韩愈的思想所影响，对佛教一直持反对态度。在《本论》三篇中，他还指出佛教有虚耗民财之弊，对纠正百姓的思想并无实质帮助，然而，经历了无数生离死别之后，他的心里竟然产生了一些变化。

死生的无常既然无法以儒家理论去解释，那么以佛家或道家理论去解释又如何呢？欧阳修开始对佛学和道学有了一丝兴趣，对佛道的态度也变得宽容起来。每逢听说有得道之人，他总会想办法去与对方见上一面。

相传，亳州西境的卫真县是老子的故乡，县的东边有一座太清宫，吸引了许多修道之人前去。一次，欧阳修听说太清宫中来了一位嵩山的老道，于是派人前去，将老道邀请至府上。交谈之中，欧阳修得知老道姓许名昌龄，他的修炼之处正是欧阳修三十年前访过的紫云洞。

欧阳修听得心驰神往，于是作了一首《赠隐者》送给许道人。

> 五岳嵩当天地中，闻伊仍在最高峰。
> 山藏六月阴崖雪，潭养千年蜕骨龙。
> 物外自应多至乐，人间何事忽相逢。
> 饮罢飘然不辞决，孤云飞去杳无踪。

与得道之人的接触让欧阳修的心情渐渐平静了下来。他在《感事四首》中写道："人生不免死，魂魄入幽都。仙者得长生，又云超太虚。"可见，他对人的生死已经有些看开了。

一年的任期将至，欧阳修满心希望自己可以就此告别官场，回到颍州养老，然而在他接连五次向朝廷表达了自己有意致仕的期望后，朝廷却将他派往了青州，任兵部尚书，充京东东路安抚使。欧阳修再三上表，请求辞免，可朝廷仍然不予批准，他的希望又一次破灭了。初到青州时，曾有一猎户献给他一只驯鹿,欧阳修看着心里突然产生了一种同病相怜的感觉,自己与那只驯鹿又有何分别,一心向往自由自在的生活,却被人强行带离山林,束缚住了手脚。所幸青州地方小,事情少,足够闲静。

远离青州的汴京此时却渐渐不平静起来。神宗年轻气盛,有意扭转国库空虚的局面,以图富国强兵,开创新的盛世。他听闻朝中几位元老都参与过曾经的"庆历新政",于是向他们讲述了自己的计划。

令神宗失望的是,元老们早已失去了从前的那种勇锐,变得老成沉稳,他们对他的计划不但不支持,还纷纷劝他三思。富弼劝他"当先布德泽,愿二十年口不言兵",司马光则劝他先修身而后治国。

神宗感到很失望,决定起用一些年轻的新人来协助他完成大业,就在这时,王安石进入了他的视线。

早在之前,欧阳修就曾提携过王安石。曾巩在初向欧阳修推荐王安石时,提到他才学出众、淡泊名利,并给欧阳修看了他所作的文章。欧阳修对王安石非常欣赏,当神宗知道王安石文采出众,但他却不喜官位且品性高洁,此时,神宗心中甚喜。

北宋景祐二年(1035年),十五岁的王安石在《闲居遣兴》中针对当时广西南部的战乱写道:"谁将天下安危事,一把诗书子细论?"次年,十六岁的王安石意识到"男儿少壮不树立,挟此穷老将安归",于是开始谢绝一切应酬,埋头读书。即使考中进士之后,王安石也宁愿做地方官而不入馆阁,因为他只想像他的父亲一样,多为百姓做实事,这一点与欧阳修也极为相似。朝廷看中王安石之才,两次召他入京,均被他以"家贫口众,难住京师"的理由推辞,直到朝廷第三次召他入京,他才不得不答应。

那时,欧阳修与王安石相识已有数年,只是一直无缘相见。听闻王安石终于来京,欧阳修十分兴奋,有意与他共事,辅佐皇帝,直言敢谏,然而王安石拒绝了他的邀请。欧阳修没有放弃,在他的极力举荐下,王安石很快名满天下。

仁宗当政时,王安石便提出过"变更天下之弊法"的主张,并在地方实施过实验性的改革。北宋治平四年（1067年），刚刚即位的宋神宗因久仰王安石之名，将其召入宫中，任翰林学士兼侍讲。王安石在与神宗讨论政事时，时常能够提出令神宗满意的建议，其观点也比较新颖，这使神宗对他更加欣赏。

北宋熙宁元年（1068年），神宗向王安石说明了自己的想法，问他有何建议，王安石提出"治国之道，首先要确定革新方法"，并建议神宗效法尧舜，简明法制。神宗见王安石在此问题上与自己观念一致，十分激动。王安石对神宗说："大有为之时，正在今日！"神宗听了，颇受鼓舞。

北宋熙宁二年（1069年），神宗不顾元老们的反对，大胆起用王安石，任其为参知政事，主持变法事宜。王安石接到任命后，首先提出要改变风俗，确立法度。在神宗的高度支持下，"熙宁变法"开始。由于此次变法主要由王安石发起和负责，所以史称"王安石变法"。

王安石雷厉风行，勇往直前，在成立了新机构的同时，对旧的机构进行了大刀阔斧的改革，使它们成为为变法服务的机构。元老们反对的呼声越来越高，可是这些都阻止不了神宗和王安石变法的决心。新法颁布后，王安石提拔了许多新人，扩充了参与变法人员的队伍，新法的推行更加迅猛。

不出一年，朝中便形成了界线分明的两派，一派支持变法，一派反对变法。随着变法的开展，两派之争也日益激烈。远在青州的欧阳修得知此事，并没有像其他元老一样立刻提出反对意见，欧阳修也知道，王安石太过年轻，举动太过激烈，在有些方面考虑得欠妥，可是纵横官场数十年，经历了无数风雨，欧阳修已经累了，对于他而言，与其和革新派发生正面冲突，不如静观其变，所以，当他的旧故向他求助，问他如何驳倒王安石时，他只回答"不复敢措意于其间"。

王安石的变法开展一段时间之后，确实收到了很好的成效。北宋熙宁二年（1069年），王安石推行了"青苗法"，改变了"遇贵量减市价粜，遇贱量增市价籴"的做法，使朝廷的财政收入迅速增加，国库变得丰盈，神宗十分喜悦，可是百姓却苦不堪言。

欧阳修对王安石的政绩也表示认可，但他不认可的是他所采取的只重"国计"而不重"民生"的手段。王安石为了实施改革,颁布了许多苛酷政令,在欧阳修看来,他的手段过于激烈,所谓"天下之事,牵一发而动全身",王安石若是继续如此,定会影响百姓的生计,于是,他终于不再保持沉默。

欧阳修对地方行政进行了调查,并对"青苗法"的实施和具体情况进行了了解。之后,他向朝廷递上了一篇札子,指出"朝廷新制俵散青苗钱以来,中外之议,皆称不便,多乞请罢"。欧阳修建议取消百分之二十的利息,暂停对特别困难的百姓发放青苗钱以及确保百姓自愿贷款。建议递交上去后,朝廷没有做出相应的回应。眼看秋天将至,新的一轮青苗钱又要开始发放,欧阳修二度上札,为民请命。为了解除农民的包袱,他私自停止发放当地的青苗钱。

欧阳修的做法在当时犯了朝廷的大忌,朝廷念在他是三朝元老且年老体弱,没有给予重罚,只是口头上进行了责备和批评。欧阳修承认了自己的错误,但仍然坚持指出"青苗法"的种种弊端,至于王安石推行的其他法令,只要不碍民生,他便不予指责。

在此之前,担任宰相一职的曾公亮到了致仕之龄,神宗有意任欧阳修为下一任宰相,于是就此事与王安石商量。王安石起初赞成欧阳修为宰相,所以神宗将欧阳修与其他候选人比较,王安石皆言欧阳修要胜出其他人许多,然而"青苗法"一事之后,王安石也不再支持欧阳修担任宰相的意见了。

事实上,即使王安石不反对,欧阳修也不会出任宰相一职了。此时,他已无心做官,只想安度晚年。

有人说,世上最长情的爱是陪伴。在漫长的岁月里,书、金石遗文、琴、棋和酒便给予了欧阳修最长情的爱,它们时时陪伴在他身边。当他被贬于偏远之地时,书卷和金石遗文为他的生活添了几分色彩;当他不被人理解而孤寂难耐时,琴和酒安抚了他受伤的心灵;当他与知己相逢时,酒和棋则是他们的助兴之物。

对于欧阳修来说，人生暮年，有友相伴，一起饮酒对弈，或独自一人临帖阅卷，都是难得的美事。其美便美在他可以真正地放松，享受宁静。

北宋熙宁四年（1071年）六月，欧阳修终于如愿以偿，以太子少师、观文殿学士致仕。接到朝廷的诏命后，欧阳修喜出望外，归心似箭，奈何暴雨连连，交通被阻断，他只得在蔡州多待了数日。待到暴雨一住，交通一恢复，他便立刻带上早已整理好的行李，直归颍州。

退出了一团混乱的官场，欧阳修感到无比轻松。回到颍州，回到那座风光美丽、民风淳朴的小城，欧阳修感到自己终于又能够自由地呼吸了。从此，这里不再只出现在他的梦中，让他可望而不可即。在颍州的怀抱里，欧阳修找到了安全感。

人事从来无定处，世途多故践言难。
谁如颍水闲居士，十顷西湖一钓竿。

——《寄韩子华》

欧阳修用这样的诗句来解释，久居官场并非他心所愿，只是不得已而为之，他真正喜欢的还是后两句所描写的那种生活。回到颍州后，无论出门或是在家中，他都时常穿着一身道服，有如得道仙人般。

西湖仍是欧阳修最爱去的地方，他的十首《采桑子》都是以西湖为题所作。

何人解赏西湖好，佳景无时。飞盖相追。贪向花间醉玉卮。
谁知闲凭阑干处，芳草斜晖。水远烟微。一点沧洲白鹭飞。

——《采桑子·何人解赏西湖好》

一年四季，每一时节里的西湖都是那么美，让人流连忘返。欧阳修有时泛舟湖上，感受风经过湖面，再掠过他脸庞的凉爽；有时漫步湖边，看湖中的波光粼粼和岸树的倒影。

无风时,西湖的湖面如同一块晶莹光滑的琉璃,船行驶于其中,竟然感觉不到移动。细细看去,才发现船身下微微泛动着涟漪。栖息在湖边的沙鸥禽鸟被惊飞,纷纷向远方飞去。

隐退之后的生活让欧阳修颇感享受,他在《退居述怀寄北京韩侍中二首》中写道:

书殿宫臣宠并叨,不同憔悴返渔樵。
无穷兴味闲中得,强半光阴醉里销。
静爱竹时来野寺,独寻春偶过溪桥。
犹须五物称居士,不及颜回饮一瓢。

苏轼曾在欧阳修归隐颍州后前去拜访这位恩师。在那里,他看见的是一位"眉宇秀发如春峦。羽衣鹤氅古仙伯,岌岌两柱扶霜纨"的老者,虽然两鬓斑白,气色却十分好,"谓公方壮须似雪,谓公已老光浮颊"。

欧阳修唯一的遗憾就是此处已没了他的朋友。早些年间,这里还有精于史传姓氏之学的王回和对《春秋》极有研究的常秩。可是王回没能等到欧阳修回来,便已经离开了人世,对此,欧阳修感到十分痛惜。

常秩尚在人世,可就在欧阳修回去之前,他接到调令,离开了颍州,短期内无法回去。没有好友相伴,有酒只能自己饮,有诗只能自己吟,欧阳修在精神上感到了一丝寂寥。于是,他只得写信给远方的朋友,用文字抒发自己的孤单心情。可是,随着年纪的增长,能够与他鸿雁往来的人也渐渐地少了。

忙碌时想要清闲,可是突然之间闲了下来,又未免过于冷清,欧阳修初回颍州时,便经历了这样的情感落差。还好,时光如水,冲淡了他的烦忧,过了一段时日,他便重新适应了这样的生活,享受起这种悠闲自在来。

四

北宋熙宁四年（1071年）九月，苏轼与苏辙前往颍州探望欧阳修。得知两位高徒要来探望自己，欧阳修十分高兴，急忙吩咐人准备酒菜，准备与两位高徒畅饮一番。此时的欧阳修已然老态龙钟，头发全白，耳聋眼花，可是见到苏轼和苏辙后，他的眼中立刻闪出了喜悦的光芒，精神也一下子好了许多。

苏轼和苏辙的到来让欧阳修冷清的院子里多了几分生气。细心的苏轼看得出，欧阳修的身体状况已经很不好，所以他尽可能多地陪伴在欧阳修身边，以解他的孤单寂寞，并时常妙语连珠，引得他开怀大笑。

一次，欧阳修与苏轼谈起用药之事。欧阳修说，从前有医生在对待因乘船时遇风受惊而病的病人时，会从船舵被汗浸染之处刮下些碎末，与丹砂、茯苓等一并煎了，命病人服下。病人服下后，病症全消，甚是奇妙。

苏轼闻之，玩笑道，若此法当真有效，那么想要治疗那些昏庸懒惰之人，只要给他们服下一些由笔墨烧成的灰烬即可；想要治疗那些贪官，只要给他们喝伯夷的洗脸水即可；想要治疗那些奸佞之人，只要让他们吃比干吃剩下的饭即可……苏轼一连举了许多类似的例子，逗得欧阳修大笑不止。

在苏轼和苏辙的陪伴下，欧阳修又一次来到了西湖。秋风瑟瑟，湖边的草木已经枯萎了，不过芙蓉和晚菊还开得很灿烂。苏轼插花起舞，为欧阳修送去迟到的生日祝福，欧阳修十分感动。

苏家兄弟祝恩师福寿绵延，然而欧阳修却称自己"已将寿夭付天公，彼徒辛苦吾差乐"。已过花甲之年的欧阳修看得很开，他知道自己一直体弱多病，说不定哪一天就会离开人世，所以他不在意自己的生命会在何时结束，只想在有生之年好好地、平静地生活。

欧阳修用豁达的诗句表达了自己的心态，苏轼听了，有羡慕，也有不忍。当听到欧阳修对他说要将文坛的发展之事托付予他时，苏轼心中没有惊喜，只有难过。他知道，欧阳修是在托付后事，这也说明欧阳修自知时日无多了。于是他接连跪拜两次，应下了欧阳修的嘱托。欧阳修感到很欣慰，脸上露出了满意的神色。

神宗也没有忘记远在颍州的欧阳修，祭祀大典在即，神宗下旨，命欧阳修一同出席，可是，欧阳修对此类祭典没有一点儿兴趣，在他看来，这种祭典只不过是劳民伤财，对民生和国计没有一点儿作用。于是，欧阳修以身体欠佳、不便远行为由推辞，神宗知道欧阳修身体不好，也没有勉强他。

苏轼与苏辙离开后，欧阳修的家中又只剩下他与那"五一"之物。少了谈天之人，欧阳修便将时间和精力用于编写《诗话》，这是汉族文学理论史上第一部以"诗话"为名的著作，由于是欧阳修所作，所以也被后人称作《六一诗话》《六一居士诗话》《欧公诗话》《欧阳永叔诗话》《欧阳文忠公诗话》等。

欧阳修在此书中主张"事信"，即艺术也应具有与生活相同的真实性。欧阳修认为，诗歌不应该仅仅是一种艺术表达，也应该具有史传著作之用。另外，他还主张在言语方面精工细琢，避免过度修饰，以及在处理言与意、事理与好句的关系时，要注意"意新语工"。

北宋熙宁五年（1072年）三月，好友赵概从南都前来拜访，欧阳修为其接风，并邀请吕公著一起参加，冷清许久的小院又热闹了起来。交谈之中，想起二人从初识时的互不理会到现在的相谈甚欢，欧阳修与赵概都不由得笑了，同时也感慨时光匆匆，一转眼他们都已不再年轻。赵概离开时，二人相约来年再聚，却不知这一别竟成了二人的永别。

六月二十一日，欧阳修在家人的陪伴下度过了六十六岁寿辰。按照常理，六十六岁是大寿，应当大行操办，可是欧阳修一向从简，而且身体欠佳，所以只有他的家人出席了他的生日宴会。他的亲家兼好友吴充从京城寄来厚礼一份，令他非常感激。

七月，《居士集》五十卷终于编定。次月，欧阳修旧病齐发，无法起身。欧阳修的家人焦急万分，急忙请大夫来为他诊治，欧阳修却淡定得很。欧阳修早知道自己会有这一天，也早将生死置之度外，回想自己的一生，他感到此生已无憾。

欧阳修平静地将四个儿子叫到床前，看着他们悲伤的神情，平静地安慰他们不要难过。他交代儿子们："韩公与我一生相知，出处进退，无不了然。我死之后，就请韩公为墓志铭。"儿子们连连点头答应。

看到儿子们应了下来，欧阳修松了口气，他仿佛又看到了西湖美景，看到了那湖边盛开的鲜花以及来往的游人。他向儿子们要来纸笔，用最后的力气在纸上写下了四句诗：

> 冷雨涨焦陂，人去陂寂寞。
> 惟有霜前花，鲜鲜对高阁。

这四句诗也成了他一生的绝笔。北宋熙宁五年（1072年）闰七月二十三日，六十六岁的欧阳修病逝于颍州家中。远在京城的宋神宗得知他的死讯，为之休朝一日以示悼念。他的好友们得知这一消息之后，都很心痛，纷纷作文以悼念这位伟大的文学家和政治家。

苏轼身在杭州，离颍州较远，没能及时赶到恩师身边，"匍匐往救"，令他深感惭愧。他的弟弟苏辙身在陈州，离颍州较近，于是匆匆赶去，在欧阳修的灵堂之上致了祭文。

八月十一日，朝廷赐欧阳修"太子太师"之衔。欧阳修为宋朝奉献了大半生心血，终于可以永远地清闲了。

在为其母下葬后，欧阳修曾指着母亲墓边的空地说，自己以后要葬在此处。然而，按照北宋规定，身为朝廷大臣的他只能葬于汴京周围五百里范围之内。于是，他的妻儿将他的灵柩护送至开封府新郑县旌贤乡刘村，盖棺立碑。如欧阳修所愿，碑上是韩琦亲笔写的祭文。

时光飞逝，岁月如梭，转眼间，近千年过去了，这位伟大的文学家虽然永埋于黄土，但他的品格却在世上永存，影响了一代又一代的后人，他的事迹和作品流传在这个世界上，为世人所赞颂。

第四辑 苏东坡

把世俗的苟且,活成潇洒的人生

第一节 / 生于蜀中集灵秀

有人曾说:"天下诗人皆入蜀",
那么,苏轼无疑是有宋一代整个蜀中升起的最璀璨的一颗明星。
他站在蜀中无数诗人、文人的肩膀上成长,
集山川、河流的灵秀之气于一身。

传说,北宋仁宗景祐三年(1036年),四川省眉山县附近原本郁郁葱葱的彭老山突然出现了草木凋零的现象,直到六十年后才重放光彩,恢复蓬勃生机。这究竟是怎么回事,还要从眉山小城纱谷行苏家的那个刚诞生的男婴说起。

眉山苏家,是当地一个家境富裕的书香门第。若干年后,这个男婴在诗歌中这样描述自己的家境:

先君昔未仕,杜门皇祐初。
道德无贫贱,风采照乡闾。
何尝疏小人,小人自阔疏。
出门无所诣,老史在郊墟。
门前万竿竹,堂上四库书。
高树红消梨,小池白芙蕖。

常呼赤脚婢，雨中撷园蔬。

——《答任师中家汉公》（节选）

他在诗中尊称的"先君"，即苏家的一家之主苏洵。

这一年，苏洵已经27岁了，27岁的苏洵是一个不折不扣的浪荡子，尽管出身书香门第，智力超群，但他个性独特，游手好闲，至今仍然一事无成。眼看着自己的两个哥哥、大舅子和两位姐夫都已通过考试赢取了功名并在外做了官，苏洵却不以为意。

可以说，苏洵的青少年时代过得有点像李白，他看重的是任侠与游历，对于埋首经书实在是产生不了兴趣。由于父亲健在，没有养家之累，苏洵的日子过得十分潇洒、快意。

苏洵的妻子程夫人出身于当地的名门望族，她知书达理，十分贤惠，对于丈夫的所作所为，她很少抱怨，反而多次鼓励他。刚怀孕时，她曾梦见一个浓眉大眼的和尚前来托梦，有人说这预示着腹中孩儿的不凡。随着"哇"的一声，孩子睁着大大的眼睛懵懂地来到了这个世界上。他的到来让母亲笑逐颜开，也让父亲长吁了一口气。

这是苏家的第二个男孩。遗憾的是，苏家的长子还没长大便夭折了，这个孩子理所当然地成了苏家的长子。作为父亲，苏洵对这个长子寄予了很高的希望，为他专门雇了一个奶妈，名叫采莲。

三年后，程夫人又生了一个儿子。这两个孩子一个聪明外向，性格活泼，锋芒毕露；一个沉默内向，稳重内敛。苏洵觉察出了两个孩子的不同，他为外向的长子取名为"轼"，字子瞻；为内向的次子取名为"辙"，字子由。他还在一篇名为《名儿子说》的文章中介绍为两个儿子取名的由来，他语重心长地感叹道："古代车子的车轮、车辐木、车盖、车轸木都有各自的功能，只有车轼（车前的横木）好像没有什么用处。但如果去掉横木，那就不是一辆完整的车了。轼啊，我担心的是你不会掩饰自己的外表。天下的车没有不从车辙（车轮行过时留下的痕迹）上碾过的，而谈到车的功劳，车辙从来都不在其中。不过当遇到车翻马死的灾难时,祸患也从来不会波及不到车辙。车辙是善于处在祸福之间的。辙啊,我知道你是可以免于灾祸的。"

或许是苏轼的出生激起了父亲苏洵内心深处的责任感和未曾泯灭的理想和抱负,从这一年起,他竟然深悔自己浪费年少时的大好时光,开始闭门不出,折节读书,一家老小都十分惊讶。

苏轼出生时,他的祖父苏序还健在。苏序嗜好美酒,性格豪放不羁,常与朋友携酒出游,喝得酩酊大醉才回来。他对这个长孙十分疼爱,而苏轼也恰恰继承了祖父性格中豪放的一面,并以此形成自己的风格,开创了文学史上豪放的一派。

然而,此时此刻,苏家人无论如何也想象不到这个小男孩无比绚丽的未来,也无法预计到他坎坷崎岖的一生,他们只是祈求上苍保佑孩子能够健康平安,但是当地人却不这么看。他们认为,眉山县附近的彭老山突然草木凋零,正是因为这个小男孩的诞生,他带走了这里的钟灵毓秀之气,直到六十多年后,苏轼在江苏常州去世,这些山川的钟灵毓秀之气才重新回来,彭老山的草木这才重放光彩。

这些富有传奇色彩的传说,给苏轼的出生抹上了一层神秘的气息。出现在世人脑海中的苏轼,也仿佛飘然若仙,极具神秘感。但事实上,苏轼的出生地蜀中(今四川省中部)确实是个人杰地灵的好地方,司马相如、陈子昂、李白等人都是在这里诞生的;大诗人杜甫在四川生活了八年之久,留下了无数辉煌的诗篇;初唐四杰、白居易等人也都有过在四川生活的经历。

到苏轼出生的年代,已经有很多蜀地士人越过蜀道,来到当时朝廷的政治中心,"相继登于朝,以文章功业闻于天下",蜀中崇尚读书的风气也日益浓厚。这些深厚的文化底蕴熏陶着少年的苏东坡,蜀中的美景与美食让他甘之若饴,他曾经这样深情地吟唱过这片美丽的土地:

> 吾家蜀江上,江水绿如蓝。——《东湖》
> 岂如吾蜀富冬蔬,霜叶露牙寒更苦。——《春菜》

有人曾说:"天下诗人皆入蜀",那么,苏轼无疑是有宋一代整个蜀中升起的最璀璨的一颗明星。他站在蜀中无数诗人、文人的肩膀上成长,集山川、河流的灵秀之气于一身。

二

> 寸恨谁云短,绵绵岂易裁。半年眉绿未曾开。明月好风闲处、是人猜。
> 春雨消残冻,温风到冷灰。尊前一曲为谁哉?留取曲终一拍、待君来。
> ——《南歌子·感旧》

这是苏轼爱情词中颇具婉约词风的一首,词中少女年方16,巧笑倩兮,美目盼兮。但不知是什么忧伤的事情,让她愁眉不展达半年之久呢?是心爱之人远游他乡?是意中人另有新欢?还是一腔情意得不到父母的首肯?

词中少女姓王名弗,是四川眉州青神人,年轻貌美,知书达理,而她之所以愁眉不展,是因为她与心上人情投意合,却得不到父母首肯。

青神位于岷江之滨,这里风景优美,山木葱翠,是个出美人的好地方。《蜀中名胜记》记载:"县之名胜,在乎三岩。三岩者,上岩、中岩、下岩也。今惟称中岩焉。"苏轼与王弗的爱情,就与青神中岩结下了不解之缘。

当时,青神中岩有座书院,由青神乡贡进士王方在此执教,他名气很大。苏洵经过好友的介绍,也将两个儿子送到这里读书。少年时代的苏轼接受的是家中严格的教育。苏轼曾在60岁时赋诗回忆:

> 夜梦嬉戏童子如,父师检责惊走书。
> 计功当毕春秋余,今乃沮及桓庄初。
> 坦然悸悟心不舒,起坐有如挂钩鱼。
> ——《夜梦》(节选)

60岁的老人做了一个关于童年时期的梦,梦里有严厉的父亲和贪玩的自己:父亲苏洵在出门前布置了一份作业,即读完《春秋左氏传》,但小苏轼调皮贪玩,等到父亲快回来的时候,他读了还不到1/3,由于担心被责罚,他的心中忐忑不安,浑身上下就像挂在鱼钩上的鱼一样不舒服。足以见得,父亲对儿子读书的严厉是深入其心的。

此时,苏轼在这种严格要求下,早已饱读群书,广泛涉猎先秦诸子百家学说、历史典籍、各朝诗文,小有才名。由于受到一些道人、隐士的影响,少年苏轼又显得有些早熟,他喜欢阅读诗书,对于道家隐逸山林、追求自由的做法很是向往。也就是从这个时候起,他还养成了留意医药、搜集良方的嗜好,而且坚定了"不欲婚宦"的决心,信誓旦旦要当道人。

苏轼的"道人梦想"最终还是没有实现,因为王弗出现了。

王弗是中岩书院教习王方的女儿,王家一百年来"孝著闾里",王弗从小便在"少相弟长,老相慈诲,肃雍无间"的环境中长大,是个知书达理、娴熟端方的女孩。我们可以从苏轼著名的悼亡词《江城子》中感受王弗少女时的美丽与羞怯,一句"小轩窗,正梳妆"就给人以无限美丽的遐想。

转眼间,王弗已经16岁了,已过了及笄之年,家中正在为她物色夫婿。但这个心高气傲的女孩似乎谁也看不上,总是不乐意。其实,她的心中早就有意中人了。刚认识不久的苏轼无疑在她的眼前展现了一个最瑰丽的少女梦,她的梦里有眉目炯炯的书生,有脉脉含情的纯真,还有难以启齿的羞涩……

中岩有一个天然鱼池,据说只要有人一拍手,鱼儿就会跳跃着游过来。有一天,王方心血来潮,想为这处美丽的风景命名,他邀请来远近的青年才子,让他们前来聚集,各自为这奇景取名。苏轼兄弟当然也在其中,他们不知道王方此次还有暗中择婿的意思。苏轼曾见过王家的女儿几面,但只留下一些淡淡的印象,少年壮志的他并未将这些儿女私情放在心上。

诸多青年才俊聚集在一池绿水前,纷纷提笔竞题,也是一件极为风雅之事,让人联想起《红楼梦》中"大观园试才题对额"的场景。然而,众人七嘴八舌地说了好多个名称,不是过雅,就是落俗,王方只是摇摇头,表示并不满意。这时,苏轼突然走过来,朗声说道:"弟子以为'唤鱼池'三个字最妙,不知您觉得如何?"

话音刚落,王方连连称妙,一些青年也纷纷鼓起掌来,对苏轼心服口服。苏轼正得意之时,只见躲在花窗后的王家女儿王弗也叫丫鬟送了题名来,众人打开一看,只见花笺上赫然写着三个娟秀的字:"唤鱼池"。众人在惊叹之余不禁感叹:"不谋而合,韵成双璧。"两人不约而同地对出"唤鱼池"后,王方便在内心中把苏轼认作自己的女婿。但此事怎好对一个年未弱冠的孩子说起呢?王方决定让两个孩子多多接触,让他们自己去培养感情。

就这样,一段"自由恋爱"的佳话诞生了。

苏轼素来心高气傲,虽与王家女儿见过几面,却并没有将她放在心上,直到此时两人不谋而合题出"唤鱼池"后,苏轼才开始留意起这个美丽的女孩来。不久,他就发现了这个女孩身上有无数吸引自己的优点:活泼可人,未语先笑,知书达理,才情不凡……更重要的是,王家女儿喜欢时常走出闺门,对外面世界的一切充满着憧憬与向往,大自然中的一草一木、一花一朵她都懂得珍惜与怜爱,这与苏轼珍重生命、热爱人生的性情极为相投,他感到王弗的身上有一种神秘的力量在吸引自己,并且正在慢慢敲开自己"不欲婚宦"的心扉!

苏轼开始主动去接触王弗。当时王弗16岁,苏轼19岁,正是情窦初开的年龄。情感的大门一旦被打开,他们就被初恋的美好拥抱了,苏轼彻底走出了对婚姻恐惧的阴影。他开始私下里与王弗见面,明月夜、松岗下,都是他们约会的好地方,到了最后,苏轼甚至一日见不到王弗便会思念她。"春雨消残冻,温风到冷灰。尊前一曲为谁哉?留取曲终一拍,待君来"正是二人初恋生活的写照,一对情投意合的小情侣在初春的冻雨里相约,等待的时光显得漫长而无奈,但一想到意中人美妙的歌喉,等待的人儿便沉浸在初恋的美好中,忘记了世界的存在。

从初恋到赢得父母的同意,这对小情侣大概经过了半年的时间。从门第来看,王家是无法与眉州苏家相提并论的,因此当苏轼将自己与王弗的爱情告诉父母时，苏洵和妻子都沉默不语。焦急的苏轼立刻表示，自己今生若想结婚，非王弗不娶，以求获得父母的同意。

看着曾经一心想学道隐身山林的儿子在感情上有了这样180度的大转弯，又联想到自己包办女儿八娘婚姻的失败，苏洵松口了，他与妻子商议，通过明媒正娶的方式，用重金将这个儿子看中的小家碧玉娶回家中。

苏轼的婚礼究竟如何热闹，羞怯的新娘又是怎样来到苏轼家中的，这一切随着文献的缺失只能停留在小说家的想象之中了。但无论如何，这场婚礼是热闹而隆重的。对于眉州苏家的长子来说，这种"小乔初嫁了，雄姿英发，羽扇纶巾"的人生是无限美好的，究竟怎样美好，也只有个中人才能体会了。

16岁的王弗作为新嫁娘来到苏家，其实只能算是个孩子，但她温柔贤淑，勤俭持家，孝敬公婆，为人处世极为周到，不久，她便赢得了苏家上上下下的称赞。温和慈爱的程夫人更是喜欢这个娇小贤惠的儿媳妇，婆媳二人相处得十分融洽。

在两人恋爱的时候，王弗并没有告诉苏轼自己擅长诗书，因为她性格沉静，不事张扬，在那个"女子无才便是德"的时代，作为进士之女的王弗显得十分谦虚。然而，在婚后的生活里，每当苏轼读书的时候，她常常站在旁边，终日陪伴不曾离去，这让苏轼十分好奇。有一天，苏轼读书有遗忘的地方，王弗竟然站在一旁提醒他。苏轼好奇之下，便故意考了考王弗书中的问题，没想到这些问题她都能答上来，这让苏轼不禁刮目相看。

有时候，苏轼与来访的客人交谈的时候，王弗还常常站在屏风之后倾听他们谈话。客人告辞后，她便会告诉苏轼她对某人性情为人的总结和看法。这些看法和总结无不言中，让苏轼十分惊奇，到此时他才明白，原来自己娶的这位小家碧玉是个不折不扣的才女啊。

第二节 ／ 出川赴京名天下

孤馆灯青，共客长安的少年，笔头千字，胸中万卷，优游卒岁，且斗尊前。
名利场的繁华犹如云烟，
有志者却追求那繁华中永恒的璀璨，天地万物尽在脚下。

不曾远游的人一般是不会感受到故乡的美好的，通常只有离乡的人才会思念故乡，想念家乡的一草一木，想念故园中的父老乡亲，想念儿时嬉戏过的堂前树下……大多数的人，会在怀乡的那一刻泪流满面，感慨不已。

苏轼人生中的第一次远游是在1056年，21岁的苏轼告别母亲与妻子，和父亲苏洵、弟弟苏辙一同前往京城汴梁，参加礼部秋试。

这个时候的苏轼是体会不到离愁的，尽管家中的母亲、妻子和乳母都在泪眼婆娑中表示着不舍与期望，但苏轼的心早已飞到了蜀道之外那个无比灿烂的世界，他憧憬着有一天能够功成名就，使整个世界为这个少年英才大吃一惊。

父子三人在家人的不舍中离开家乡眉山，选择陆路出川，径直北上。由于蜀道难，自古凶险，苏氏父子第一次出川，慎重地选了秦汉以来巴蜀通往关中的这条战略要道。苏轼父子之所以这样选择，有三个原因：一是因为这条蜀道古已有之，相对而言，驿站方便；二是因为苏轼的伯父苏涣曾经在阆中担任过"通判"和"领州事"，父子三人此行正好顺道前去造访；三是作为当朝名门望族的"陈氏三状元"(即陈尧叟、陈尧佐、陈尧咨),此时已声名远播,他们的家乡位于四川南充市新井县大桥镇,作为蜀中读书人又怎能不慕名前往,亲临故迹,凭吊励志呢?

经过两天时间,父子三人到达了益州(今四川成都)。稍作休息之后,苏洵立刻安排兄弟俩前去拜见西川节度使张安道。此人是苏洵的老熟人,苏洵从前多方游历时,与其交情不浅。张安道早就听说过苏轼兄弟的才学,当他得知兄弟两人要进京参加朝廷秋试时,心中非常高兴,立刻在家中接见了这父子三人。

张安道见苏轼兄弟彬彬有礼,又生得浓眉大眼,相貌不俗,连忙称赞"后生可畏"。在苏洵的请求下,张安道当时就磨墨铺纸,给在朝中的旧友欧阳修等人写了几封荐书,为兄弟二人铺平道路。

荐书写好后,张安道将其交给苏轼父子。但等这父子三人离开后,他又陷入了沉思之中,后悔自己写得太过鲁莽,还没有试过兄弟两人的真才实学,怎么可以就这样贸然写荐书呢?万一苏轼兄弟徒有其表,腹中空空,岂不是要败坏自己的名声吗?尽管自己曾经见到兄弟俩去年写的"正统三论",文章确也有贾谊、陆贽之风,可是焉知这两篇文章不是旁人代笔呢?思来想去,张安道决定第二天邀请父子三人到家中聚会,亲自出题试验一番。

第二天,苏轼父子如约而至。一番寒暄之后,张安道便给兄弟二人出了六道题,让二人依题作文。张安道进士出身,颇有才学,所出的题目自然比较深奥。年纪较大的苏轼读书较多,一看便能心领神会,年纪较小的苏辙便觉得有些疑惑不解,脸上露出为难之色。

苏轼正在答题,突然抬头一看,只见弟弟手指一道题,望着自己,脸上露出愁容。苏轼心领神会,知道弟弟碰上难题了,他有心帮弟弟一把。但是当着张安道的面怎么好作弊呢?他突然急中生智,也不说话,故意拿毛笔杆倒敲桌子,做出正在思索的样子。聪明的苏辙一下子就明白了哥哥的意思:毛笔不是用竹管做的吗?这道题一定出自《管子》!苏辙非常高兴,立刻低下头写了起来。

可过了不久,又有一道题目令苏辙有些不解了,他只好再次用询问的眼神望着哥哥。苏轼趁张安道不注意，用笔在空中向自己勾了一下，苏辙当场就明白了：这是一个自撰的题目。他连忙整理思路，按照自己的想法开始答题。

交卷后，张安道仔细审阅了兄弟二人的文章，终于确定兄弟二人并非庸才。他高兴地对苏洵说："恭喜老先生，您的这两位令郎都是可塑之才呀！哥哥精明敏捷，必然一举成名；弟弟谨慎缄默，定成栋梁之材！"苏洵听后，心中虽然高兴，但并没有表露出来，而是谦虚地表示感谢。

离开成都后，父子三人来到了阆中。阆中是蜀地的交通要道，是著名的风景古城，历史悠久，曾被人称为"阆苑仙境"。来过这里的文人墨客很多，唐代著名诗人杜甫就曾两次赴阆中，为阆中独特的山水风光写下不少诗文，阆中也成为杜甫一生留下诗文最多的地方。此外，宋一代的文同、李献卿、司马光等人都先后到过阆中，并留下宝贵的诗、词、书、文和一些传奇佳话。

文同还在他的作品中说："古时入蜀到成都，避剑阁之险者，往往自朝天驿舍陆觅舟至阆中，复舍舟而陆，西行通达，谓南路。"此时，苏轼父子走的正是这一条路。

由于当时苏轼的伯父苏涣在阆中为官，所以三人在阆中有过一段时间的停留。兄弟子侄相聚一堂，对于年轻人来说不算什么，但对于年纪较大的人来说，无论出于兄弟情，还是叔侄情，能够在异地他乡见到自己的亲人，这让他们激动不已。

不过，在风景优美、文人墨客题诗最多的阆中，苏轼兄弟并没有留下诗篇，这让后人觉得难以理解。但事实上，苏轼兄弟在此地应该不会没有诗作，而是由于后人搜集并整理苏轼、苏辙兄弟留传后世的诗作均起始于嘉祐四年，即1059年，此前的作品没有收录，也不知去向。

虽然苏轼兄弟关于阆中的诗作流传甚少，但不等于他们没有留下佳作。苏辙就曾经有一首《寄题蒲传正学士阆中藏书阁》，展现出他对阆中记忆的真实描绘：

朱栏碧瓦照山隈，竹简牙签次第开。

读破文章随意得,学成富贵逼身来。

诗书教子真田宅,金玉传家定粪灰。

更把遗编观得失,君家旧物岂须猜。

(按:蒲宗孟,字传正,阆州新井人,进士出身,曾官任翰林学士,《宋史》有传。)

拜别伯父后,苏轼父子过阆中,翻米仓山,出褒斜谷,发横渠镇,入凤翔驿,途次长安,出潼关,过渑池,最终于同年五月抵达东京汴梁(今河南开封)。兄弟二人根本来不及领略京城的旖旎风光,便在父亲的督促下投入到了紧张的复习备考之中。

由于北宋时期的三级阶梯科举模式为"发解试(后称乡试)——省试——殿试"的模式,而苏轼、苏辙还没有在家乡经过乡试,所以他们必须在此地先参加举人考试。

八月,苏轼与苏辙顺利地通过了开封府举行的乡试考试。按照宋朝的规定,接下来他们还要经过中央礼部(负责礼仪、祭享、贡举等事)的考试和皇帝的"殿试"。所以,兄弟俩丝毫不敢松懈,继续闭门攻读。

时间过得很快,北宋嘉祐二年(1057年)正月,由礼部主持的省试便正式开始了。

春未老,风细柳斜斜。试上超然台上看,半壕春水一城花。烟雨暗千家。

寒食后,酒醒却咨嗟。休对故人思故国,且将新火试新茶。诗酒趁年华。

——《望江南·超然台作》

这是苏轼在密州时的作品。所谓"超然台"，对于苏轼来说别有一番滋味。就像词中所展现的意境一样，虽然暮春时节有万千愁绪和万种无奈，但酒醒后一切都变得豁然开朗，人生的浮沉辗转、喜怒哀乐，在胸怀博大、荣辱不惊的诗人面前变得那么平常，只要趁着年华还未老去，可以在诗酒的快意中度过一生。

这是历尽人生悲欢离合后的苏轼所发出的人生感叹，然而，对于少年时候的苏轼来说，一切还太过遥远，他还没有享受人生的成功，还没有来得及细细品味功成名就、天下闻名后的滋味。

不过，很快这个生命的制高点就将来临，而登上这个制高点，苏轼凭借的是一篇《刑赏忠厚之至论》：

> 尧、舜、禹、汤、文、武、成、康之际，何其爱民之深，忧民之切，而待天下以君子长者之道也。有一善，从而赏之，又从而咏歌嗟叹之，所以乐其始而勉其终。有一不善，从而罚之，又从而哀矜惩创之，所以弃其旧而开其新。故其吁俞之声，欢忻惨戚，见于虞、夏、商、周之书。成、康既没，穆王立，而周道始衰，然犹命其臣吕侯，而告之以祥刑。其言忧而不伤，威而不怒，慈爱而能断，恻然有哀怜无辜之心，故孔子犹有取焉。

——《刑赏忠厚之至论》节选

这是苏轼比较著名的政论文，也是苏轼21岁考中进士的试卷文字。习惯于白话文的后人或许很难从这些晦涩难懂的文字中感受到苏轼的才华横溢，但在当时，苏轼却凭借这一篇文章，几乎征服了所有的考官。

《刑赏忠厚之至论》的题目出自《尚书·大禹谟》伪孔安国的注文："刑疑付轻，赏疑从众，忠厚之至。"意思是刑法有疑问，应当从轻；赏赐有疑问，应该从众，这就算忠厚的极致了。作为那个时候的读书人，一看就明白，主考官出这个题目，无非是希望考生在文章中议论儒家施仁政、行王道、推崇尧舜周孔等做法。要想写出新意，还得在紧扣题目、谋篇布局以及引用古代圣经贤传与论据紧密结合等方面下功夫。如果能够做到文笔酣畅，说理透辟，就能够引起考官的注意，写出一篇成功的文章的。

苏轼一拿到题目后，立即胸有成竹。他用六百余字，通过引用大量的典故，阐述了以仁治国的理想，提出为政者应该"以君子长者之道待天下"，同时应该做到赏罚分明、立法严而责人宽，而且无论赏罚，都应该本着"爱民之深、忧民之切"的仁厚之心，从而使整个天下达到"相率而归于君子长者之道"的境界，这样才能做到忠厚之至。

很快，这篇文章就到了阅卷老师梅尧臣的手中。

梅尧臣是北宋著名诗人，赐同进士出身，授国子监直讲，官至尚书都官员外郎，经主考官欧阳修推荐，担任此次科考的阅卷老师。梅尧臣读完此文后，十分惊喜，感慨叹息良久，大呼此文有"孟轲之风"。孟子乃读书人眼中仅次于孔子的大儒，将苏轼的文章比作孟子之文，可见梅尧臣对苏轼文章的评价之高，他决定将这篇文章推荐给欧阳修。

欧阳修是当时文坛的领军人物，他一口气读完此文后，觉得这篇文章一洗五代宋初以来的浮靡艰涩之风，引古喻今，说理透彻而精辟，既阐发了传统的儒家仁爱思想，又不乏作者本人独到的思考和见解，笔力稳健，质朴自然，仿佛出自大家之手，让人击节叹服。因此，当梅尧臣询问欧阳修此文如何时，欧阳修想都没想地回答道："此文当评第一。"

但因欧阳修误以为此篇是其弟子曾巩之作，为避嫌而降其名次，反而阴差阳错让苏轼只位列第二。礼部复试的时候，苏轼在回答《春秋》的问题时获得了第一名，他大获欧阳修等人的赏识，并获得欧阳修的举荐。

二十岁出头便"一举成名天下知"，少年才俊，引得天下无数人羡慕，苏轼兄弟自称为"中朝第一人"并不为过。

及至北宋嘉祐二年（1057年）三月，苏轼与弟弟苏辙以及所有礼部考试合格者正式参加殿试。这次考试由仁宗皇帝亲临崇政殿主持策问。在这场考试中，苏轼兄弟同科进士及第。当时，同榜的第一名状元是来自建安的章衡，与苏轼同榜的进士还有曾巩、章敦、张璪、张师道、邓文约等。

在这场考试中，才华横溢、容貌不俗的苏氏兄弟给仁宗皇帝留下了非常深刻的印象，他对二人十分赏识。殿试结束后，他还高兴地回到皇宫对皇后说了这样一句话："我今天为子孙得了两个太平宰相啊！"

苏轼是幸运的，他这匹千里马终于遇上了能赏识自己的伯乐。在那个时代，能够像苏氏兄弟这样年轻有为、一帆风顺的幸运者实在太少了。由于欧阳修的赏识，苏轼理所当然地成了欧阳修的门生。在欧阳修的引荐下，苏轼先后拜见了当时的宰相文彦博、富弼，还有枢密使（掌管军务的大臣）韩琦等。苏轼幼时曾经背诵过《庆历圣德颂》，对这些英杰仰慕已久，而这些朝廷重臣见到苏轼的时候，都纷纷以礼相待，对他大加赞许。

苏轼父子一时间名满天下。

第三节 / 生死相隔两茫茫

"一年好景君须记,最是橙黄橘绿时"。
在多彩的青春季节,你却要经受那么多的苦难,
生的喜悦和悲哀,从来都是那么的刻骨铭心。

人生到处知何似?应似飞鸿踏雪泥。
泥上偶然留指爪,鸿飞那复计东西。
老僧已死成新塔,坏壁无由见旧题。
往日崎岖还记否,路长人困蹇驴嘶。
(苏轼自注:往日马死于二陵,骑驴至渑池。)

——《和子由渑池怀旧》

这首诗创作于北宋嘉祐六年(1061年)。初入仕途的苏轼赴任陕西,路过渑池,弟弟苏辙前来相送,手足之情,依依难舍,苏轼写下了这首和诗。

苏辙的原诗是这样的:"相携话别郑原上,共道长途怕雪泥。归骑还寻大梁陌,行人已度古崤西。曾为县吏民知否?旧宿僧房壁共题。遥想独游佳味少,无言骓马但鸣嘶。"

苏辙所写的是一首怀旧诗。当年,兄弟二人前往京城应试时,曾经到过

渑池，并且来到寺中拜访僧人，在墙上题诗，正如诗中所说"曾为县吏民知否？旧宿僧房壁共题"。如今故地重游，一切都发生了改变——"老僧已死成新塔，坏壁无由见旧题"。人生如梦，充满了变换，不仅生活行无定踪，连整个人生也充满了不可知性与不确定性，就像鸿雁从雪上飞过，偶尔一驻足，才能留下一点印记，可是当鸿飞雪化之后，一切却又不存在了。冥冥之中，有什么是不变的呢？苏轼在思索着，他想起了崤山道上骑着蹇驴崎岖前行的村民们：不经历这些人生的坎坷与艰难困苦，又哪里能迎来前路的一马平川呢？

北宋嘉祐二年（1057年），就在苏轼的仕途即将开始的时候，旅居京城的苏氏父子三人突然接到了来自家乡的噩耗：他的母亲程夫人已于当年四月初八病逝于家中，临终之时，她甚至不知道自己的一双儿子已经在京城高中进士。当时已经是五月底，父子三人日夜兼程赶回家中，看到的不是往日的其乐融融，而是"屋庐倒坏，篱落破漏，如逃亡人家"（苏洵《与欧阳内翰第三书》）的满目疮痍，更是让人悲从中来。原来，生与死最是让人难以把握。

在家乡度过了长达两年多的守孝期后，回京复职的苏轼被任命为河南府福昌县（今河南宜阳县西）主簿，苏辙也被任命为河南府渑池县（今河南渑池县）主簿。对于苏轼兄弟来说，担任这个办理文书等事务的九品官并不足以施展报国志，于是兄弟俩都辞不赴任，等待明年举行的制科考试。

所谓"制科考试"，是由皇帝特别下诏并亲自主持、为选拔非常人才而特设的一种考试。它不同于三年一次的科考，应试者必须经过大臣举荐，先由六名考官在秘阁（负责收藏中央各文史机构的珍本书籍及书画）举行"秘阁试"，只有成绩合格的人才能参加御试。"制科考试"要求严格，录取人数较少。南北两宋时期的制科考试一共举行了22次，但成绩合格者总共才41人。所以，制科考试出身，会比进士及第更为荣耀。未想，兄弟二人竟一举中第。

北宋嘉祐六年（1061年）八月，苏轼以"贤良方正能直言极谏科"考入第三等，苏辙考入第四等（由于前两等基本形同虚设，所以第三等也就是最高等）。苏轼被授予大理评事、签书凤翔府（治所在今陕西凤翔）签判的官职；苏辙被任为商州（治所在今陕西商县）推官（掌管审案）。二者都属于正八品官职。

然而，由于苏辙在《御试制科策》中尖锐地抨击宋仁宗，瞬间在朝廷引起轩然大波。考虑到父亲苏洵奉命在京修书，苏辙便自请留京侍奉，苏轼则独自一人，怀着"致君尧舜上，再使风俗淳"的理想踏上了前往陕西的仕途。

苏轼出发的时候，正值寒冬腊月、大雪纷飞的时候，苏辙赶来相送。这是兄弟俩第一次分别，想起数年来兄弟二人形影不离，如今却即将山水分隔，天各一方，两人心中不禁感慨万千。两人在郑州西门外话别，望着弟弟远去的身影，苏轼内心百感交集，他只能用诗句来表达当时的心情，于是就有了这首《辛丑十一月十九日既与子由别于郑州西门之外马上赋诗一篇寄之》：

> 不饮胡为醉兀兀，此心已逐归鞍发。
> 归人犹自念庭帏，今我何以慰寂寞。
> 登高回首坡垅隔，但见乌帽出复没。
> 苦寒念尔衣裘薄，独骑瘦马踏残月。
> 路人行歌居人乐，童仆怪我苦凄恻。
> 亦知人生要有别，但恐岁月去飘忽。
> 寒灯相对记畴昔，夜雨何时听萧瑟？
> 君知此意不可忘，慎勿苦爱高官职。

陕西凤翔任所，距离京城1170里，是一座边防重镇。但是，苏轼沿途所见到的景象，却无法让他开心起来。数年前与西夏的战争给百姓带来的伤害到现在都没有结束，一路景色破败，百姓食不果腹，寒冬腊月，许多贫民身上却还穿着单衣。

苏轼看在眼里，痛在心里，他希望通过自己的力量做出一些改变。于是，苏轼从走马上任开始，便逐步进行了一系列造福百姓的民生工程。

所谓凤翔府签判，其实就是凤翔知府的助理官员，其主要职责有：与太守共同处理日常政务，同时签署公文上传下达。此外，还要负责运送政府所需的物资，"编木筏竹，东下河渭"，即将当地砍伐的竹木顺着渭河、黄河漂到京城，同时将各种军需物资沿着河流运到前线。

苏轼到凤翔所做的第一件事，就是修订当时的衙规，按照时令编木筏竹，减少木筏水运给老百姓带来的沉重负担，从而使得"衙前之害减半"。

苏轼到凤翔所做的最大一件事，同时也是造福后代的大事，就是倡导当地官民疏浚扩池，从而引城西北凤凰泉水注入，并在湖中种莲，在湖边植柳，建亭修桥。这一池秀水养育着世世代代的凤翔人，并且因为苏轼在此留下许多传唱千古的文章和诗词，东湖也成为凤翔当地的文脉之所在，凤翔众多后代饱学宿儒之士，无一不受苏轼的影响，都读过他的精彩文章。

此外，苏轼深谙民生疾苦，他曾上书当时担任三司使的蔡襄，要求酌情减免凤翔当地老百姓的税收。在他看来，凤翔一带的老百姓刚刚经历战乱不久，急需休养生息，如果政府一味逼迫百姓上缴各种租税，最终只能逼得他们家破人亡、民不聊生。因此，他建议朝廷出台各种利民政策，减少老百姓的负担。他还主张将茶、酒、盐等生活必需品由老百姓自主经营，这样就可以限制官府垄断价格，从而减轻老百姓的负担。

苏轼到凤翔的第二年，正好碰上凤翔久旱不雨，当地旱情严重，禾苗枯焦，老百姓叫苦连天。心系百姓的苏轼便和凤翔民众一起前往太白山求雨，他们求神祈祷，祈求老天爷怜悯苍生，普降甘霖，解除大旱。与此同时，苏轼还在公堂北面的东湖中建造了一座亭子，作为休息之所。祈雨的活动进行了很久，雨却一直没有下，直到有一天，苏轼的亭子建成，突然听到雷声轰鸣，只见满天乌云密布，一场大雨倾盆而下，干旱解除，凤翔百姓齐声感谢天地。苏轼因此写了一篇文记叙此事，这篇文章即后世著名的《喜雨亭记》。

> 亭以雨名，志喜也。古者有喜，则以名物，示不忘也。周公得禾，以名其书；汉武得鼎，以名其年；叔孙胜敌，以名其子。其喜之大小不齐，其示不忘一也。
>
> 余至扶风之明年，始治官舍。为亭于堂之北，而凿池其南，引流种木，

以为休息之所。是岁之春，雨麦于岐山之阳，其占为有年。既而弥月不雨，民方以为忧。越三月，乙卯乃雨，甲子又雨，民以为未足。丁卯大雨，三日乃止。官吏相与庆于庭，商贾相与歌于市，农夫相与忭于野，忧者以喜，病者以愈，而吾亭适成。

——《喜雨亭记》节选

年轻的苏轼虽然踌躇满志，但他的仕途也并非一帆风顺，很快，他就遇上了仕途中的第一道难题——陈希亮。

陈希亮字公弼，北宋嘉祐八年（1063年）正月由京东转运史调任凤翔太守，这一年是苏轼到达凤翔的第三个年头。此人身材不高，又黑又瘦，但目光澄澈，为人刚直，常常当面指责别人的过错，丝毫不留情面。据说当时的官员们在一起游乐，只要听说陈希亮来了，满座的欢声笑语就会立刻消失，大家都不由自主地严肃起来。这样一个刚正严苛的人，对待下属是极为严厉。

凑巧的是，陈希亮也是眉山人，与苏轼为同乡，比苏轼大30多岁，是苏轼的长辈，但是对于这个同乡兼小辈的下属，陈希亮没有丝毫通融，见面不久就给了他一个下马威。

由于苏轼是制科考试出身，而且以"贤良方正能直言极谏科"考入第三等，所以当地官员无论是太守，还是府吏，都尊称他为"苏贤良"。陈希亮上任后，有一次听人这么称呼苏轼，便很不以为然地训斥道："一个小小的签判，官衔都没有坐热，有什么贤良的？"并将此人打了几大板，弄得苏轼下不了台。

陈希亮经常对苏轼起草的文章圈圈点点，甚至毫不客气地涂抹删改令苏轼气愤不已。苏轼以文名天下，连文坛领袖欧阳修、文章圣手梅尧臣都对他的文章推崇不已，陈希亮却偏偏对他起草的公文很是挑剔，这让少年成名、以才气自负的苏轼根本无法接受。

为了表示心中的郁闷和不满，苏轼便写诗讽刺陈希亮摆官架子，说他接见同僚的时候在座位上打瞌睡——"谒入不得去，兀坐如枯株，岂惟主忘客，今我亦忘吾。同僚不解事，愠色见髯须，虽无性命忧，且复忍须臾。"

这一天正是七月十五中元节，苏轼由于心中郁闷，没有参加官府的例会，也不去知府厅堂拜会。没想到陈希亮竟然抓住这一点弹劾苏轼，最后苏轼被罚俸。

苏轼心高气傲，正巧此时陈希亮在官府后园中造了一座凌虚台，以便远望终南山。凌虚台建好后，他邀请苏轼写一篇文章作为纪念，苏轼抓住了这个机会，在文章中揶揄陈希亮：

国于南山之下，宜若起居饮食与山接也。四方之山，莫高于终南，而都邑之丽山者，莫近于扶风。以至近求最高，其势必得。而太守之居，未尝知有山焉。虽非事之所以损益，而物理有不当然者。此凌虚之所为筑也。

……

苏轼将此文呈给陈希亮时，满以为他会勃然大怒，然后将自己的文章大肆删改，没想到陈希亮看完之后，竟没有改动一个字，而且笑着说："吾视苏明允，犹子也；苏轼，犹孙子也。平日故不以辞色假之者，以其年少暴得大名，惧夫满而不胜也，乃不吾乐耶！"

这句话的意思是说：我把苏洵当成我的儿子，那么苏轼也就是我的孙子了。我之所以对这个孙辈平日里十分严厉，实在是因为担心他少年成名，骄傲自满，因此把握不住自己，所以我故意不给他好脸色看，甚至故意挫伤他的锐气，没想到这个孩子居然当真了，还满肚子不高兴呢！

为了让苏轼明白自己的一番苦心，他命人将《凌虚台记》一字不漏地刻在凌虚台的石碑上，对于苏轼在文章中的讥讽，他只字不提，慨然接受。

可以说，陈希亮算得上苏轼人生道路上一个不可多得的导师。与欧阳修的奖掖后进、大肆提拔不同，陈希亮对苏轼的影响，是在他志得意满的时候及时泼上一杯冷水，让他能回过头来看看自己走过的道路，让他时时清醒、时时提防。这一番苦心，苏轼很快就明白了。

多年以后，当苏轼回忆起在凤翔与陈希亮相处的往事时，他这样写道："公于轼之先君子为丈人行（长辈），而轼官于凤翔，实从公二年。方是时年少气盛，愚不更事，屡与公争议，形于言色，已而悔之。"意思是，我在凤翔做官的时候，由于年轻气盛，不太懂事，常常与陈太守发生争执，有时候还怒形于色，现在想来，我真是后悔。

后来，苏轼不仅与陈希亮的儿子陈慥（字季常）结成了好友，还在陈希亮去世后应陈慥之请撰写了《陈公弼传》，以上一段追悔的文字，便出自这篇传记。

二

宋英宗治平二年（1065年），苏轼在凤翔任职三年多后，被朝廷解除官职，回到朝中，被任命为登闻院（受理官民建议或申诉的机构）殿中臣（管理官廷事务的殿中省的官员）。

此时，宋仁宗已经驾崩，宋英宗赵曙继位，他久闻苏轼大名，想破格将其召入翰林院，委以重任，让他担任替皇帝起草诏书或修起居注的官职，也就是担任皇帝的机要秘书，参与朝政。如果苏轼真能胜任，那么未来的宰相也非他莫属，因为宋代历届的宰相很多都是从这一职位上擢升的。然而，这一想法遭到了当朝宰相韩琦的反对，他认为苏轼虽然才华横溢，不可多得，但是他年纪轻、资历浅，若贸然擢升，不能让大多数臣子心服口服，还是将他放在较低的位置上，历练一番，这样逐步提升，才能水到渠成。

就这样，苏轼于宋英宗治平二年正月带着爱妻王弗回到了京都，这一年苏轼30岁，王弗27岁。

按照韩琦的想法，苏轼经过了当时的馆阁考试，来到史馆任职。作为史官，虽然没有实权，却能跻身于上流社会，受到世人的尊重。对于苏轼来说，这是最清闲不过的职位，而且他在任职的同时还得以饱览宫中历代珍本图书和名人字画，苏轼乐在其中。

然而，好景不长。许是"恩爱夫妻不到头"，抑或是上苍也妒忌这一对神仙眷侣，同年五月二十八日，苏轼的爱妻王弗突然身患重病而亡。

英年丧妻，突如其来，苏轼悲痛不已。回想他与妻子度过的十年岁月，从眉州到京城，从京城到凤翔，从凤翔到京城，生活中的点点滴滴、妻子的一颦一笑像流水般从眼前淌过。

那一年，她才16岁，还是一个羞怯的闺中少女，笑语盈盈地站在青神的鲤鱼池边，眉目间脉脉含情，秋波流转，转动着少女的情思和初恋的生涩；那一年，她成为新妇，满脸娇羞，楚楚动人，面对苏家的大大小小，她用勤快、温柔和谨言慎行征服了所有的人，赢得了全家上下的喜爱；那一年，他们还没有儿子，只是一对初尝人间情爱的儿女，她默默无言，常常手拿针线活静静地坐在他的身旁，陪他读书，听他吟诗，在烛光昏暗的时候剪去烛心，在他感到疲惫的时候亲手送上一杯热茶；那一年，她跟随丈夫游宦凤翔，身边没有其他亲人，只有夫妻二人与小儿相依为命，但她相夫教子，生活过得惬意而自由。

她深知丈夫性格爽直，心无城府，因而时时细心地留意他在外与人交往时的一言一行。每当苏轼从外面回来，她总要细心地询问，唯恐他说错了话，做错了事，从而吃亏上当。她时常这样提醒苏轼说："你离父亲远了，凡事没有人指点，不可不慎重。"

时间长了，她已经和丈夫达成了默契。苏轼的人生有了她的提醒和指点，或许会走得平坦许多，然而，这一切却在突然之间变成了回忆。

由于暂时无法返乡，苏轼只能将妻子灵柩寄托在京城的西郊。他的父亲对他说："儿媳跟了你，却无法享受你的成就，你将来应该将她葬在你母亲的身旁。"苏轼将父亲的话记在了心上。

时光荏苒，刚刚忙完妻子的葬礼，苏轼在史馆已经待了差不多一年的时间了。第二年，即北宋宋英宗治平三年（1066年）四月，苏轼的父亲苏洵也去世了，享年58岁。此时，苏洵已经编完《太常因革礼》，但他独自撰写的《易传》还没有完成，只能带着遗憾离开人间。临终前，苏洵将尚未完稿的《易传》

托付给两个儿子，希望他们将其续写成书。苏轼、苏辙跪在父亲的病榻前接受了这一遗愿。后来，苏轼终其一生都在完成父亲临终前交代的这一任务，一直到他被贬谪到海南岛以后，他才完成这部著作。这部由苏氏父子共同完成的《易传》也成为中国易经研究史上的名篇。

苏洵死后被追赠光禄寺丞。苏轼、苏辙立刻辞官回乡，宋英宗特命官府安排船只护送苏洵及苏轼夫人王弗的灵柩回乡。欧阳修、韩琦等老臣都派人前来安慰兄弟二人。

同年五月，苏轼、苏辙带着灵柩走安徽水路，沿长江上行回家。由于是逆行，兄弟二人走得很慢，直到第二年四月才回到家乡。他们安葬好父亲，并为父亲修了一座庙，庙中放置着父亲的画像和菩萨像。

此外，苏轼还亲自为妻子写了墓志铭——《亡妻王氏墓志铭》。在此文中，苏轼称夫人为"君"，体现出夫妻恩爱与相互敬重的情感。他回忆了妻子在苏家孝敬公婆、陪伴自己的种种事迹，称赞她"恭谨肃恪"，并将夫妻二人生活中的甜蜜细节展现得淋漓尽致。在文中，苏轼哀叹道："呜呼哀哉！余永无所依怙。君虽殁，其有与为妇何伤乎。呜呼哀哉！"意思是，你死后，我将孤苦一人，没有人陪伴，这是一件多么悲伤的事情啊！

> 十年生死两茫茫，不思量，自难忘。千里孤坟，无处话凄凉。纵使相逢应不识，尘满面，鬓如霜。
>
> 夜来幽梦忽还乡，小轩窗，正梳妆。相顾无言，惟有泪千行。料得年年断肠处，明月夜，短松冈。
>
> ——《江城子·乙卯正月二十日夜记梦》

十年后，当苏轼提笔写下这首著名的悼亡词时，此时，他已经过了不惑之年，而且也续娶了妻子。他的第二任妻子是王弗的堂妹王闰之，虽不及堂姐聪明能干，但她温柔随和，心地善良，堪为苏轼的佳侣。然而，爱妻王弗的一颦一笑，始终没有从苏轼的脑海中抹去，时间越长，他对她的思念反而更加强烈了。

  这一年，苏轼正在密州（今山东诸城）任知州，一个寂静的夜晚，他做了一个梦。梦中，他回到了故乡眉州。在苏家那颇具情致的庭院里，他邂逅了亡妻王弗，依旧是那个清秀的身影，她倚在小轩窗下，静静地梳妆打扮。一听到人的脚步，便连忙回过头来，看着苏轼，满眼是泪，却是相对无言，仿佛时光在静静地流淌，又仿佛这十年间他们从未分离。

  伊人倏忽不见，苏轼从梦中惊醒，只见泪湿枕头，梦境不再。他感慨万千，想起十年前的往事，想起十年来的人生，心中无限思念与感叹。他提起笔，就这样在灯下用笔墨娓娓诉说着自己的心情和梦境，抒发着自己对王弗的脉脉深情。

第四节 / 拳拳之心反新法

"人生识字忧患始""开卷惝悦令人愁"。

汇入政治的洪流,面对社会变革,孰能熟视无睹?

每个有正气的人,为了天下苍生总会踊跃一试,苏轼也不例外。

暮云收尽溢清寒,银汉无声转玉盘。
此生此夜不长好,明月明年何处看?

——《中秋月》

夜幕降临,云开雾散,寒气浸淫,银河流泻无声,玉盘似的月亮转动到了天幕中。这是何等难得的中秋美景啊!可是,此情此景、此生此夜却不能长久,人生如白驹过隙,欢乐的时光亦如白驹过隙,稍纵即逝。明年的中秋,我又会出现在何地,与何人共同观看这美丽的月色呢?

苏轼平生描写月色的作品,有一诗一词一文,诗即上述《中秋月》,词即《水调歌头·明月几时有》,文即《前赤壁赋》。

然而,在这几首作品中,作者从未触及过"人月团圆"的喜悦,而是充满了离愁别绪与思念之情,即使这首《中秋月》记述的是苏轼与胞弟苏辙久别重逢,共赏中秋月的赏心乐事,但读者感受到更多的是聚后不久又得分别的哀伤与感慨。明年的中秋夜，即使有这般美妙的月色，但自己还能兄弟团圆，二人携手共看月色吗？"此生此夜"与"明月明年"叠字唱答，"不长好"与"何处看"以一否定一疑问唱答，读者瞬间感受到了悠悠不尽的情韵。

1068年，当苏轼守丧期满，第三次经过蜀道前往京师时，岁月更换，已经是宋神宗赵顼即位的熙宁元年了。宋英宗皇帝虽然赏识苏轼，但无奈命短，皇位没坐多久，便撒手人寰了。在京城内，一场暴风雨式的改革即将到来。

此时，苏轼对这一切尚未可知，他在乡亲们热情洋溢的祝福声中踏上了征程，他不会想到，此一去就是天涯海角，从此他再也没有机会回到故乡，注定要在天南海北的漂泊中度过自己的一生。

当时北宋的社会现状，用一个词来概括就是"积贫积弱"，亟待革除弊政。宋神宗少年壮志，且极为欣赏王安石在《上仁宗皇帝言事书》中阐述的理财治国思想，二人多次商谈后一拍即合，一场轰轰烈烈的变法革新运动就此拉开序幕。

这场改革的具体内容可分为理财和整顿军务两方面。前者有青苗法、免役法、均输法、市易法、方田均税法、农田水利法等内容；后者有减兵并营、将兵法、保马法、保甲法等内容。这两项内容非常具有针对性，理财是为了"富国"，针对的是北宋"积贫"的现实；整顿军务是为了"强兵"，针对的是北宋"积弱"的现状。

此时，苏氏兄弟已经回朝复职。苏轼恢复殿中丞、直史馆的职衔，差判官诰院（负责颁发官吏授官凭证的机构），而苏辙则担任制置三司条例司的属官，但是面对朝政的巨变，苏轼显得有些困惑。

这种困惑来自他的父亲苏洵。早在变法还没有开始的时候，苏洵对于王安石这个颇具个性的"怪人"，似乎就不太喜欢，甚至写了一篇《辨奸论》，以此来讥讽他：

> 事有必至，理有固然。惟天下之静者，乃能见微而知著。月晕而风，础润而雨，人人知之。人事之推移，理势之相因，其疏阔而难知，变化

而不可测者,孰与天地阴阳之事。而贤者有不知,其故何也?好恶乱其中,而利害夺其外也!

——《辨奸论》节选

此文虽然没有指名道姓,但字里行间直指王安石。他说,现在有个人,口里说着孔子、老子等圣贤们的话,亲身实践着伯夷、叔齐的行为,招纳一些沽名钓誉之士和郁郁不得志的人,共同制造舆论、自我标榜,认为自己是颜渊再世、孟轲复生,实际上却居心叵测,甚至预言这种人会成为天下人的祸害。

苏洵如此厌恶和诋毁王安石,或许有属于他自己的理由,或许他与王安石之间有着不可调和的误会,亦或许他被偏见蒙蔽了双眼。苏氏兄弟对父亲的这些言论不置可否,但素知父亲与王安石不和,当年苏洵以文章名动京师,王安石却没有一言褒奖,而王安石的母亲去世,朝中大臣纷纷前去吊唁,只有苏洵置之不理。

然而,除此之外,对于王安石的一些言行,苏轼却看在眼里,不满在心中。他虽然从不怀疑王安石的人品,但对于他的一些做法,苏轼早就存在不同的意见,这种意见一旦扩大,便成了不同的政见而互相敌对。

变法的序幕一拉开,朝廷便自然地分为了两派:一派以王安石为首,力争变法革新;一派以司马光为首,反对新政。改革派认为应该用暴风骤雨式的改革革除当时的社会弊端,使宋代社会快速富强起来;反对派则认为应该循序渐进,不宜操之过急。两派之间势如水火,展开了激烈的争论。

就在北宋熙宁二年(1069年)五月,王安石准备改革科举,取消诗赋明经诸科,以经义论策考试进士,同时兴办学校,逐步实现以学校代替科举。针对这一具有现代精神的改革制度,宋神宗表示非常疑惑,他召来馆阁学士,讨论这一改革方案。

还朝不久后,苏轼立即写了《议学校贡举状》一文反对这种制度。他在文章中指出,历代皇帝用诗赋考试,考取的士子中后来成为名臣的不可胜数,又何必一定要废除呢?在他看来,建立学校以取代科举,此举劳民伤财,只能给老百姓带来苦楚,而并无益处。

苏轼的文章层层深入,论辩滔滔,使神宗皇帝读后赞不绝口。他特意传旨召见苏轼,向他询问当时的政令得失,同时对苏轼说:"即使我有过失,你也一定要直言,千万别隐瞒。"苏轼受到神宗皇帝的鼓舞,当时便直言批评神宗"求治太急,听言太广,进人太锐"。宋神宗听完后并不生气,而是和颜悦色地对苏轼说:"你的话,朕会好好地思考一番的。"

苏轼退朝之后,兴奋不已。如果说此时他对全面批评新法还有所顾虑的话,那么发生在这年元宵节的一件事则彻底打消了他的顾虑,使他正式站到了反对新法的一面。

这年的元宵节,为了宫中庆祝,宋神宗下令减价收买浙灯四千盏,同时禁止市民们购买,以满足宫中的需求。这一举动立即引起了商人和市民的强烈不满。

为此,苏轼写了《谏买浙灯状》,他认为"卖灯之民,例非豪民,举债出息,蓄之弥年,衣食之计,望此旬日。陛下为民父母,唯可添价贵买,岂可减价贱酬。此事至小,体则甚大"。意思是卖灯的老百姓都是贫苦农民,一年辛辛苦苦地劳动,就为了让自己的灯卖个好价钱,好满足自己的衣食需求,可是皇帝还下令降价购买,这不是劳民伤财吗?因此,他批评神宗"以耳目不急之玩,而夺其口体必用之资",并建议宫廷崇尚俭朴,与民生息。

宋神宗看完苏轼写的文章后,立刻采纳了苏轼的意见,苏轼也受到了宋神宗的鼓舞,认为他是一个从谏如流的君王,从此便一发不可收拾,写了《上神宗皇帝书》《再上皇帝书》及《拟进士对御试策》等文章,反对王安石设制置三司条例司、设立青苗法等不从实际出发、急功近利的做法,与此同时,苏轼还一针见血地指出王安石用人不当等缺点。凡此种种,不一一列举。

主张渐变的苏轼曾经在《拟进士对御试策》中对宋神宗说，人臣和君主的忧患本来在于因循苟且而不敢改作。现在的神宗皇帝年富力强，正是君臣一心、共同作为的好时机，但皇帝却相信王安石的冒进做法，"群臣不能济之以慎重，养之以敦朴"，就像有人乘着轻车骏马，冒险夜行，赶马的人又从后面鞭打，这样的做法实在太危险了。他希望神宗解下鞍，喂饱马，等到天明，再慢慢地从大道开始行进。

他雄心勃勃写给宋神宗的反对变法的文章，不但没有让神宗皇帝停下脚步进行反思，反而惹怒了以王安石为代表的革新派，导致"介甫之党皆不悦"。御史知杂事谢景温就曾经诬奏苏轼，说他在苏洵去世、扶丧返回四川的时候，曾在舟中贩过私盐。为了获得所谓的罪证，此人还派手下追捕当时的船工并对其进行拷问，但此事终是子虚乌有，不了了之。与此同时，苏轼的朋友、同僚与敬佩的前辈，却一个个因为反对新法而失意地离开了朝廷，他们的离开让苏轼产生了一种空前的寂寞之感。尤其是当苏轼的弟弟苏辙在制置三司条例司任职时，与王安石的助手吕惠卿政见不合，同时又上书批评新法，最终外放陈州学官时，这种苦闷与离愁之情达到了高潮，放眼望去，朝中已是革新派的天下，自己这个外人不知何时也会离开了。

在《送钱藻出守婺州得英字》一诗中，苏轼这样写道：

> 吾君方急贤，日旰坐迩英。
> 黄金招乐毅，白璧赐虞卿。
> 子不少自贬，陈义空峥嵘。
> 古称为郡乐，渐恐烦敲搒。
> 临分敢不尽，醉语醒还惊。

诗中，苏轼不仅批评神宗皇帝急功近利，而且预言随着新法的推行，官吏们对老百姓的盘剥会越来越厉害。最后，苏轼表示，这些都是他的心里话，因为喝了几杯酒，他才在临别的时候将这些自己平时不敢说的话表达出来，但是一旦说出来后,这些话又让酒醒后的他感到非常吃惊。这首诗句带讽刺,直接表露了苏轼对王安石变法的极度不满,矛头直指当时的统治核心——神宗皇帝。苏轼自己后来也承认,这首诗"讥讽新法不便",针对的是"青苗、助役既行,百姓输纳不前,为郡者不免用鞭笞催督"的现实。

此时此刻的苏轼只是为了抒发内心中的苦闷和不满,他没有想到,这些苦闷中写下的诗歌,在今后的人生中会给自己带来多大的影响。

第五节 / 诗酒与道是人间

"老夫聊发少年狂,左牵黄,右擎苍,锦帽貂裘,千骑卷平冈。……会挽雕弓如满月,西北望,射天狼。"

谪居密州,豪情不减,词之恢宏,阳刚迸发。

湖山信是东南美,一望弥千里。使君能得几回来?便使樽前醉倒、且徘徊。

沙河塘里灯初上,水调谁家唱?夜阑风静欲归时,惟有一江明月、碧琉璃。

——《虞美人·为杭守陈述古作》

湖山美丽,醉倒樽前,沙河塘里,灯火初明,是谁在那里吟唱江南的水调?夜深人静,皓月当空,江水澄澈,静谧祥和,是谁告别了江南美丽的土地,将依依惜别的情思洒在今晚?且问使君:江南好,几时您能够归来?

这首别开生面的赠别词写于北宋熙宁七年(1074年),苏轼时任杭州通判。当时太守陈襄任期已满,即将调往他处赴任,苏轼写下这首赠别词,以江南的美景、当晚的美酒和依依惜别的情思赠别这位好友兼同僚。

从京城前往杭州为官,此事不知是苏轼的幸运还是杭州的幸运,苏轼邂逅了杭州，因此才有了"欲把西湖比西子，淡妆浓抹总相宜"的名句；邂逅杭州的苏轼，因此才有苏堤春晓的美景，并作为"西湖十景"之一从此流传，惹人无限神往。

去杭州做通判，对于喜爱山水的苏轼来说，如果拂去前段时间变法风云带给他的不快，此事完全可以称得上一项美差。所以，北宋熙宁四年（1071年）七月，苏轼便带着继室夫人王闰之，13岁的长子苏迈和去年新生的次子苏迨等乘船离京，踏上了前往杭州的征程。

途中，苏轼先后来到苏辙所在的陈州（今河南淮阳）与欧阳修所在的颍州（今安徽阜阳）与他们相聚。此时，欧阳修已经远离朝政，须发皆白，老眼昏花，正在风景优美的江南故居度过自己的晚年时光。苏轼的到来让欧阳修十分高兴，他们师徒诗文唱和，游山玩水，非常欢乐。但苏轼没有想到，这是他们最后一次相聚。第二年，欧阳修便因病去世了，忙于公务的苏轼不能前去吊丧，只能用一篇《祭欧阳文忠公文》寄托哀思。

杭州山明水秀，富庶繁华，春赏鲜花，夏看美景，秋闻桂子，冬听雪声，的确是一个适合文人墨客优游的城市。在这样的湖光山色中，苏轼早已将京城的烦恼和郁闷抛到了九霄云外。杭州美丽的景色已将他活泼、开朗、好动的天性重新激发起来，同时也将他的诗心与灵感重新激发出来。在这里，苏轼留下了诸多赞美杭州的名篇：

黑云翻墨未遮山，白雨跳珠乱入船。卷地风来忽吹散，望湖楼下水如天。
——《六月二十七日望湖楼醉书其一》

菰蒲无边水茫茫，荷花夜开风露香。渐见灯明出远寺，更待月黑看湖光。
——《夜泛西湖》

昨日出东城，试探春情。墙头红杏暗如倾。槛内群芳芽未吐，早已回春。绮陌敛香尘。雪霁前村。东君用意不辞辛。料想春光先到处，吹绽梅英。

——《浪淘沙·探春》

他曾经来到西湖孤山，寻觅过钱塘名妓苏小小、梅妻鹤子林和靖等人的墓地，也曾经孤身一人前往孤山寺拜访当时的名僧惠勤和惠思，与其诗文唱和。对于杭州最负盛名的西湖，更是时常与朋友徜徉其间。甚至，他曾将办公桌搬到湖边，一边欣赏风景，一边处理公务。

苏轼性格开朗，古道热肠，又才华横溢，心胸宽广，因此与杭州当地的朋友相处得十分融洽，只要有他在场，这些文人之间的宴会便充满了欢乐。他与当地灵隐寺、天竺寺中的高僧也有密切的来往，杭州城那些地位低下但多才多艺的歌伎们也与苏轼有着不浅的交情。

据说，当年的杭州城每年有两件令人兴奋的大事，一是春天赏牡丹，一是八月十五钱塘江观潮。苏轼初来乍到，对此二事颇有兴趣。

由于熙宁四年已经错过了牡丹花会和钱塘潮，第二年一入春，苏轼便迫不及待地盼望着牡丹花会的到来。熙宁五年三月二十三日，苏轼陪同知州前往观花，在花前庭院摆酒作乐。当时正是官民同乐的时候，只见丝竹声声，香风阵阵，人们举杯庆祝，沉浸在极度的欢愉之中。杭州人素有簪花的习俗，这一天，所有参加花会的人不分男女老少头上全都戴上了牡丹花，任意穿街走巷，留下了一路欢歌笑语，整个杭州城变成了花的海洋。而第一次面对此情此景的苏轼，不禁诗兴大发，大声吟唱道：

人老簪花不自羞，花应羞上老人头。醉归扶路人应笑，十里珠帘半上钩。

——《吉祥寺赏牡丹》

春去秋来，钱塘江观潮的日子又要到来了。这是一件激动人心的大事，八月十五日这天，苏轼与知州一行人马来到钱塘江最佳的观潮处，与杭州当地的百姓一起，等待着潮水的到来。观潮的胜地早已锣鼓喧天，笑声喧哗，一些江浙本地的弄潮儿正跃跃欲试。远远地，只见天边出现了一条银线，不久后，便听到了千军万马般的轰鸣声，潮水汹涌如雪浪般扑面而来，大自然的威力让岸边观潮的人们齐声惊叹，此景让苏轼心潮澎湃，他提笔写道：

  定知玉兔十分圆，化作霜风九月寒。寄语重门休上钥，夜潮流向月中看。
  万人鼓噪慑吴侬，犹似浮江老阿童。欲识潮头高几许？月山浑在浪花中。
  江边身世两悠悠，久与沧波共白头。造物亦知人易老，故叫江水向西流。
  吴儿生长狎涛渊，冒利轻生不自怜。东海若知明主意，应教斥卤变桑田。
  江神河伯两醯鸡，海若东来气吐霓。安得夫差水犀手，三千强弩射潮低。

——《八月十五日看潮五绝》

  有人说，苏轼在杭州与和尚以及歌女们的交往中留下了无数浪漫与耐人寻味的故事。苏轼与高僧们的故事，出现频率最高的是佛印。由于苏轼喜欢与西湖边的高僧交朋友，和尚们素闻他的大名，也喜欢和他来往。据说，苏轼与圣山寺的佛印和尚最要好，两人饮酒吟诗之余，还常常开玩笑。

  在一些通俗作品中，有这样一则故事：佛印和尚好吃，每逢苏东坡宴会请客，他总是不请自来。有一天晚上，苏东坡邀请黄庭坚去游西湖，船上备了许多酒菜。游船离岸，苏东坡笑着对黄庭坚说："佛印每次聚会都要赶到，今晚我们乘船到湖中去喝酒吟诗，玩个痛快，他无论如何也来不了了。"谁知佛印老早打听到苏东坡要与黄庭坚游湖，就预先在他俩没有上船的时候，躲在船舱板底下藏了起来。

  明月当空，凉风送爽，荷香满湖，游船慢慢地游到西湖三塔，苏东坡把着酒杯，拈着胡须，高兴地对黄庭坚说："今天没有佛印，我们倒也清静，先来个行酒令，前两句要用即景，后两句要用'哉'字结尾。"黄庭坚说："好！"苏东坡先说："浮云拨开，明月出来，天何言哉？天何言哉？"黄庭坚望着满湖荷花，接着说道："莲萍拨开，游鱼出来，得其所哉！得其所哉！"

这时候，佛印在船舱板底下早已忍不住了，一听黄庭坚说罢，就把船舱板推开，爬了出来，说道："船板拨开，佛印出来，憋煞人哉！憋煞人哉！"

苏东坡和黄庭坚，看见船板底下突然爬出一个人来，吓了一大跳。仔细一看，原来是佛印，又听他说出这样的四句诗，忍不住都哈哈大笑起来。

苏东坡拉着佛印就座，说道："你藏得好，对得也妙，今天到底又被你吃上了！"于是，三人赏月游湖，谈笑风生。

事实上，苏轼与佛印来往频繁，主要集中在苏轼贬谪黄州时期，在杭州时，与苏轼来往频繁的反而是孤山寺惠勤、慧思等人。游湖、观潮、赏月、品花以及层出不穷的游宴活动，这样的生活是苏轼所期盼的自由。

苏轼在杭州担任通判共3年时光。这3年中，苏轼的足迹遍布了杭州周边的城市，对于民生疾苦，尤其是王安石变法给杭州百姓带来的利弊，他从未忘记。正因如此，他反而比居庙堂之高的改革者们更深切地接触民众的生活，了解民众的疾苦，因此也更加痛恨那些深居高堂，对百姓不管不顾的官僚。

苏轼将眼前看到的一切写入诗歌中，因而形成了他的政治讽喻诗，其中最著名的莫过于《山村五绝》：

> 竹篱茅屋趁溪斜，春入山村处处花。无象太平还有象，孤烟起处是人家。
> 烟雨濛濛鸡犬声，有生何处不安生。但教黄犊无人佩，布谷何劳也劝耕。
> 老翁七十自腰镰，惭愧春山笋蕨甜。岂是闻韶解忘味，迩来三月食无盐。
> 杖藜裹饭去匆匆，过眼青钱转手空。赢得儿童语音好，一年强半在城中。
> 窃禄忘归我自羞，丰年底事汝忧愁。不须更待飞鸢坠，方念平生马少游。

在这些反映民生疾苦的诗中，苏轼表达了对王安石变法所带来的弊端的强烈不满；而他对老百姓的深深同情，也毫无保留地在诗中流露。写诗的苏轼只是希望将眼前的实景用文字的形式表现出来，却未曾想到这些写实的政治讽喻诗，会带来很深的影响。

二

簌簌衣巾落枣花，村南村北响缫车。牛衣古柳卖黄瓜。酒困路长惟欲睡，日高人渴漫思茶。敲门试问野人家。

——《浣溪沙》

这首词为苏轼《浣溪沙》组词的第一首。

此词描绘了这样一幅景象：有一个生气盎然的村落，村里枣花盛开，太守从树下走过，清香四溢的枣花扑簌簌地落到了衣帽上，看来到了秋后，枣子就可以丰收了。一些妇女们正在忙着抽茧成丝，一位穿着粗布衣服的庄稼汉在柳树下叫卖黄瓜。酒后困乏的太守在这静谧、美好的气氛中顿生困意，想美美地睡上一觉。随着太阳升高，太守觉得口渴，连忙走到一户院落前，轻轻敲门，想向农户讨一杯水喝。

这是一幅官民同乐的美好场景，词中的那个太守，就是作者本人，词中所展现出的官民同乐的温馨乡村，位于徐州。

林语堂曾说："连苏东坡这样的天才，真正的生命也是从40岁才开始的。"这一年，苏轼离开了密州，前往徐州任知州。在这里，他率民抗洪，兴建黄楼，寻找煤炭，劝农耕桑，展示了他杰出的从政才能。苏轼在八年的地方工作生涯中，最引人注目的业绩也是在徐州创造的。

北宋熙宁十年（1077年），苏轼由密州调任河中府（今山西运城）知州，但还没有上任，便改任为徐州知州。此行的陪同之人除了妻儿，还有阔别多年的弟弟苏辙。到了徐州后，兄弟二人诗文唱和，度过了一段快活的日子。那年中秋月，苏轼写下了"此生此夜不长好，明月明年何处看"的句子。第二天，苏辙便依依不舍地离开了兄长，奔赴自己的前程去了。

中秋刚过，黄河的秋汛便涨起来了。徐州地区连续大暴雨，洪水顷刻之间便来到了徐州城下，很快淹没了45个县。苏轼忧心如焚，连忙派出急救队，一边驾船前去营救百姓，一边安抚民心。当时，城中的有钱人家争相出城避水，苏轼心中明白，这样一来势必会导致民心大乱，洪水来时必然徐州不保。于是苏轼当即劝阻出城的人说："富户出城避难，全城人心动摇，有谁与我一同守城呢？有我在，绝不会让洪水淹城！"

安定民心后，苏轼又立即征集5000名工人，疏浚下游河道，同时连夜加固城墙。身为一方太守的苏轼穿着草鞋，拄着木拐，亲自来到抗洪一线，希望动员禁军参加抗洪。但是按照宋朝的规定，禁军只归朝廷直接管辖，没有朝廷的命令，当地知州根本无权调动，在紧急之下，苏轼根本来不及向朝廷禀告，他只能用自己的诚意打动那些禁军，希望他们参与到抗洪的工作中。最后，禁军将领深深地为苏轼的精神所感动，立即率领全体官兵与当地工人一起，在徐州城外用最短的时间修筑了一道护城大堤，保护了徐州城的安全。

紧急情况已经有所缓解，苏轼又开始调集人手和物资，援救城外被洪水围困的百姓，他亲荷畚锸，布衣草屦，站在城上指挥着，直到十月初五那天黄河归入旧河道，被大水包围45天的徐州城彻底解除了危机，苏轼才长长地松了一口气。

洪水退去，苏轼没有懈怠，而是上书朝廷，请求豁免徐州赋税。为了确保徐州的长治久安，苏轼决定在朝廷的允许下动用地方财政修筑防洪大堤，并在东南角城墙上兴建黄楼，以示土能胜水之意。半年之后，黄楼建成，宋神宗曾专门下诏表彰苏轼的作为。

此外，苏轼还带领徐州人民求雨以缓解当地的旱情。他多次考察农村，目睹了徐州农村在风调雨顺的时节里其乐融融的景象。他十分开心，怀着一腔深情留下了著名的《浣溪沙》词五首：

其二
游蕲水清泉寺，寺临兰溪，溪水西流。

山下兰芽短浸溪，松间沙路净无泥。萧萧暮雨子规啼。谁道人生无再少？门前流水尚能西！休将白发唱黄鸡。

其三
细雨斜风作晓寒，淡烟疏柳媚晴滩。入淮清洛渐漫漫。雪沫乳花浮午盏，蓼茸蒿笋试春盘。人间有味是清欢。

其四
风压轻云贴水飞，乍晴池馆燕争泥。沈郎多病不胜衣。沙上不闻鸿雁信，竹间时听鹧鸪啼。此情惟有落花知！

其五
软草平莎过雨新，轻沙走马路无尘。何时收拾耦耕身？日暖桑麻光似泼，风来蒿艾气如薰。使君元是此中人。

除了《浣溪沙》五首，苏轼还在徐州留下了著名的诗篇《石炭（并引）》：

彭城旧无石炭。元丰元年十二月，始遣人访获于州之西南白土镇之北，冶铁作兵，犀利胜常云。
君不见前年雨雪行人断，城中居民风裂骭。
湿薪半束抱衾裯，日暮敲门无处换。
岂料山中有遗宝，磊落如磐万车炭。
流膏迸液无人知，阵阵腥风自吹散。
根苗一发浩无际，万人鼓舞千人看。
投泥泼水愈光明，烁玉流金见精悍。
南山栗林渐可息，北山顽矿何劳锻。

为君铸作百链刀,要斩长鲸为万段。

　　原来,徐州蕴藏着丰富的煤炭,但历来无人知晓。苏轼到徐州后,便派人四处寻找煤炭,最终在徐州西南50里的白土镇发现了品质优良、储量丰富的煤田,从而促进了当地冶铁业的发展。

　　抗洪水、挖煤炭、抓冶铁、造兵器、劝农桑、修水利、建黄楼、兴旅游……苏轼到徐州担任知州虽然只有短暂的不到两年的时光,但他在繁忙的公务之余仍然笔耕不辍,留下了大量的文学作品以及十分珍贵的书法、绘画作品,如散文《放鹤亭记》、诗歌《李思训画长江绝岛图》《永遇乐》等。

　　或许是人到中年,苏轼诗词中的感慨从此多了起来,甚至常常出现"古今如梦""人生如梦"的句子,但苏轼并没有沉浸在梦中而无法自拔,他曾说:"古今如梦,何曾梦觉,但有旧欢新怨。"可见,苏轼是清醒的,他珍惜个体生命,执着于实现生命的价值。或许,他也是在相信着,终有一天,精神境界能超越这如梦的人生。

第六节 / 一蓑烟雨任平生

"大江东去,浪淘尽,千古风流人物。

……多情应笑我,早生华发。人生如梦,一樽还酹江月。"

赤壁因苏轼而更熠熠生辉,苏轼因"乌台诗案"而更脱俗于世。

〇一〇

北宋元丰二年(1079年)三月,苏轼突然接到了朝廷将他调任湖州(今浙江吴兴)的诏命。这几年他频繁在外为官,杭州三年,密州两年,徐州一年半,人生如浮萍,来去匆匆,但即便如此,他也能在颠沛中找到惬意与潇洒。他为湖州的好山好水放声歌唱,也没有忘记自己的人生理想,苏轼此时正在酝酿着新的打算,他希望能够"上以广朝廷之仁,下以慰父老之望",为政一方,惠利百姓。

但是,这一切梦想尚未实施,一场突如其来的政治迫害已悄然而至。

其一

圣主如天万物春,小臣愚暗自亡身。

百年未满先偿债,千口无归更累人。

是处青山可藏骨,他年夜雨独伤神。

与君今世为兄弟,更结来生未了因。

其二

柏台霜气夜凄凄,风动琅珰月向低。

梦绕云山心似鹿,魂飞汤火命如鸡。

额中犀角真君子,身后牛衣愧老妻。

百岁神游定何处?桐乡应在浙江西。

——《狱中寄弟子由》

因"乌台诗案"入狱的苏轼写了两首诗寄给自己的弟弟,表面上是怀念久未谋面的同胞兄弟,实际上是表明自己忠君爱国的态度,同时表白自己根本没有诽谤朝政,算是"乌台诗案"后苏轼的一种无声的抗争。只是,这种抗争显得何其微弱与无力。苏轼用心良苦,不知那个远在庙堂之高的圣明天子,是否能够洞悉呢?这其中的曲折还得从苏轼外调说起。

从一开始,苏轼主动申请到外地做官,就是为了躲避朝廷的是非纷争,但是,他并没有真正的置身事外,而是一直上表给宋神宗,宋神宗素来赏识苏轼,每次读完都要对着群臣赞赏一番。这在无形之中,为苏轼树立了不少政敌。

何况,随着时间的推移,此时已经到了宋神宗元丰年间,朝廷政局发生了很大的变化,熙宁年间的变法派和反对派都已经先后离开了朝廷。"拗相公"王安石在两次被罢免宰相后终于心灰意冷,在南京度过他的晚年时光;与他针锋相对的司马光闭门著书,完全不理朝政。

此时,在朝掌权的除了越来越一意孤行、刚愎自用的宋神宗,还有王安石的门生与他提拔的一批新进之士,此外就是宰相王珪等毫无才干且心胸狭隘之人。

苏轼当年曾指出,王安石在提拔人才的时候没有经过仔细的考核与历练,更谈不上考察对方的人品。所以,当他离开朝政的时候,身后留下的是一群嫉贤妒能的无能之士,如御史中丞李定。

宋神宗对苏轼时常的赞许,已经让那些心胸狭窄的人心怀忌恨;苏轼又偏偏不知收敛,常常在诗文中毫不客气地批评新政,这更让那些新政的执行者和既得利益者将他视为"眼中钉、肉中刺"。当苏轼还在纵情湖山时,一场针对他的阴谋已经在朝中暗暗形成了。

当时苏轼名满天下,深得皇帝赏识,何况他在离京外任的时候又勤于公事,徐州抗洪还深得神宗皇帝的嘉奖,想要击垮他实在不是一件容易的事情。苏轼虽然喜欢舞文弄墨,但不拘小节,常常在诗文中讽喻朝政,由于宋太祖施行"开国钦定不以言罪人"的祖宗家法,这些人也暂时不敢用"文字狱"的办法来打垮苏轼。但此法未必完全不可用,"讥讪朝政"是苏轼唯一的致命弱点。随着神宗皇帝日益独断专行,如果将"愚弄朝廷""指斥乘舆(皇帝)"的罪名加到苏轼头上,也难保神宗皇帝不会发怒。

这个机会很快就来了。苏轼抵达湖州后,按照惯例向皇帝上表,是为《湖州谢上表》:

> 臣轼言。蒙恩就移前件差遣,已于今月二十日到任上讫者。风俗阜安,在东南号为无事;山水清远,本朝廷所以优贤。顾惟何人,亦与兹选。臣轼(中谢)。伏念臣性资顽鄙,名迹堙微。议论阔疏,文学浅陋。凡人必有一得,而臣独无寸长。荷先帝之误恩,擢置三馆;蒙陛下之过听,付以两州。非不欲痛自激昂,少酬恩造。而才分所局,有过无功;法令具存,虽勤何补。罪固多矣,臣犹知之。夫何越次之名邦,更许借资而显受。顾惟无状,岂不知恩。此盖伏遇皇帝陛下,天覆群生,海涵万族。用人不求其备,嘉善而矜不能。知其愚不适时,难以追陪新进;察其老不生事,或能收养小民。而臣顷在钱塘,乐其风土。鱼鸟之性,既能自得于江湖;吴越之人,亦安臣之教令。敢不奉法勤职,息讼平刑。上以广朝廷之仁,下以慰父老之望。臣无任。

这一表章很快就在群臣中传开。李定等人以此表章为靶子,指出其中"隐喻":"风俗阜安,在东南号为无事;山水清远,本朝廷所以优贤。"有埋怨朝廷没有对他委以重任之嫌;"知其愚不适时,难以追陪新进;察其老不生事,或能收养小民。"自从王安石变法以来,"新进"一词专门用来形容突然升迁的无能之辈,此句难保不是在指责朝廷的百官都是无能之辈,暗讽神宗无识人、用人之能。

由此,权监察御史里行何正臣、权监察御史里行舒亶相继上表,指责苏轼"愚弄朝廷,妄自尊大"、反对新法意欲沽名钓誉,并以《钱塘集》为证,指其诗歌处处讽刺新法,侮辱朝廷和当今圣上,建议将苏轼严加惩处,"以戒天下之为人臣子者"。

见二人上表未能引起神宗重视,御史中丞李定亲自上表,声言苏轼有四大该杀之罪。一,"初无学术,滥得时名",这样一个无能之辈,却动辄毁谤朝政,陛下宽宏大量,不予论罪,给他改过自新的机会,他却"怙终不悔";二,"傲悖之语,日闻中外";三,诗文诽谤朝廷,蛊惑人心,使其他人不服皇帝;四,明知诽谤朝廷和皇帝是大罪,却几次故犯。

轮番轰炸终于使神宗觉得"舆论沸腾",应该对此事加以重视。震怒之下,神宗传下了这样一道圣旨:"将苏轼谤讪朝政一案送交御史台根勘闻奏。"也就是说,苏轼的命运交到了御史台的手中。

御史台是宋代的监察机构。由于汉代御史台外的柏树山上有很多乌鸦,所以人们便将御史台称为"乌台",同时也戏称御史们都是"乌鸦嘴"。苏轼这桩诗案,便因送交御史台而被称为"乌台诗案"。

苏轼还在湖中谋划他的新生活、新计划时,奉旨前来拘捕他的朝廷官吏、太常博士皇甫遵已经在路上了。与此同时,另一个通风报信的人也在快马加鞭地行进在京城前往湖州的路上,他要赶在朝廷官吏之前赶到湖州,让苏轼有个心理准备。

这个为苏轼通风报信的人是谁呢?此人是苏轼的朋友、神宗的妹妹蜀国长公主的驸马王诜,官至驸马都尉及定州观察使、利州防御使。王诜擅长山水画,早在京师时就与苏轼交往密切,感情深厚,他一听到朝廷要拘捕苏轼的消息,震惊之余便立刻派人火速通知苏辙。苏辙得知后,如同五雷轰顶,他来不及细想,立刻安排人马飞奔湖州。

当时苏辙远在河南商丘,要想赶上朝廷的拘捕队伍,基本是没有希望的。但或许是上苍在冥冥中帮了苏轼一把,皇甫遵的儿子在润州时突然生病,皇甫遵带着儿子四处求医问药,等到病情稍有起色,已经耽误了很长的时间,苏辙的信使终于赶在朝廷官吏之前,将这一不幸的消息传达给苏轼。

苏轼当时正在家中晒书画,一个满头是汗的仆人闯了进来,苏轼抬头,见是弟弟苏辙家的仆人,还以为兄弟家里出了什么大事,连忙询问。当来人上气不接下气地将事情的原委一一道出时,苏轼反而松了一口气,他显得十分平静,普天之下,莫非王土,该来的总是要来,只是不知道自己的罪名究竟有多大,罪责到底有多重。

当皇甫遵带着官差来到湖州时,苏轼正在休假,由祖通判暂时代理太守职务。众人都以为苏轼此次难逃一死,想不到皇甫遵带来的皇帝诏书却只是命令将苏轼革职进京,众人暗暗松了一口气。临行前,苏轼被获准回家与亲人道别。

苏家老小对于苏轼获罪的反应,史书中没有记载,但苏轼自己却在《东坡志林》中记录了这段告别的过程。面对家人的眼泪,他十分平静地给他们讲了一个故事:宋真宗年间,有人推荐杨朴进京做官,但杨朴志在归隐,不愿入仕,宋真宗只好派人将他押入朝中,问道:"听说你会写诗?"杨朴故意掩盖自己的才华,便回答说:"我不会。"宋真宗又问:"你离开家乡的时候,有没有朋友写诗送你?"杨朴回答说:"没有,只有我的妻子写了一首绝句送我。"宋真宗让杨朴将这首诗念给他听,杨朴于是念道:

更休落魄耽杯酒,且莫猖狂爱咏诗。
今日捉将官里去,这回断送老头皮。

宋真宗听完哈哈大笑,便将杨朴放回家去了。

苏轼的夫人王闰之听完这个故事,也破涕为笑。

苏家人也只好打点行装,忍着悲痛送苏轼上路。苏轼的长子苏迈获准陪同父亲前往京城。苏轼刚被押走,苏家大小也收拾行李前往商丘投奔苏辙,没想到在宿州被御史台的差役拦截，翻箱倒柜地将苏轼的诗词文稿搜罗了一番，一家人吓得胆战心惊。苏夫人在抑郁之余，认为这些都是苏轼吟诗作赋惹出来的祸事，于是将其大部分的手稿都焚烧了。

> 缺月挂疏桐，漏断人初静。谁见幽人独往来，缥缈孤鸿影。
> 惊起却回头，有恨无人省。拣尽寒枝不肯栖，寂寞沙洲冷。
> ——《卜算子·黄州定慧院寓居作》

这首充满寂寥之感的词写于黄州，即今湖北黄冈。经历过"乌台诗案"的苏轼，在惊涛骇浪后迎来了平静而寂寞的生活。这里的生活虽苦，但没有了朝堂之上的明争暗斗；这里虽算不上繁华，但乐观的苏轼却在此处悟出了人生的真谛。

在这里，那只月夜下的孤鸿就是苏轼本人的写照，它孤高自许，不与俗世同流合污；它甘于寂寞，不愿随波逐流；它平静而淡泊，对于生活赐予的一切，早就敞开了博大的胸怀去迎接。所以黄庭坚评此词说："语意高妙，似非吃烟火食人语，非胸中有万卷书，笔下无一点尘俗气，孰能至此！"

北宋元丰三年（1080年）农历新年，当汴京城还沉浸在节日的喜庆之中时，苏轼却在御史台的差役押送之下，踏上了前往黄州贬所的路程。他的身边只有儿子苏迈徒步相随。回首"乌台诗案"的种种往事，他不仅感叹自己劫后余生，而且想到自己今后的生活，摆在眼前的一系列现实的问题让他皱起了眉头。

但生活总是要继续的。当苏轼于元丰三年二月一日抵达黄州时，这个偏僻萧条的江边小镇用一种极为冷寂的方式欢迎了这个命运多舛的士子。苏轼的官衔在此地的官职是检校尚书水部员外郎、充黄州团练副使，本州安置、不得签署公事。事实上，前面的一大串名衔都没有任何用处，因为苏轼根本无权参与政事,他相当于一个流放至此的犯官,连人身自由都受到某些限制。

由于是犯官,苏轼没有自己的居所,只能寓居在黄州城东的一所寺院里。这座寺院名叫定慧院,苏轼父子挤在一间小小的禅房中,与和尚们一起吃斋饭。由于苏轼名满天下,又素来与高僧们交往密切,所以这里的住持和尚将他们视为贵宾,礼遇有加。

这段时间里,苏轼几乎闭门不出,每日蒙头大睡。但很快,北宋元丰三年(1080年)四五月间,苏辙带着苏轼一家老小来与哥哥团聚了。苏轼接到这个消息,心态为之一变,他立刻就振奋起来,并在好友的帮助下,将江边水驿站临皋亭边上的回车院重新整修了一番,以此作为全家的栖身之所。他按捺不住激动的心情,便带着苏迈违规出境,以求更早地见到亲人。苏轼在《今年正月十四日与子由别于陈州五月子由复至齐安未至以诗迎之》一诗中这样描写家人相聚的场景:

> 惊尘急雪满貂裘,泪洒东风别宛丘。
> 又向邯郸枕中见,却来云梦泽南州。
> 暌离动作三年计,牵挽当为十日留。
> 早晚青山映黄发,相看万事一时休。
> (柳子厚《别刘梦得》诗云:皇恩若许归田去,黄发相看万事休。〔此注二句诗,上句为柳诗,下句为刘诗,东坡误记,合二为一。〕)

一家人能团聚在一起,这是多么难得的一件事,他又有什么可抱怨的呢?于是,他不再将自己困在一屋之中,而是放眼周围的山水名川。宋代对于像苏轼这样被贬官的犯官有着十分严格的规定,没有经过批准,是绝不允许擅自出境的。他到黄州不久,还私自跟随友人来到大江南岸的武昌(今湖北鄂州)游玩,并且写信告诉别人说:

> 数日前,率然与(杜)道源过江,游寒溪西山,奇胜殆过所闻!

黄州附近的好山好水，壮美的长江景色，已经让苏轼深深地陶醉其中。他在江枫渔火中忘却了"乌台诗案"带给他的生命创伤，重新寻找到了生命的意义和生活的热情。

当时，苏轼的好友，后来成为苏轼亲家，即苏过岳父的范百嘉听说苏轼被贬黄州的遭遇后，写信劝他返回四川，和他一起隐居乡里，可是苏轼却在回信中说：

临皋亭下八十数步，便是大江，其半是峨嵋雪水，吾饮食沐浴皆取焉，何必归乡哉！江山风月，本无常主，闲者便是主人。闻范子丰新第园池，与此孰胜？所不如君者，上无两税及助役钱耳！

意思是说，我这里风景优美，不远就是长江，每天可以用从峨眉山上流到这里的江水洗澡，又何必返回家乡呢？何况这大自然不是属于一个人的，谁有闲情逸致，谁就是大自然的主人。我听说你盖了新房子，跟我这里相比哪里好呢？我比不上你的地方，不过就是缺少闲钱罢了！

连远在家乡的叔丈王庆源，劝说苏轼回到青神时，苏轼也在回信中展现出一副完全乐不思蜀的姿态：

扁舟草履，放浪山水间，客至，多辞以"不在"，往来书疏如山，不复答也——此味甚佳，生来无此适（意）！

意思是我天天乘船在山水间游玩，有人来拜访我，我就说不在；家中的来信堆积成山，我也不回复他们，这种感觉真好，我还从来没有享受过呢！

后来，司马光也写信来劝说苏轼，"你已经看惯了苏杭山水和密徐楼台，黄州不过是穷乡僻壤，何况言多必失，你就别再写什么东西了。"苏轼却在回信中说：

寓居去江干无十步，风涛烟雨，晓夕百变，江南诸山在几席之上，此幸未始有也！

意思是这里风景优美，江山壮丽，一日多变，比江南山水好看多了。至于写诗，苏轼根本没有汲取"乌台诗案"言多必失的教训，依旧以诗文为生，我行我素，将自己率真的个性发挥得淋漓尽致。

如果说苏轼在黄州有什么不快乐的话，那就是生活的艰辛与贫困让他对妻子充满了歉疚之意。当时，苏轼连低微的薪俸也没有着落，只好过着拮据的生活。幸亏王闰之懂得勤俭持家，家中也还有一些积蓄，全家人才没有饿肚子。在后人的记载中，苏轼当时的生活是这样的：

东坡谪齐安（黄州），日用不过百五十。每月朔，取钱四千五百，断为三十块，挂屋梁上，平旦用画叉挑取一块，即藏去。又以竹筒贮用不尽者，以待宾客。云，此贾耘老法也。又与李公择书云："口腹之欲，何穷之有！每加节俭，亦是惜福延寿之道。"

——罗大经《鹤林玉露》乙编卷五

意思是说，苏轼在黄州时，由于家贫，每天限定只能用150个铜钱，为了防止自己多用，只好到每月初的时候拿出4500个铜钱，分成30等份，每份用线穿好挂在屋梁上，每天取一份使用。如果有没有用完的钱，就用竹筒藏起来，以便有客人来的时候再用。苏轼说："这是我在杭州时的好朋友贾耘老告诉我的办法。"同时苏轼写信对朋友说："一个人的口腹之欲是无穷尽的，只有节俭才是长寿之道。"

为了摆脱贫困，苏轼接受了友人马正卿的办法，在城东的数十营地上开荒种粮，自给自足。苏轼将这片坡地定名为"东坡"，自己则亲自下田躬耕，变成地地道道的农夫。他并不感到闷闷不乐，反而乐呵呵地接受了这种农夫的生活，并自号"东坡居士"。

到了元丰五年二月的时候，苏轼又在东坡一侧修建五间草房。草房建成的时候，天降大雪，苏轼亲自书写了"东坡雪堂"的匾额，又写了一篇《雪堂记》作为纪念。此外，苏轼还写了一首《江城子·梦中了了醉中醒》，将自己比作归隐斜川的陶渊明，表示今后将继续醉心于这种隐居耕读的生活，甚至萌生了在黄州东坡当一辈子农夫的念头。

第二年，苏轼的姻亲、朋友王巩遇赦从岭南北归，曾经来黄州与苏轼有过一段时间的聚会。王巩随身带了一个美丽的侍妾，名叫柔奴。三年来，她与王巩同甘共苦，无怨无悔。苏轼问她："广南风土应是不好？"柔奴随即回答道："此心安处，便是吾乡。"

苏轼敬佩这个品格超凡的女子，写了一首《定风波》的词歌颂道：

> 常羡人间琢玉郎，天教分付点酥娘。自作清歌传皓齿，风起，雪飞炎海变清凉。
>
> 万里归来年愈少，微笑，笑时犹带岭梅香。试问岭南应不好，却道，此心安处是吾乡。

是呀，此心安处便是吾乡。此时此刻，苏轼对黄州的土地也是这样一种深情。

夜饮东坡醒复醉，归来仿佛三更。家童鼻息已雷鸣。敲门都不应，倚杖听江声。

长恨此身非我有，何时忘却营营。夜阑风静縠纹平。小舟从此逝，江海寄余生。

——《临江仙·夜归临皋》

关于这首词,有一个著名的典故,记录在南宋叶梦得的《避暑录话》中。故事是这样的:东坡在黄州时,有一天与一些客人在江上夜饮,他意气风发,当场吟出了"夜阑风静縠纹平,小舟从此逝,江海寄余生"的诗句,让在座者为之击节叹赏。却没想到第二天,黄州处处传言苏轼昨晚写完这首词后,都以为苏轼将自己的衣服鞋帽挂在江边,自己摇着小船长啸而去,不知所踪了。

黄州郡守徐君猷听说后,吓得出了一身冷汗,连忙前去东坡雪堂拜谒,没想到苏轼正睡在堂上,鼾声如雷,还没有醒来呢。徐君猷那颗悬着的心终于放下了。从此,苏东坡这首词不仅广为流传,苏轼爱睡觉的习惯也为大家所知。

不过这一时期,苏轼已经在黄州的贫贱生活中寻找到了生活的意义,他不再觉得苦闷,而是乐在其中了。

当时,苏轼在黄州有两个住所,一是妻子来黄州时苏轼在临皋亭旁修建的草屋,这是苏轼的日常居所;一个是他在城外的东坡雪堂,通常用来招待各方前来拜访的客人。苏轼每天下田躬耕,来往于两处住所之间,慢慢地踩出了一条泥泞的黄泥路。路边风景优美,苏轼乐此不疲。有一天,苏轼喝醉了,他竟然为这条路写了一篇文章,名为《黄泥坂词》:

> 出临皋而东骛兮,并丛祠而北转。走雪堂之陂陀兮,历黄泥之长坂。大江汹以左缭兮,渺云涛之舒卷。草木层累而右附兮,蔚柯丘之囷蒨。余旦往而夕还兮,步徙倚而盘桓。虽信美而不可居兮,苟娱余于一眴。
>
> ——《黄泥坂词》节选

此外,他还在临皋亭上写下了这样一段文字:

> 东坡居士酒醉饭饱,倚于几上,白云左绕,清江右回,重门洞开,林峦岔入。当是时,若有思而无所思,以受万物之备,惭愧!惭愧!

这段话的意思是：酒足饭饱之后，我倚靠在几凳上，幽幽白云在我的左侧环绕，缓缓清江在我的右侧弯曲地流淌，仿佛一道道山门在我的眼前打开，山林间的尘埃随意出入我的房间。我仿佛有所思，而实际上又没有什么心思，心中空荡荡地接受大自然为我准备的一切。此时此刻，我真是惭愧呀，惭愧！

在贫贱的生活中，苏轼也创造了很多的生活乐趣。在生活最为窘迫的时候，他与妻子提倡"晚食以当肉"。也就是说，吃饭不按一定的时辰，而要等到非常饥饿的时候再进食，这样即使面对的是十分粗劣的食物，大家吃起来也像吃肉一样香。试过几次之后，苏轼很推崇这种进食法，并把它当成自己"巧于居贫"的方法之一。在他看来，外物是没有好坏之分的，所谓好坏，完全是自己主观上的感受。这种苦中作乐的精神让苏轼很快就从逆境中走了出来，将痛苦化为愉悦，把焦虑化为和谐。

除了生活上的改变，苏轼的思想境界也发生了很大的改变。作为一个传统知识分子，苏轼理所当然地受到儒家思想的影响，对那种"穷则独善其身，达则兼济天下"的儒家理想有过热烈的追求，他总是怀着"修身齐家治国平天下"的梦想一次次踏上仕途，可是，由于从小受到母亲的影响，苏轼在儒家的外表下有着一颗佛心，他善良仁慈，常常诵读佛经，与一些高僧来往密切，对于生命的轮回以及人生的种种喜怒哀乐有着自己的看法，苏轼最喜欢《庄子》，从小受到庄子齐物思想的影响，渴望那种逍遥游的境界。到了黄州以后，苏轼与当地道士的来往密切起来，道家那种主张个体精神和追求个人养生的观点此时很对苏轼的脾气，此时此刻，在苏轼的思想中，既表现出儒佛道思想因素的同时贯穿，又表现为这三种思想因素的互相矛盾并自我否定。在苏轼的思想中，他常常将这三者统一起来：在仕途平稳的时期，主要以儒家思想为主；在贬谪时期，则主要以佛老思想为主，就像白居易晚年所倡导的那样：修身以儒，治心以佛，养生以道。

在黄州的那段日子，苏轼的主要处世哲学是佛老思想，但他并非全盘接受，而是有所扬弃，最终化为自己独特的精神境界。

就这样，在经历过一段时间的物质与精神上的痛苦后，一个崭新的苏轼已经从苦难中蜕变出来。此时此刻的苏轼，不仅能在优美的山水中感受到生命的美好，还能从苦难的历练中领悟生命的哲思。他变得从容、亲切、旷达。这些性格特色反映到他的诗歌中，则使他的诗文闪耀出智慧的光芒和成熟的魅力。他的诗文境界也因此充满了宁静隽永、淡泊清新的审美情趣。超旷放达已成为他的性格乃至诗文风格的主流色彩，他的创作也因此而升华到一个极其美妙的巅峰，比如流传千古的《赤壁赋》。

有人说，苏轼在《赤壁赋》中的一番对白，其实是过去的苏轼和现在的苏轼在对话，意味着苏轼对于人生的反省和超越。

清代古文家方苞在评论这篇文章时说："所见无绝殊者，而文境邈不可攀，良由身闲地旷，胸无杂物，触处流露，斟酌饱满，不知其所以然而然。岂惟他人不能模仿，即使子瞻更为之，亦不能如此适调而畅遂也。"的确，此情此景，此文此怀，只有"乌台诗案"后的苏轼独有，只有贬谪黄州后的苏东坡独有。

如果说《前赤壁赋》主要是苏轼人生的对白，那么，《后赤壁赋》则主要是对苏轼生活中一幕场景的刻画。通过这一幕，读者才能明白，为什么苏轼能在《前赤壁赋》中摆脱有限的生命对他的束缚，从而达到自由自在的境界：

> 是岁十月之望，步自雪堂，将归于临皋。二客从予，过黄泥之坂。霜露既降，木叶尽脱。人影在地，仰见明月，顾而乐之，行歌相答。
>
> 已而叹曰："有客无酒，有酒无肴，月白风清，如此良夜何？"客曰："今者薄暮，举网得鱼，巨口细鳞，状如松江之鲈。顾安所得酒乎？"归而谋诸妇。妇曰："我有斗酒，藏之久矣，以待子不时之需。"
>
> ——《后赤壁赋》节选

《后赤壁赋》是《前赤壁赋》的姊妹篇。一样的赤壁景色，却展现出完全不同的境界。一个是秋月下的赤壁，一个是初冬的赤壁；一个主要是赏月之景，一个主要是踏月之乐。相同的是，一样有良朋、佳肴与美酒。作者用详细的笔墨写出了赤壁夜游的意境，包括履巉岩、披蒙茸、踞虎豹、登虬龙以及攀栖鹘之危巢、俯冯夷之幽宫，景物越来越令人心胸开阔、意境高远。当苏轼独自一人登临绝顶时，他为那种"划然长啸，草木震动，山鸣谷应，风起水涌"的场景而产生了忧惧之心。最后，夜游的描写通过一场梦境来结束。此时此刻，苏轼已经分不清楚，仙鹤、道士和自己，哪一个才是真的，哪一个才是梦境了。道士倏然不见，那么，我的理想、追求、抱负又在何处呢？

属于苏轼的夜晚，总是诗意盎然的，尤其是在黄州的夜晚，于诗意中往往还渗透着人生的种种哲思。这一天，苏轼夜游，写下了一篇《记承天寺夜游》：

> 元丰六年十月十二日夜，解衣欲睡，月色入户，欣然起行。念无与为乐者，遂至承天寺寻张怀民。怀民亦未寝，相与步于中庭。庭下如积水空明，水中藻、荇交横，盖竹柏影也。何夜无月？何处无竹柏？但少闲人如吾两人者耳。

哪个晚上没有月亮？什么地方没有竹子和松柏呢？只是少了这两个悠闲的人在这里散步罢了。在这里，所谓的"闲人"，指的是被贬谪的苏轼和同样被贬谪的张怀民，可是，如果不是这被贬谪的命运，他们又怎能看到这么美妙的景色呢？苏轼在自我开解中透露着对生活的无限热情。

苏轼曾经在《江行唱和集序》中评论自己的文学创作："夫昔之为文者，非能为之为工，乃不能不为之为工也。山川之有云雾，草木之有华实，充满勃郁，而见于外，夫虽欲无有，其可得耶？"意思是说，我的文章都是在无意中写出来的，我没有说一定要将它写得多好，也没有刻意写得不好，只不过顺其自然罢了。就好比山川有云雾，草木结果实，都是自然而然的事情。

苏轼的文章是自然的写照，也是那时那刻真情的真实流露，因其旷达不羁、潇洒随性，才能在继前、后《赤壁赋》后，苏轼再一次提起笔来歌颂这壮丽的山川，让那首千古传诵的《念奴娇·赤壁怀古》跃然纸上：

大江东去,浪淘尽,千古风流人物。故垒西边,人道是:三国周郎赤壁。乱石穿空,惊涛拍岸,卷起千堆雪。江山如画,一时多少豪杰。

遥想公瑾当年,小乔初嫁了,雄姿英发。羽扇纶巾,谈笑间樯橹灰飞烟灭。故国神游,多情应笑我,早生华发。人生如梦,一樽还酹江月。

第七节 / 重入朝堂极人臣

"人皆养子望聪明，我被聪明误一生。惟愿孩儿愚且鲁，无灾无难到公卿。"
懂得人世艰辛，才会有这样透彻极端的期望。

（一）

没有人会留恋自己的贬谪生涯，但苏轼是个例外。元丰七年，当苏轼终于结束在黄州五年的贬谪生活时，他没有欣喜若狂，反而有些恋恋不舍。在他与当地父老依依惜别之情中，依然夹杂着复杂的情感，既有对前途的无法把握，也有对人生际遇的旷达与超然。于是，就有了这首词《满庭芳》：

> 元丰七年四月一日，余将去黄移汝，留别雪堂邻里二三君子，会李仲览自江东来别，遂书以遗之。
>
> 归去来兮，吾归何处？万里家岷峨。百年强半，来日苦无多。坐见黄州再闰，儿童尽、楚语吴歌。山中友，鸡豚社酒，相劝老东坡。
>
> 云何，当此去，人生底事，来往如梭。待闲看秋风，洛水清波。好堂前细柳，应念我，莫剪柔柯。仍传语，江南父老，时与晒渔蓑。

其实，赤壁吟诗作赋后，苏轼一度身体欠佳，由于长久闭门不出，甚至传出了他已病死的谣言，这个消息传到了宋神宗耳朵里，也让神宗终于记起了被贬五年的苏轼。于是，元丰七年正月的一天，苏轼突然接到了宋神宗的亲书手札，上书：苏轼黜居思咎，阅岁滋深；人才实难，不忍终弃。此诏令将苏轼改授汝州（今河南临汝）团练副使，本州安置，不得签书公事。表面上看只是让他换个地方继续过犯官一样的生活，其实是为其再度起用他做了铺垫。

然而，迁往汝州却并非苏轼所愿，幸而，苏轼在途中偶遇王安石，王安石并向他提出了"卜邻之约"的建议，希望苏轼能前往江南。

江南风景美丽，苏轼自己是个南方人，在江南生活的时间长，在那里结交了不少朋友，如今已是人到中年，能和老友们在山清水秀的江南诗文唱和，天清气朗之时去郊外踏青，细雨蒙蒙时在屋中赏雨，生活惬意，享受一段闲适人生，又何乐而不为呢？

想到这里，苏轼相继写《乞常州居住表》《再乞居常州居住表》呈予宋神宗，恳求宋神宗满足他乞居常州的请求，让他在江南终老此生。宋神宗思虑再三，终于答应。

当苏轼打定主意在常州定居时，朝政已经发生了天翻地覆的变化。宋神宗元丰八年（1085年）三月五日，神宗病逝，年仅十岁的哲宗不能亲政。应群臣的请求，神宗的母亲高太后垂帘听政。高太后是个坚定的变法反对派，所以她听政后的第一件事，就是启用司马光。在她的坚持下，三月十七日司马光应诏入京，五月二十六日拜门下侍郎（副宰相），第二年（1086年）出任尚书左仆射兼门下侍郎，正式拜相。

司马光已经在朝中身居要职，亲朋好友们纷纷猜测，起用苏轼的日子应该快到了。果然，就在北宋元丰八年（1085年）的六月下旬，苏轼接到了朝廷的诏令：以朝奉郎起知登州（今山东蓬莱）军州事。这一纸诏令等于解除了苏轼多年来的犯官身份，全家人欣喜若狂。

就这样，在对常州的万般不舍和留恋中，苏轼带着家眷于同年七月下旬启程前往登州，行程结束时已经是十月秋寒的日子了。刚刚上任不久，又接到诏令，命苏轼即刻回京。原本计划的大展宏图，只来得帮百姓解决了"盐状"、加强了水军防卫；原本打算的游览"山海名邦"，也尚未成行，只留下了一首《登州海市》以飨后人：

东方云海空复空，群仙出没空明中。
荡摇浮世生万象，岂有贝阙藏珠宫。
心知所见皆幻影，敢以耳目烦神工。
岁寒水冷天地闭，为我起蛰鞭鱼龙。
重楼翠阜出霜晓，异事惊倒百岁翁。
人间所得容力取，世外无物谁为雄。
……

（二）

宋神宗元丰八年（1085年），苏轼五十岁。

三月五日，神宗病逝，哲宗即位。

五月六日，苏轼被任命为朝奉郎、登州知州，官阶七品。

九月十八日，苏轼被任命为礼部郎中，官阶六品。负责朝廷的礼仪、祭祀、科举等事务。

十二月十八日，苏轼被任命为起居舍人，官阶六品。

宋哲宗元祐元年（1086年），苏轼五十一岁。

三月十四日，免试为中书舍人，官阶四品。

九月十二日，被任命为翰林学士、知制诰，官阶正三品。皇帝特赐给他官服一套，金腰带一条，金镀银鞍辔马一匹。

从元丰八年（1085年）的五月到元祐元年（1086年）的九月，短短的十七个月里，苏轼便从一个地处偏远之州的犯官一路直升到三品大员，提升了六个品级，飞跃了十二个官阶，距离宰相只有一步之遥！

——（摘自《康震评说苏东坡》）

从当代学者康震所整理的苏轼升迁的时间表中可以看出,苏轼从登州回来后的这段日子,简直可以用平步青云来形容。官做到这个位置,已是位极人臣,苏轼心满意足,而且,他还成为哲宗皇帝的经筵侍读,也就是帝王之师,这对于传统知识分子来说,是何等荣耀!

伴随着荣耀,苏轼变得十分忙碌,他需要起草很多的诏令,需要批复太多的奏章,需要选择有意义的教材,为当时年少的哲宗皇帝讲述历代的兴亡更替,从而帮助他辨别正邪、匡正得失。对于眼前的忙碌生活,苏轼甘之如饴。况且,只要是天寒地冻的日子,太皇太后和皇上都会非常关切地差人给他送来宫烛与热酒,以示慰问。太后还亲自送给苏轼一个刻有莲花的金烛台,以示皇恩浩荡。

这是苏轼人生中最风光的一段时光,与少年中进士的那一时期相比,有过之而无不及。因为当时苏轼初出茅庐,朋友不多,在京城还显得有些稚嫩生涩;如今却不同,他名满天下,又成为帝王之师,行动起来自然是游刃有余了。

苏轼是个风雅无拘束的文人,一旦生活允许,他的性格中那种洒脱与快意的一面就展现了出来。这段时间,他处处宴饮交友,写了很多的题画诗,留下了很多风流轶事,甚至风靡京城,人人都愿一识苏东坡。

作为北宋文坛当之无愧的领袖,苏轼的声望与日俱增。据说当时苏轼喜欢戴一种高筒短檐的便帽,这一习俗竟然为全国士大夫竞相仿效,人们将它称为"子瞻帽",并形成一种潮流,还有人写了一副对联讽刺这件事情:

伏其几而袭其裳,岂为孔子;
学其书而戴其帽,未是苏公。

苏轼被称为"宋四家",其书法在当时自成一家,而当他位极人臣时,他的字就更值钱了,很多人都想尽办法搜集苏轼的亲笔题字,有人甚至到了一种疯狂的境界。殿前副都指挥使姚麟是苏轼的忠实崇拜者,平生最喜欢收集字画。

他是个武人，没有机会与苏轼结交，因此他通过各种办法打听到自己的朋友韩宗儒有机会出入苏府，而且与苏轼有些笔墨往来，便拜托对方说："你若是能给我弄到一张苏翰林的墨宝，我送你一腿羊肉。"

韩宗儒既想吃羊肉，又想在朋友面前显示自己的能耐，便立即满口应承下来，但他与苏轼的交情并不算太深，为此，他绞尽脑汁想了一个好办法：他不时地借故给苏轼写信，一旦收到苏轼的回信，就立即拿着信跑到姚麟那儿，两相交换，韩宗儒每次都能换回十几斤羊肉吃。

后来，这个秘密被黄庭坚知道了，黄庭坚半开玩笑地对苏轼说："当年王右军（即王羲之）通过手书《黄庭经》才换得一群白鹅，如今韩宗儒用您的信函换羊肉吃，真的可以称为'换羊书'了。"

苏轼听了，顿时大笑不止。

过了不久，碰上了哲宗皇帝的生辰，苏轼在朝廷上忙得不亦乐乎，哪里有时间给韩宗儒写信呢？但是韩宗儒已经连续寄过来好几封书信了，他见苏轼迟迟没有回复，便只好派了一个仆人前来苏府催促，手忙脚乱的苏轼突然想起前些天黄庭坚对自己说的那个秘密，便走出去对韩家仆人说："告诉你家少爷，本官今天不杀羊。"

时间一长，苏轼的生活中就留下了许多趣事逸闻。

有一次，苏轼前去拜访宰相吕大防，正好碰上吕大防在睡午觉。听说苏轼来了，吕大防便以惯有的速度慢条斯里地穿衣起床，最后睡眼惺忪地来到客厅。苏轼见他这个样子，有心打趣他，看着窗前瓦盆里养着的一只绿毛龟便说："吕大人，那瓦盆里养着的是什么龟？"

吕大防不无得意地回答道："这是我的宝物，是一只罕见的绿毛龟，据说已经有好几百岁了。"苏轼故意走到跟前看了看，却摇摇头说："这种龟不算稀罕，六眼龟才是乌龟中的稀罕之物呢！"

吕大防从来没有听说过世界上有六眼龟，但他认为苏轼博学多才，一定是从哪本古书上看来的，便睁大眼睛问道："世上真的有六眼龟吗？"

只见苏轼一本正经地回答道："唐庄宗时，有一位大臣献上一只六眼龟。

庄宗很感兴趣，询问这龟有什么特点，有人编了一首歌谣回答说：'不要闹，不要闹，听取龟儿口号。六只眼儿睡一觉，抵别人三觉。'"

吕大防这才明白，原来苏轼是在编故事嘲笑自己睡眼惺忪的样子呢，宽容忠厚的吕大防顿时哈哈大笑起来。

苏轼喜欢开别人的玩笑，也喜欢别人跟自己开玩笑。《曲洧旧闻》曾经记载了这样一个故事，读来让人捧腹："东坡尝与刘贡父言：'某与舍弟习制科时，日享三白，食之甚美，不复信世间有八珍也。'贡父问三白。答曰：'一撮盐，一碟萝卜，一碗饭，乃三白也。'"

刘贡父是与苏轼的同僚兼好朋友，此人素来喜欢开玩笑。有一次，苏轼对他说："我吃过一样最好吃的东西，就是当年我和我弟弟苏辙在准备科举考试的时候，每天都吃'三白'，那味道真的好极了，我不相信，这个世界上还有别的山珍海味比这更好吃的了。"

刘贡父一听，自然十分好奇，连忙问："什么是三白？"苏轼便告诉他，下次请他吃饭，一定用"三白"做菜肴，到时候他就知道了。

过了几天，刘贡父果然来到苏轼府上做客，只见桌上摆着三样东西：一撮盐，一碟生萝卜，一碗白米饭。苏轼神秘地笑着说："这不就是'三白'吗？"刘贡父听了，捧腹大笑。

过了些日子，刘贡父回请苏轼，下帖子告诉他说请他通吃"三毳饭"，苏轼心想：这"三毳饭"究竟是什么东西呢？他饶有兴致地来到刘府，只见桌上摆着盐、萝卜、白米饭，这才知道自己中了"圈套"，只好不动声色地将饭菜吃得干干净净。

没过几日，苏轼又邀请刘贡父吃"三毛饭"。刘贡父明知苏轼开玩笑，但还是如期而至了。两人在房中谈了很久，刘贡父很饿，苏轼还是不提吃饭的事情，刘贡父忍不住饿，问道："'三毛饭'在哪里，怎么还不拿出来给我尝尝？"只见苏轼笑眯眯地说："不急不急。"他跟随苏轼来到餐厅一看，桌上什么都没有，苏轼站在一旁笑着解释道："菜也毛（即没有），饭也毛，盐也毛。这不就是'三毛饭'吗？来来来，不要客气，快吃吧！"刘贡父这才明白过来，顿时笑得喘不过气来。

京城奢迷富贵的生活并没有磨灭苏轼坚定的意志，他也没有在声色犬马中沉沦，回到朝堂之后依然带领家人过着极为俭朴的生活。此时此刻，苏轼已深深地领悟"人生如梦"的道理，物质的快乐又怎能比得上那种物我相忘、无待于外的人生至乐呢？

> 乐事可慕，苦事可畏，此是未至时心耳。及苦乐既至，以身履之，求畏慕者初不可得。况既过之后，复有何物比之，寻声捕影，系风趁梦，此四者犹有仿佛也。
>
> ——《乐苦说》

三

> 江上愁心千叠山，浮空积翠如云烟。山耶云耶远莫知，烟空云散山依然。但见两崖苍苍暗绝谷，中有百道飞来泉。萦林络石隐复见，下赴谷口为奔川。川平山开林麓断，小桥野店依山前。行人稍度乔木外，渔舟一叶江吞天。使君何从得此本，点缀毫末分清妍。不知人间何处有此境，径欲往买二顷田。
>
> 君不见武昌樊口幽绝处，东坡先生留五年。春风摇江天漠漠，暮云卷雨山娟娟。丹枫翻鸦伴水宿，长松落雪惊醉眠。桃花流水在人世，武陵岂必皆神仙。江山清空我尘土，虽有去路寻无缘。还君此画三叹息，山中故人应有招我归来篇。
>
> ——《书王定国所藏烟江叠嶂图》

这是苏轼为王诜写的一首题画诗，王诜曾经在"乌台诗案"中受到苏轼的牵连而被贬官。如今朝代更替，两人相聚在京都，心情和境地都发生了很大的改变。但苏轼归隐的想法，随着时局的变化又逐渐萌生起来，所以他在诗中写道："不知人间何处有此境，径欲往买二顷田"，并期待着"山中故人应有招我归来篇"。

苏轼之所以在诗中这样说，是因为有难言的苦衷。三年来，虽然在外人看来，苏轼享有人人羡慕的盛名高位，但他却卷入了激烈的政治斗争中，弄得遍体鳞伤。

司马光上台之后，所做的最主要的事情，就是排除阻力，罢废新法，让一切回到熙宁以前的原样。为了打破朝廷新旧两派的人事力量对比，司马光提拔了大量反对变法的旧臣。

王安石变法中的保甲、方田、市易、保马等法，由于在实施中产生了较为严重的负面影响，所以很快就被司马光废除了，众人也没有太大的争议和反对，但当司马光要废除免役法时，朝廷内部却掀起了一场轩然大波。

对于免役法，苏轼曾经是最激烈的反对者之一，但是，多年在地方为官的经历使他发现，免役法虽有不足之处，却可以极大减少官吏们贪污勒索的机会，所以，苏轼由反对者变为赞同者。在苏轼与司马光见面时，他将自己的看法和盘托出，希望司马光综合考虑，慎重对待免役法的存废问题，然而，司马光是一个个性执拗的人，由于他对新法的成见太深，根本听不进任何不同的意见，这让苏轼十分失望。这次见面，两人不欢而散。

尽管反对的声音高涨，但司马光还是于元祐元年正月连续进呈了两道《乞罢免役钱依旧差役札子》。这两道奏折漏洞百出、自相矛盾。后来，尽管免役法在司马光的坚持下彻底废除，但苏轼却在第一时间发表《论给田募役状》，公然唱起了反调。两人又为这件事而争吵不休。

苏轼的坚持己见，同样也引来了一帮支持司马光观点的大臣们的不满和忌恨。值得庆幸的是，司马光也与王安石一样，为人忠厚，心胸宽广，从不会因为政见不同而在皇帝面前大进谗言，所以苏轼还是在朝中度过了一段平静的时光，但随着司马光的去世，短暂的太平也随之告终。

司马光去世以后，朝廷中的旧党阵营开始分化，最终形成了三个不同的学术兼政治派别。一派以来自河南洛阳的程颐为主,朱光庭、贾易为辅,被人称为"洛党";一派以四川人苏轼为首,被人称为"蜀党";还有一派以来自河朔地区的刘挚、刘安世为主,被人称为"朔党"。三派之间,矛盾重重。

苏轼却用一句嘲笑讽刺之语拉开了洛蜀两党之间的争斗。

事情发生在司马光葬礼上。当时,哲宗皇帝正领着百官在南郊举行明堂祀典,将神宗的灵位安放进去。这个仪式一结束,大家就赶往宰相府祭拜司马光,没想到程颐拦住大家说:"《论语》曰:'子于是日哭,则不歌。'我们刚刚在明堂行过吉礼,又怎么可以再去行丧礼?这与古代的礼法不合呀。"

有人反对道:"孔子虽说哭则不歌,但没有说歌则不哭呀。"

程颐听了,觉得大扫面子,不禁提高声音大声争辩着。苏轼看不下去,觉得此人实在是太过迂腐,便上前挖苦道:"此乃麀糟陂里叔孙通所制礼也。"

叔孙通是秦汉时的儒生,曾经为西汉制定了一整套的礼仪制度。"麀糟陂里"是位于京城郊外的一处沼泽地,"麀糟陂里叔孙通"是指脏乱之地而来的假叔孙通。这等于嘲笑程颐是个没有见过世面的老学究,百官听后哄堂大笑。程颐恼羞成怒,其门下的洛学弟子更是气红了脸。就这样,苏轼与程颐因为一句玩笑话从此结下了仇怨。

很快,洛党就抓住了苏轼的把柄,开始对他大肆攻击。

元祐元年十一月,当苏轼首次主持进士候选馆职的考试时,他在试题中说:"今朝廷欲师仁祖(宋仁宗)之忠厚,而患百官有司不举其职,或至于偷;欲法神考(宋神宗)之励精,而恐监司守令不识其意,流入于刻。"

这是苏轼对于朝政的基本态度。在他看来,现在既不能像仁宗时期那样松懈怠慢,也不能像神宗时期那样过于紧张,应当进行调和折中。

洛党的人立刻抓住了其中的几句话,断章取义地攻击苏轼"谤讪朝廷"。

对此,苏轼在《辩试馆职策问札子二首》中为自己辩护道:"臣之所谓'偷'与'刻'者,专指今之百官有司及监司守令不能奉行,恐致此病,于二帝何与焉?至于前论周公、太公,后论文帝、宣帝,皆是为文引证之常,亦无比拟二帝之意。"

意思是，我这些话跟两位皇帝根本没有关系，只是打个比方，用来指责有关职能部门而已，怎么又牵涉到皇帝身上去了呢？

尽管高太后知人善任，没有因此而责怪苏轼，但洛党对苏轼的攻击并未由此停止。这时，突然传来一个谣言说朝廷认为朱光庭所言非是，要将他罢官。这样一来，责难苏轼的罪过的其他官员也都按捺不住，纷纷加入了对苏轼的攻击中。一时间，苏轼深陷种种诋毁之中。

苏轼无心与其争辩，于是连上四道奏折，请求外任，但没有得到朝廷的许可。苏轼无奈，只好暂且在京城待着，并以诗作表达自己离朝远去的决心。

为向东坡传语，人在玉堂深处。别后有谁来，雪压小桥无路。归去，归去。江上一犁春雨。

——《如梦令·有寄》

手种堂前桃李，无限绿阴青子。帘外百舌儿，惊起五更春睡。居士，居士。莫忘小桥流水。

——《如梦令·春思》

在苏轼的一再坚持下，朝廷于北宋元祐四年（1089年）终于批准他的请求，允许他以龙图阁学士的身份出任浙西路兵马钤辖兼杭州知州。

第八节 ／ 胜败都付笑谈中

"回首向来萧瑟处,归去,也无风雨也无晴。"

走到天涯海角,终是明白,胜败两忘,有情无情,都付笑谈中。

罗浮山下四时春,卢橘杨梅次第新。

日啖荔枝三百颗,不辞长作岭南人。

——《惠州一绝》

从黄州到岭南,时间变了,地点变了,年龄变了,连身边跟随的人都变了,唯一不变的,是苏轼那颗宠辱不惊、乐观旷达的心。所以,当别人为这贬谪生活大发牢骚的时候,东坡居士却开心地说:"日啖荔枝三百颗,不辞长作岭南人。"

北宋元祐九年(1094年),风云突变。亲政后的哲宗皇帝改年号为"绍圣",希望能够继承神宗朝的施政方针。变法反对派的大臣纷纷罢职,哲宗起用新党,朝政由章惇、安焘等人把持,他们抛弃王安石的变法政策,以"元祐党人"为打击目标。很快,当时在朝任职的三十多位高级官员全部被贬谪到了岭南,苏轼就是其中之一。

从北宋绍圣元年(1094年)闰四月开始到同年六月,苏轼接连收到了四道贬谪的朝廷旨意：

第一道旨意下达的时候，苏轼还在定州担任河北西路安抚使兼马步军都总管、定州知州。诏令的内容是这样的：取消苏轼端明殿学士、翰林侍读学士的称号，撤销定州知州的职务，以左朝奉郎的身份任英州（今广东英德）知州，正六品上。

第二道旨意下达的时候，苏轼正准备启程从河北赶往广东。诏令的内容是：苏轼以左承议郎的身份担任英州知州，正六品下。

当苏轼行走在前往广东的路途中时，第三道诏令下来了，内容非常简短："诏苏轼合叙复日不得与叙。"意思就是苏轼也就担任英州的知州，但是从此以后再也没有了升迁的机会。

当苏轼走到安徽当涂境内时，苏轼接到了朝廷发布的第四道诏令：撤销苏轼左承议郎的身份，由英州知州降为宁远军（治所在今广西容县）节度副使，惠州（治所在今广东惠阳东）安置，不得签署公事。

面对这一贬再贬的现实，苏轼什么也没有说，笑了笑便收拾着行囊踏上了贬谪之路。

在当时北方人的眼中，惠州是一个可怕的地方，这里属于蛮貊之邦、瘴疠之地，气候条件十分恶劣，生活条件极为艰苦，稍有不慎，便会病死在这里。苏轼虽然久经磨难，但是突然来到这么一个陌生的地方，他的心中不免充满了恐惧和担忧。当他真正到达惠州的时候，苏轼眼中的惠州却是另外一个样子：

> 到处聚观香案吏，此邦宜著玉堂仙。
> 江云漠漠桂花湿，海雨翛翛荔子然。
> 闻道黄柑常抵鹊，不容朱橘更论钱。
> 恰从神武来弘景，便向罗浮觅稚川
> ——《舟行至清远县，见顾秀才，极谈惠州风物之美》

当地官吏和百姓的热烈欢迎，更是让他感觉宾至如归，他没有那种抑郁不快之感，而是畅游山水，颇富闲情逸致。原来，惠州也是另一处人间好去处。

二

> 玉骨那愁瘴雾，冰姿自有仙风。海仙时遣探芳丛，倒挂绿毛么凤。
> 素面翻嫌粉涴，洗妆不褪唇红。高情已逐晓云空，不与梨花同梦。
>
> ——《西江月·梅花》

提到惠州，就不得不提到另一个在苏轼生命里极为重要的女子。林语堂说，苏东坡在惠州的故事总是与朝云有关的。这首写于北宋绍圣三年（1096年）的词，就是为王朝云所作的。

王朝云，字子霞，杭州人，因家贫自幼沦落歌舞班中，她天生丽质，能歌善舞。北宋熙宁四年（1071年），苏轼在杭州为通判时结识王朝云，为其清丽的姿色和高超的舞技所折服。在征得夫人王闰之的同意后，王朝云嫁给苏轼为妾，苏轼对她宠爱备至。

苏轼人生坎坷，为官历经密州、徐州、湖州，颠沛流离，但王朝云始终不离不弃。苏轼被贬黄州时，王朝云与王闰之一起，伴随着苏轼度过了一段最艰难的时光。后来王朝云为苏轼生下一个儿子，两人的感情日益深厚。

当苏轼再次被贬谪岭南时，他的夫人王闰之已经去世，苏轼遣散了所有的侍儿姬妾，身边只有王朝云生死相随。她不辞辛苦，追随苏轼长途跋涉来到惠州，在这蛮荒之地和苏轼过着甜蜜的小日子。

此时，苏轼已经年近花甲，王朝云只有31岁。

在苏轼的眼中，王朝云就是从天而降的仙女，他常常用"天女维摩"来比喻她：

> 白发苍颜，正是维摩境界。空方丈、散花何碍。朱唇箸点，更髻鬟

生彩。这些个,千生万生只在。

好事心肠,著人情态。闲窗下、敛云凝黛。明朝端午,待学纫兰为佩。寻一首好诗,要书裙带。

——《殢人娇·赠朝云》

苏轼曾有一词作《蝶恋花·花褪残红青杏小》,一日,秋风时节,苏轼闲坐无趣,见窗外落木萧萧,秋意绵绵,心中顿起伤感之意。为了排遣寂寞,他特意唤来朝云,命她将这首《蝶恋花》唱给自己听。王朝云轻展歌喉,慢慢地唱了起来,刚唱了几句,苏轼便见她眼中含泪,怏怏不乐,便询问其中的原因。王朝云含着眼泪说:"奴所不能歌者,唯'枝上柳绵吹又少,天涯何处无芳草'二句。"从这时候起,王朝云常常若有所思,经常念叨这两句诗,仔细体会诗中的深意,常常落下伤痛的眼泪,直到她卧病在床,依旧不忘念叨这两句诗歌。

有一天,苏轼正在读《白乐天集》,突然想到了白居易晚年"放伎卖马"的一段故事:那是白居易年近七旬的时候,他决定遣散家奴,卖掉宝马,众人纷纷离去,只有爱妾樊素依依不舍,宝马良驹也回过头来,对着他阵阵低鸣,仿佛舍不得这个旧主人。白居易甚为感动,于是将樊素与宝马一齐留下,还写了一篇《不能忘情吟》以示纪念。不过,樊素最终还是离开了又老又病的白居易,从此远走高飞了。

读到这里,苏轼想起朝云的生死相随、忠贞不渝,感慨之下,写了一首《朝云诗》送给自己的爱妾:

不似杨枝别乐天,恰如通德伴伶玄。
阿奴络秀不同老,天女维摩总解禅。
经卷药炉新活计,舞衫歌扇旧因缘。
丹成逐我三山去,不作巫阳云雨仙。

王朝云在惠州还为苏轼生下一个儿子,取名为苏遁,但是因为产后失调,朝云的身体日益虚弱，甚至卧床不起。为了消除病体上的疼痛，王朝云皈依佛门，拜比丘尼义冲为师。她每天跪在佛前，诵经祈祷，但总是徒劳。不久，朝云带着对苏轼的牵挂与不舍离开了人间，年仅34岁。

临终前，王朝云握着苏轼的手，语重心长地说："世上的万事万物都是命中注定的，人生就像一场梦幻，又像露水和闪电，转瞬即逝，对于生命中的喜怒哀乐，我希望你不要太在意。"

朝云死后，苏轼将她葬在惠州西湖孤山脚下的松林之中。这个出生于杭州的聪慧女子，最终在岭南终老，惠州成了她人生最后的终点。

或许，苏轼的一生是成也诗文，败也诗文。

北宋绍圣四年（1097年），也就是苏轼贬谪惠州的第三个年头。一天，苏轼因为想起自己贬谪惠州的经历，心中有些抑郁不平，便写了一首题为《纵笔》的自嘲诗。诗中有这样两句话："报道先生春睡美，道人轻打五更钟。"这两句诗传到京城，宰相章惇非常气愤，大声骂道："苏子瞻尚尔快活！"于是，重议苏轼的"罪过"，将苏轼贬谪海南。

这一年，苏轼已经62岁，他抱着"生还无期"的心情，几乎是孑然一身地前往了海南。途中，他曾写了一首诗给弟弟苏辙，最后两句为：他年谁作舆地志，海南万里真吾乡。可见，苏轼已经将海南当成了自己最后的归宿。在写给朋友王敏仲的信中，他这样说："某垂老投荒，无复生之望，昨与长子迈决，已处置后事矣。今到海南，首当作棺，次当作墓。乃留手疏与诸子，死则葬海外。"是连自己的身后之事都设想好了。

海南当时虽在宋朝的统治之下，但远离中原文明，对于此行，苏轼充满了生死未卜、前途渺茫的孤寂感。让他又喜又忧的是，弟弟子由也被贬官雷州，兄弟二人只隔着一道狭窄的琼州海峡。能在这天涯海角见上亲人一面，就算死在海南，也可以瞑目了。

苏轼刚到海南的时候，与当地居民语言不通，交流非常困难。他十分想以中原的文化影响当地的居民，于是，苏轼在讲学的过程中开始使用四川官话，同时还带动当地的塾师用四川官话讲学。这样一来，四川官话也就成了海南当地的普通话，这一门语言的掌握竟然为当地培养了不少读书人。

苏轼在海南所做的最大贡献，就是在儋州开辟学府，自编讲义，教书育人，培养出一大批饱学之士。他的弟子有海南历史上第一个中举者姜唐佐。在姜唐佐之后，陆续又有海南子弟考中科举。整个宋朝，海南一共出了12位进士，这与苏轼在当地进行文化教育，传播中原文明的努力是分不开的。

苏轼到了海南之后，依旧没有停止他的诗文创作。海南岛独特的风土人情反而给他的诗文增添了异样的风采。这一天，他想起自己身在岛上，就仿佛一只蚂蚁漂浮在一片草叶之上，不知自己将要去何方，于是，他将这种想法写了出来，便形成了一篇饶有兴致的小散文——《试笔自书》。

苏轼最擅长的就是苦中作乐。到海南以后，他从没有忘却自己的兴趣与爱好，闲暇时提笔写诗绘画，或与友人等下观棋，或邀二三好友出门寻访名胜古迹，这些都构成了苏轼生活中的精彩片段。

这种不以苦为苦、反以为乐的心境，让苏轼在儋州的晚年过得十分快乐。有一次，他喝醉了酒，晕晕乎乎地居然找不到自己家了。无奈之下，只好沿着牛粪便慢慢地走回家，但一路走去，依旧是懵懵懂懂的，幸好有几个调皮的小孩子，吹着自制的哨子将这个老头子送回了家。酒醒后，苏轼这样写道：

> 总角黎家三四童，口吹葱叶送迎翁。
> 莫作天涯万里意，溪边自有舞雩风。

人人都在渴望桃花源，但它可遇而不可求。苏轼的桃花源却是建立在现实的基础之上的，是那种大彻大悟的精神境界。只要拥有了这种精神境界，不管身处哪里，处处皆是桃花源。

四

心似已灰之木，身如不系之舟。问汝平生功业，黄州惠州儋州。

——《自题金山画像》

这首诗写于苏轼离开海南一年后重游镇江金山寺时。此时此刻，苏轼以自嘲的口吻，回忆自己贬谪的一生，最终只留下六个字：黄州惠州儋州。

的确如此，对于苏轼来说，所谓功业，只不过是一连串贬谪的生活；所谓人生，到最后只剩下一个"心似已灰之木，身如不系之舟"的花甲老人。联想到自己坎坷的一生，苏轼百感交集，但字里行间丝毫不减当年豪放旷达的情境。

北宋元符三年（1100年）六月二十日，苏轼在这个被称为"天涯海角"的地方生活了三年之后，竟然接到朝廷大赦天下的诏令，得以重返中原。

此时哲宗皇帝已死，新皇帝登基伊始，便大赦天下，那些被贬的元祐老臣纷纷从贬谪之地返回中原。苏轼离开海南之后，先后到过廉州、广州、英州、金陵等地。此时此刻，朝廷对他的诏令也如他当初贬谪海南时一样，也是一日多变，到最后，苏轼所收到的诏令是：复苏轼为朝奉郎，提举成都府玉局观，外军州任便居住。也就是说，此时的苏轼不仅获得了一份七品的俸禄，而且可以随便选择地点居住了。对此他感到由衷的兴奋，并最终做出了归老常州的选择。

在此之前，朝廷中曾有留言传出，有人认为，既然章惇等人已经被驱逐出朝廷，那么，苏氏兄弟一定会受到朝廷的重用，他们重新踏上仕途的日子不远了。对于这种流言，苏轼心知肚明，对于更加亲近新党的宋徽宗来说，兄弟二人要想返回朝廷，重新踏上仕途几乎是不可能的了。何况，这么多年风雨沉浮走过来，无论是心理上还是身体上，苏轼都没有力气再一次卷入政治旋涡，将自己再度弄得筋疲力尽了。

宋徽宗建中靖国元年（1101年）六月，当苏轼终于返回魂牵梦萦的常州城时，他已经身患重病，卧床不起了。一开始，苏轼认为是一路颠簸的缘故，但休息了很长一段时间之后，他的身体依旧没有恢复，苏轼已经预感到他的大限就快到来了。

他在写给米芾的信中介绍自己的病情说："两日来，疾有增无减。虽迁闸外，风气稍清，但虚乏不能食，口殆不能言也。"

有一天，苏轼的朋友钱世雄来看望他，苏轼躺在床上，无法坐起来。他气喘吁吁地对钱世雄说："我很高兴我能从南方回来。但是最让我难受的是我没有在归途中见到子由。自从雷州一别，我就再也没有见到他了。"接着，他又对钱世雄说道："我在海南写成了《论语》《尚书》《周易》三书的注解，你替我保管吧，暂时不要给别人看。我想它们三十年后一定会大受欢迎的。"

苏轼说完这些话，就想从床上爬起来开箱，但是找不到钥匙，钱世雄只好安慰他说："你会好起来的，先不要忙着交代这些事情。"

此后，钱世雄常常来看望苏轼，但苏轼的病情愈加严重。他预感到自己将不久于人世，便强支病体起来写信给苏辙，并在信中交代了后事："即死，葬我嵩山下，子为我铭。"

七月十五日这天，苏轼的病情突然极度恶化，不仅突发高烧，而且牙床出血，全身软弱无力，他在《与钱济明书》这样叙述自己的病情：某一夜发热不可言，齿间出血如蚯蚓者无数，迨晓乃止，困惫之甚。细察病状，专是热毒根源不浅，当用清凉药，已令用人参、茯苓、麦门冬三味煮浓汁，渴即少啜之，余药皆罢也。庄生闻在宥天下，未闻治天下也，三物可谓在宥矣，此而不愈则天也，非吾过也。

到了七月十八日那天，苏轼将三个儿子叫到床前吩咐道："我一生问心无愧，我心中也毫无畏惧，你们不要为我哭泣。"

面对死亡，苏轼无惧无悔，因为当他回顾自己的一生时，他发现自己光明磊落，一生清白。多年前，他就对生命有过透彻的理解，对大自然的一切有过深刻的领悟。当死亡真正来临的时候，他的豁达与超然早已融解了他对死亡的恐惧。

七月二十八日，苏轼进入了弥留之际，当家人拿着棉花在他的鼻尖试探气息时，维琳方丈在他的耳边大声地喊道："端明宜勿忘西方！"意思是说，不要忘了西方极乐世界。只见苏轼喃喃地回答说："西方不无，但个里着力不得。"意思是西方极乐世界有没有我不知道，但是只怕我没有力气到那里去了。

这时候，钱世雄也凑在他的耳朵边说："固先生平生履践至此，更须着力。"意思是说您平时不是吃斋念佛吗？您赶紧努力，赶快去西方极乐世界吧。苏轼回答说："着力即差。"意思是这事一旦用了劲儿，就不是那么回事了。

回答完这几个问题之后，苏轼静静地躺在床上，溘然长逝。一代文豪苏东坡终于走完了他65年的人生旅途，终老于常州城内顾塘桥畔孙氏馆。

临终3天前，苏轼曾经写了一首诗给友人朱行中，这首诗最终成为苏轼一生的绝笔：舜不作六器，谁知贵玙璠。哀哉楚狂士，抱璞号空山。相如起睨柱，头璧相与还。何如郑子产，有礼国自闲。虽微韩宣子，鄙夫亦辞环。至今不贪宝，凛然照尘寰。苏轼去世后，弟弟苏辙遵照其遗愿，亲自为他书写了墓志铭，其文后的诗句，可以作为此辑的结语：

苏自栾城，西宅于眉。世有潜德，而人莫知。猗欤先君，名施四方。公幼师焉，其学以光。出而从君，道直言忠。行险如夷，不谋其躬。英祖擢之，神考试之。亦既知矣，而未克施。晚侍哲皇，进以诗书。谁实间之，一斥而疏。公心如玉，焚而不灰。不变生死，孰为去来。古有微言，众说所蒙。手发其枢，恃此以终。心之所涵，遇物则见。声融金石，光溢云汉。耳目同是，举世毕知。欲造其渊，或眩以疑。绝学不继，如已断弦。百世之后，岂其无贤。我初从公，赖以有知。抚我则兄，诲我则师。皆迁于南，而不同归。天实为之，莫知我哀。

第五辑 晏几道

我的痴狂,只为相思老

第一节 / 所惜光阴去似飞

渴望曾经已成为一种疾病，尽管他可能于此轻薄生命，
但依旧还时常回想她曾经回眸时的笑靥，还有给他吟诵诗词歌赋时候的清秀容。
酒醉初醒，人生如梦。

梦后楼台高锁，酒醒帘幕低垂。去年春恨却来时，落花人独立，微雨燕双飞。

记得小苹初见，两重心字罗衣。琵琶弦上说相思，当时明月在，曾照彩云归。

——《临江仙·梦后楼台高锁》

古时，对于那些在现实世界里失意落寞的灵魂来说，空气中总是弥漫着黯然神伤、怀疑惊慌的气息，自己也仿佛惊弓之鸟，永远不能熨帖、安宁地存活着，而梦境则为他们提供了一个极好的避风港，在那里没有官场上的腐败黑暗；没有事业上的穷途末路、壮志难酬；没有情场上的背叛薄情；没有亲人、友人的生离死别，所以中国诗歌中充斥着与梦有关的诗篇，有辛弃疾的"醉里挑灯看剑，梦回吹角连营"；有李后主的"梦里不知身是客，一晌贪欢"；有苏轼的"小轩窗，正梳妆，相顾无言，惟有泪千行"。晏几道经历了家道中落、

人生突变的大梦，意识也仿佛不再延展，只是停留在那些瑰丽欢乐的年华里。人生如梦，梦也频繁地出现在他的诗词中。

又是一个酒醉初醒、意识复苏的时刻，他呆呆地站起来，慢慢地适应这个现实的世界。不必花笔墨去一点一滴地描绘他的梦境，虽然必定是轻裘肥马的奢华生活，但也许他潜意识里已知道那些浮华都不再是事实了，再去回忆和纠结也只是徒增烦恼，还是好好看看眼前的这个地方吧。

眼前的景象果然让人失望。这是自己曾和小苹吟诗作对的地方，楼台上的锁早已锈迹斑斑，没了人的踪迹，小苹曾经住的瓦舍也是帘幕低垂。梦中的甜蜜果然是镜花水月，小苹早已不在自己身边。想到这儿，意识渐渐苏醒，因酒精和睡眠而钝化的忧愁和怅惘也渐渐尖锐起来，刺得心阵阵发疼。缓缓踱了几步，才恍然意识到又是一个暮春时节。微雨点点，如丝如缕，如泣如诉；落花片片，也仿佛在哀悼即将凋亡的哀愁。头上有两只燕子飞过，是在共同谋划着迁徙到另一个充满生机的地方去吗？可是，好像从去年开始，自己就这么一个人感慨着春天的逝去。孑然独立，世界仿佛就只剩下了自己的无边情思。

不自觉地想起刚刚见到小苹的时候，她乌发皓齿，明眸善睐，穿着当时在歌女间所流行的心字罗衣，如此单纯而甜美。还记得相识的那个夜晚，她幽幽地拨着琴弦，随着缓缓的曲调一字字地唱出自己的悲欢。也许从那个时候，自己就喜欢上了这个会用歌声讲故事的女孩子，也才会不自觉地接近她，一起编撰共同回忆。

可是琵琶犹在，佳人已远，当年和自己心心相印的人儿早已不知踪迹，她的故事至今还有人听吗？她的眼睛里还会有那么多不安定吗？想到这儿，不禁拨了拨面前的琵琶，竟然流泻出当年熟悉的曲调，那就在这种悠长的音符里放飞自己的回忆吧。李白在《宫中行乐词》中写道"只愁歌舞散，化作彩云飞"，他也曾像自己一样感慨那些如云儿飘散的人儿。皓月当空，月光如水水如天，澄澈的天幕中彩云翩飞，那是云，还是小苹归去时回眸凝视、依依惜别的身影呢？

二

> 长杨葇路。绿满当年携手处。试逐春风。重到宫花花树中。
> 芳菲绕遍。今日不如前日健。酒罢凄凉。新恨犹添旧恨长。
>
> ——《减字木兰花·长杨葇路》

晏殊和晏几道，被称为"二晏"，各自又被称为"大晏""小晏"，上承南唐五代之花间传统，下开宋词之婉约先河。"晏氏父子，具足追配李氏父子云"，说的就是"二晏"继承李璟、李煜的花间风格。"二晏"这对父子因为际遇不同、性格各异，在各自诗词中又有不同的特色。形式上，大晏工整华丽，小晏清新自然；内容上，大晏保守端庄，小晏则直率深情。大晏的《珠玉词》和小晏的《小山词》正如其名，一个雍容华贵，一个清新深情。

小晏的《减字木兰花·长杨葇路》和大晏的《破阵子·忆得去年今日》写的都是重游故地，不见故人，这一重合可能也说明大晏、小晏都不是薄情之人，都是感情细腻、把感情保存于心的人，但是，两人在表达感情时的情态不同，鲜明地展示出了两个人的不同性格。

一个人的时候，最宜相思。小晏和大晏的这两首词分别写作于春季和秋季。小晏的《减字木兰花》里，想到她，便想到当年那些无忧的欢愉时光，也不知不觉走到了两个人携手曾走过无数次的小道。至今还清楚地记得两个人在这条路上第一次牵手时的悸动、一起谈天说地时的畅快和一起共话未来时的甜蜜。再次回到这个地方，却发现这儿早已是绿杨夹道，郁郁葱葱，全然不是当年寂寥的寒酸样子，而这才发现自己的身边也不再有那个她了。跟着春风，又走到了那满树繁花中，这儿倒是没有改变，可是过去的旧景总是触发自己的那些欢愉记忆，每想起一段就挑疼一根心弦。一个人看遍秋日飞花，可这花终究是日渐凋零，一日不如一日，而一个人的酒喝着喝着就醉了，醉酒趔趄前行、无人照料，这又和着许多旧恨压在了心头上。

忆得去年今日，黄花已满东篱。曾与玉人临小槛，共折香英泛酒卮。长条插鬓垂。

人貌不应迁换，珍丛又睹芳菲。重把一尊寻旧径，所惜光阴去似飞。风飘露冷时。

——《破阵子·忆得去年今日》

大晏的《破阵子》中的故事发生于重阳前后。在一个菊花怒放的秋日，他挑了一个闲暇的时间又来到这片小园。还记得去年这时自己并不是独自拜访，而是和她一起，一起折下菊花和着浓酒，给寒凉的秋日添加一点温暖，感受重阳将近的气氛。平时，碍于自己的高贵地位，总要端出个正经稳重、忧国忧民的样子来，久而久之，也习惯了这层面具，甚至把它融到了血液里，只有和她在一起时，他才能收起这些顾忌，肆意地喝酒、折花、调笑，而今年再来，却只剩下自己，静静地赏花喝酒，全无去年的热闹景象。大晏没有怅惘于女子的芳踪难觅，也没有悲伤于自己的孑然独立，只是以一副冷静的姿态重新走了一遍去年的路，感慨光阴似箭，人事全非，留自己一个人感受秋日的飘风冷露。

在这里，他冷静而自持，感情含蓄而浅淡。"所惜光阴去似飞"，差点让人觉得这不是怀念去年同来的知己，而是写给皇帝的折子中的冠冕堂皇的一句。他心里定是有这位佳人的，不然也不会在重走这条路时写下这样一首词，不然也不会感受到秋天的"风飘露冷时"。只是爱情从来不是他的全部，自己在公务之余能有时间能够想起去年的那一场欢愉已然是很奢侈的事情了，怎么能指望身在高位的他像他儿子那样沉溺在男欢女爱中而口无遮拦、肆无忌惮地抒发自己的感情呢？

小山以爱为生，因此写出的句子才没有世俗的浊臭，才能芳香扑鼻，也难怪会得到"诸名胜词集，删选相半，独《小山集》直逼花间，字字娉娉袅袅，如揽嫱、施之袂，恨不能起莲、鸿、蘋、雪，按红牙板唱和一过"的评价。

三

  斗草阶前初见，穿针楼上曾逢。罗裙香露玉钗风。靓妆眉沁绿，羞脸粉生红。

  流水便随春远，行云终与谁同。酒醒长恨锦屏空。相寻梦里路，飞雨落花中。

——《临江仙·斗草阶前初见》

  晏几道，是宰相晏殊的第七子，虽为贵胄公子，终其一生，却只做过颍昌府许田镇监、开封府判官这样的小官，用"穷愁潦倒"四字来概括其一生，大抵也算不得过分。黄庭坚在《小山词序》中曾这样写道："余尝论：叔原固人英也，其痴处亦自绝人。爱叔原者，皆愠而问其曰。曰：'仕宦连蹇，而不能一傍贵人之门，是一痴也；论文自有体，不肯作一新进语，此又一痴也；费资千百万，家人寒饥，而面有孺子之色，此又一痴也；人百负之而不恨，己信人，终不疑其欺己，此又一痴也。'乃共以为然。"或许，所谓的"痴"，不过是伤心人别有怀抱而已，看透了那些你来我往、翻云覆雨，苍凉的何止是世态，或许还有那一颗素喜追慕纯真的心。

  晏几道，他仿佛始终沉沦在一个逝去的年代里。当黄（庭坚）、柳（永）、欧（阳修）、苏（轼）纷纷探索着词的新路，他却依然沉浸在小令中难以自拔。他有他独特的精神世界，在那里，春光旖旎，花开馥郁，不过很少有人能够走进而已。

  "始时，沈十二廉叔、陈十君宠家有莲、鸿、蘋、云，品清讴娱客。每得一解，即以草授诸儿。吾三人持酒听之，为一笑乐。已而君宠疾废卧家，廉叔下世，昔之狂篇醉句，遂与两家歌儿酒使俱流传于人间。"这是晏几道在《小山词跋》中的几句话。寥寥数语，勾勒出一个贵胄公子的蹉跎光阴。或许，这一生，有了那几年，便也无憾了。那几年，是生命中所有美好的集合；那几年，是此后漫长的孤寂人生的些许慰藉。或许，之于她们，他不过是生命中短暂一程的侣伴，而她们，却始终在他的小令中，在他的魂梦里萦绕徘徊……

"斗草"，又称为"斗百草"，是古代少女们的一种消遣之乐。《荆楚岁时记》中曾有这样的记载："五月五日，四民并踏百草，又有斗百草之戏。"刘禹锡在《白舍人曹长寄新诗，有游宴之盛，因以戏酬》一诗中也有"若共吴王斗百草，不知应是欠西施"的句子。斗百草的游戏玩法，今人早已无从得知，而穿过历史的烟尘，那一张张如花的笑靥，分明一如初见。"穿针"二字的背后，大抵是另一种风俗了。旧历七月七日之夜，俗称"七夕"，这一天，女子要设瓜果以拜织女，并以彩线穿针以期女工技艺之长进，谓之"乞巧"，所以"七夕节"又名"乞巧节"。在那斗草阶前、穿针楼上出现的，当是一个怎样的少女，她有着怎样的期许，又有着怎样的梦境？或许，她期待的，不过是一个一心人的出现，之后能够白首不相离，这一生，或许不会有大波大澜，却也自在安然。

只是，命运何尝顾忌过人们的感受，它安排着人们的宿命，却从不问人们的喜与悲。"罗裙香露玉钗风。靓妆眉沁绿，羞脸粉生红。"香汗淋漓，浸透了那茜色的罗裙，尽日地描画，那眉黛，那朱砂，早已沁入了肌肤，也沁入了心脾，谁人能够得知因由。昔年，在那斗草阶前、穿针楼上许下的心愿，是否早已如昨梦前尘般寂灭掉了？

那随着春天消逝掉的流水与行云，何处得见她们的踪影？她们的生命，一如风中的飘蓬与水中的浮萍，何处才是她们的归宿？或许，风尘中人的宿命大抵如此，人们从来只看到她们人前承欢，又有谁看透她们背后的苍凉？每一次转身，是否会潸然泪下？曾经，最是那回不去的过往，她们是否也曾回首往昔？只是，回首又有何用？叹息又有何益，不过徒增伤感而已，或许，不去看那曾经，反倒是一种解脱，只是，这一生，终究只能如此这般。太多人，就这样湮没在历史的滚滚洪流里。她们也有泪，也有笑，那喜怒哀乐，同样是真实的。只是，太多人看到了她们的美丽，却从不理解她们的哀愁。

据宋代祝穆在《方舆胜览》中记载，柳永身死之时，家无余财，群妓合资葬于南门外。每逢春日，便来吊唁，谓之"吊柳七"，也叫"上风流冢"。这种风俗一直持续到宋室南渡。后人有诗题柳永墓云："乐游原上妓如云，尽上风流柳七坟。可笑纷纷缙绅辈，怜才不及众红裙。"她们也有着真性情，只是太多人无缘得见，大抵只有柳永、小山之辈方得以一窥，只因在他们眼中，她们从不是玩物，从来都有最真实之人。

酒醉初醒，那梦中的人，却早已寻不见踪迹，只有那寂寞的屏风，诉说着昨夜的衷肠。

梦里相寻，在那微雨里，在那落花中，她，是否依旧是那豆蔻梢头的模样……

四

官身几日闲，世事何时足。君貌不长红，我鬓无重绿。

榴花满盏香，金缕多情曲。且尽眼中欢，莫叹时光促。

——《生查子·官身几日闲》

诗人是光鲜亮丽的，因为他们才气逼人，能在自己的诗行里用珠玉般的语言描摹世界，戳中人心最柔软的地方；诗人也是幸福的，因为他们能从世间万千琐碎无趣的事情盘旋而上，在世界上空俯瞰，从中发现别人所不能发现的美景，但是，在诗歌领域如鱼得水的他们在现实生活中并不是一样顺风顺水；相反地，他们可能活得十分潦倒、悲惨。

陶渊明性格疏朗自由，他喜欢读书却不喜句读，不为了博取功名而卖弄学识，而是为了抒发情怀；他喜欢喝酒，但绝不是为了与人觥筹交错拓展人脉，而是为了在酩酊中忘记世界，在沉醉中享受世事皆空的闲适；他喜欢交友，但绝对不是狎妓结伴，而是身着布衣木屐，与白衣农人共话最朴素的人生哲理。

这样一个"性本爱丘山"的陶渊明按照世俗的成功路径争名夺利，混入官场，却被官场沉重的案牍和人际负担压得透不过气，过着身陷樊笼、压抑郁结的生活。他把这种纠结抛掷在内心广袤的世界中，描摹出一个"中无杂树，芳草鲜美，落英缤纷"的空灵缤纷的桃花源，那里水草丰美、屋舍整齐，人们自得其乐、与世无争，为后世的人们提供了一个心灵的休息地。

小山一生在主旋律的官场上颗粒无收，穷困潦倒难以维生，他不自觉地想要逃开这些给他带来痛苦、苦难的阵地，转而去寻找一个能给自己带来无限温暖和肯定的地方，那就是"情"。在那里，没有权势倾轧，也没有利欲熏心，有的只是两个平等灵魂的互相欣赏和契合。

现实冰冷，而那些与红颜在一起的时间则是温暖的。酒香、花香、人香，香味融融，醉人心脾；歌声、笑声、谈话声，声声欢乐，酣畅淋漓。沉迷在这样的环境里，自然会发出"今宵有酒今宵醉""有花堪折直须折"的感慨。

有人说，晏小山的性格是"畸形"的，因为他无法像其他同龄人那样如鱼得水地融入俗世社会之中，总是以一种孑然一身的姿态后退到自己的世界里，靠舔舐自己的伤口获得温存。但是纵观《小山词》，他能把那方世外桃源描写得如此清雅脱俗、引人入胜，也为现代人提供了一泓心灵的清泉。

晏殊在他的《清平乐》里也写道，"秋光向晚，小阁初开宴。林叶殷红犹未遍，雨后青苔满园。萧娘劝我金卮，殷勤更唱新词。暮去朝来即老，人生不饮何为。"这该是他繁忙公务以外的一次难得宴会，所以很难得地能用闲暇的眼光打量着周围的世界，发现平时发现不了的一些美好。这是秋色渐深的时候，密林的红叶如琥珀般殷红，但还没有到层林尽染的地步，展示出层次递进的鲜艳。一场秋雨过后，天气微凉，而绵软的青苔一夜间也爬满了小园，清冷中却透出地毯般温暖的感觉。宴会上有一位他的红颜知己，一杯接一杯地敬酒，敬出闲暇和惬意。久未开宴，美人也十分高兴，使尽全身气力为自己填了新词，旧曲新词听起来别有一番风味。浮生偷得半日闲，晏殊的心理是平静中带有喜悦和惬意，朝来暮往，人很快就会老去，既然有这种机会发现人生潜在的静谧之美，那就好好地享受，开怀畅饮吧。在他眼里，躬耕仕途和自我排遣各有美好，一点也不相斥，这就使得在他的词不像小山的词有那么多对世事的恐惧、挣扎和逃避。

晏殊一生仕途顺利，从儿时的乡村神童到少年时的科举成名再到壮年时的官拜贵相，一切都仿佛是那么地水到渠成。这样的境遇和他圆融稳重的性格既相互依存，又相互促进。所以，他的词不像小山那样弥漫着呼天抢地、铺天盖地的叫嚣和泪水，没有那种为爱发狂的痴傻劲儿，也没有孤僻孤独的逃避。在他看来，仕途上的荣华和进退才是主道，诗歌和爱情只是调剂生活的调料而已，所以他既不会肆无忌惮、直率锋利地表达出自己的所思所想，也不会为了某一段相依相守而死去活来。他的人生既充满了奢华和富贵，也充满了谨慎和克制。从这个意义上看，久病成医，小山的"畸"苦了他自己，却造福了那些和他一样心灵受苦的人们。

第二节 / 人间自是有情痴

从来情深,奈何缘浅。

小山一生终究没能和心爱的女子携手共度,于是日日相思如痛,折磨着他的内心。

"白衣少年,红粉佳人,你侬我侬",只恨一切都如镜中月、水中花。

月落乌啼,相思已成一种习惯,只求来生共恩爱。

相逢欲话相思苦,浅情肯信相思否?还恐漫相思,浅情人不知。

忆曾携手处,月满窗前路。长到月来时,不眠犹待伊。

——《菩萨蛮·相逢欲话相思苦》

相思既是幸福的,也是苦涩的。终日沉浸在自己的幻想里,担心着对方的衣食冷暖,想念着对方的一颦一笑,想着对方正在干的事情,幸福就会塞满心里的每个缝隙。因为,在孤寂的人生道路上,决意爱上一个人并与她携手一生,就好像在人生荒原中找到了一颗指引方向的星星,光亮虽然微弱,但却清晰。我们如朝圣般一步步向她走去,再也没有那种孤苦无依、飘零无着的伶仃感,可是,这种幸福亦是一种折磨,在回忆中无数次勾画思人的脸庞,却如同镜中月、水中花,怎么也触碰不到,那种焦躁和挫败感难以言表。

梦里也会无数次出现相见时的情形。在一遍遍地打量过自己心心念念的那个人后，肯定想紧紧抓住她，告诉她自己被相思折磨得有多苦，可是，不知道为什么，小山笔下《菩萨蛮》里的主人公在炽热的思恋下却多了一份小心翼翼，因为他在担心、在惊恐、在害怕，怕看到对方无动于衷的眼神。如果连逢场作戏的热情她都没有装出来，那么答案只可能是——在自己的相思里，她早已放弃了自己，相思成了一出自己的独角戏。她不仅会变得冷漠，还变得会质疑，质疑自己的忠实和相思的程度，那种怀疑和嘲笑真的让他觉得自己所吐露出的一切情谊都被狠狠地踩在脚下的泥水里。既然自己做不到转身离开，又何必自取其辱，还硬要吐露心迹？"人生自是有情痴"，被称为"古之伤心人"的小山也是古之痴情人。终其一生，小山都活在自己的"心灵陵园"里，如同一个老迈的看墓人，迈着笨重缓慢的步伐走来走去，然后望着那些高矮不齐的爱情墓碑留下纵横混浊的泪水。他尽忠职守，即使那些感情都已经化为骸骨，也坚持定期清扫陵墓，在周围种上植物花卉，他就靠这样看着勃勃生机的墓碑维系着他的忠贞和思念。因为小山深知思念是一个人的事情，与对方无关。即使对方选择离开，选择再也不回头，自己还是会为当初的甜蜜而选择继续守候。

　　看到这儿我们的心都是疼的，因为看到了一个人陷入没有出口的感情迷宫里，而他还满怀热情地继续穿行。于是，在这首词的下片，小山又陷入了日复一日的回忆中。还记得在那些幸福的日子里，两个人携手走过窗棂，身后是洒满月光的悠长小道。月光如水水如天，月光如两人心中的爱，寂静而美好。而分别多年的自己也早已形成习惯，每到月光弥漫大地的时候，自己就再也睡不着，披衣起立，静静望着那一轮皎月和满地的月光，潜意识里还是在等待着她的到来。

　　成熟后的小山不再是一个薄情寡义、玩弄感情的人了，他把那些给予他无限温暖的感情一一收藏在心底，然后在夜里用泪水慢慢摩挲，直到把它们打磨得无比细腻光滑，可是，这些珠玉硌得人心痛。于是，我们有时甚至希望，小山是个薄情之人，这样他就不会一遍遍忍受痴情和苦恋的轮回。

二

花信来时，恨无人似花依旧。又成春瘦，折断门前柳。

天与多情，不与长相守。分飞后，泪痕和酒，沾了双罗袖。

——《点绛唇·花信来时》

还记得大唐年间的才子崔护，在夏日奔波于赶考路上炎热而焦躁。他看到一处民居，重重地敲门借水，开一门看到的却是怒放的桃花和如花的笑靥，顿时周身变得清凉了起来，烦躁的世界也不再喧嚣。可是，被功名所牵的崔护终究只能无视这个浪漫的小插曲，继续他的赶考之路。第二年故地重游，心底隐隐的期待牵引着自己走向了那条藏着笑靥的小路。只是推开木门，桃花依旧，芳踪难寻。他徜徉在招摇灿烂的枝枝桃花里，感受到的不是春风沉醉，而是无尽的怅惘和失落，于是提笔写下"去年今日此门中，人面桃花相映红。人面不知何处去，桃花依旧笑春风"的诗句。年年岁岁花相似，岁岁年年人不同。每年的花儿会按照约定如期前来，而"今年花胜去年红。可惜明年花更好，知与谁同？"人事无常，谁又知道来年此时能否相守？

感伤物是人非的人并非崔护一人，敏感的小山面对着锦簇花团，想到的不是春意盎然，而是去年和自己赏花之人如今却不知身处何处。她过着怎样的生活，是否如自己一样孑然一身？她心情如何，是否像自己这样感物伤怀？想到这些，苍凉和伤感涌上心头。"人生若只如初见，何事秋风悲画扇"，若都只如当年的相依相偎该有多好，就不会像现在这样一个人咀嚼着离别的辛酸。

春天本是万物复苏、生机盎然的时节，但如画般的美景总提醒着自己佳人已去，所以年年春日仿佛一道魔咒，外物越是璀璨斑斓，自己越是萎缩干瘪。一个人的日子里总是不自觉地去折自己门前的垂柳，仿佛又看到了当年折柳依依送别的情景，也仿佛折断了送别的信物，思念的人儿就不会远离。"纤腰非学楚，宽带为思君"，终于知道父亲词中所写的"衣带渐宽终不悔，为伊消得人憔悴"不是夸张，而情到深处自会伤身。

白居易在把陪伴自己多年的樊素送走之后，也送走了自己的幸福时光，于是写下了一首《春尽日宴罢，感事独吟》："五年三月今朝尽，客散筵空独掩扉。病共乐天相伴住，春随樊子一时归。闲听莺语移时立，思逐杨花触处飞。金带缊腰衫委地，年年衰瘦不胜衣。"世间没有不散的宴席，五年又三月的相处时光终在今天落幕。宴会终了，曲终人散，只留下自己独掩门扉，慢慢咀嚼巨大欢乐之后的失落和空虚。老病无依，而春景也随着樊素一起离开了自己，而这种愁绪都是相思带来的苦果。

想当年小山还是贵胄少年，终日闲散无事，游荡于歌楼酒肆之间，直到在好友家里遇到了歌女莲、鸿、苹、云。她们才貌双全，天真烂漫，和她们在一起时不必强颜欢笑，也不必说出违心的话语，一切都是那么自然。

天若有情天亦老，上天本就看不惯你侬我侬的鹣鲽情深，所以想尽办法使痴男怨女劳燕分飞。于是在这个春天里，没有欢乐，瞬间自己仿佛从天堂被抛到溟蒙的幽冥中，那里是一个人的囚牢，寒冷孤寂。"从别后，忆相逢，几番魂梦与君同"，"梦入江南烟水路，行尽江南，不与离人遇"。他的人生渐渐空乏萎缩成一具"行尸走肉"，只有在夜里靠梦境的滋养才能鲜活灵动起来。在梦里，他仿佛又回到了两个人情深相依的日子，可是，每每从梦里醒来时，才发现梦境成空，自己还是一人存活在惨淡的世间，不禁又是泪水满面。可是，男人总是流泪又显得那么难堪，于是只得把自己的郁结融解在一壶壶的酒里，早已不再是"少年不识愁滋味"的年纪，学别人醉抛金杯，不过是因为它们在白天也能麻痹自己的愁肠罢了。

婚姻和爱情是两个人的事情，因为需要彼此耳鬓厮磨、举案齐眉的互动，但相思从来都是一个人的事，在自己的记忆里选取一些明亮的画面和浪漫的场景做燃料，然后点燃，照亮独处时候的阴霾。这是炽热的爱情之光，如果有幸能够遇到回应，则这把火会烧得越来越旺，直到火舌有把人烧死的危险，才让人体味到爱情的轰轰烈烈,可是,就算没有人回应又如何?在一个人的黑夜里,他不吵闹、不颓废,连对方的时间也不占,只是采集记忆里对方的几片影子就可以安稳地获得慰藉。即使这是一场爱情的独角戏那又怎么样?他付出了思念,却收获了温暖。

晏几道应该是最明了这个道理的人,不然也不会终其一生在《小山词》里写下那么多相思之语。莲、鸿、苹、云,他在自己的诗词里一遍遍地回忆着和她们在一起时的场景。这把火烧得太炽烈,他常常会被相思中的甜蜜冲上幸福的巅峰,又被现实的生冷摔到冰冷的地面,高低起伏、冷热变幻之间充满了物是人非的辛酸和无奈。为了躲避这相思苦,他常常喝酒麻醉自己,暂时避开残酷的现实。他也给思念的人儿写信,虽然这些人多已与他失散,信笺永远不可能到达,也不可能有所回应,但他总是执拗地认为落诸笔端的思念才更有凭有据,才对得起自己思念的人儿。他也做梦,在梦里时光从未改变,他仍是那个狂浪的白衣少年,而时间刚刚停在两个人浅笑言兮的时刻。一切都是刚刚好。

初心已恨花期晚。别后相思长在眼。兰衾犹有旧时香,每到梦回珠泪满。

多应不信人肠断。几夜夜寒谁共暖。欲将恩爱结来生,只恐来生缘又短。

——《木兰花·初心已恨花期晚》

心中一直有一段打动人心的对话。一男一女在年逾中年才相识相恋,女子总是不无遗憾地对男子说:"为什么在我最美好的时刻我们身处两地,我没有依偎在你的身边?"而男子总是宠溺地望着她坚定地说:"难道我们现在在一起的时光不是最美丽的吗?"女子的话充满小女子的情态,想把自己最美丽的身影绽放给男子看，而男子的话却体现出了成熟和包容的气概，和你在一起的任何时光都是人生中最美好的。

这首词是一个回忆爱情的故事，有着同样动人的开始。主人公如对话里的女孩子一般有着孩童般的稚嫩。初遇她时，这朵鲜花快开到荼蘼，总是暗自悔恨相遇太晚，白白辜负了自己的那段韶华。这首词没有明确的思恋对象，从词句上看，应该是小山写给青年时遇到的某位知己。小山一定是怅惘那位女子错过了年轻时的翩翩白衣少年，对感情单纯热烈，对世俗疏狂得毫不在意。带着这种心态开始的爱情，小山一定是用尽了全力去呵护和维系，因为他总是觉得既然错过了最美好的时光，就得在随后的相处中奉献出最真挚的感情。

因为爱得热烈灵动，所以分别后无比怀念那个为爱而痴狂的自己，怀念那段浓烈无边的爱恋。每次睡觉时，拥抱的被褥都仿佛带着旧时她遗留的味道，仿佛有一种她从未走远、还酣眠身旁的错觉。房间里也到处都是她的影子，一直到自己的梦里，或走或停，或笑或闹，全是幸福甜蜜的味道，搅得自己的睡眠也不安宁，梦醒时分才发现自己早已是满脸泪痕，原来自己潜意识里也知道那只是梦，现实早如冰凌般凉薄锋利。夜晚露深寒重，谁又与自己同寝共眠？

小山一生痴恋，在诗歌中留下了无数相思惦念。其实，在现实生活中他也有过一段姻缘，这位妻子无论在正史上还是在小山的诗歌里都很少出现，只听闻这位女子不通点墨，对小山清高疏狂的性格颇有微词，连小山搬家时带上半车书籍也不能理解。不知道痴情至此的小山为什么会选择这样一段婚姻归宿，但是他内心对这段回忆的痛苦和不满全折射到他对那些过去的爱情的回忆里了。在这首词的末尾，小山也对回忆中的那个人说着，既然今生你已嫁、我已娶，二人再无可能，那就希望下一辈子我们能在一起，只是恐怕下一辈子相处的时光也不够用。"来生缘"，来自唐朝孟棨的《本事诗》："开元中，颁赐边军纩衣，制于宫中。有兵士于短袍中得诗曰：'沙场征戍客，寒苦若为眠。战袍经手作，知落阿谁边？蓄意多添线，含情更着绵。今生已过也，重结后生缘。'"本来是没有生还可能的兵士对自己的妻子、家人的含泪之语，"执子之手，与子偕老。死生契阔，与子成说"，"今生已过也，重结后生缘"，小山在这里使用"半生缘"一语是多么悲怆,这辈子既然不能厮守,那么,就希望人生对自己能够仁慈一点儿,让自己和她下辈子投胎生活在一起吧。

关山魂梦长,鱼雁音尘少。两鬓可怜青,只为相思老。

归梦碧纱窗,说与人人道。真个别离难,不似相逢好。

——《生查子·关山魂梦长》

从来没去过迢迢关山,只是在小山的书信中和别人聊天的只言片语里听到,但却把它的一山一水牢牢记在心里。因为他踏上了关山的征程,从此把自己的牵挂和衷肠也一路带到关山,所以,在溟蒙的梦里,自己仿佛是个去过关山无数次的人,每次在夜深悠远的梦里自己都会跨过巍峨的高山和广袤的大海,飞到那连绵、苍莽的山峦里,然后俯瞰大地,四处寻找那个熟悉的身影,然后,就在重峦叠嶂的军营中看到他,或勤奋习武,或奋笔疾书,或把酒言欢,或孑然独立,总是思念中的样子。

可是梦境终究是梦,一旦天亮,一切就如阳光下的气泡,旋即破碎,自己还是一个人抱着冰冷的玉枕凉席,独自坐看日光的长短变化,而关山那边仍杳无音信。

懵懂无知时读诗词,看到李白曾经写过"白发三千丈,缘愁似个长";李清照曾经写过"莫道不销魂,帘卷西风,人比黄花瘦";苏轼写过"多情应笑我,早生华发",当时还觉得不可置信,头发和体重怎么可能发生这么大的变化?不过是文人为了突出表达效果的修辞罢了。可是,自从他踏上征程,自从自己开始思念,才真正体会到这种思念和忧伤的力量。又是一个无眠的夜后,揽镜自照,竟然发现自己面容憔悴。自己的满头乌丝也因为夜夜的煎熬不复存在。夜不能寐,食不甘味,两鬓泛青,沈腰潘鬓,原来都是因为相思无着的缘故。

对于这对为相思煎熬的人儿来说，支撑他们走下去的动力就是下一次的重逢，然后在重逢时细细回顾这一路走来的相思之苦和不懈相守。这首《生查子·关山魂梦长》里的主人公也是这样，在思念叫嚣、孤苦难熬的时候，提醒自己再多一点忍耐和坚守，就能迎来那一幅两人相逢的图景。何时能够相聚在家乡那一帘绿纱窗下，依偎在他坚定的怀抱里，聆听他思念的心跳？到那个时候，终于可以肆无忌惮地袒露自己的委屈。别离的辛苦终于到达了尽头，可以尽情品尝相逢的甜蜜。

《诗经·郑风·风雨》也有一段描写情人相见的快乐，"风雨凄凄，鸡鸣喈喈。既见君子，云胡不夷？风雨潇潇，鸡鸣胶胶。既见君子，云胡不瘳？风雨如晦，鸡鸣不已。既见君子，云胡不喜。"见到君子后，什么疾病都自然会烟消云散，只有深深的喜悦。

小山这首《生查子》约作于元丰四年（1081年）至元丰八年（1085年）间，这段时期宋与西夏战事频繁，人们颠沛流离，妻离子散。壬辰有诏曰："州民为寇所掠，庐舍焚荡者给钱帛，践稼者振之，失牛者官贷市之。"这一年的小山已然46岁，早已过了年少轻狂的年龄，也对世间的流离和疾苦有了更深刻的体悟，所以他的《小山词》突破以往在自己狭窄的记忆空间里上下挣扎的樊笼，而在思念中加入了更宏观的描摹和记叙。

在小山的另一首《少年游》里，也描写了战乱时期的爱情和相思。

西楼别后，风高露冷，无奈月分明。飞鸿影里，捣衣砧外，总是玉关情。

王孙此际，山重水远，何处赋西征。金闺魂梦枉丁宁，寻尽短长亭。

没经历过战场上的厮杀，想象不到那份生命如草芥般瞬间化为乌有的惨烈和悲怆，感受最深的却是战争带来的别离和疾苦，因为自己的幸福就因为他的征戍戛然而止。

难以忘记西楼送别时的那幅景象,为他披上战袍和盔甲,不再像以前那样暗自欣赏自己身边人的帅气,而是心中缓缓泛起一种苦涩:何时能够再见这副容颜?他也像《诗经》里的那个男子一样为自己许下"死生契阔,与子成说。执子之手,与子偕老"的誓言,可是战场无情,这一面之后会不会就成了永别?

自从西楼别后,感受到的不再是风花雪月和柳绿花红,而是一个人行走在暗夜里的风高霜重,再没有人帮自己抵挡侵入骨髓般的寒冷。夜晚由于空守显得格外漫长,一个人硬是靠听着沙漏沙沙作响,看着明月在天上慢慢移动的轨迹而挨到天明。夜幕里看到的是孤鸿片影,它们也会为分离而怅惘流泪吗?李白在《子夜吴歌·秋歌》里写过,"长安一片月,万户捣衣声。秋风吹不尽,总是玉关情。何日平胡虏,良人罢远征"。寂静的夜晚让万户捣衣声声声入耳,她们也像自己一样难以入睡,干脆起来为远人做好冬衣吗?原来,惦念玉门关的,不止自己一人。

关山迢迢,山高水远。不知道战场上的人儿此时此刻又奔赴到哪里去作战了。相见无期,但会在梦境里见到他,像往常一样百般叮咛,叮咛他爱惜身体,叮咛他注意安全,叮咛他早日归家,勿忘相思人。可是,梦醒之后,一切又成空,寻遍送别的长短亭也找不到他的身影。

离别和相思都是苦涩而又美好的。王维的《山中送别》曾言:"山中相送罢,日暮掩柴扉。春草明年绿,王孙归不归?"春草一年一绿,带来无限春光,可是作为我人生春光的你为什么还不归来?

第三节　书得凤笺无限事

相思在小山的内心泛滥成灾，但此情无计可消除，

只得把离愁别恨和无尽相思一笔一笔诉说于红笺中，

满纸相思，满纸泪痕，更与何人说？尤恨春心难寄，情到深处，唯有泪千行。

长相思。长相思。若问相思甚了期。除非相见时。

长相思。长相思。欲把相思说似谁。浅情人不知。

——《长相思》

"问世间情为何物，直教人生死相许。"世人皆道爱情苦涩而危险，会让你食不知味，也会让你伤心蚀骨。可是，爱情本身并没有错，爱情是对心心相印、惺惺相惜的认同；是白头偕老、同甘共苦的陪伴；是平平淡淡，生死相依的责任。作为世间最美、最纯粹的情感，它值得我们去追寻，哪怕以一种飞蛾扑火、玉石俱焚的姿态。

"才下眉头，却上心头"，"一日不见，如隔三秋"，这都是身处爱情中的人们的普遍感受。相思无垠，什么时候才能结束呢？李白说，"入我相思门，知我相思苦，长相思兮长相忆，短相思兮无穷极。"徐干在《室思》中写道："思君如流水，何有穷已时。"徐再思说，"平生不会相思，才会相思，便害相思。"

就连乐天也在《长恨歌》里说,"天长地久有时尽,此恨绵绵无绝期。"

小山在这里写道,"若问相思甚了期。除非相见时"。大概只有见面的时候才能了结相思之苦。他的心中有苦涩,但更多的应该是甜蜜吧,因为爱情让我们的人生有了方向、指引和坚守下去的信念。从词的上片,我们能看出一个沉迷于情感的小山,他可能正在借酒消愁,也可能刚从迷蒙的梦里醒来,为现实生活中找不到她的踪迹而怅然若失,也可能正在回忆着"人生若只如初见"时的悸动和惊喜。其实,小山从不怕为爱痴狂,也不怕忍受相思的寂寥,只是比相思更可怕的是单相思,在一场感情里演一出无人回应的独角戏。

下片里,沉迷在甜蜜里的小山突然露出了怀疑和伤感的表情,自己这满腹相思该与谁诉说呢?是心心念念的那个她吗?算了吧,因为直觉告诉自己她对自己的用情并不深,怕是无法理解自己这种浓厚的相思之情吧。想到这里,一股悲凉之感涌上心头,原来一直以来都是自己在一厢情愿地单相思,在这场感情的世界里,她可能从一开始就没打算进入。

从小山的诗词里,我们总能看到那种一往情深的思念,却也总能悲哀地发现他在感情世界中存在的不安全感,他在付出感情和思念的同时,总是在潜意识里觉得对方付出的是"浅情",无法体味自己波涛汹涌的感情,总觉得对方只是在敷衍了事,把收拾感情战场的任务留给了自己。这从他的多首诗歌中都可以看出,比如《菩萨蛮》中"忆曾携手处。月满窗前路。长是月来时。不眠犹待伊"。回忆的尽是当年两人漫步月夜,自己在月夜下等待的温馨场景,而其上片"相逢欲话相思苦。浅情肯信相思否。还恐漫相思。浅情人不知"。这说的也是一番苦涩心情,也是不敢把自己的相思告诉对方,怕对方因为没体会过自己的深情而怀疑自己的用情。又比如《阮郎归》里的"旧香残粉似当初,人情恨不如。一春犹有数行书,秋来书更疏",小山敏感地意识到对方对感情的回应越来越淡,本就不妥帖的心更加伤感,只好夜夜在梦里舔舐自己的伤口,聊以慰藉。

其实,作为宰相晏殊之子,小山身上本应该有那种天之骄子、唯我独尊的傲气,应该是纵横百花丛、不沾惹一分的潇洒公子,着实不该有这么为爱痴狂、敏感脆弱、被爱伤得体无完肤还为爱执着的性格。究其原因，一方面，家道中落的他也确实没有那种心理底气；另一方面，小山天性如魏晋时期的名士一样，疏朗、狂傲、清高，不把浮名放在眼中，真心在意的只是至纯、至美、至善的情感。从这个角度讲，小山的痛苦其实成就了他的纯洁，因为他追求的是人类最纯净的情感；小山的痛苦也成就了我们的幸运，因为他的诗词让我们在繁华的世界里找到一片澄澈的净土。

醉拍春衫惜旧香，天将离恨恼疏狂。年年陌上生秋草，日日楼中到夕阳。

云渺渺，水茫茫，征人归路许多长。相思本是无凭语，莫向花笺费泪行。

——《鹧鸪天·醉拍春衫惜旧香》

如果一夜之间从钟鸣鼎食、前拥后簇的生活跌落到颠沛流离的境地，我们会怎么样？由俭到奢很容易，因为人总是有借口放纵自己，可是如果我们被迫经历由奢到俭的过程，我们将会有怎样的心境？本词就描述了小山的这种心境。

开篇一个"醉"字让人心头一紧，酩酊大醉的生活十有八九是不快乐和不满足的。果然，他东倒西歪地走在路上，不知道已经倒了一回。他醉眼蒙眬，用劲拍着身上的长衫。这件长衫做工精细，布料挺括，一看就不是寻常之物，这还是家里留给自己的为数不多的几件东西。他总是穿着这件长衫，是不是这件衣服上带有过去生活的气味，而他潜意识里还怀念那时衣食无忧、体面富裕的生活呢？

想当初，小山出生在钟鸣鼎食之家，父亲身为当朝宰相，家里总是门庭若市，所有人对他都是唯唯诺诺。父亲过世之后，再没有人凑上来为他提供便利了。而他呢，从小就在旁边冷眼看着父亲和一帮官僚讨论和操作政治，早已看透了其中的内情，他继承了父亲的读诗品文的文雅爱好，却没继承他在政治上平步青云的志向和兴趣。与左右逢源相比，他更喜欢待在自己的世界里摆弄金石和文字。所以，外人看待他为"畸人"。黄庭坚在《小山词序》中形容小山："常欲轩轾人而不受世之轻重。诸公虽爱之，而又以小谨望之，遂陆沉于下位"，他终究是清高疏狂，不知世道轻重，所以才会像《砚北杂志》中记载的那样："元祐，叔原以长短句行，苏子瞻因黄鲁直（黄庭坚）欲见之。则谢曰：'今日政事堂中半吾家旧客，亦未暇见也。'"但是，年少轻狂总是要付出代价的，比如他官职无着，颠沛流离，满腹离恨，都是上天对他疏狂脾性的惩罚。罢了，罢了，过去的事情就让它过去吧，就这样接受现实吧，这就是生活。

小山告别了家庭，告别了那些温柔体贴的知己们，也告别了过去那个天真无忧的自己，在年复一年的孤独流放岁月中，印象最深的不再是早年那种"舞低杨柳楼心月，歌尽桃花扇底风"的奢华和香艳，而是他征程中那陌上连天、瑟瑟摇摆的枯黄秋草和每个傍晚独倚高楼沐浴的落寞夕阳。

前路何在？"雾失楼台，月迷津渡。"他只看到路上无边的云层和苍茫的海水，哪里能看到陆地和家乡呢？他的旅程仿佛一场西西弗斯的劫难，无穷无尽而又无可奈何。这就是他的宿命吗？

本来心中有无尽的相思、委屈、期许，可是漫漫艰险的长路和残酷的现实早已把这些温柔的情绪磨灭净尽，现在成熟后的他早已知道世界不再是以自己为中心，疏狂不再是一种引以为傲的姿态，所以，还管什么内心的种种情绪呢？不过是无根无蒂的飘思而已，也不要像过去那样再在花笺纸上写下自己苦涩和心酸的词句了，那不过是白费眼泪和感情而已。

原来，成熟的一个标志便是知道自己的小脾性无法左右我们周围的世界，于是便学会沉默，学会收敛自己的情绪。小山也是用沉重的代价促使自己成长。

三

> 幺弦写意。意密弦声碎。书得凤笺无限事。犹恨春心难寄。
> 卧听疏雨梧桐。雨余淡月朦胧。一夜梦魂何处,那回杨叶楼中。
>
> ——《清平乐·幺弦写意》

科技的发展使现代人有了繁多的沟通方式。不管多么山高路险,短信、邮件、视频的出现使我们能立刻联系到想联系的人,缓解我们浓稠的相思。联系之后我们就可以心满意足地去忙其他事,不再有沉甸甸的牵挂,也不再有心绪酝酿无边相思。这就犹如快餐的出现,能够立刻满足我们对能量和口味的基本需求,但是也削弱了制作复杂料理时从构思、选材、采购到烹饪的过程中一步步获得的满足感。其实,相思也是一道盛宴,需要我们细细烹饪,才能获得美味。

写信是烹饪相思的一道重要工序。先是铺开薛涛笺,提起毛笔落下蝇头小楷,再呵气凝墨,以吻封装,并把装好的信笺托付于鸿雁驿站,然后就陷入了无尽的惦念和期待中,期待着离人收到自己的满腹相思,期待着云中也有带着滚烫心意的锦书寄来。于是,中国的诗词里,关于锦书的词句是那么精致优美:李清照的"云中谁寄锦书来?雁字回时,月满西楼",描写女子独立兰舟等待锦书的场景;晏殊的"欲寄彩笺兼尺素,山长水阔知何处",陆游的"山盟虽在,锦书难托",柳永的"此情怀、纵写香笺,凭谁与寄",欧阳修的"别来凭谁诉,空寄香笺,拟问前欢甚时更"都是面对逝去的欢爱感慨情意犹在,锦书难寄;"香笺小字寄行云。纤腰非学楚,宽带为思君"是借香笺寄托无边相思;"汉口双鱼白锦鳞,令传尺素报情人""忽逢江上春归燕,衔得云中尺素书"

是李白收到远方信笺时的纯真喜悦。

寄托于音符也是制作相思这道"大餐"时的一个重要步骤。把当年初见时的惊艳、相处时的甜蜜浪漫、送别时的依依不舍、离别后的煎熬相思全部放在手中演奏的曲子里，在这个高音符里放进去一点对再见的期待，在这个低音谷里放进去一点对分飞两地的怅惘和苦闷，然后酿成一曲满室丘壑起伏、点缀人们种种情绪的乐章。

如果小山在现代重生，定是一位气质谦和、内心细腻的男子。因为他极为敏感，可以敏锐地感受到两个人爱情中的高低起伏，感受到心灵的冷暖悲欢；又因为他嗜爱如命，认为两个人之间的心心相印和甜蜜相依是他存活下去的必需品。现实生活中的他从贵相暮子掉落到贫贱小吏的地位，从被环肥燕瘦环绕到被毫无精神交集的糟糠之妻嫌弃，痛苦不已却又无力逃脱。有情感洁癖的他不愿意与冰冷的现实妥协，便一头扎进回忆里去细细做一道相思的"大餐"。

弹琴鼓瑟时习惯用最细的那一根弦，不是他标新立异，刻意发新声，而是因为共振能弹出最细碎的声音，它们袅袅婷婷地往人内心里钻，能够一直触到内心最边角的突触，并与之完美契合。奏着一曲古筝，就仿佛看到了自己一路以来的情感历程，在自己情绪最盛、快撑不下去的时候通过音乐舒缓调节一下，然后再若无其事地继续着没有她的人生。

弹琴是为了抚慰自己的心神，但是总是有些不服气的相思抬起头来，执拗地要求得到满足。可是佳人无踪、寻人无果，只好把自己的一腔相思寄托在锦书里，把书信当作佳人，向它吐露自己的缠绵情思，可它终究不是佳人，也不知道该把它寄往何处。

在分开的日子里，就开始了相思，为了缓解这些抑郁难平的相思，琴声悲凉，锦书空寄，成了小山的日常生活状态。"哀筝一曲湘江曲"，弹奏《湘江曲》，并在历史上寻找饱受相思之苦人的共鸣；"欲尽此情书尺素。浮雁沉鱼，终了无凭据。却倚缓弦歌别绪。断肠移破秦筝柱"，想把自己想说的话在信里说给她听，无奈两人之间隔着天与海的距离，锦书也只能堆积成尘。无奈之下，移步走向古筝，操起琴弦，把自己内心的无限悲凉化作一曲曲苍凉筝曲；"云渺渺，水茫茫，征人归路许多长。相思本是无凭语，莫向花笺费泪行"，相思是自己一个人的事情，现实生活也不允许自己的相思信笺投递到她的心上。既然如此，还不如不费心神，不写这些花笺，可是谁又能控制住自己的情绪呢？这些都是这种苦涩生活的记录。

这一夜，小山早早睡下，不过是期待就着微凉的秋意早日入梦，去梦里赴约。寂寞深院里雨打疏桐，点点滴滴到空阶，是极好的入梦节奏。透过碧色的纱窗看那朦胧的如钩残月，也让人恍惚了现实与虚幻的区别。于是，现实生活中孤苦无依的小山在梦里又回到那一个柳枝飘摇的夜里，因为他知道那里有他最惦念的人。

梦，玄幻而神秘，也是对现实生活的一种补偿。小山被现实生活所局囿，却热衷于写梦，在梦里缓解相思。"春悄悄，夜迢迢。碧云天共楚宫遥。梦魂惯得无拘检，又踏杨花过谢桥""别梦依依到谢家，小廊回合曲阑斜。多情只有春庭月，犹为离人照落花"，这是他再熟悉不过的梦境了，刚刚入梦就沿着记忆里最深的那道轨迹找到了思念的人的所在。"梦入江南烟水路。行尽江南，不与离人遇。睡里消魂无说处。觉来惆怅消魂误"是偶尔梦境不作美，他生了满腹的委屈和惆怅；"从别后，忆相逢，几回魂梦与君同。今宵剩把银钉鱼钝照，犹恐相逢是梦中"，最终在命运的恩赐下两人得见，却已经惶恐得不敢相信，还以为是自己的梦。

在梦里，他们是不是也如梁山伯和祝英台，化为烂漫的蝴蝶，终日自由翻飞在花丛中？越热衷黄粱美梦，把梦境写得越斑斓绚丽，越能反映小山现实生活的苍白空洞和苦涩无情，所以，看到这些美丽的写梦的诗词，笔者只为小山感到心酸。

四

> 红叶黄花秋意晚,千里念行客。飞云过尽,归鸿无信,何处寄书得?
> 泪弹不尽临窗滴,就砚旋研墨。渐写到别来,此情深处,红笺为无色。
> ——《思远人·红叶黄花秋意晚》

秋天是个寄托相思的季节。大概是因为"长亭外,古道边,芳草碧连天","碧云天,黄叶地,乌雁南飞"的景色又一次让人想起执手相看泪眼的送别场景,也大概是因为"冷冷清清,凄凄惨惨戚戚。乍暖还寒时候,最难将息",这个萧瑟的时光不太适合荷池赏月,一片树叶的落下,一只燕子的南飞,一片清霜的凝结都会触动人最敏感的心弦,然后怅然若失于分飞的劳燕。

所以,送别诗和相思诗中弥漫着浓得化不开的秋意。比如一代词宗李清照的《一剪梅》,在"红藕香残玉簟秋"的时节,无人陪伴的她更加敏锐地感受到万物的萧瑟,于是她轻解罗裳,缓登兰舟,其实只是望穿秋水,等待远方的那一封红笺。可是,直到雁字回时,月满西楼,也只是自己独立兰舟。晚上气温慢慢降低,秋意变浓,她定是比谁感受得都要强烈,因为内心早已"一种相思,两处闲愁"。"此情无计可消除。才下眉头,却上心头",是一片无边的秋色,寂寥而清冷。在赵明诚赴任时,李清照在独守空房的重阳佳节写下《醉花阴》。薄雾浓云都给人一种窒息的压抑和沉闷,总感觉心中的那一份郁结要活活地被压出来。天气阴冷,不宜外出,百无聊赖中,她只好靠拨弄家里的香炉打发光阴。秋日是个寂寥的时节,越是寂静,越能注意到平时注意不到的细节,夜半月回才发现自己身下的玉枕纱厨是彻骨地凉薄,才发现东篱旁的黄菊在阵阵西风吹拂下早已变得纤细瘦弱,而自己早已是沈腰潘鬓消磨。

范仲淹的《苏幕遮》,"碧云天,黄叶地。秋色连波,波上寒烟翠。山映斜阳天接水。芳草无情，更在斜阳外。黯乡魂，追旅思。夜夜除非，好梦留人睡。明月楼高休独倚。酒入愁肠，化作相思泪。"秋天的天高云淡、黄叶无边、碧波荡漾、天水一色，带给自己的不是空旷悠远，而是行路无涯，相思无垠。归期未定，从此不敢独登高楼遥望故乡明月，只能把自己的愁肠在一杯杯的浊酒中麻痹。

层林尽染，黄花满地，秋意如一杯酽酽的茶水，把清香和苦涩一并送到人的心里。秋意微凉，最适合和人一起热酒赏花，可是现今只能形单影只地把思绪放飞，随游子飞到千里之外。

这使人不禁想起了那首《古诗十九首·行行重行行》中的"行行重行行，与君生别离。相去万余里，各在天一涯。道路阻且长，会面安可知？胡马依北风，越鸟巢南枝"。天涯海角的距离却挡不住情深意切的思念。胡马和越鸟尚且知道归巢，离人何时能够回家？小山这首词里的思念和《古诗十九首·行行重行行》里异曲同工。

《古诗十九首·行行重行行》中的思念并没有一个童话般完美的结局。"相去日已远，衣带日已缓。浮云蔽白日，游子不顾返。思君令人老，岁月忽已晚。弃捐勿复道，努力加餐饭。"长久的思念换来的却是游子的疏远和日益薄情。女子是"为伊消得人憔悴，衣带渐宽终不悔"，可是思念的人却是音信渐疏，足迹渐远，而如花的韶华就在这无望的等待中虚掷了。长久的等待、失望和落寞最后炼成了无奈的豁达，将"弃捐勿复道，努力加餐饭"化作对离人的祝福。

在这首词里，我们的主人公也面临着这样的苦楚和尴尬。翘首张望，放飞云中谁寄锦书来的惦念，收获的却是过尽千帆皆不是的失落和怅惘。眼泪扑簌掉下，哀悼着逝去的甜蜜和承诺，迷惘着前路的无着。人生若只如初见该有多好，感情在不知不觉中腐烂变质，这到底是为什么？

可是，还是想给思念的人儿写封信笺，许是为了圆满自己的思念，许是为了再为自己的爱情争取一番。于是，铺开薛涛笺，提起羊毛笔，写下思念的蝇头小楷，如同走过当年共同携手的情深时光。幸福的泪水充满眼眶，终究是不后悔自己的人生里有一段时光和他相伴。可是，一想到这封信笺可能是绝笔信,也可能如泥牛入海,杳无音信,幸福旋即变成不舍、忧伤,缓缓坠下,形成一串串的晶莹玛瑙。心在回忆里穿梭,笔在纸张上行走,而泪水在脸上流淌,落到纸上,起初是清脆的叮咚环佩,聚得多了就只有迟钝的回声和晕开的墨迹。情到深处,泪到滂沱,而笔下的殷殷情意也就成了透明的无色字,这是爱到深处则成空吗?

孟郊在《归信吟》有"泪墨洒为书"一句,与之有相似的意境,是以泪作墨。陈匪石《宋词举》对这一句有段极为透辟的分析:"'渐'字极宛转,却激切。'写到别来、此情深处',墨中纸上,情与泪粘合为一,不辨何者为泪,何者为情。故不谓笺色之红因泪而淡,却谓红笺之色因情深而无。"

而小山的另一首《两同心》也有相似的意境:

楚乡春晚。似入仙源。拾翠处、闲随流水,踏青路、暗惹香尘。心心在,柳外青帘,花下朱门。

对景且醉芳尊,莫话消魂。好意思、曾同明月,恶滋味、最是黄昏。相思处,一纸红笺,无限啼痕。

小山汲取了前朝白描的技巧,着重用一两笔把景物的轮廓和神态勾勒出来,所以他笔下的景色工丽而雅致,宛如一幅优美的风景静画。真正好的艺术品因为艺术家投入的心血,仿佛具有生命而形神兼备,你能通过外形感受到内部潜流的情感张力。小山笔下的景色也是这样,如一位妙龄少女,身姿窈窕,翩翩欲飞,让人感受到青春活力,但是你总是能从某个地方嗅出一点感伤、忧郁的影子,许是她略微蹙起的远山眉,许是她一直望向远方的、带有一丝迷茫和空虚的眸子,许是她身体半躺、百无聊赖的放松姿态,感伤,就这么轻飘飘地流动着。

这儿的景色描写也是这样。在一个春天的晚上进入梦乡,那里是一个类似桃花源的神仙世界。你看那杨柳拾翠处到处是蜿蜒流水,绿映其中;青草漫步处,有暗香浮动。这些美景如桃花源里的村落,宁静安详,可还是隐隐地让自己感到不安，因为自己的心思全被女子的那处旧址带走了，被带到杨柳天外，花丛深处。

佳人旧址仍在，可是芳踪难寻。每每夜晚来临，自己就有一些复杂的情绪，一方面喜悦于两个人曾有明月夜的温软相思；另一方面想到日暮时分，独自迎接黑夜的到来，不禁悲凉感涌上心头，还是不要想着寻觅佳人的事情，在金樽中暂时麻醉自己吧。醉里还不忘提笔寄托相思，把别离后对恩爱时刻的无尽相思、自己捡尽寒枝不肯安歇的执拗和默默等待的坚守一并写入词中。情到深处，一张信笺，满面泪痕。

怎么会如此巧合？晏殊在他的《清平乐》里也描写了和他的儿子差不多的意境。

> 红笺小字，说尽平生意。鸿雁在云鱼在水，惆怅此情难寄。斜阳独倚西楼，遥山恰对帘钩。人面不知何处，绿波依旧东流。

在红笺上用工笔写成行行小字，把心中的无限情意说尽，其实只想说给她听，无奈两个人无论在空间上和地位上之间的距离都仿佛鸿雁和鱼，只好怀着满腔惆怅将这封红笺保存在自己的手中。这时的晏殊再也不是权高位重、机智老成的宋朝宰相，而是同他的儿子和千万个坠入爱河的少男一样，此刻只为相思而辗转的普通人。看来，在他的富贵悠闲的外表下，还是有个角落藏着青春的思恋。

当然，晏殊的相思和儿子的炽热有所不同。寄不出信笺，他的心情开始惆怅，赶紧远离了书桌这个封闭的空间。慢慢地，他踱步到西楼楼顶，正是夕阳西下的时候，凭栏远眺能看到远方点点青山，也能看到绿波东流。广阔的景色让他惆怅的心情稍微得到缓解，可是看到远方的水天一色，不禁又开始想象自己惦念的她又身在何方呢？没有哭泣、没有酒盏、没有迷离玄幻的梦境，只有淡淡的忧伤和思索，这才是爱情成熟的姿态吧。

第四节　几回梦里与君同

小山日日登高的等待,最终换来的却是离歌的断肠。

现实满足不了澎湃的相思,他便学会了做梦。

他也只能在梦里找到那条再熟悉不过的小路,去亲近那并未走远的容颜。

几回梦里与君同,睡里销魂无说处。

（一）

彩袖殷勤捧玉钟,当年拼却醉颜红。舞低杨柳楼心月,歌尽桃花扇底风。

从别后,忆相逢,几回魂梦与君同。今宵剩把银钰照,犹恐相逢是梦中。

——《鹧鸪天·彩袖殷勤捧玉钟》

小山是幸运的,因为他出生在钟鸣鼎食之家,一出生就过着很多人梦寐以求的富贵生活,其亲为晏殊,父亲仕途坦荡,一路官拜宰相,又平易近人,与范仲淹、王安石等人和谐共事。这样的家庭环境带给小山的是富贵优渥的生活,也注定了他不经艰险世事,性格单纯天真。

他在年少时看尽了荣华富贵、声色犬马,所以和很多羁旅愁思、一生动荡的人相比,他看到的世界更加绮丽、多姿。

所以，他才会有这样的记忆，华灯初上时，达官贵人们相聚一堂，推杯换盏、觥筹交错的气氛仿佛让那个夜晚变得温暖起来。他们或随意地交换着官场中的消息，或谈论着最近的奇异偶遇，但更多的时候是饶有兴趣地欣赏着大厅中那个身材妖娆、舞步轻盈的女子。她绕过别人，如鸟儿一般飞到自己身边，为自己斟上一杯酒，而自己因为想博佳人一笑也强忍着辛辣，喝光一杯杯的酒，慢慢地自己就醉了。周围的一切都开始模糊，只能看到大厅中央的她像一只不知疲倦的鸟儿不断地旋转着，还听到那婉转的歌音绕梁不绝。那晚的时间感觉过得特别快，只觉得女子跳着跳着，本来还在杨柳梢头的月轮就西沉下去了；唱着唱着，女孩子手中桃花扇底的微风也渐渐弱下去了。

晁补之说从"杨柳楼心月"和"桃花扇底风"这两句"自可知此人必不生于三家村中也"，这两句所透露的富贵之像显现出作者绝非出生于贫寒之家。作为富贵公子，谁人没有这样灯红酒绿的经历？然而过去了就过去了，不过是逢场作戏而已，可是有多少人能像小山把这样的场景一记就是多年，而且为了它寝食难安呢？

相聚的时光总是短暂的，而一场别离就注定了之后的相思。别离后，那晚的场景变成了他心上的朱砂痣，每到夜深人静时便会使人心隐隐作痛，总想起那晚的旖旎风光，想象着两人间的你侬我侬，总是会在梦里与她相会，两个人有说不完的俏皮话儿，可是，醒来之后却发现这个夜晚，又是只有自己一人。

老天还是仁慈的，在那个通信、交通不畅的时代，小山的思恋仿佛像翩飞的青鸟，终于把相思的讯息带给了思念的人，而又让两人再次相逢。时间过了那么久，他仿佛早已习惯这种情感的煎熬和桎梏。当幸福终于来临，他又仿佛如囚禁太久的人见到强烈的阳光一样，眼睛无法适应，他幸福得快要战栗，又不敢相信这突如其来的喜悦，哆哆嗦嗦地拿起烛台仔细端详着这张在梦中反复出现的脸，谁知道这是不是又是一场梦境呢？

在读者看来，每每到"今宵剩把银钰照，犹恐相逢是梦中"这句时，总是会感慨像这样富家的贵公子竟然也对爱情如此虔诚。古往今来，不逢场作戏，对爱如这般虔诚的富贵之人能有几许？

二

小令尊前见玉箫,银灯一曲太妖娆。歌中醉倒谁能恨?唱罢归来酒未消。

春悄悄,夜迢迢。碧云天共楚宫遥。梦魂惯得无拘检,又踏杨花过谢桥。

——《鹧鸪天·小令尊前见玉箫》

"只是因为在人群中看了你一眼,再也没能忘掉你容颜。梦想着偶然能有一天再相见,从此我开始孤单思念。"《传奇》这首歌能走红全国无非是因为这首歌在清丽的旋律里诉说了一个为大众所共识的情愫:人群中对某个人的惊鸿一瞥,可能就造就了无尽的思恋。

小山是在酒宴上第一次见到她的,她温润如玉,恰是小山梦寐以求的佳人,而她亦对他钟情。她在绚烂的灯光下翩舞浅唱,美得太不真实。唐范摅《云溪友议》里写道,"韦皋与姜辅家侍婢玉箫有情,韦归,一别七年,玉箫遂绝食死,后再世,为韦侍妾。"从看到她的那一刻,他仿佛觉得找到了属于自己的玉箫,远远地望着光芒中的她,随着她的一颦一笑,不自觉地把一杯杯的酒喝下了肚。原来酒不醉人人自醉是有道理的,看到她的那一刻自己的心就已经醉了。筵席散罢,曲终人去,他也跌跌撞撞地回到家,但眼里却都是那动人的旋律和绚烂的笑脸。

短暂欢愉,不过衬托了分离后的时光更加孤寂,从此,春夜也因为思念变得寂寞难耐,时光也因为度日如年变得分外漫长。可惜,对方是自己好友家里的歌女侍妾,也是自己道德意义上的兄嫂,两个人的间隔简直如遥遥的云海,相见都成难题,何况相知、相伴?既然在现实生活中有重重险阻,那就将自己的灵魂自由放飞，让它去追求自己向往的爱吧。张泌在他的诗歌写道，"别梦依依到谢家，小廊回合曲阑斜。多情只有春庭月，犹为离人照落花。"他的心迹只有向皎洁的明月吐露，然后在梦里踏着那条早已烂熟于心的小道去与自己心上的人重逢。他只有在梦境里踏着皎洁的月光穿过谢娘桥看到自己日夜思念的身影。

被阻碍、不被世人祝福的爱情，总是存在于暗夜之中，给人带来无尽的痛苦和挣扎。和他同病相怜的还有宋代的陆游，一曲《钗头凤》把他和唐婉被母亲棒打鸳鸯，相思两地的苦闷一泻而出，"一杯愁绪，几年离索，错、错、错。春如旧，人空瘦，泪痕红浥鲛绡透"。不知陆游有没有也在梦中踏着月光走上通往唐婉住处的小路呢？《孔雀东南飞》里刘兰芝香消玉殒之后，焦仲卿是不是也因为无法容忍这种无边的痛苦和折磨才选择自挂东南枝呢？果然，思念也是伤人的。

小山的词多是今昔对比结构，先写记忆的繁盛和惊艳，再写现实的苦闷和干瘪，然后把这种今昔对比的落差诉诸美酒、琴瑟、书信的怀抱里。这是典型的小山风格。晏殊、欧阳修是写不出这样的词境，他们的有些诗词后人甚至无法分辨，因为他们的人生经历太过顺畅，写的词大致是宴游、送别、闲散时光，极少涉及心灵遭受这么多抑扬顿挫的层次。此外，小山的另一首《蝶恋花》也是今昔对比，把他的风格发挥到了极致。

> 碧玉高楼临水住。红杏开时，花底曾相遇。一曲阳春春已暮。晓莺声断朝云去。
> 远水来从楼下路。过尽流波，未得鱼中素。月细风尖垂柳渡。梦魂长在分襟处。

还记得两个人第一次相遇的地方，不是喧嚣街头的街道，也不是暧昧青楼的黄灯处。两人相遇的地方本身就是一幅无法忘记的美景。水波萦绕，临水有精致的小楼，但却直插云霄，正好用来俯瞰左右流觞和艳丽红杏，而他就是和她在花间相遇的。彼时花团锦簇，他正在花间闭目养神，忽然听到银铃般的笑声，一转身发现女孩如花的笑靥，顿时感觉身边的红杏又娇艳深红了几分。携佳人，赏阳春，这该是多么幸运的事情啊！

可是，欢聚太瘦，时光太宽，终有分别的时候。见面的时候正是阳春三月，草长莺飞，离别的时候也用一曲阳春曲相送吧！祝福行人前路似锦，春光遍地。黄莺翩飞，娇啼戛然而止；叠云易散，飘往南北东西。两个人就这样相隔万里、分融两地了。

如果两个人情感很深，愿意一起去守候、抵抗时间和距离对爱情的侵蚀，或许爱情还可以继续，而最可怕的就是在新的生活中要太多的奔波，偏偏把他忘掉，将其一人困在记忆的围城里无法自拔。离人走后，第一次相聚的高楼就成了勾起留下之人相思的符号，也成了唯一一个可以等待的地方，因为只有这个地方残留的回忆才能提醒他原来那一段情缘并非美梦，而是确有其事。他自觉地选择守在高楼，等一份爱的信息，可是，流波荡尽，只有无声冷月和潋滟柳枝，全无离人的半点尺素。慢慢地，等待成了一种习惯，而那流波分襟、高楼耸立处也成了自己梦中常常光顾的地方。

《聊斋志异》有陆判进入朱尔旦梦境的情节，《牡丹亭》也有杜丽娘生而入梦、死而复生的描写，可见梦境本是就有神秘的特质。

清代浙西词派著名词人厉鹗曾在《论词绝句》中评论《小山词》曰："鬼语分明爱赏多，小山小令擅清歌。世间多少分襟处，月细风尖唤奈何。"说的就是小山的梦境也有了"鬼语"的特质，在他的笔下，梦境和现实都是相通的，自己的相思可以肆无忌惮地在无边梦境里生长、发芽。

莫唱阳关曲，泪湿当年金缕。离歌自古最消魂，闻歌更在魂消处。

南楼杨柳多情绪，不系行人住。人情却似飞絮，悠扬便逐春风去。

——《梁州令·莫唱阳关曲》

最怕听到离别的曲子，离歌本就黯然销魂，让人衣衫尽湿，何况自己现在身处这么个孤苦无依的境地。阳关曲、折柳词成了让离人和思妇闻之断肠的音符。对于现在的自己，它们也是万万要不得的揪心毒药。

阳关位于今甘肃省敦煌市的西南，因地处玉门关南而得名，与玉门关一样同是进入西域的重要关隘。自汉朝建立西域都护以来，中央和西域的联系加强，越来越多的人经由这条丝绸之路穿行在中原和西域之间。在交通不便、地域间缺乏沟通的古人看来，西域远在天边，是一片寸土不生、飞沙走石的蛮荒之地，而蛮夷阴险、战事仍频，一去西域就不知能否安然归来。所以，送别的诗歌中一旦联系到这两个地方，送别的不舍便多了些许苍凉和悲壮，思念的诗歌中若带有这些地点，也平添了几分苦涩。

阳关和玉门作为送别思念诗中不得不提的地方，在中国文学史上则大放异彩。王维在《送元二使安西》中写道："渭城朝雨浥轻尘，客舍青青柳色新。劝君更尽一杯酒，西出阳关无故人。"因西出阳关无人再识，所以还是珍惜眼前，畅饮手中朋友送上的美酒，然后带着这满满的勇气和牵挂走上那一条艰险的路程。王昌龄在《出塞》中写道："黄河远上白云间，一片孤城万仞山。羌笛何须怨杨柳，春风不度玉门关。"黄河九曲回肠，蜿蜒直上到白云深处，而离人所在的孤城就掩映于万仞高山之中，渺小而孤独，那里是被春风遗忘的角落，所以根本不必吹起羌笛感慨春日迟迟不至。

古代征人戍边，亲朋好友多在灞桥相送，并从茂盛的柳树上折下一截柳枝，插在离人肩上。"柳"意味着"留"，多表达送行之人的依依不舍之情。所以，柳枝轻荡，荡出了多少人们的缠绵相思。所以，"杨柳岸，晓风残月"是送别时看到的断肠风景；"朝朝送别泣花钿，折尽春风杨柳烟。愿得西山无树木，免教人作泪悬悬"更是直接说出希望少一些青葱绿树，这样就可以少一点婉转相思；《赠柳》中的"章台从掩映，郢路更参差。见说风流极，来当婀娜时。桥回行欲断，堤远意相随。忍放花如雪，青楼扑酒旗"也是写出了送别时的情深。可是既然南楼的杨柳能够勾起那么多离情别绪，为什么不能把行人留住，以避免这一场离别和相思？人心如飞絮般飘摇，春风一吹就不知吹向何处，哪里又能恪守"执子之手，与子偕老"的誓言？

小山一生定是经历了太多的离别。父亲去世后家道中落、家财散尽，自己辗转奔波于颍昌府、乾宁、开封赴任小官时，自己锒铛入狱时，他的歌楼知己或嫁人从良，或伶仃零落，或不知所踪时，他都面临着一次次的离别。每一次的离别对于重情重义的他而言都是一场考验，都是一场绞尽心力的较量。

小山生性敏感多情，对离别的体悟和情感反应自然比别人强烈，而他的父亲晏殊的离愁则是另一番风景。

> 祖席离歌，长亭别宴。香尘已隔犹回面。居人匹马映林嘶，行人去棹依波转。
>
> 画阁魂消，高楼目断。斜阳只送平波远。无穷无尽是离愁，天涯地角寻思遍。
>
> ——《踏莎行·祖席离歌》

宴会意味着欢聚，但有时也意味着分离。这次的家庭宴会设在长亭边上的酒肆里，是不是也在暗示着这样方便宴会后的送别呢？别时已到，而送者和行人都是一幅不舍情景，行人本应该随波前行，可是木棹翻转，总是不舍得离开家乡的柔波；送者本应调转马头回家，而萧萧马鸣却不断在林中回旋。几个时辰前，两人还在相谈甚欢、把酒问月，可是现在奔流的江水就要把行人带往遥远的天边。

终是放不下这个越来越远的身影，送者登楼眺望，目送芳尘慢慢远去，消失在海天相间处。目之所及，都是滚滚碧涛、迢迢行路，一直绵延到天边，而自己的离愁也随着它们弥漫到了广袤天边的每个角落。相比于小晏的离愁，晏殊的离愁取景更加广阔疏朗，意境也少了一份愁苦，多了一份大气。当然，这与他出身显贵和"富贵优渥五十年"的命运是分不开的。

也还记得晏殊更为出名的《蝶恋花》，写的也是关于离愁。

槛菊愁烟兰泣露，罗幕轻寒，燕子双飞去。明月不谙离恨苦，斜光到晓穿朱户。
　　昨夜西风凋碧树，独上高楼，望断天涯路。欲寄彩笺兼尺素，山长水阔知何处？

　　为离愁折磨的人眼里看到的景色是萧索孤寂的。新秋的清晨，菊花笼罩着一层轻烟薄雾，兰花上也沾有露珠，本是极为普通的秋日景象在晏殊眼里却成了和自己一样愁苦万分的人物形象。清秋渐寒，双飞的燕子把自己衬托得更加形单影只。最可恶的是，那一轮清月，明明自己辗转反侧、难以入眠，还一路把彻骨寒冷的月光洒入自己的绿窗美梦里，酿成一夜夜的遗憾和痛楚，可是，晏殊毕竟是成熟稳重、冷静自持之人，并不允许自己沉溺在过多的伤感愁苦之中。所以西风凋零之际，他独上高楼，遥望到广阔的天地。虽然天高地远，不知佳人何在，但"天涯何处无芳草"，眼界放广阔了，心情自然就舒缓开来。

　　"诗到沧桑话乃工"，小山的一生比其父更加坎坷波折，所以面对离情才会有更沉郁的情感张力。

四

　　天边金掌露成霜，云随雁字长。绿杯红袖走重阳，人情似故乡。
　　兰佩紫，菊簪黄，殷勤理旧狂。欲将沉醉换悲凉。清歌莫断肠。
　　　　　　　　　　　　　　——《阮郎归·天边金掌露成霜》

　　每个青春洋溢、自信满满的人绝对不会满意于生活的这种小动作，但抗争过、失败过，他们就学会了妥协和顺从。这是成长的必经过程，但是在人生的某个时刻，过去那个犀利张狂的自己又会穿过时光片刻地绽放。晏几道出生在一千年前的北宋，却和现代的年轻人一起经历了造化弄人的无奈和改头换面的感慨，可见青春和成长是超越性别、国别和时代的。

这首词写于小山的中年，时间、地点停留在北宋首都汴梁的某个重阳。汴梁弥漫着富贵大气的皇室气息，吸引着像自己这样的小官吏驻扎，祈求得到皇帝的恩宠，得到仕途的晋升。天气渐渐变凉，夜晚的白露也凝固成了霜，带来阵阵寒意。天边的积云也渐渐取代了毒辣的日头，南飞的雁阵越来越长。秋天真的要来了，秋高气爽、疏朗淡定的天气不像酷热的夏天，反而能让人静下心来好好思索一番。

又是一年一度的重阳，三五好友吆喝相聚，推杯换盏、载歌载舞，庆祝佳节。按照重阳的风俗，小山把紫茎兰花和黄菊插在头上，人到中年反而显出少年的童稚轻快。热闹、轻松，瞬间扫除了"遍插茱萸少一人"的客居离乡的惆怅，反而给自己一种此处即家乡的错觉。是的，他很久没有这种归属感了。彼时的他早已不是那个疏狂清高的公子哥了，而是一个汲汲于功名而又沉郁内敛的中年男子。

很久没有这么放松过了，酒就一杯杯地多了起来，平时一直紧张的筋骨也仿佛活络了起来，一直绷着的脸也慢慢放松起来，眼神收回平时的谨慎和察言观色，放出自己心底的那份疏离、清高和孤傲。在那个时刻，自己生出了一种错觉，仿佛时间从未改变，而自己也从未委屈过自己。

罢了罢了，不再想自己的委屈和改变吧，生活的教训还不够沉重吗？不要太执着于自己内心的苦痛，因为生活从来不会因为你的悲欢而改变轨迹或标准，除了顺从，别无他法。既然不能抒怀尽兴，那就痛快地大醉一场吧。在酒的掩护下能把平时潜藏最深的自我释放出来又不用担什么罪责。一醉解千愁，麻醉了神经，就不会在这样的日子里再勾起愁绪。

历史上，除了陶渊明、竹林七贤等以隐居山林、与世隔绝的方式拒绝被社会改变以外，大部分人都磨掉了自己身上的棱角，选择向社会妥协。这何尝不是一件好事？为什么不试着在与社会的磨合中恰当地保护自我呢？社会和个人从来不是绝对矛盾的。也许如果小山早想通这一点，他的人生便会少一些纠结、坎坷和无奈，他便会像他父亲那样活得平稳而自由。

第五节 蕙楼多少铅华在

小山善于将深闺中女子的离愁别绪诉说得淋漓尽致，
但正如那些被困在锦绣院落里的女子一样，
这种感受何尝不是终生事业未就、爱情无成的他对白白辜负了这韶化流年的感怀呢？

小莲未解论心素。狂似钿筝弦底柱。脸边霞散酒初醒，眉上月残人欲去。

旧时家近章台住。尽日东风吹柳絮。生憎繁杏绿阴时，正碍粉墙偷眼觑。

——《木兰花·小莲未解论心素》

爱情，应该是一种什么形态？是按父母之命、媒妁之言结为伉俪，相敬如宾、举案齐眉地度过一生？还是在人生的某个时刻与他（她）不期而遇，用尽全身心的气力一起燃烧，把最浓烈、最绚烂的部分深深烙进心里，成为午夜梦回时反复舔舐的痕迹？也许，前一种是生活和婚姻，后一种是激情和梦想。很少有人能够把生活和理想完美地结合在一起，小山亦然。他一生心心念念的莲、鸿、苹、云四位女子流荡他方、音信全无，而自己却和一位根本不了解自己内心志趣的女人共度了一生。

他的《小山词》多数是回忆以往的欢愉和甜蜜，大概也是因为现实中的婚姻、事业和生活不甚顺利的缘故。得不到的永远是最美好的，所以那些年轻时期的轻狂时光也成了他心中久久惦念的。张爱玲在《红玫瑰和白玫瑰》里对这个问题做过形象的描述，"也许每一个男子都有过这样的两个女人，至少两个。娶了红玫瑰，久而久之，红的变成了墙上的一抹蚊子血，白的还是'床前明月光'；娶了白玫瑰，白的便是粘在衣服上的一粒饭粒子，红的却是心口上的一颗朱砂痣。"从这个角度看，小山诗词中的那些歌女们则是他心口上的一颗颗朱砂红痣，隐秘却殷红着。

在这首《木兰花·小莲未解论心素》里，小山就把心中那种难以磨灭的滚烫惊艳和思念记了下来，把那一刹那变成了永恒。

彼时的小莲还是豆蔻年华，涉世未深，还不懂得怎样掩饰自己内心的情感，所思所想都如狂风骤雨般倾泻出来。她会肆无忌惮地说出自己对现实的不满、对喜欢的男子的好感、对未来的担忧以及对甜蜜的渴望。她的筝曲犹如她的人一样直率而坦白，琴弦底部的琴柱被弹奏得斑驳作响、狂乱不已。

女孩子都以温婉大方、娴静娴熟为美，所以"静如处子，动如脱兔"和林黛玉般"两弯似蹙非蹙笼烟眉，一双似喜非喜含情目。态生两靥之愁，娇袭一身之病。泪光点点，娇喘微微。闲静时如姣花照水，行动处似弱柳扶风。心较比干多一窍，病如西子胜三分"的形态才会成为人们反复吟咏的对象。可是，小莲一点都不注意这些，却是另一番天真活泼的景象。你看她醉酒初醒时的样子，妆容早已斑驳不堪，脸上一片绯红，明显是酒精留下的红晕，摇摇晃晃地说要回家，却又迷迷糊糊地不知道自己要去哪里。她不是一位知书达理的小姐，而是一个天真烂漫的孩童。

人言天真者都是富贵之人，比如小山、纳兰性德、贾宝玉，他们之所以痴情得天真，是因为都是含着金汤匙出生，不需为世俗中的人事而奔波游走，所以可以大大方方地按自己的性子对世事寡淡，对爱情浓烈，但是，真正的天真与财富无关，否则为何家境破败后的小晏还是爱得天真痴呆，否则为何出身青楼、身世飘零的小莲也是一副天真模样？

她出身青楼，身份卑微，终日像风中柳絮一般随风飘摇。后来才被人收入门下充当歌伎。可是她的天真让人捧腹，即使是心情沉郁的人看了她的一颦一笑也会忍俊不禁。

她非常讨厌枝繁叶茂、郁郁葱葱的春天，虽然文人叹其生机勃发，但她只觉得它繁复碍眼。当喜欢的他经过时，那些枝蔓真的是妨碍自己肆无忌惮地欣赏，所幸能从围墙边偷偷窥视，一解相思之愁。在这儿，小莲多么像李清照《点绛唇》里所写的"蹴罢秋千，起来慵整纤纤手。露浓花瘦，薄汗轻衣透。见客入来，袜刬金钗溜。和羞走。倚门回首，却把青梅嗅"所描写的女子那样。她天真自如，在秋千上玩得酣畅淋漓、青衫尽湿，也不计较什么小姐形象。她满怀少女情怀，一听到人声就像一只偷吃的小老鼠提着没穿好的袜子窜到一边，羞涩之态仿佛不知道自己是相府的小姐，可是她又迫切地想看看来人，以缓解自己内心的无尽相思。于是，她装作若无其事的样子，拈起一支青梅倚在门口装出一副赏花的样子，借机把这个男人看了一回。

"你站在桥上看风景，看风景的人在楼上看你。明月装饰了你的窗子，你装饰了别人的梦。"世间最美的事情就是你在偷偷关注别人的时候，别人也在默默地看着你。两位少女以为没人注意到自己便肆无忌惮地想心中所想，可是早已有人注意到这些既好笑又可爱的女子，心里泛起阵阵怜爱。

中国的文学作品中也不乏这种天真烂漫、率真自然的形象，在文学的大花园里熠熠生辉。

《郑风·褰裳》里的女子心中满怀对男子的惦念，却等不来男子的只言片语，她一反封建社会对女子含羞内向的要求，面对着淙淙河水和河那边的男子肆无忌惮地把心中的想法毫无保留地倾泻出来："子惠思我，褰裳涉溱。子不思我，岂无他人？狂童之狂也且！"这份压倒性的自信、向男子发号施令般地索要思念，生动而深刻地把一个活泼天真的少女形象刻画在纸上。

于是，这些活色生香的女孩子们，通过文字永远活在了诗歌和春天里。

二

梅蕊新妆桂叶眉。小莲风韵出瑶池。云随绿水歌声转,雪绕红绡舞袖垂。

伤别易,恨欢迟。惜无红锦为裁诗。行人莫便消魂去,汉渚星桥尚有期。

——《鹧鸪天·梅蕊新妆桂叶眉》

爱情给人甜蜜,也让人成长,这一成长的"老师"远远比任何礼仪教授来得有效。因为一旦春风把爱情的种子带到内心绵软的土壤上,它就会以一种不可思议的强大力量扎根发芽,一直把根系插到内心最深处,挖掘到持久动力让自己不断向前,而它的养料则是对甜蜜爱情的憧憬和向往以及在爱情中变成一个更好的自己的渴望。所以,如果想改变一个人,就让他去经历爱情的波涛汹涌吧。

初识小莲时,她还是个不经人事、天真烂漫的少女,幼稚得如同孩童。还记得她乱弹琵琶时的轻狂、浓妆艳抹的随性、不拘小节的爽朗和粗中有细的少女情思。每个人都或多或少有这样的天真元素,但或因为礼教,或因为束缚而被修剪殆尽,成为所谓的"纤纤淑女"。可是,谁能说我们不羡慕这种天性自然流露、带着赤子之心的女孩子呢?

这首《鹧鸪天·梅蕊新妆桂叶眉》里描写的小莲已经褪去了孩童般的幼稚和轻狂,多了几分少女的辗转情思和羞涩缠绵。如若没有上一首《木兰花》,简直就要相信小莲生来就是这么个旖旎佳人。

这时,小莲已经不是那个酒醉之后彩妆惨淡、醉眼惺忪、满嘴呓语的女孩了,她已学会画上梅花般娇艳的精致妆容,细细描开如桂叶般的细长眉黛,这样一颦一笑就显得内敛优雅了。人们看待她时，不得不感慨"女大十八变"，再也不能把她当作涉世未深的小孩子，此时，她俨然是一位刚从瑶池沐浴而出的玲珑仙子。这时的小莲也不再痴痴傻傻、放浪疏狂，她轻移水袖，摇曳多姿，犹如一棵繁花满枝的树，她轻启朱唇，自在娇啼，让那绕梁的音乐如绿水一般轻轻飘荡。小莲真正成为了一名秀外慧中的佳人。

小山在另一首《菩萨蛮》里，也记录了小莲的蜕变：

> 香莲烛下匀丹雪。妆成笑弄金阶月。娇面胜芙蓉。脸边天与红。玳筵双揭鼓。唤上华茵舞。春浅未禁寒。暗嫌罗袖宽。

她学着铺上香粉，画上成熟的浓妆，那一份艳丽让夜晚的新月也黯然失色，让池里新生的芙蓉也颜面无光。她又学会了风华绝代的技艺，鼓瑟声声，舞步轻移，舞动出少女的娇俏姿态。

《小山词》里，思念和回忆都有明确的对象，这和以往诗词泛泛地描写相思不同，体现了小山的真挚和无所顾忌，而《小山词》中有关小莲的诗词很多，可见小山对小莲的惦念之深。小莲爱上的人是不是小山不得而知，但是在这首词中的小莲分明是恋爱的神态。

自从和一个人相爱，就体会到了两个人在一起时的甜蜜滋味，也终于知道为什么古往今来"问世间情为何物，直教人生死相许"。人们对爱情如此痴狂，也终于知道"此情无计可消除，才下眉头，却上心头"的相思滋味。自从和他在一起，恨不得每时每刻都能看到那炽热的目光，但时光不作美，两人总是分飞两地，所以会恨为什么离别的时光那么漫长，而在一起的欢乐时光却总如手中的细沙，流逝得太快。

换作以前的自己，必定是"莫愁前路无知己，天下谁人不识君""海内存知己，天涯若比邻"般的乐观和豁达，毫不在意片刻的分离，可是现在自己的内心不再是空落无着，而是有了一份牵挂，恨不得找一匹红锦，在上面用蝇头小楷一笔笔写下自己的相思和挂念。路途太远，惦念太盛，总怕自己的一腔相思会凭空寄托,所以,也忍不住叮咛离人,千万不要忘记这儿还驻扎着一份坚定的思念,不要像"一春犹有数行书,秋来书更疏"那般绝情,也不要"浮云蔽白日,游子不顾反"。牛郎、织女"银河迢迢暗渡",尚且能够一年一见,缓解相思,所以,远行的人儿,千万不要太过绝情。

小莲这一改变背后的原因是什么?是爱情。相恋使人细腻通透,相思使人百转千回,离恨使人愁肠百结,背叛使人豁达成熟。总之,爱情这位老师会倾其所有教给人们,让他们从懵懂无知、粗犷天真的人变成通晓人情、七窍通透的人。

长亭晚送。都似绿窗前日梦。小字还家。恰应红灯昨夜花。
良时易过。半镜流年春欲破。往事难忘。一枕高楼到夕阳。

——《减字木兰花·长亭晚送》

小山擅长写妇人之心,写离别、写相思、写闺怨,这大致是因为他有一颗善感之心,他像一只河蚌,壳里进了情感的沙子却不肯吐出来,只是放在壳子里用力地酝酿着,直到钻心的疼痛和着血泪形成一颗颗真正的珍珠。西晋张华《博物志》:"南海水有鲛人,水居如鱼,不废织绩,其眼能泣珠。"小山是否也像鲛人,品味心伤,对月流珠?

还记得那个傍晚,日头早已微沉,两人依依不舍地在长亭古道上相送十里,任凭夕阳把两个人的背影拉得斜长。看多了绝情行者和痴情思妇,只把万千叮咛汇成一句"多加餐饭,不若早归",自己的心意这个男子该是懂的吧。自己不愿意成为那种终日哭哭啼啼、忘穿秋水的思妇,提醒自己"得之我幸,不得我命",于是用大把的时光去干自己要做的事情:家务、农活、照料老少。纵是如此充实,心底里的相思还是会倔强地抬头入梦,一遍遍地将那个长桥相送的场景在脑中回放，而每每醒来，总是泪痕一片，都是相思之泪。

于是，收到了来自天边的锦书红笺，怪不得昨夜院中红花次第开放，原来是暗示有喜事临近，迫不及待地拆开信封，信中还是一如之前的口吻，热切描述着旅途中的新鲜见闻、风土人情，也向女子一一确认着以前的海誓山盟。信笺虽薄，但却给女子带来巨大的喜悦。终究是没有相思空寄，距离变了，还好，两人的那份感情还没有改变。

喜悦过后，又陷入淡淡的哀愁，真是"试问闲愁都几许？一川烟草，满城风絮，梅子黄时雨"，萦绕心头，挥之不去。时光荏苒，两个人在一起的时光，欢聚太少，离别太盛，总是根据他寄来的只言片语把自己的满腔提心吊胆和思念投射到大千世界里的某个方向去。在家独处的时光则是静寂而琐碎的，静到可以记住院子里一朵花、一棵草盛衰的周期，记住一对燕、一只蜂飞舞的轨迹，记住太阳和风每次移动带来的温度变化。这样算算，似乎自己最美好的大半年华都耗在了这样的虚掷里，而春天易逝，自己也捧着半面镜子的誓言度过了兵荒马乱中的流离岁月。

可是，女子都是容易满足的，只要尝到一点爱情的甜蜜，她们就可以以这个为精神食粮，隐忍着挨过所有的孤独和颠沛。这个女子也是靠着梦里过往的甜蜜一步步地坚持下去。

词人所写的形象都是词人内心真实想法的投射，女子既渴望爱情又纠结矛盾而最后决心继续坚守的挣扎心境，小山定也是经历过的，而且我们相信他最后也做出了和女子一样的选择：坚守爱情，以爱为生。

四

绿绮琴中心事，齐纨扇上时光。五陵年少浑薄幸，轻如曲水飘香。夜夜魂消梦峡，年年泪尽啼湘。

归雁行边远字，惊莺舞处离肠。蕙楼多少铅华在，从来错倚红妆。

可羡邻姬十五，金钗早嫁王昌。

——《河满子·绿绮琴中心事》

　　小山的词中多歌女，这些歌女的日子虽然优雅奢华但总是活得不太顺心，因为世俗的评判标准把自己的所思所想压抑心中，然后摆出一副淡定、豁达的样子。这种虚假而没有生命力的优雅让他不适，更让他想要逃避。在早年混迹风月场所时，他本是"金鞍美少年，去跃青骢马，牵系玉楼人，绣被春寒夜"的浪荡不羁态度，可是不知从什么时刻起，他开始注意到了这些下层女子身上的闪光品质：她们活泼开朗，朴实不造作，毫无富家小姐身上那种迂腐的道学之气，她们能歌善舞，才艺双馨，最重要的是，尽管她们身上有累累爱情伤痕，却仍然相信并渴望爱情。

　　所以，他对这些歌女的态度开始转化成了同情和怜惜，甚至想奉献出自己的爱情和承诺。在他的词中，他从男权社会的世俗眼光跳脱出来，用心体味歌女内心的欢快与悲凉；用心地经营和她们在一起的每一刻时光，尽量给她们带去爱情的温暖；他付出自己的承诺，终身以一种守护的姿态等待她们的回应。按理说，这样付出和态度应该会为他赢得完满的爱情，可是历史上的小山却和他的红颜知己们分飞两地，和一位不通文墨的粗俗女子共度了一生，这也是《小山词》处处是悲痛哀伤的腔调的直接原因。而探及这一悲剧发生的原因，这些女孩的心理绝对不能忽视，而小山也注意到了这点。

　　汉朝的班婕妤通晓历史，擅长音律，所作诗文和音乐常常能使汉成帝击节赞叹，她恪守妇德，劝说汉成帝谨遵贤圣之君的操行。可是，身姿纤细、歌舞双全的赵飞燕一进宫，这位枕边的男子还是听信谗言把自己打入冷宫。在漫漫的冷宫岁月里，她冷静地反省自己的一生，写下《怨歌行》一诗："新裂齐执素，鲜洁如霜雪。裁为合欢扇，团团似明月。出入君怀袖，动摇微风发。常恐秋节至，凉飙夺炎热。弃捐箧笥中，恩情中道绝。"自己愿意被裁为团扇为君王带来凉爽，怎奈兔死狗烹，一旦没有什么用处，或者他有了新的玩物，旧人就被丢弃在一旁。班婕妤在写作这首诗时应该是屈辱的，因为她遭到古代女性一生最倚重的丈夫的抛弃，但她冷静而自持地接受了秋凉团扇见捐的命运，又偏偏靠自己的广博学识和淡雅心态实现了人生的突围，还写出了《自悼赋》和《捣练赋》。

在古代的女子的心里，团扇因此有了警戒的意义。挥着团扇跳舞的歌女们每每莲步轻移，便会想到汉朝那位温婉优雅、大方贤良却被贬入冷宫的班婕妤，孤寂和心酸就仿佛从历史和团扇中穿透，直刺入内心。于是，再弹奏绿绮琴时，琴声中就有了哀伤和不安的意味。

于是，夜夜效仿巫山神女入梦，可梦里并无痴情的君王等待；每每醒来，只有满脸的泪痕作陪。热闹之余，她们习惯性地远望，因为远方的某个方向是自己的惦念所在。她们可能没有李清照的超然脱俗，却也期望在雁字回时收到离人的报信红笺，告诉自己还有人惦念着自己。可是，现实却从来都是音信杳然。原来当时的海誓山盟全是一时冲动，只怪自己太过认真。这么多年，经历了这么多的你侬我侬，可是"相交遍天下，知己有几人？"在这热闹喧嚣的欢场生涯，自己的心灵原来还是冰冷。意识到这点，才恍然发现半镜流年已逝，不论是自己还是那些天生丽质的姐妹早已不再年轻、甜美。

是的，在她们看来，期待爱情，犹如期待光明。她们见识过奢华和香艳，深知奢华容易流逝，香艳流于表面。所以，在她们的内心深处，是出淤泥而不染的，反而坚定地相信和期待爱情。历史上从来不缺少这些歌伎、舞伎的期待，"为失三从泣泪频，此身何用处人伦。虽然日逐笙歌乐，常羡荆钗与布裙"，虽然日日欢声笑语，但最想要的还是褪去脂粉和装饰，过穿着粗布粗服、为丈夫打扫下厨的普通女人的生活。鱼玄机也写过"羞日遮罗袖，愁春懒起妆。易求无价宝，难得有心郎。枕上潜垂泪，花间暗断肠。自能窥宋玉，何必恨王昌"，金银易得，而痴情郎难得。何必要艳羡别人的幸福，还得自己寻找自己终身的寄托呢？

所以，她们的内心是沉稳而坚定的，她们以一种极为审慎的态度仔细观察着自己遇到的每一个人，思量着是否值得托付终身。

从这个角度上看，云、鸿、苹、莲等几位歌女未必没有对单纯痴情、温柔儒雅的小山动过情，也未必没有动过托付青春、携手一生的念头，只不过可能是因为忌惮小山的贵胄身份和年少轻狂。她们曾经离小山很近，却又纷纷远去，流入她们自己命定的轨道和归宿里。小山想要爱情、知己和灵魂的契合，而这对于那些迫切想稳定下来的女子来说简直是奢望。于是，她们最终选择离开，也安于自己选择的生活，把生命中关于小山的记忆深藏心底。所以，不是不爱，而是时间不对，或者心境不对。他们可以相爱，却不能一起生活、一起携手白头。

第六节　／　满鬓华发笑春风

经历了不断别离的爱情、四处漂泊的艰辛后，小山在无奈中成长了。

成长永远是条单行道，故只能行走天涯无归意，欲问归期也无期。

从今屈指春期近，可无奈的是，如今迎接春风的，只有满鬓华发。

身外闲愁空满，眼中欢事常稀。明年应赋送君诗。细从今夜数，相会几多时？

浅酒欲邀谁劝，深情惟有君知。东溪春近好同归。柳垂江上影，梅谢雪中枝。

——《临江仙·身外闲愁空满》

古代人没有那么多的娱乐活动，但能更单纯地享受日常生活中的细碎快乐。春花秋月、夏雨冬雪、草长莺飞，都能给他们带来最纯粹、最本真的快乐。对他们来说，朋友们在一起清谈、喝酒、聚会便是极大的享受，因为这既能享受金樽对月的轻松惬意，又能和朋友们把酒言欢。宴会过后，发之为文，也成为了一项传统。

受性格的影响，不同的诗人在宴游诗中表达出了不同的感受。李白在《春夜宴从弟桃花园序》里这样表达："夫天地者，万物之逆旅也；光阴者，百代之过客也。而浮生若梦,为欢几何?古人秉烛夜游,良有以也。况阳春召我以烟景,大块假我以文章。会桃花之芳园,序天伦之乐事。群季俊秀,皆为惠连;吾人咏歌,独惭康乐。幽赏未已,高谈转清。开琼筵以坐花,飞羽觞而醉月。不有佳咏,何伸雅怀?如诗不成,罚依金谷酒数。"时光如白云苍狗,转瞬即逝,所以古人秉烛夜游,及时行乐。"天生我材必有用,千金散尽还复来",既然有这种吟咏创作的才能,就"人生得意须尽欢,莫使金樽空对月",然后发而为文,为自己的创作提供不竭的灵感。

小山的词里多描写宴会聚饮,一部分是他还处于钟鸣鼎食、奢华富贵之中的青少年时的作品,那时他一掷千金,夜夜迷失在管弦嘈杂和推杯换盏里,所写的宴会大多数是"小令尊前见玉箫,银灯一曲太妖娆"的香艳以及"歌中醉倒谁能恨,唱罢归来酒未消",宴会散尽之后巨大的失落和空虚感。另一部分写宴饮的诗词是他在家世落败、奔波逐利时所作,这时年轻的激情、放肆已经褪去,转而成了沧桑而沉郁的反思腔调。"罗幕翠,锦筵红,钗头罗胜写宜冬。从今屈指春期近,莫使金樽对月空。"不难想象小山写作这两首词时的景象,定是在杯酒之间眼神开始恍惚,越过吆五喝六、红光满面的宾客,而把回忆飘回到场景同样相似的年轻岁月,脸上就有了一种与宴会的欢乐不符的怅惘与沉静。原来,与社会相融不那么契合的人都无法自如地融入盛大的欢乐里。

可是,我们可以看出,纵使到了中年,《小山词》里也没有那种阿谀奉承、拼酒求宠的景象,更全无那种庸脂俗粉、珠光宝气的调儿。年轻时的欢乐香艳,中年时的冷静顿挫,小山似乎在刻意保持着《小山词》的清新淡雅,或者是刻意保持着自己人品的高洁清幽。

这首《临江仙·身外闲愁空满》也是发生在那样一个宴会上。明明是很难得地和三五好友在一起开怀畅饮,却总是能让人感受到欢乐之下忧伤的暗流涌动。人到中年,总是"身外闲愁空满",为了自身的前途,为了家人的生计,也为了自己在现实中横冲直撞的理想。除了那些无可奈何的离别和相思,小山人生中的愁思该是不少吧。于是,他也学会了临窗嗟叹,也学会了在欢乐的宴饮之间放飞自己的愁思,也不得不感慨年轻时候羡慕至极的成熟稳重原来需要付出如此沉重的代价。在小山的眼里，能让自己开怀大笑、狂喜不已的事情越来越少，而"人有悲欢离合，月有阴晴圆缺，此事古难全"则成了常挂在嘴边安慰自己的说辞。

朋友永远是相处起来最舒适的一群人，你不必担心自己是不是够出风头、有最抢眼的表现，也不必担心自己是不是太沉默影响了气氛，你只需要做好自己，高兴时插上两句应景的话，没有谈性时就静静地感受聊天的欢饮氛围，就足够了。这样的氛围在成人世界里是非常难得的。可是，眼前的欢乐总是像手中的细沙迟早会流失殆尽，细细算来，朋友明年就要离去。到明年，又要上演一出灞桥挥泪、折柳送别的场景，真是惹人哀伤，而从今夜开始，欢聚的时光又有几何？

离别之后，再有金樽美酒，不知能再与谁共饮？因为知晓自己脾性的只有诸位好友吧。如若没有分别该有多好，那就可以携手共赴东溪，那里的盎然春意早就让人心神向往。杨柳依依，纤细的影子在江水中摇摆，褶皱了一池春水，带来早春的气息，而梅花还不忍离去，在枝头依依惜别，奉献最后一丝香气。宁静而疏朗的春意，不奢华、不张扬，最是适合和这样的知心友人一起赏鉴。

治平元年（1064年），晏几道结识了黄庭坚，彼时小山27岁，黄庭坚26岁，两人一见如故，经常在一起喝酒作诗。《小山词》中关于两人宴饮描述并不多，想来不拘小节也是小山的一贯风格。可是，黄庭坚是一代文人，我们能从他的话中感受到两人的情义。黄庭坚这样评价对小山的学问才干，"潜心六艺，玩思百家"，"文章翰墨，自立规模，持论甚高，未尝以沽世"。在黄庭坚的心里，小山不仅才华横溢，而且品质高洁，不与世俗同流。在《小山词序》中，黄庭坚又把小山的一生概括为"四痴"：仕途蹭蹬，却从来不依傍权贵；文章水平高，却从不用作晋身之阶；饶有资产，慷慨大方，家人却过着贫寒的生活；他人辜负自己，依然对其给以充分信任。这一词序多被人当作研究小山的珍贵史料。遍览黄庭坚的诗作，会惊奇地发现两者的思维和脾性相似得惊人。"高盖相磨戛，骑奴争道喧；吾人抚荣观，宴处自超然"，黄庭坚和小山一样把功名利禄置之身外，专注自己内心，不问他事，淡然超脱。"余尝为少年言，士大夫处世可以百为，唯不可欲，欲便不可医也……视其平居无异于俗人，临大节而不可夺，此不俗人也。"《书僧卷后》中表达了黄庭坚内心深处保持的高洁品性。"胸次九流清似镜，人间万事醉如泥"（《戏效禅日作远公咏》），把世事的无奈和沧桑都化作一杯杯苦酒吞入喉肠，而从这侧面也可以看出黄庭坚不仅能与小山畅饮，还知小山内心。的确，这样的人，如何不被小山引以为挚友呢？小山一生沉浸在自己的世界里，他挣扎着，有这样的朋友实属难得，不知道这首词是不是也是为他而作呢？

  雪尽轻寒，月斜烟重。清欢犹记前时共。迎风朱户背灯开，拂檐花影侵帘动。
  绣花双鸳，香苞翠凤。从来往事都如梦。伤心最是醉归时，眼前少个人人送。

——《踏莎行·雪尽轻寒》

  小山笔下的景致大都是淡雅、清新、别致的，比如《踏莎行·雪尽轻寒》里的初冬之景，落雪给大地铺上薄薄的银装，让人觉得这寒冷没有那么厚重残酷，反而如瑟瑟秋风，带来一种轻爽的寒意。斜月挂疏桐，映出夜里浓稠的云烟。在这样的天气里结束一场欢宴，正适合进行一场冷静的反思。微醉之中还能记住过往的时光，一幕幕、一场场都在自己的眼前重新来过。恍惚之间，只看到大门迎风而开，帘边的婆娑花影瑟瑟摇动，简直让人分不清何处是梦、何处是现实。

  自己也像杜牧和柳永一样，有过在青楼里欢饮狂歌的日子，那时的人浑身充满了馥郁香气和才艺，陪着自己度过一个个清冷凉夜。那时的日子过得轻松惬意，那时的自己还处在父亲高相的荫庇之下，自己不想经营人际、追逐名利就可以从世故的宴请中转身离开，一心投入自己的青楼欢愉和诗词世界中。

经历过跌宕起伏的人肯定希望时光能够静止在人生最为欢乐的浓情时光，这样的人生虽然平淡无奇，但少了诸多波折和蚀骨痛苦。18岁那年，上苍就跟自己开了一个巨大的玩笑，把父亲的去世当作了给自己的"成人礼"。父亲逝世后，周围集结的利益集团一哄而散，而自己在瞬间失去了官宦子弟的光环，被扔进现实的巨大旋涡中。

这是小山人生的转折点，此后他开始学会习惯周围人的打量目光和势利嫌弃的眼神，接受以前那么骄傲的自己从来不会接受的贫寒生活；其次，他像一只失去父母的幼崽，面对世事险恶，只能靠自己去探索，去征服。父亲死后，朝廷念着旧情赐予他太常寺太祝的小官，纵驰不羁、磊落的他就这样开始了自己的仕途征程。

他本身性格疏离，不善于钻营，在20岁和45岁之间过着平淡的日子，做着仅够糊口的小官。其间，他遭郑侠的陷害而锒铛入狱，度过一年的囹圄时光，可以说，在男人一生中最关键的那十几年，他的人生是灰暗无光、抑郁寡欢的。后来，他意识到自己的性格缺陷，也像其他人那样学着左右逢源，他不再像以前那样有不把所有人放在眼里，不再拥有连苏轼也敢拒之门外的豪情，而是主动献词给当时的大帅韩唯，纵使得到"盖才有余而德不足者"的侮辱之语也还表现出被大帅赏识的欣喜之感。不知道小山听到韩唯的话之后，他的内心会不会愤怒，当年自己贵为宰相之子，被众多政界名流围绕尚且没有投以青眼，今日竟沦落到主动献诗还被人指指点点的命运。如果自己早就开始像父亲那样为自己的仕途安营扎寨，那么，自己中年的生活会不会好过一点儿？不过，性格如此，这样的假设也无法成立。

事业是一个男人最重要的东西，纵使再度出仕的小山也会受这种价值观的影响，而青春已逝、事业无着的境遇又让他烦躁失落。他无法彻底地改掉他那带有疏冷和自傲底色的性格，也无法彻底地融入这喧嚣官场中，摆脱这种境遇也成为不可能的事情，这也给他带来更多无力感和悲观。

如果在事业上沉沦失利,在爱情上春风得意,也算有一种失之东隅、收之桑榆的安慰。可是,命运可能让小山把好运和福祉在前半生全部用尽了,让他靠着对前世富贵和欢愉的回忆中度过孤寂的下半生。小山爱情上的春天应该是在21岁,他在沈廉叔、陈君龙的家里与两人交谈甚欢、把酒听曲,作词给莲、鸿、苹、云演唱,他文思泉涌,写出无数美词佳句。"小令尊前见玉箫,银灯一曲太妖娆""渌水带青潮,水上朱阑小渡桥。桥上女儿双笑靥,妖娆。倚着阑干弄柳条"……给了自己无尽的欢乐。可是,知己如柳絮般飞散,音讯杳然全无,独留小山在自己的世界里旋转、哭泣、回忆、留念。

出生贵相之家,到头来却沉沦于贫贱;本来知己围绕,到头来却孑然一身。如果人生前后的反差太大,就会给人戏剧般如梦如幻的不真实感,所以,也难怪小山发出"从来往事都如梦"的感慨。

要有多少的苦涩和跌宕经历,才能让小山发出"从来往事都如梦"的感慨?

催花雨小。著柳风柔,都似去年时候好。露红烟绿,尽有狂情斗春早。长安道。秋千影里,丝管声中,谁放艳阳轻过了。倦客登临,暗惜光阴恨多少。

楚天渺。归思正如乱云,短梦未成芳草。空把吴霜鬓华,自悲清晓。帝城杳。双凤旧约渐虚,孤鸿后期难到。且趁朝花夜月,翠尊频倒。

——《泛清波摘遍·催花雨小》

这首词出自46岁时的小山笔下。46岁早已不是无忧无虑、无所顾忌的年龄,也不再懵懵懂懂、对前路抱有浪漫幻想的年龄。这个时候,人生已经经历大半,这个时候的自己,该是一副沉着自持、褪去了一切幻想的稳重模样。相比于少年时期的轻狂和激情,这个时期反而多了份沉思和自我反省。

这一年是他任监颖昌许田镇一职的第二年，本以为放弃了年轻时候的疏朗轻狂，可以像父亲一样汲汲营营，就会有不错的收获，就像自己一直以来在文坛上青云直上一样。可是，政坛毕竟不同于文坛，经营政治和抒发己心不同，后者可以形式自由，只需取悦自己，而前者则必须要讨人欢心，找准契机，然后不懈钻营，而小山却"我官尘土间，强折腰不屈"，本就不擅长这个，所以政坛这个竞技场终究不适合他。

再翻开一年前赴任途中自己写下的诗句，不禁摇头苦笑，他终究学不会父亲本性中的那种察言观色，总是对环境和人事有不切实际的幻想和认识。"明朝紫凤朝天路，十二重城五碧云""金凤阙、玉龙墀。看君来换锦袍时""留着蟾宫第一枝"，那些句子里充满了现在的自己看着也陌生的昂扬意气和进取的决心。

还记得去年的时候为了讨好韩唯，他写了那首《浣溪纱》：

铜虎分符领外台。五云深处彩旌来。春随红旆过长淮。
千里裤襦添旧暖，万家桃李间新栽。使星回首是三台。

这不过是想给大帅留下好印象，方便升迁而已。《邵氏闻见后录》卷十九记载："晏叔原，临淄公晚子，监颖昌府许田镇。手写自作长短句上府帅韩少师。少师报书：'得新词盈卷，盖才有余而德不足者。愿郎君捐有余之才，补不足之德，不胜门下老吏之望'云。一监官敢以杯酒自作长短句示本道大帅，以大帅之严，犹尽门生忠于郎君之意。在叔原为甚豪，在韩公为甚德也。"这样的场景是少年时期的小晏不曾想过的，可是人到中年，还是要适应当时的世道。

大致是因为皇帝赏了他一个小官，以为这是自己官途康庄大道的开始，所以激起了自己的书生意气，然而，他的这种性格就注定不是左右逢源的类型，他在20多岁时都没有在政治上有所成就，怎么可能在46岁这年鲤跃龙门呢？可见，人各有命，父亲的浮华富贵是命，自己的沉落也是命，两种经历都是一种生命体验，背弃了这种规律去抗争，收获的就只有失败了。

所以，这个时期的《小山词》少了很多意气昂扬和呼天抢地，多了很多顺其自然的淡定和妥协。这并不是值得哭泣的事情，因为成长本身就意味着由个人化走向社会化。

这首词的上片抒发了小山感时伤春的情怀，但又不是年轻时的那种看到杨柳红花就想到曾和自己鹣鲽情深的佳人音讯全无、自己年华渐老的那种伤逝，而是多了几分感慨流年的深沉和宽广。

一场场的春雨催得落红满地，一阵阵的春风吹得杨柳轻柔，柳絮飞烟，露珠圆润。记得去年的此时也是这样的好天气，也曾有闲心欣赏这淡雅美景，可是，还没来得及仔细感悟，时间就这么溜走了，又到了今年的春天。春季疲软慵懒，人们喝茶踏青，在深深院落里玩耍秋千，在丝管声声中寄托流年，一切都是那么闲适的节奏。只是，几十载中的春天的艳艳日头就这么飞过去了吗？时间已逝，而功名无着，还未成英雄而近暮年，想起则多少有些遗憾和怅惘。

暮霭沉沉楚天阔，苍茫天空中的厚重云层逐风而去，勾起了人的无限归思。自己离家万里，而又不知何时能够归家，不过是希冀一个锦绣前程，回报家乡父老，可这么多年，尽管自己曲意逢迎，功绩还是不甚理想，果然自己还是不适合这条道路吧？只是可惜了自己的那些年华，空空白了鬓发却颗粒无收。40多岁的人该是事业稳定的时候，40多岁也该是儿孙绕膝、尽享天伦的时候，可是自己却一个人独自流连在这儿，连家里的书信也难收到几封，怎能不让人唏嘘流泪？难道是年少时太过任性，享受的福祉太盛，上天要让自己的后半生如此凄凉冷清吗？想到这儿，浑身冰冷，大抵是心里的寒意泛起，连在春天的晚上也能感受到微凉的秋意。还是趁着春花月夜喝上几杯，既温暖了自己的寒冷心肠，也不辜负今年的大好时光吧。

四

　　晓日迎长岁岁同，太平箫鼓间歌钟。云高未有前村雪，梅小初开昨夜风。

　　罗幕翠，锦筵红，钗头罗胜写宜冬。从今屈指春期近，莫使金樽对月空。

——《鹧鸪天·晓日迎长岁岁同》

　　小山的词一向被称为"古之伤心词"，大体是因为他没有把诗歌当作争名拜相或者哗众取宠的手段。从文学意义上看，这反映了宋代伊始词人的独立意识增强，词不再被当作用来唱和的长短句，而是成为抒发情怀、抱负的绝妙手段。这也解释了为什么《小山词》会得到"深情苦语，千载弥新"，"艳词自以小山为最"的评价，深情从来都是抵抗时间的最好武器。

　　在他的笔下，冬天不再有"瀚海阑干百丈冰，愁云惨淡万里凝"的残酷，给人带来"散入珠帘湿罗幕，狐裘不暖锦衾薄"的尴尬和狼狈，也少有归人愁肠百结的思念和痛楚。46岁的小山再写冬天，竟有了一丝如他父亲一样的平淡和通融。

　　谁说冬天的景色一定是萧索孤寂的？只要用心观察，还是能发现一些生机勃勃、饶有兴致的变化。落雪满地，一片冰清玉洁、银装素裹，简直把天上的层层白云也比得失去了颜色红梅不畏寒冷，在某个夜晚风儿的鼓动下，自告奋勇首先绽放，成为发起春天信号的领头人，而冬日的萧瑟也抵挡不住人们的欢欣和热闹。乡村、城市间到处是箫鼓阵阵，宴会欢声，人们穿着锦绣新衣，一幅"总把新符换旧桃"的全新景象。

　　这时，如果按照小山年轻时的性格，在独处的冬日定会有一番痛彻骨髓的回忆和伤痛，可是活到70岁的小山早已习惯了别离、相思和这些人世间的残缺和遗憾，也不再排斥像他父亲那样的优渥富贵生活，生命流淌到古稀之年已不再是非黑即白、容不得半点差池的选择题，而是一种接受万物、在现实中寻求变通和希冀的淡定、释然和豁达。所幸，小山在经历了半辈子的苦痛和伤心后，终于学会了这点，可以不再活得那么纠结了。

冬天寒冷彻骨，万物萧瑟，春天生机勃勃、万物复苏。人们排斥冬天，向往春天，这是人之常情，所以，诗词中盼春、赞春的句子远远多于描写冬天的诗歌，而小山却说出了"从今屈指春期近，莫使金樽对月空"这样的话语，冬天到了，春天也不会远了，与其花时间在诅咒、嫌恶冬天上，还不如好整以暇，斟一杯美酒慢慢品味现世时光。谁说现在拥有的就一定不好呢？

这时，小山已经70岁，而三年之后他便溘然长逝。我们难得地看到在生命的暮年，小山终于学会放下那些无法控制的伤痛和命运，只是，这一领悟来得有点儿晚，他生命里最美好的时光活得太过用力，没有享受到这份轻松。

同年的重阳，小山也作了一首《鹧鸪天·九日悲愁不到心》，词里也是一幅升平和乐、顺应天理的景象。

九日悲秋不到心。凤城歌管有新音。凤凋碧柳愁眉淡，露染黄花笑靥深。

初见雁，已闻砧。绮罗丛里胜登临。须教月户纤纤玉，细捧霞觞滟滟金。

刘禹锡在《秋词》里写道，"自古逢秋悲寂寥，我言秋日胜春朝。晴空一鹤排云上，便引诗情到碧霄。"秋日在他眼里不是悲切和萧索，而是有了高洁空旷的别样景致，能看到秋日这番层次的人定有一颗乐观、淡然之心。一向以"伤心人"闻名于世的小山在他的晚年竟然也做出了这样的词句，相比较之下毫不逊色。

秋日给我们带来了什么？很多年里，我们和小山看到的都是"碧云天，黄叶地,北雁南飞,晓来谁染霜林醉,总是离人泪",把秋日想象成萧瑟、凄清的面貌。可是,换个角度来看,大地秋来风景异,抱着欣赏的眼光去看岂不是人生的又一大收获?

秋风一阵紧似一阵,吹落了枝头片片树叶。夜深露重,锦衾凉薄,但是一早醒来看到菊花怒放的笑脸,岂不是心情更好?离人未归,让人断肠,但是,人们从燥热难耐、蚊虫叮咬的夏日清醒过来,给浑浊不堪的曲子换上新的清爽的曲调,岂不是也给人带来了莫大的新鲜感?也见到了南归的大雁,听到了满城思念的捣衣声,但更是注意到换上厚重秋衣的人们,和他们一起盛装待秋,也比登高望远更有趣味。在这样的秋天,何必诉说离殇?何必感伤?秋日也有它独特的美好,不如学杜牧《山行》,"远上寒山石径斜,白云深处有人家。停车坐爱枫林晚,霜叶红于二月花"。细细品味,那漫天的落霞,也是极美的景色。

其实,按诗词的艺术成就来说,这两首诗歌并不能算是小山的扛鼎之作,可是词里面透出的圆润意境和安然姿态,让爱惜小山的人欣慰不已。此外,这两首词背后的趣闻逸事也令人动容。

王灼《碧鸡漫志》卷二:"叔原年未至乞身,退居京城赐第,不践权贵之门。蔡京重九冬至日,遣客求长短句,欣然两为作《鹧鸪天》:'九日悲秋不到心。凤城歌管有新音。风彫碧柳愁眉淡,露染黄花笑靥深。初过雁、已闻砧,绮罗丛里胜登临。须教月户纤纤玉,细捧霞觞艳艳金。''晓日迎长岁岁同。太平箫鼓闲歌钟。云高未有前村雪,梅小初开昨夜风。罗幕翠,锦筵江口钗头罗胜写宜冬。从今屈指春期近,莫使金尊对月空。'竟无一语及蔡者。"权势极盛的蔡京听说长短句大宗晏几道旅居在京,便趁重阳和冬至之日上门求词,以讨得节日的喜庆之气。他潜意识里可能是想以自己的贵相身份去这个旧日贵族后人面前炫耀,然后求得几首对自己的称赞之词,可是小山丝毫没有违背他"写词自娱"的志向,给他写了这两首《鹧鸪天》。不过这样也好,让热衷世俗名利的蔡京在晏几道的心境里学习学习,未必是件坏事。

五

小绿间长红。露蕊烟丛。花开花落昔年同。惟恨花前携手处,往事成空。

山远水重重。一笑难逢。已拼长在别离中。霜鬓知他从此去,几度春风。

——《浪淘沙·小绿间长红》

小山的一生何其精彩,很少人能够企及。衔着金汤匙出生在高官贵胄之家,他从小鲜衣怒马,不知愁滋味;他天生文采无边,在小令的世界里轻易就能写出让人惊艳屏息的句子,年少时以"神童"称号出名,中年又以"艳词天下第一"闻名天下;他生性浪漫多情,却在酒楼画舫的夜夜笙歌里发现那些如珠玉般美丽单纯的心灵,反而更加相信、坚守爱情。仅仅这些,就让很多词人难以企及,因为安逸的富贵和多情的心灵最容易产生好奇的眼睛和唯美的词句。

当然,中国诗词史上也不乏贵族词人,清朝的纳兰性德也善于为词,一首"人生若只如初见,何意秋风悲画扇"让无数人感慨流年的伤逝,可是,被称为"古之伤心人",能写出"梦魂惯得无拘检,又踏杨花过谢桥"的"鬼语"的人只有晏几道,这是因为晏几道的后半生要比纳兰跌宕得多。

自从父亲去世后,小山的生活就发生了翻天覆地的变化:自己被指派为一个小官,必须舍弃之前对官场的清高和不屑,开始自己跌跌撞撞的宦海生涯;他被朋友陷害入狱,体会过失去自由的人生;他不懂如何笼络官家,纵使后来有了高官仕途的志向却终究只能沉沦下僚,任自己做一生的毁弃的黄钟,任才能如被弃敝履，年华空悲切；与他心思相扣的那些歌女们纷纷离他远去，不知湮灭在何处的时光里，连一封锦书都不愿寄过来，只留他日日流连折杨柳处、把相识和送别的场景在脑海里一一回放，然后用酒、诗、红笺和梦生生地浇灭自己狂热的相思。

从父亲去世的那一刻起，他的人生仿佛被劈成两半，前面繁花似锦，后面潦倒无依，这种云泥之别的落差以至于使经历之人心如历冰火两重天，心中的震撼可想而知，而纳兰性德终身富贵，衣食无忧，最大的心伤莫过于自己的爱妻去世，且在中年时就匆匆离去。这种单薄的经历怎么能和小山相比，又怎么能产生如小山般那样充斥着血泪和欢笑的伤心之词呢？小山的词之所以情感张力巨大，是因为他经历了别人所没经历的戏剧化的血泪人生，然后以血泪为料，长出了罂粟般绚丽的诗词之花。人到沧桑话乃工，《小山词》的深情是以他的整个生命经历为蓝本的。

一开始他也定会有愤怒，凭什么是自己遭遇这样的人生巨变？所以，他叫嚣着要回到过去，写下无数的诗篇回忆过去的灯红酒绿，为自己构建一个可以安歇的记忆城堡；他也执拗地拒绝接受未来，他把前来登门拜访的苏轼挡在门外，只留下一句：你当我父亲的门生时，我还不一定看得上你的疏狂之语。

只是，愤怒得久了，小山渐渐地发现在回忆中鲜活的如花笑靥再也不会回到自己身边，而自己拒绝结交的社会名流之时也把自己的官宦前途拒绝了，这才发现，自己对整个世界发怒，世界纹丝不动，自己却遍体鳞伤，于是，他也渐渐在现实中学会接受，前半世的富贵荣华、自己的狂妄无忌真的成为了过去。

于是，他也像别人那样学会在喧嚣的宴会上喝酒作诗，也学着去都城守候升迁的机会，也学着为官以企图博得一个锦绣前程，也学着写词献给高位以博得他们的好感，也学着和自己枕边的糟糠之妻和解，做一对世人眼中的烟火夫妻。他慢慢地觉得，自己也成了和别人无异的面孔，以前的自己慢慢地模糊，以致消失不见，只偶尔在酒醉或者失落时卷土重来。这样也没什么不好。

花开花谢是普遍的自然规律，年年如是，转而自己已经白发满头，而以前的欢愉都如那些携手观花的岁月消逝不见，其消逝之快、之彻底让人产生一种人生如梦的不真实感。从此，过往的岁月和自己不再相逢，只留下片片回忆陪自己继续前行。既然这样，那就把这些回忆收到心里吧，然后抖抖满鬓华发，面朝前路，笑看几度春风。

第六辑　李清照

人生不过一场憔悴花事

第一节　闺中烂漫花如梦

少年时的易安,生活得无忧无虑,一切记忆都如温存而绮丽的梦人。
也正是此时,萌发了"绿肥红瘦"的慨叹,然而这一切不过富贵时的闲愁,
更是她后期悲苦人生中的美好年华。
多年后,蓦然回首,一切如在目前,是无尽的凄凉岁月中最真实的慰藉。
此刻正是她生命中无比烂漫的春。

"大明湖畔,趵突泉边,故居在垂杨深处;漱玉集中,金石录里,文采有后主遗风。"这是郭沫若先生为位于济南趵突泉边的李清照纪念堂所题之词。郭老此言,寥寥数语,却说尽了易安的一生。但可发一噱的是,趵突泉边,本不是易安的故乡。历来,人们认定李清照是济南历城人,而她实际的故乡却在山东明水。可无论是济南还是明水,都是一样的青山绿水。青山是不变的崔嵬,绿水在亘古地流淌。易安的名字,和这青山绿水一样永恒。

"四面荷花三面柳,一城山色半城湖",幼时的李清照就生活在这样的明山与秀水中,无虑也无忧,无欲也无求。那时候的生活多好,日子像河水一样流淌,没有惊涛,也没有骇浪,只有偶然泛起的点点浪花,如同跳跃的音符,那是生命乐章中最欢快的点缀。宋哲宗元符二年(1099年),易安出嫁的年纪近了,为了择一位好夫婿,其父李格非将她接到当时的都城汴京,半是无奈,

也半是期待，李清照就这样离开了生养她的家乡山东明水，那一年，她16岁。

京都，无疑最是繁华的所在，她尽情地挥洒着自己的才情，很快便在诗坛崭露头角，但这一切，都不曾冲淡易安对故乡的怀念与追忆。那一座山，那一弯河，那一叶扁舟，还有她自己，那个无虑也无忧的人儿……所有的所有，一切的一切，早已深深地镌刻在她的心间，无时无刻不在她的记忆里鲜活，故乡的风物、从前的光景、同游的侣伴、逝去的华年，时时萦绕在她的脑海间，秀口一吐，便吟出了这首《如梦令》：

　　常记溪亭日暮，沉醉不知归路。兴尽晚回舟，误入藕花深处。争渡，争渡，惊起一滩鸥鹭。

幼时的易安会是什么样子呢？记得沈从文先生在《边城》中这样描写翠翠，那个精灵一般的姑娘："翠翠在风日里长养着，把皮肤变得黑黑的，触目为青山绿水，一对眸子清明如水晶。自然既长养她且教育她，为人天真活泼，处处俨然如一只小兽物。人又那么乖，如山头黄麂一样，从不想到残忍事情，从不发愁，从不动气……"或许幼时的易安也是这样一个姑娘吧。此言一出，或许会有太多的人嗤之以鼻。人们只知道易安是"一代词宗"，是"绝世才女"，却忘记了，她也有过娉娉袅袅十三余的美好华年，她也有过豆蔻梢头二月初的难忘过往。人们总是神化她，殊不知，神是用来景仰的，而人，才是用来爱慕的，人们总是细数她的苦难，殊不知，她生命中也曾有那么多的欢乐。

出身官宦人家，父母皆擅长文辞，易安自然是与翠翠不同的。她自幼饱读诗书、博学多识，无论是对政治还是对人生都有着非凡的领悟。如果说，翠翠是在用她的清灵感悟着世界，那么易安不仅感悟着世界，更感染着世界。

在古代，女孩子到了15岁要举行"笄礼"，俗称"上头"，就是把头发绾起来，表示到了出嫁的年纪了。按照当时的风俗，"上头"之日，女孩子是要外出游玩的，因而这一天，常常选在天气温和的时节。南朝梁简文帝就曾写过这样的诗句："婉娩新上头，湔裙出乐游。"或许这就是易安此次出游的缘由。

如此重要的日子，自然要大书而特书一番。

溪亭日暮，落霞与孤鹜齐飞，秋水共长天一色，有那少女们娇俏的脸庞倒映在河水中，还有那姑娘们放肆的嬉笑声飘散在斜阳里。这样的时刻，怎能不啜饮几口清酒呢，为着那充满快乐也充满伤感的从前，为着那充满期待又充满未知的今后。只是啜着啜着就醉了，醉在了酒里，醉在了如画的风景里，醉在了美好的华年里，更醉在了如歌的岁月里。不要笑这些女孩子吧，她们刚刚亲手埋葬了自己最美好的华年，她们的放肆、她们的任性、她们的恣意、她们的狂欢，或许也一并埋葬了。以后的岁月里，那漫长到近乎无望的岁月里，她们是妻、是母，却难能再是此刻的自己。

日暮倒载归，酩酊无所知。只是这日子如此重要，只是这欢乐这般难得，如何忍心"酩酊无所知"呢？每一分钟都弥足珍贵，每一秒钟都使人流连。

人生若朝露，行乐需及时。这样的放任不羁，或许只属于青春年少时节。花落了还会再开，月亏了还会再圆，而逝去的岁月呢，它们永远不会再回来。也正因此，易安才更珍惜这次的出游，就算兴尽了，也还是要去那藕花深处走上一遭，那是青春的终曲，是年少时节最后的狂欢。

那叶扁舟偏又陷在了藕花深处，怎么办？归途在哪儿？看似焦灼，但也只是"看似"而已，易安怎会真的害怕找不见归路呢？她只是看着被惊起的鸥鹭，清浅一笑。

有时候，快乐总是在不经意间。设想一下，如果不是沉醉不知归路，如果不是误入藕花深处，如果不是惊起一滩鸥鹭，谁知道会不会有这许多的欢乐，谁知道多年以后还会不会记得这个夜晚和这个夜晚里的美好呢？只是这样更容易被铭记吧，那些曾经拥有的点滴。

据说，李清照创作了这首词之后，其父李格非隐去其姓名，请友人与同僚赏鉴，众人纷纷称赞，时人竞相传阅，却都不相信是出自一位16岁的闺阁少女之手。有人认为是苏轼所作，更有甚者，认为这首词有神仙气，当是出自吕洞宾的手笔。

后人曾给予易安这样的评价："易安倜傥，有丈夫气，乃闺阁中之苏、辛，非秦、柳也。"易安自然听不到这些评价,可就算她听得到,相信这些旁人视为溢美之词的言语,之于她,也不过如清风过耳。"丈夫气"如何,"闺阁气"又如何,"苏、辛"怎样,"秦、柳"又怎样,易安怎会在意呢。她从来不想做什么大丈夫,她只是一个待字闺中的少女,只是大家闺秀的躯壳从来不曾缚住她的真性情——明水的一山一水涵养出的真性情,过往的高洁之士熏陶出的真性情——当这些真性情喷薄而出,自然便成为了"倜傥风流"。易安是有意为之吗?她才不会呢!她只是在书写着自己的真心罢了。

如梦,如梦,所有的关于青春的一切,不正像一个温存而绮丽的梦吗?

"袅娜少女羞,岁月无忧愁",这岂不正是此刻的易安?

溪亭日暮里,藕花深处中,蓦然回首,易安恍然还是那个东邻少女,娉娉袅袅,豆蔻正梢头。

宋代惠洪和尚的《冷斋夜话》中,记载了这样一个故事:昔时,唐明皇在香亭召见杨贵妃,恰巧此时的杨贵妃宿醉未醒。唐明皇只得命侍女搀扶着杨贵妃登上香亭。酒后的杨贵妃,香腮上娇红点点,不知是因酒醉而红,还是因残妆而艳,鬓发缭乱,金钗横斜,自有一番说不出的风情。杨贵妃本就娇软的身躯,因醉酒而更显无力,不能为唐明皇行礼。唐明皇不气反笑,因说道:"这哪里是贵妃醉酒,分明是睡眼惺忪的海棠。"这就是"海棠春睡"的由来。或许也正是因为这个缘故,海棠又被称为"花中贵妃"。

风流名士们,自然免不了竞相吟咏这尤物。

东坡先生曾有诗云:"东风袅袅泛崇光,香雾空蒙月转廊。只恐夜深花睡去,故烧高烛照红妆。"东风、香雾,都不过是这"花中贵妃"的布景,只有它才是主角。夜深了,月亮最是不解风情,转过了回廊,还怎能看清这娇艳的俏脸?这海棠也会睡去吗?而如若再不得见这美好的容颜,岂非人生第一等的憾事？姑且点上一支高烛，借着那点点烛光，把这海棠看个够。人说东坡先生最恨海棠无香，海棠的容颜已然那般美好，若是再有那馥郁的芬芳，岂不占尽了春色，即便海棠无香，也未见有不爱海棠者。

诗人郑谷也做过一首《海棠》诗："春风用意匀颜色，销得携觞与赋诗。秾丽最宜新著雨，娇娆全在欲开时。莫愁粉黛临窗懒，梁广丹青点笔迟。朝醉暮吟看不足，羡他蝴蝶宿深枝。"当百代之下，难有人敌的莫愁，都已经成为了海棠的陪衬，足见诗人对海棠的爱慕之深。赞赏之切。就算是最善画海棠的梁广，也难以画出它的韵味来。最美的景致，总是丹青涂抹不出的。那穿花的蝴蝶，最引起他的忌妒，只为它们能够靠近那海棠，一亲芳泽。

易安也曾在诗中写海棠：

> 昨夜雨疏风骤，浓睡不消残酒。试问卷帘人，却道海棠依旧。知否，知否？应是绿肥红瘦。
>
> ——《如梦令·昨夜雨疏风骤》

易安是爱花的，又怎能不爱这冶艳的海棠？而花会开，就总是会败的。偏逢上这风雨交加的夜，这树海棠的命运岂非太过凄苦？花开之时，人们越是爱慕它的娇艳，败落之时，也就越是伤感它的凋残。正如我们不愿看见美人迟暮一般，也没有人愿意看见一树海棠的凋零。"花开堪折直须折，莫待无花空折枝。"这醉人的海棠，又有谁忍心摘下呢？无他，只有趁着它还灿烂着，贪婪地将它看个够。

天空开始飘雨了，不是"天街小雨润如酥"，也不是"随风潜入夜，润物细无声"，而是狂风暴雨，海棠的娇躯，怎经得起这般摧折？

无情的风雨，不要去摧折它了，你就那样艳羡它的美吗？到了忌妒的地步，一定要将它彻底摧残净尽才罢休。风雨不只磨折着这海棠，也磨折着易安的心。她不愿见证这海棠的凋零，她也不愿错过最后一次欣赏这海棠的机会。心乱，乱成了一团麻。是这天气搅乱了她的心，带来了不绝如缕的愁绪，这无情的风雨、将尽的春。喝上三杯两盏淡酒，酒最是能消忧，浇灭了这满怀春愁。喝着喝着，便沉沉地醉了，便沉沉地睡去了，只是睡梦里，依然惦念着那树海棠，它们还好吗？可还在盛开着，一如从前的模样？

天光大亮了，最牵肠挂肚的，还是那树海棠。她多想掀开那道帘，看一看那魂牵梦萦的花。可她又多怕，怕见到满枝尽是绿叶，再无一朵海棠。韩偓有诗云："昨夜三更雨，临明一阵寒。海棠花在否？侧卧卷帘看。"诗中之人尚敢卷开帘子，去看一看那海棠，而易安却连卷帘的勇气都不曾有。张炎云："莫开帘。怕见飞花，怕听啼鹃。"易安的心境，恐怕也是如此吧。

丫鬟走了进来，依旧是如往昔般的笑靥，了无忧愁，她又怎知，那海棠经历了命运怎样的折磨。

"那些海棠，它们还好吗？"她终于问出了这句藏在心间许久的话。

"和平常并无大分别呀！"丫鬟的语气那般的轻松，还透着隐约的笑意。

呵，怎么会无大分别呢？经历了那样的凄风和苦雨，经历了那样的摧残和磨折，还会无大分别吗？

"知道吗，你知道吗，那绿叶一定占满了枝头，而那花朵一定凋零了太多！"

是在说花，也是在说自己。

此时的易安，大概还是一个待字闺中的少女。女人总是害怕容颜衰老。一朵花的凋零，注定引起她们时不我待的悲哀。海棠花落了，明年还会再开，而年华流逝了，又怎会再重来？

花有重开日，人无年少时。休管她是不是"一代词宗"，休管她是不是才华盖世，此时，她只是一个待字闺中的少女，等待着心上人的垂爱。

宋代陈郁在《藏一话腴》中这样评价这首小词："李易安工造语，《如梦令》'绿肥红瘦'之句，天下称之。"王士禛更是称赏它"人工天巧，可称绝唱"。这首小词的出现，更加奠定了她"词女"的地位，追捧之人日众。我们不知道，这其中是否就有那个太学生赵明诚，我们也不知道，是否就是因"词女"的称呼叫得响了，赵明诚才想到了那个"词女之夫"的把戏，我们只知道，一切才刚刚开始，而他们的故事还很长，很长……

《红楼梦》中，红楼儿女们也是结过"海棠诗社"的，而当大观园已成为过往，当众人纷纷流落他方，一切都只成为生命中曾有过的装点，偶然回首，美好得不像真实存在过一样。或许对于易安也是如此，当很多年后，回顾这样一个清晨，回顾"绿肥红瘦"的慨叹，方知一切不过富贵闲愁。

三

> 蹴罢秋千，起来慵整纤纤手。露浓花瘦，薄汗轻衣透。
> 见客入来，袜刬金钗溜。和羞走，倚门回首，却把青梅嗅。
> ——《点绛唇·蹴罢秋千》

一声笑语谁家女，秋千映、红粉墙西。是谁家的女儿，在这撩人的春色里荡着秋千？她没有严整的妆容，也没有华丽的衣衫，只有脸颊上的点点绯红，和随风飘荡的袅娜娇躯。一个多么娇俏的姑娘。许是荡得久了，累了，乏了，只见她轻巧地跳下秋千。她才不会背面秋千下，何须那般矫揉造作，这里是后园是天地。露浓花瘦，初夏时节了，难怪手上汗津津的，倦极了，姑且不去管它。秋千架上春衫薄，怎禁得起那淋漓的香汗？汗湿了罗裙勾勒出袅娜娇躯，散乱了发丝，平添出几分娇媚。

那渐渐近了的，是脚步声吗？惊走了莺，惊飞了燕，也惊住了易安的心。发丝缭乱，罗裙透湿，怎能让人看到这般狼狈，姑且逃开这是非之地，躲他一躲，避他一避。仓皇中，划破了袜，也掉落了钗，只是，她的面孔依旧那般动人，像极了那青春萌动的小周后：

"花明月黯笼轻雾，今宵好向郎边去。袜划步香阶，手提金缕鞋。画堂南畔见，一向偎人颤。奴为出来难，教君恣意怜。"

可是闺阁中的女儿也可以这样恣肆吗？王灼在《碧鸡漫志》中这样评价她："作长短句，能曲折尽人意，轻巧尖新，姿态百出。闾巷荒淫之语，肆意落笔。

自古缙绅之家能文妇女，未见如此无顾藉也。"易安固然听不到这话，可就算她听到了，也不过付之一笑罢了。"闾巷"怎样，"荒淫"又如何？她不奢求世人的赞美，也不在意世人的诋毁，只是这血肉是真的，情意也是真的，又有什么好怕，又有什么不能说？这也时时顾虑，那也时时小心，空负了那几十年光阴，岂非白白来这世上走了一遭？

眼看那青梅都已成熟，该是有多么香甜！姑且停下的脚步，嗅一嗅它的馥郁芬芳。可不要以为在偷看你的模样，只是爱这初熟的青梅。在不经意间，那少年的容颜，却早已落在眼里，印在心间。

借口，从来都是蹩脚的理由，而只有他，值得她如此大费周章。

青春，本来就是用来放肆的，就算是和羞走，也还是要倚门回首。那是怎样多情的回眸！或许正如秦观所说，"金风玉露一相逢，便胜却、人间无数"；或许是杨贵妃看向唐明皇的那一眼，从此"回眸一笑百媚生，六宫粉黛无颜色"；又或许是崔莺莺看向张生那一眼，"东风摇曳垂杨线，游丝牵惹桃花片，珠帘掩映芙蓉面"。只那一眼，便是一世一生。

这首小词，像极了韩偓的《遇见》："秋千打困解罗裙，指点醍醐索一尊。见客入来和笑走，手搓梅子映中门。"如此相似的经历，岂非让人质疑？古代本就有斗诗的传统，又或者这本就是易安敷衍其事，显示自己的诗才也未可知。只是世人宁愿相信，一切都是真实的写照，而那渐渐近了的脚步声，确乎属于那个太学生，那个让她梦萦与魂牵了一生的人儿——赵明诚。

元代伊世珍在《琅嬛记》中记载了这样一个故事。赵明诚到了该娶亲的年岁，父亲要为他择一佳妇。一天，赵明诚白日里做了一个梦，醒来以后忘记了梦境，却只记得三句话，"言与司合，安上已脱，芝芙草拔"，他把这三句话告诉了父亲，询问父亲是否有深意在其中。父亲为他解释道："这是预示你要娶一位会作词的女子当妻子。'言与司合'，是一个'词'字，'安'字去掉上半边，是一个'女'字，'芝''芙'去掉草字头，是'之夫'二字。'词女之夫'，难道不是这个意思吗？"后来，李清照果真嫁给了赵明诚。

是冥冥中注定的佳偶天成，还是有心之人的锦上添花？

当时，李清照的父亲李格非和赵明诚的父亲赵挺之分属于不同的政治派别。北宋时期的政治斗争是极为严酷的，而此时却恰好和缓了下来，这或可看作赵李二人结合的"天时"；李清照千里迢迢从山东明水来到都城汴京，来到赵明诚的所在，这姑且算作"地利"；而"人和"呢？或许只有赵明诚才能为这个词做最完美的注解。

人们总是爱听故事，只是故事中人的悲喜，或许他们永远难以真正体会。谁有一双眼，能看尽平生？谁又曾想到，他们日后的岁月里会充满那么多的伤痛？只是就算他们知道，也不会后悔今日的一个回眸。那一瞥，已落雁惊鸿。

秋千架下，梅子树边，女儿的一颗心早已被撩拨乱。

四

寒食节，通常在清明节前的一两天。梁代宗懔在《荆楚岁时记》中是这样记载的："去冬节一百五日，即有疾风甚雨，谓之寒食，禁火三日。"关于寒食节，有一个流传久远的故事。相传在春秋时，晋国发生内乱，介子推帮助晋文公出逃，并最终辅佐他夺得王位，正当晋文公想要封赏他时，他却逃到山中隐居起来，晋文公放火烧山，想要逼他出来，介子推却抱着树干烧死在山中。为了悼念介子推，于是便有了寒食节，禁火光、食寒食的习俗也因此产生。

> 淡荡春光寒食天，玉炉沉水袅残烟。梦回山枕隐花钿。
> 海燕未来人斗草，江梅已过柳生绵。黄昏疏雨湿秋千。
> ——《浣溪沙·淡荡春光寒食天》

这是一个春光和煦的日子，香炉里的沉香快要烧尽了，只剩下袅袅余烟。这样明媚的日子，她为何不去踏青游玩，白白地躺在这里，岂不辜负了这醉人的春光？或许反倒是陆机，最能猜透小女儿的心思，"幽居之女，非无怀春之情"？是什么扰了她的清梦吗？只见她不情愿地睁开了惺忪的睡眼，凌乱的发丝铺散在枕头上，无限的娇羞、无限的妩媚。她梦见了谁呢，是那个太学生吗？那个她倚门回首时瞥见的少年，那个"词女之夫"，如若果真如此，那真可谓是绮梦了。可不管那梦境有多美好，醒来之后依旧是了无痕迹。她的怅恨是因为这个吗？还是因为在这淡荡的春光里依旧寻不见他的影踪？

春光正好，往年成双飞来的海燕，今年怎么错过了归期？望穿了秋水，也望不见它们的踪迹。是为了怕那待字闺中的女儿看见它们成双而难过心伤吗，所以它们迟迟不归来？不过，她也真的艳羡这千万里不离不弃的追随。她和她那心上的人儿，也会有这样的光景吗，又是在何时？

海燕误了归期，伙伴们可不能负了这无限春光，她们欢快地斗起了百草。斗百草，最早的记载见于《荆楚岁时记》："五月五日，谓之浴兰节。荆楚人并踏百草，又有斗百草之戏。"一直到唐宋，都还延续着这样的传统。晏殊的《破阵子》中还写过："燕子来时新社，梨花落后清明。池上碧苔三四点，叶底黄鹂一两声。日长飞絮轻。巧笑东邻女伴，采桑径里逢迎。疑怪昨宵春梦好，元是今朝斗草赢。笑从双脸生。"那些少女们该是多么欢快，而当年沉醉不知归路的易安呢，她为何不加入这些少女的行列？曾经的欢快呢，曾经的洒脱呢，随着年华的流逝也一并流逝掉了吗？她也想重拾旧日的笑语欢歌，重拾往昔的灿烂年华，只是有些事，过去了就是过去了，不再回来。那些小女儿的情趣，属于昨天，属于那被埋葬的过往，却不属于现在。现在萦绕着她的，是无尽的相思与哀愁，还如何找回那错过了的自己？那个自己，在属于她的年华里灿烂着，而现在的自己，独自品咂着相思的况味。昔日的伙伴们呼唤着她，"快来啊，和我们一起！"她无暇顾及，她不想理会，她的容颜，而今只为一人姣好，她的所有，都已化作了等待的焦灼。

幸运的是，她的心没有凋零，而她与赵明诚，也终于共结连理。

江梅的花期已过，清明，早已不是属于它们的季节。杜甫有诗云："梅蕊腊前破，梅花年后多。绝知春意好，最奈客愁何？雪树元同色，江风亦自波。故园不可见，巫岫郁嵯峨。"梅花，注定属于那素裹银装的冬，柳絮才是春的主角。就算还有几分留恋和几分不舍,也终于难以抵挡梅花渐落,梅子渐熟。

冬天是属于梅的,春天是属于柳絮的。又是一年柳絮翩飞的时节。杜甫有诗云:"肠断江春欲尽头,杖藜徐步立芳洲。颠狂柳絮随风去,轻薄桃花逐水流。"不要这样漫天地飞吧,是要告诉她已是春深了吗,是要告诉她又是一年光景了吗?那逐着流水东去的,哪里只是柳絮杨花,分明还有她的青春和她的娇艳年华。她又能怎样呢?父亲要为她择一门好亲事,却迟迟定不下婚期,可怕,容颜将老;可恨,那心上人身在何处;可恶,这杨花还在漫天飘飞。

又是黄昏了,最是那难耐的时刻。黄昏过去了,又是那漫长的黑夜,人说黑夜恼人,可在她看来也不过如此。自从遇见了他,终日浸在思念的凄苦里,白天,黑夜,哪里会有什么大分别。"纱窗日落渐黄昏,金屋无人见泪痕。寂寞空庭春欲晚,梨花满地不开门。"不开门,锁住的哪里只是那个人儿,还有那颗孤寂的心。易安,真能道得其中的滋味。

下雨了,丝丝细雨打湿了她的秋千。秋千,唐明皇呼之为"半仙戏",最是少女们喜爱的游戏。那里有过她多少欢乐啊,而今看来,早已是恍如隔世一般,在她的身上,再也找不到当年无忧少女的半点痕迹。她是真的有过那样的欢乐吗,或许连她自己都会去质疑。曾经,怎能沉浸在那样小小的幸福与喜悦里,无法自拔?如今,当世易时移,非复当年的光景,她的生命里,从此只装得下他一个人。爱情,从来都这般无理。

"楼外垂杨千万缕,欲系青春,少住春还去。犹自风前飘柳絮,随春且看归何处。绿满山川闻杜宇,便作无情,莫也愁人苦。把酒送春春不语,黄昏却下潇潇雨。"这首《蝶恋花》,出自朱淑真之手。一样的垂杨、一样的柳絮、一样的黄昏、一样的细雨,或许还有那一样的百结愁肠,也许,真的只有女儿,才能体会女儿的心,才能读懂女儿的情愁。

寒食节里的百无聊赖,与家国无关,只是一场春事,有关相思。

第二节 ／ 离人相别心不离

李清照就和赵明诚步入美好婚姻生活后不久，
就经历了他们一生中最大的考验和磨难。
党争的牵连，毁灭了他们原本美满幸福的生活，随之而来的是离人相别，离愁别苦。
此刻正是她生命中无比焦灼的夏。

人们总是喜欢传说，仿佛世间之物再美好，也终归会显得凡俗，只有赋予了那几分仙气，才不负这千万里飘香的桂花。《晋书·郤诜传》记载，当年晋武帝问郤诜如何来评价自己，郤诜答道："我就像月宫里的一段桂枝，昆仑山上的一块美玉。"后来，便演变成了"蟾宫折桂"的典故，用来代指金榜题名。还记得《红楼梦》中黛玉对宝玉的嘲谑，"这一去，可是要蟾宫折桂了"。桂花，从来就有着那么多的寄托。

八月，是桂花开放的季节，也因此，古人又称八月为"桂月"，而中秋——那月亮最亮最圆的夜晚，也恰在八月，或许就是因为这个原因，芬芳的桂花才与那皎洁的月亮有了亘古的关联。"桂子月中落，天香云外飘"，桂花何以有着那样的芬芳？只因它来自月宫，从不凡俗。

那桂花有着怎样的颜色，它的黄不是灿烂的金黄，也不是尊贵的明黄，而是轻黄，还是那暗淡的轻黄，仿佛凝着淡淡的一缕哀愁。她从不稀罕什么好颜色，她从不思谋取悦于人，她自有一番别样的风流。

　　暗淡轻黄体性柔，情疏迹远只香留。何须浅碧轻红色，自是花中第一流。
　　梅定妒，菊应羞，画栏开处冠中秋。骚人可煞无情思，何事当年不见收。

——《鹧鸪天·暗淡轻黄体性柔》

这是易安笔下的桂花，说的又何尝不是她自己呢？在那深涧中自开自败，从不强求人的怜惜，也不争夺人的宠爱，花落了，从此被人忘怀，她也从来不去在意。你笑她不与众人言语，她只说她享受这般孤寂。就算花朵飘零，终于消弭了存在过的痕迹，就算被人遗忘，终究无人知晓她曾生长在这岩底，可她的芳馨却依旧飘荡在天际，不绝如缕。

她不需要娇艳的色彩和俏丽的容颜，她只有一缕芳魂，在这世间飘荡。如此这般，在那群芳之中，也已是将那花魁独占。

梅花看见了她的芳姿，也会妒火中烧；菊花嗅到了她的香气，也会自愧弗如，只因她卓绝的风韵。我们何曾忘记，易安是怎样吟咏那梅，"造化可能偏有意，故教明月玲珑地。共赏金尊沉绿蚁，莫辞醉、此花不与群花比"；易安又是如何赞赏那菊，"细看取、屈平陶令，风韵正相宜。微风起，清芬酝藉，不减酴醾"。如今，无论是那高洁的梅，还是那淡雅的菊，竟都不如眼前这径自飘香的桂。

画廊边，一树桂花静静地开着，静静地吐露着它的芬芳。当此时，荷花已经凋残，梅花尚未吐蕊，菊花虽在盛开，却始终没有桂花的香气。在这中秋时节，她终于成为最美丽的风景、最多情的存在。

此时的易安，大概与赵明诚新婚不久，正茂风华。此时的赵家堪称荣耀满门，赵明诚的父亲赵挺之已做了当朝宰相，确乎是"炙手可热"。赵明诚身处这等官宦之家，又会有怎样的似锦前程！易安总是觉得自己"家贫"，和那煊赫一时的赵家相比，也确实如此。李清照的父亲李格非为人淡泊，从不争名逐利，所谓的"家贫"，又未尝不是"清高"的另一种表达，而易安自己呢，她虽则没有显赫的家世，却有那难以匹敌的盖世才华，"词女"的赞誉早已遍布京城。你有你的荣耀，我有我的才情，正如舒婷的那首《致橡树》所说的：我必须是你近旁的一株木棉，作为树的形象和你站在一起。根，紧握在地下；叶，相触在云里。

这样的自傲自骄的情怀，或许也只有青春年少的那几年才会有，因为没有经历过那么多的沧桑，此心尚未老去，她还沉浸在新婚的喜悦与温存中，那时候的赵明诚还只是太学生，只有初一和十五才能够和易安团聚。每当这个时候，他们总是把那金石字画细细欣赏，短暂的团圆，也显得弥足珍贵。佳偶天成，说的也不过如此。

"莫羡三春桃与李，桂花成实向秋荣。"这是桂，也未尝不是易安自己。此时，她正在自己最美好的华年里，吐露着芬芳，播撒向天际。

离别，最是伤感的时刻，偏逢上这淡淡的秋，岂不备增忧伤。正如柳永所说："多情自古伤离别，更那堪、冷落清秋节。"如今，易安所面对的，正是这痛苦的离别，和这淡淡的秋。

  红藕香残玉簟秋，轻解罗裳，独上兰舟。云中谁寄锦书来？雁字回时，月满西楼。

  花自飘零水自流，一种相思，两处闲愁。此情无计可消除，才下眉头，却上心头。

——《一剪梅·红藕香残玉簟秋》

那红红的荷花落了，凋尽了它最后一丝芬芳。孤独的人，只有品味着自己的孤独，哪里还有心情把那残荷欣赏。那似玉的竹席上也只留下了一片冰凉，只因没有了他的温度。冰冷的何尝只是这竹席，分明还有她那颗寂寞的心。

轻轻解下罗裙，独自泛舟湖上，那兰舟是何等的名贵！任昉在《述异记》中记载道："木兰川在寻阳江中，多木兰树。昔吴王阖闾植木兰于此，用构宫殿。"又说："七里洲中有鲁班刻木兰为舟，至今在洲中。诗家所云木兰舟出于此。"而她为何始终不肯将那欢颜绽放。"兴尽晚回舟，误入藕花深处"，她也曾泛舟湖上，彼时的她，没有这名贵的木兰舟，却有着永生难忘的快乐逍遥。如今，木兰舟虽好，欢笑却已不再，只有那萧索与寂寞终日伴她身旁。

抬起那迷离的眼眸，望向苍天，云的深处，天的尽头，一行大雁正缓缓地向南飞去，是在报告秋来的消息，还是为有情人寄去思念的信笺？在那无数个南归与北来的雁阵中，寄托了多少离人的哀思！

"槛菊愁烟兰泣露，罗幕轻寒，燕子双飞去。明月不谙离恨苦，斜光到晓穿朱户。昨夜西风凋碧树，独上高楼，望尽天涯路。欲寄彩笺兼尺素，山长水阔知何处。"一样的秋夜、一样的月光、一样的离别、一样的感伤，一切都与易安的情怀相似，或许世上的离别尽皆如此也未可知，最是那不解风情的月，那样明亮地照耀着，照耀着离人的悲伤。经了昨夜那西风的摧残，一树的绿叶都已凋尽，天涯路远，还是望不见离人在哪方。想要把思念写成短笺，拜托那鸿雁带到离人的身旁。怕只怕山长水阔，那鸿雁会否带去她的消息？一切的担忧，不过是因了情浓。

花儿自开自落，何曾在意人间的喜与悲，它们有自己的花期，人们岂能奈何得了？那门前的流水，径自向东流去，带走了春，带走了夏，却为何带不走离人的悲愁？她是怎样地思念着那远方的人儿啊！她知道，他的思念也同她的一般。恰似柳永在《望海楼》中所言："想佳人妆楼颙望，误几回、天际识归舟。争知我，倚阑干处，正恁凝愁。"这是一种怎样的默契，只有情到深处，才能有的心意。就算分隔两地，有着这般心境，岂不就是天堂？

"此情无计可消除，才下眉头，却上心头。"据说，易安的这句流传千古的诗,也是所来有自的,恰是化用了范仲淹《御街行》中的诗句:"都来此事,眉间心上,无计相回避。"王士禛在《花草蒙拾》中说:"俞仲茅小词云:'轮到相思没处辞,眉间露一丝。'视易安'才下眉头,却上心头',可谓此儿善盗。然易安亦从范希文'都来此事,眉间心上,无计相回避'语脱胎,李特工耳。"所谓的"点铁成金"大概也不过如此了吧,只有易安,有着这般魔力。那是女儿的柔情,男人终究难能体会,因为,那眉间心上都难以回避的,那才下了眉头却又旋即袭上心间的,是对新婚丈夫的思念。

宋徽宗崇宁元年(1102年)七月,易安的父亲李格非被列入元祐党籍。九月,宋徽宗亲手书写元祐党人的名单,并刻成石碑,立于端礼门前。朝廷规定,元祐党人不得在朝为官。此时的赵挺之,却可谓是春风得意,六月被授予尚书右丞,八月被授予尚书左丞。时人张琰记录了当时的情况:李清照欲救其父,曾献诗赵挺之,其中有这样的句子,"何况人间父子情"。而赵挺之与李格非身处不同的政治派别,身为当朝宰相,却也不曾施与援手,"炙手可热心可寒",心寒的是谁,莫不就是那易安?当时,易安出嫁不过短短两个年头,就要经历夫妇离散的悲苦。与新婚夫婿离别的凄苦,对父母弟兄未来的担忧,当时,悉数压在了她的心头。此时,易安只是一个19岁的少妇,而她的一生,却以此为起点,开启了苦难的历程。

总是会有那么一个人,不期然地出现在你的生命里,轻轻地撩拨你的心弦,渐渐地左右你的悲喜,从此,你的命运便与他系在了一起,再无分离的可能。他,是你命中注定的遇见,是你的劫,你逃不开,也躲不掉。你甚至不知他是何时出现的,或许是早春,沾衣欲湿杏花雨,吹面不寒杨柳风;或许是初夏,接天莲叶无穷碧,映日荷花别样红;或许是晚秋,停车坐爱枫林晚,霜叶红于二月花;或许是浅冬,白雪却嫌春色晚,故穿庭树化作飞花。从此,不管是春风春鸟、秋月秋蝉,抑或是夏云暑雨、冬月祁寒,都无法阻挡你们的相思与追随。

如果可能,易安是会追随着赵明诚到世间任何一个角落的。只是当时,易安被驱逐出京城,收不住的相思与爱恋,藏不住的婉转与柔情,只能通过翩飞的鸿雁,带给远方的那个人。鸿雁长飞光不度,鱼龙潜跃水成文,好在,就算山长水阔,易安的心事,他也总是看得清楚。

佳节又重阳,多少文人骚客驱驰重阳于笔端。"尘世难逢开口笑,菊花须插满头归""还似今朝歌酒席,白头翁入少年场",这是嘉会寄诗以亲;"他乡共酌金花酒,万里同悲鸿雁天""人情已厌南中苦,鸿雁那从北地来",这是离群托诗以怨,而其中最著名的,莫过于王维的那句"遥知兄弟登高处,遍插茱萸少一人"了。欢会难免是快乐的,而在欢会的时节独自一人,难免倍增其苦楚。王维明白,易安同样懂得。团聚的节日,却与他们无缘,快乐是别人的,他们不愿流连。

> 薄雾浓云愁永昼,瑞脑销金兽。佳节又重阳,玉枕纱橱,半夜凉初透。东篱把酒黄昏后,有暗香盈袖。莫道不销魂,帘卷西风,人比黄花瘦。
> ——《醉花阴·薄雾浓云愁永昼》

多少人把离恨写入诗词,从此不朽,屈原如此,李商隐如此,易安亦如此。开篇只一"愁"字,便写尽了易安的万千心绪。因何而愁呢?是因了被逐出京的忧郁,还是因了形单影只的落寞?或许都不是,只因那个人,他不在,世界就都是暗淡的,更休论是在这团圆的时刻。如果在这样快乐的日子里注定孤独地过,就不如一醉方休。把酒东篱下,在盈盈暗香中追慕陶潜的风姿,又是一种怎样的潇洒?把酒东篱一陶然,萧条异代不同时,或许她才是陶潜最好的知音。阵阵西风吹来,吹动了帘笼,也吹动了闺中少妇的心。为着思念,她已经瘦弱似黄花,而见面依然无望。她还要等待多久呢,她不知道,她只知道,爱无尽,思念亦无涯。或许不再思念是一种解脱,那又如何证明那个人曾在她的生命里停驻。为了爱他，为了证明对他的爱，她宁愿忍受思念带来的一切痛楚与磨折。怎能说不是凄苦的呢，又怎能说不是销魂的呢，但为了他，一切的苦，或许都是另一种甜。

人言"闺中少妇不知愁"，易安自然是知道愁的滋味的。当一个女人经历了离别，经历了相思，经历了政治的波折，也经历了家庭的离散，她怎还会不知愁为何物？但此时此刻，易安的愁，更多的只是富贵闲愁吧，是"为赋新词强说愁"，因为她还能把酒东篱，因为她还能玩味暗香盈袖，而当她尝遍了人世苦楚，或许反而"欲说还休"，只得道一声"天凉好个秋"。

关于这首《醉花阴》，有一个故事记载在元代伊世珍的《琅嬛记》中：重阳时节，易安思念明诚太甚，便作《醉花阴》一首寄给明诚。明诚读罢，对易安的文采深深叹服，自愧弗如。但男人的天性使然，他们总是争强好胜的，尤其是在自己心爱的女人面前，更是不愿怯阵。明诚下决心，定要写出一首能胜过《醉花阴》的词。于是他谢绝宾客，废寝忘食，三个日夜过去了，明诚写作了五十首词。他把易安的词混杂在这五十首词中，一并交给自己的友人陆德夫。陆德夫玩味再三，说道："只有三句最好。"明诚急忙问道："是哪三句？"陆德夫缓缓吟诵道："莫道不销魂，帘卷西风，人比黄花瘦。"正是出自易安的《醉花阴》。

说是逸事，自然难辨其真假，但却可从一个侧面看出世人对易安才华的感佩。

林语堂在《武则天正传》中说过这样一句话："若是命运不肯创造一个伟大的女人，一个伟大的女人会创造自己的命运。""一代词宗"的伟大，确乎是命运造就的。"欢愉之辞难工，而穷苦之词易好"，如果不是经历了那么多的离乱与悲苦，那么多的萧索与凄凉，易安或许不会有这般伟大。而这伟大，对于她自己来说重要吗？如果可以选择，她宁愿与爱人厮守终生，而不是孤独终老；她宁愿儿孙满堂，而不是后嗣无人。无奈的，只是命运从不由我们做主。易安不是武则天，她更像是张爱玲，她自有她的伟大之处，却也可以在自己深爱的人面前，低到尘埃里。

此时，易安只是端起斟满了的酒杯，在微醺里，品咂她的离愁别绪……

四

宋徽宗崇宁五年（1106年）春，朝廷终于下诏，销毁了"元祐党人碑"，随即大赦天下，解除了当年对"元祐党人"的禁锢。李清照自然也在这被赦的行列中，得以重返京城。从宋徽宗崇宁二年（1103年）被驱逐出京，至今已近三个年头，而今，终于得以与那日思夜盼的丈夫团聚，该是怎样的喜不自禁啊！然而，物依旧，人已非，她那日夜思念着的丈夫，竟然改变了当年的心意。当失望与愁苦混杂，当伤心与凄凉交织，便有了这首《小重山》：

春到长门春草青，江梅些子破，未开匀。碧云笼碾玉成尘，留晓梦，惊破一瓯春。

花影压重门，疏帘铺淡月，好黄昏。二年三度负东君，归来也，著意过今春。

首句"春到长门春草青"，是借用了五代词人薛昭蕴《小重山》的成句，原词为："春到长门春草青。玉阶华露滴，月胧明。东风吹断紫箫声。宫漏促，帘外晓啼莺。愁极梦难成。红妆流宿泪，不胜情。手挼裙带绕阶行。思君切，罗幌暗尘生。"这自然是一首充满凄苦的宫怨词无疑。易安引此成句入词，不是为赋新词强说愁，当真是伤心人别有怀抱。

长门宫，是汉代的宫殿。汉武帝幼时曾说："若得阿娇作妇，当作金屋贮之也。"可惜，誓言与谎言之间，从来只有一字之别，而汉武帝也终于将那陈阿娇废黜，将那皇后的封号褫夺。昔年那藏娇的金屋而今易主于他人，陈阿娇迁居幽僻冷寂的长门宫，眼中含着几许热泪，心中又怀着几多哀愁。从此，长门宫成为冷宫的代称。传说，陈阿娇曾以一字千金的价格，向司马相如求得一篇《长门赋》，情辞哀婉，武帝大为感动，阿娇复受宠如初。这是怎样多情的期盼！无奈，传说终究只是传说而已，阿娇也终究再无受宠之日。君不见，咫尺长门闭阿娇，锁住了一个人，冷透了一颗心。春到长门，又是一年光景，而那九五之尊的帝王，却再也不曾踏入故人的宅院。

《招隐士》中有这样两句："王孙游兮不归，春草生兮萋萋。"春草萋萋，连绵到那遥远的天涯。远方有着怎样的美好，竟让那王孙栖迟淹流，不忍回顾，而赵明诚的心呢，此刻又停驻在何方？身在咫尺，心却远在天涯。是身的分离更可悲，还是心的分离更可叹？易安找不到答案。萋萋总是无情物，吹绿东风又一年，从此，那萋萋芳草，诉说的尽是她的惆怅。

李煜曾写过一首小词，名为《清平乐》："别来春半，触目柔肠断。砌下落梅如雪乱，拂了一身还满。雁来音信无凭，路遥归梦难成。离恨恰如春草，更行更远还生。"或许，真的只有愁苦之人，才更懂得惺惺相惜。此时，易安不正像极了昔时的李煜？一样的芳草萋萋，一样的寂寞愁浓。

那江梅渐次绽放了，"迎春故早发，独自不疑寒"，虽然还不曾占尽枝头，却也不曾误了花期。何曾想到，今日归来，竟然只有这江梅一如往昔。"红酥肯放琼苞碎，探著南枝开遍未。不知酝藉几多香，但见包藏无限意。道人憔悴春窗底，闷损阑干愁不倚。要来小酌便来休，未必明朝风不起。"那是易安昔年的诗句，曾经一度，她怜惜着自己的孤苦，怜惜着梅的遭际。到如今，还是只有她和这梅相互慰藉、相互怜惜，是可悲，还是可叹，或者都不是，只是心头无比真实的暖。最是让人感动的，从不是锦上添花，而是雪中送炭。

"碧云笼碾玉成尘，留晓梦，惊破一瓯春。"宋代时，把茶制成茶饼，再在茶笼中碾成茶末饮用。宋代庞元英在《文昌杂录》中记载道："(韩魏公)不甚喜茶，无精粗，共置一笼，每尽，即取碾。"可见当时确有这样的习俗无疑。"碧云"，是形容那茶饼的颜色，而"玉成尘"，则用来形容那茶末。独自品茗花下，将那晓梦驱散，是怎样的惬意时光。只是，品咂得出那茶的甘洌吗？或许只品咂出淡淡的苦涩，不管唇间，还是心头。

"花影压重门，疏帘铺淡月"，凌乱的花影压上重重深锁的门，那花影竟也是有重量的吗？淡淡的月光透过稀疏的帘笼，好一个多情的黄昏，大概只有那以梅为妻、以鹤为子的林逋，曾有幸得见，留下了"疏影横斜水清浅，暗香浮动月黄昏"的千古绝唱，而当此黄昏，却无人与易安共欣赏，又是怎样的无奈，怎样的悲凉！如此良辰美景，却不曾有赏心乐事，人间事，少的是尽善尽美，多的是美中不足，到今日，才是真的懂得。

　　从崇宁二年到崇宁五年，易安是怀着怎样的无奈，怀着怎样的辛酸，辜负了二载春色和三度梅开！而始终不曾辜负的，却是那心上的人儿。"此情无计可消除，才下眉头，却上心头""莫道不销魂，帘卷西风，人比黄花瘦""草际鸣蛩，惊落梧桐，正人间、天上愁浓"，字字句句，是怎样的孤独寂寞，怎样的凄苦愁绝，字字是血，声声是泪。如今，当所有的愁云惨雾都散去，当所有的壮阔波澜都平息，她终于又回到了这里，那曾无数次萦回于脑际的地方，那曾无数次在梦里追索的地方。她是怎样幻想着他们的久别重逢，幻想了无数种场景，却独独忽视了这一种。她是太相信了自己，还是太相信了爱情？只是她从来不曾想到，她那丈夫竟会改变了心意。不经意的凄苦才是最苦，苦到断了肝肠；未预见的痛才是真痛，直到痛彻心扉。易安是怎样地期待着，期待着把那美好的春光珍惜啊！可惜，可叹，或许也只有那梅花陪她一起度过这春天。他那灵魂还要寄居何方，他那真心还要栖迟何处？招得回王孙的魂，招得回明诚的真心吗，再与她厮守一处，将那春光欣赏，将那爱情珍藏。

第三节　国破家亡悲春秋

靖康之难后,她经历了国破家亡,流离失所的黍离之悲。
身世的飘零,更加衬托了这个时代的动荡不安;饱经的苦难,
也更加渲染了深沉凄怆的亡国之痛。
此时,一场细雨、一阵清风,都让她伤春悲秋,忧思满怀。
此刻正是她生命中无比肃杀的秋。

（一）

薄露初零,长宵共、永昼分停。绕水楼台,高耸万丈蓬瀛。芝兰为寿,相辉映、簪笏盈庭。花柔玉净,捧觞别有娉婷。

鹤瘦松青,精神与、秋月争明。德行文章,素驰日下声名。东山高蹈,虽卿相、不足为荣。安石须起,要苏天下苍生。

——《新荷叶·薄露初零》

这是一首祝寿词,后人总是费尽了心思,去猜测那寿主为谁。有人认为是晁补之,有人猜度是朱敦儒。苦苦探寻,始终没有太多的意义。隔了太远的时间与空间,蒙了太多的历史的烟尘,再回头,依稀间,已再看不清当年寿主的面影,而分明无疑的,则是易安那颗为国家的前途与命运而深深忧虑的心。

薄露初降,又是一年秋分时节。那水边的亭台楼阁,恍惚间,成为了万

丈蓬瀛。"蓬瀛",指的是蓬莱和瀛洲,都是传说中的仙山。东晋葛洪在《抱朴子》中这样形容那些得道之士:"或委华驷而辔蛟龙,或弃神州而宅蓬瀛。"唐代许敬宗有诗句云:"幽人蹈箕颍,方士访蓬瀛。"明代唐顺之也曾写过"此去周南异留滞,看君到处即蓬瀛"的句子。自古人们求仙访道,不过为了长生不老,而那寿者竟然居于这人间仙境,莫不是早已得道成仙?

芝兰,是香草。《世说新语·言语》中曾记载了关于"芝兰"的典故:"谢太傅问诸子侄:'子弟亦何预人事,而正欲使其佳?'诸人莫有言者,车骑答曰:'譬如芝兰玉树,欲使其生于阶庭耳。'"芝兰,自然是对那"诸子侄"的美称。从前官员上朝,需要头戴冠簪,手执笏板,就是所谓的"簪笏"。苏轼曾写过这样的诗句,"数朝辞簪笏,两脚得暂赤"。"簪笏",指的是仕宦生涯,而在这里,指的则是宾客中的诸位官员无疑。既有族中的众多子侄,又有朝中的诸位高官,更有那如花似玉的少女,献上美酒一樽,那寿宴有着怎样的盛景,自然可以想见。

祝那寿主福寿绵长,如松鹤一般;祝那寿主精神矍铄,胜如秋月;祝那寿主的德行文章,誉满京城。"鹤瘦松青",鹤与松一起,常作为长寿的象征,多用于祝寿之词。秋分时节的月,也总是最为明亮。"日下",指京都,古代以皇帝比日,皇帝所居,自然便称为"日下"。《晋书·陆云传》中有这样的记载:"云与荀隐素未相识,尝会(张)华坐。华曰:'今日相会,可勿为常谈。'云因抗手曰:'云间陆士龙。'隐曰:'日下荀鸣鹤。'"所有的祝寿之语,无论是那"鹤瘦",还是那"松青",甚或是那"秋月",句句无不显得清新自然,种种无不透出蕴藉含蓄,也无一丝媚悦,也无半点凡俗。

"东山高蹈,虽卿相、不足为荣。安石须起,要苏天下苍生。"结尾二句所运用的,都是谢安的典故。

谢安曾隐居于会稽东山,大诗人李白感念此事,曾作《东山吟》一首悼念谢安:"携妓东土山,怅然悲谢安。我妓今朝如花月,他妓孤坟荒草寒。白鸡梦后三百岁,洒酒浇君同所欢。酣来自作青海舞,秋风吹落紫绮冠。彼亦一时,此亦一时,浩浩洪流之咏何必奇。"在宋朝,人们又习惯用"东山""东郡"

或"东州"来称呼齐州一带，也正因此，有人猜测，那寿主正是原籍齐州的晁补之，不知其真假，但无论怎样，这一切都已然成为了历史，淹没成尘。

《世说新语·排调》记载道："谢公在东山，朝命屡降而不动。后出为桓宣武司马，将发新亭，朝士咸出瞻送。高灵时为中丞，亦往相祖。先时多少饮酒，因倚如醉，戏曰：'卿屡违朝旨，高卧东山，诸人每相与言：安石不肯出，将如苍生何！今亦苍生将如卿何？'谢笑而不答。"谢安是东晋时期的宰相，可谓一代名臣。莫非那寿主也有着这般荣耀，和他一般地位吗？或许，此刻正江河日下的大宋王朝正等待着它的"东山再起"。

易安，从来不是等闲之辈，她自幼博览群书，有着怎样的学识，又有着怎样的见地，这从她早年的诗歌创作中，即可窥见一斑。

唐肃宗上元二年（公元761年），当安史之乱的硝烟都已散尽，元结作了一篇《大唐中兴颂》，并刻于浯溪石崖上，歌颂大唐的中兴，也称扬自己的平叛之功。张耒，是"苏门四学士"之一，针对元结的《大唐中兴颂》，他作了《题中兴颂碑后》一诗。此诗一出，时人多有唱和。当时的易安，刚刚在诗坛上小露锋芒，也写作了两首和诗，也正是这两首和诗，让易安在诗坛上占尽了风光。

其一云："五十年功如电扫，华清花柳咸阳草。五坊供奉斗鸡儿，酒肉堆中不知老。胡兵忽自天上来，逆胡亦是奸雄才。勤政楼前走胡马，珠翠踏尽香尘埃。何为出战辄披靡，传置荔枝多马死。尧功舜德本如天，安用区区纪文字。著碑铭德真陋哉，乃令神鬼磨山崖。子仪光弼不自猜，天心悔稿人心开。夏商有鉴当深戒，简策汗青今具在。君不见当时张说最多机，虽生已被姚崇卖。"

朝廷中有多少倾轧，从来不曾断绝。彼时的易安，还不曾被驱逐，但目睹苏门子弟的遭际，心中又何尝能够了无块垒呢？

其二云："君不见惊人废兴传天宝，中兴碑上今生草。不知负国有奸雄，但说成功尊国老。谁令妃子天上来，虢秦韩国皆天才。花桑羯鼓玉方响，春风不敢生尘埃。姓名谁复知安史，健儿猛将安眠死。去天尺五抱瓮峰，峰头凿出开元字。时移势去真可哀，奸人心丑深如崖。西蜀万里尚能反，南内一闭何时开。可怜孝德如天大，反使将军称好在。呜呼，奴辈乃不能道辅国用事张后专，乃能念春荠长安作斤卖。"

王灼在《碧鸡漫志》中这样评价易安:"自少年便有诗名,才力华赡,逼近前辈。在士大夫中已不多得。若本朝妇人,当推文采第一。"易安的才力自不待言,更重要的是,她还有那非同一般的史识。她并未对杨贵妃责之过甚,说什么女色误国,也并未刻意地为其开脱。面对历史,回望曾经,易安所表现出的冷静与公允,实在不似一个少女所能拥有。

当时的易安,不过十六七岁光景,正如人们不相信《如梦令》出自这位少女之手一般,人们同样不相信如此富有见地的诗作是易安的手笔。人们总是莫名地把少女和闺阁联系在一起,殊不知,那小小的闺阁,哪里锁得住易安的心?她的心,始终在广阔的天地。宋代周的《清波杂志》中说:"以妇人而厕众作,非深有思致者能之乎?"陈宏绪在《寒夜录》中也说:"奇气横溢,尝鼎一脔,已知为驼峰、麟脯矣。"

易安若不是有着这般的思致、这般的才华,又哪里写得出那流传千古的《夏日绝句》呢?"生当作人杰,死亦为鬼雄。至今思项羽,不肯过江东。"小诗虽短,其气魄却分明堪比雷霆万钧,几令那须眉侧目。身,虽不曾驰骋沙场,心,却早已纵横天涯。

"安石须起,要苏天下苍生。"这样的诗句,也只有易安能够写得出。从来只认为,政治是男人的专利,女人何必关心,又何须在意呢?只是易安,从来不是那不知愁的闺中少妇,她的胸襟、她的气度,胜过那许多浊物须眉!

此时的北宋王朝,正处于江河日下的衰落中,龚自珍曾这样形容所谓的"衰世":"左无才相,右无才史,阃无才将,庠序无才士,陇无才民,廛无才工,衢无才商,巷无才偷,市无才驵,薮泽无才盗,则非但鲜君子也,抑小人甚鲜。"质言之,所谓的衰世,是体现在社会的方方面面的,可惜可叹的只是那些士大夫不想看到,他们依旧纸醉金迷。此时的易安,心中又是怎样的五味杂陈,此时的易安,像极了一个人,正是那自称"鉴湖女侠"的秋瑾,她也有过这般壮怀激烈:"浊酒不销忧国泪,救时应仗出群才。拼将十万头颅血,须把乾坤力挽回。"她们的痛苦,从来都是因为她们的清醒。殊不知,人生难得的是糊涂,不是她们不懂，只是她们不愿。

（二）

宋徽宗崇宁元年（1102年），当"元祐党人"被悉数驱逐出京之时，正是赵挺之风光无限之际，真可谓"炙手可热"。对于政治而言，从来没有永远的朋友，有的只是永远的利益。当"外患"悉数解决，赵挺之还面临着诸多"内忧"，这所谓的"内忧"，便是与权臣蔡京争权。宋徽宗大观元年（公元1107年）正月，蔡京再次出任宰相。同年三月，赵挺之的宰相之职被罢免，仅仅五天后，他便气绝身亡。这场宰相之位的争夺战，终于以赵挺之的失败而告终。赵挺之，成为蔡京登上权力顶峰的祭品。

此时，赵家人竟浑然不知，更大的阴谋正在等待着他们。赵挺之死后仅三天，京城中的赵家人便被悉数收监。因查无实据，不久便被释放了，只是追封给赵挺之的官职却被无情地褫夺了，赵氏兄弟三人的官爵也因此而丢失。京城这是非之地，易安与明诚是再不能久留了。离开，成了他们无法选择的选择，从此，开始了他们屏居青州的生涯。

生命中的阴差阳错，无意间造就了多少美好。屏居青州这段岁月，竟成为易安永生难忘的记忆。昔年，陶渊明曾写作过一篇《归去来兮辞》，其中有这样两句："倚南窗以寄傲，审容膝之易安。"易安素来倾慕陶渊明的为人，"细看取、屈平陶令，风韵正相宜"，分明透着对陶渊明的无尽赞赏，此时，她便将这宅院命名为"归来堂"，并自号"易安居士"。正是在这"归来堂"中他们开始大量地收藏并研究那金石字画，易安在《金石录后序》中曾这样形容当时的生活："食去重肉，衣去重采，首无明珠翡翠之饰，室无涂金刺绣之具。"只因心之所向，才是最绚烂的天堂。在这"归来堂"中发生的点点滴滴，大概易安一生都忘不掉，每每念及，喟然叹息"甘心老是乡矣"。

美好的时光总是飞快地逝去，转眼间，已是十年的光景。宋徽宗宣和三年（1121年），随着蔡京一党走向末路穷途，赵明诚之母郭氏向朝廷奏请，恢复了赵挺之那曾被追封又一度被褫夺的司徒之职，赵氏兄弟再度走上仕途。对于赵明诚而言，这意味着时来运转，而对于易安呢，又意味着什么？意味着心上人的离开，意味着十年来的美好光景不再。丈夫再度走上仕途，她自然会有几分欢喜，而夫妻再度分隔两地，心中又不免感慨良多。她多想和他一起离开，而他从不答应她的请求。他终于离去了，昔日的"归来堂"中，是怎样的欢意融融，而今看去，只剩下点点酸楚。易安就是这样，伴随着孤单，伴随着寂寞，伴随着淡淡的思念与淡淡的哀怨，她写下了这阕《凤凰台上忆吹箫》，远方的他，可曾听到？

> 香冷金猊，被翻红浪，起来慵自梳头。任宝奁尘满，日上帘钩。生怕离怀别苦，多少事、欲说还休。新来瘦，非干病酒，不是悲秋。
>
> 休休，这回去也，千万遍《阳关》，也则难留。念武陵人远，烟锁秦楼。惟有楼前流水，应念我、终日凝眸。凝眸处，从今又添，一段新愁。
>
> ——《凤凰台上忆吹箫·香冷金猊》

香料早已烧尽，香炉也已冰冷。易安最是那爱香之人，"篆香烧尽，日影下帘钩"，是焚香；"薄雾浓云愁永昼，瑞脑销金兽"，是焚香；"瑞脑香消魂梦断，辟寒金小髻鬟松"，是焚香；"淡荡春光寒食天，玉炉沉水袅残烟"，同样是焚香。那香炉是不同的形状，那香料是不同的味道，同样的却是香料已烧尽，她却无暇顾及。那阵阵香气，缭绕着她的寂寞、她的愁苦和她的等待，那香炉中静静焚着的，哪里是什么香料？分明是易安的心。

太阳已经升起，被子没有叠起，头发也没有梳理，连匣上的灰尘都懒得去打扫。或许，她只是不愿改变这房间的模样，一切一如往昔，仿佛他从来不曾离去。揽镜自顾，那镜中消瘦的面庞，的确是她自己，这消瘦，不是因为缠绵病榻，不是因为酗饮终日，也不是因为悲这深秋，却是因为……罢了，那么多的寂寞伤怀，那么多的离愁别绪，哪里是说得清的呢？最怕的，莫过是那离愁。离别虽苦，却从来不曾苦似今日这般。她分明希望追随着他，哪怕千里万里，哪怕海角天涯，只是他的眼中，写满了拒绝。易安不语，可那心事，我们却分明听得清清楚楚。

就算唱了千万遍《阳关曲》，他也不曾留下，他终于还是离开。千言万语，她还能说什么呢，唯有"休休"二字了吧。曾经，爱情是在空中飘荡的纸鸢，飘得再高再远，她都不曾害怕，只因那绳索始终紧握在她手中，而今，线断了，纸鸢飘远了，再也寻不见它的影踪。

他走了，只剩下孤独的她，和这寂寞的小楼。易安有着怎样的苦心，为何偏偏着以"秦楼"二字，莫不是个中更有深意在？却原来，这词牌本就是"凤凰台上忆吹箫"，那"秦楼"本就是当年萧史弄玉的居所，易安早已埋下伏笔。《列仙传》中有这样的记载："萧史善吹箫，作凤鸣。秦穆公以女弄玉妻之，作凤楼，教弄玉吹箫，感凤来集，弄玉乘凤、萧史乘龙，夫妇同仙去。"屏居青州的赵李二人，岂不就是当年那萧史弄玉？同样的是，她们最终都被抛弃；不同的是，弄玉化凤归去，易安却独自守着这"秦楼"。

他走了，走得那样远，远到再也看不清他的背影，远到再也听不到他的声息。他可曾还会想起她？桃花那么美，而她也只能是他的曾经。或许，只有那门前的流水，懂得她的惆怅，懂得她的相思。多少次，她在这里流连，只因他是从这里乘舟离去；多少次，她在这里流连，只因太过盼望他的归期，望得久了，眼里便有了泪；泪凝得多了，就流进了那河水里，夹着哀怨，伴着离愁，只是，这样就能没有惆怅了吗，又或者是惆怅更浓？

昔时，赵明诚只身赴莱州任上，将易安留在那寂寞的"归来堂"中。她的凄苦，他视而不见，她的痛哭，他充耳不闻，只因那曾经的爱情，早已变作另一种模样。早在屏居青州之前，赵明诚就已经游冶他方，易安也已经发出婕好之叹。易安这样的女子,从来都是让人仰慕的,却从来都不是让人怜爱的。只因任何人面对她,都是需要仰视的,她有她的思想,她有她的才情,那从骨子里透出的逼人的锋芒,怎能不令他退缩?最初,他也曾被那"词女"吸引,梦寐里都思念着成为"词女之夫",只是太多年过去了,他也会累,他也会倦。他也会怀疑,是否一生,他都要被她的光环笼罩?原来,生活从不似一首小诗般绚烂。

只是易安从来懂得去争取,何曾坐以待毙?如果爱情已走远,她就将它追回;如果爱人已走远,她就将他唤回。这一次,她要朝着他的方向,独自远行。宋徽宗宣和三年(1121年)赵明诚只身赴莱州任上。八月,易安终于从青州出发,奔赴莱州,奔赴她那心爱的丈夫。

> 泪湿罗衣脂粉满,四叠《阳关》,唱到千千遍。人道山长山又断,萧萧微雨闻孤馆。
>
> 惜别伤离方寸乱,忘了临行,酒盏深和浅。好把音书凭过雁,东莱不似蓬莱远。
>
> ——《蝶恋花·泪湿罗衣脂粉满》

这阕小词,还有另外一个名字,叫作《晚止昌乐馆寄姊妹》,正是易安在奔赴莱州途中,经过昌乐馆时所作。易安在《金石录后序》中,只说到自己有一位兄弟,并未提及还有"姊妹"。那"姊妹"为谁,今日已不可确考,或许是堂姊妹,或许是丈夫赵明诚的姊妹,又或者是投契的相交。只是可以这样牵动易安肝肠的,定然是莫逆之交。

她是怎样不忍离开这一众姊妹,泪水打湿了罗衣,凌乱了脂粉,只因为分别在即。《阳关曲》是因了王维的诗句而得名。王维曾写过一首诗,名为《送元二使安西》:"渭城朝雨浥轻尘,客舍青青柳色新。劝君更尽一杯酒,西出阳关无故人。"这首诗,后来被谱入乐府,用以送别之际。以其首句而得名《渭城曲》,又称为《阳关曲》。在送别的时候,歌词要反复咏唱三遍,因而得名《阳关三叠》。元代的《阳春白雪集》中，记载有大石调《阳关三叠》："渭城朝雨，一霎浥轻尘。更洒遍客舍青青，弄柔凝，千缕柳色新。更洒遍客舍青青，千缕柳色新。休烦恼！劝君更尽一杯酒，人生会少，自古富贵功名有定分，莫遣容仪瘦损。休烦恼！劝君更尽一杯酒，只恐怕西出阳关，旧游如梦，眼前无故人。"历来唱这《阳关曲》，都只唱三叠，易安却偏偏要唱上四叠，是别出心裁，抑或是离别太苦、思念太深。纵是这四叠的《阳关曲》，也要唱上千百遍。太多的留恋、太多的不舍，此刻已不消更多的言语。

姊妹们分明告诉她，山是那样长，路是那样险，如今方知此言不虚。独自在那寂寞的昌乐馆中，听夜雨萧萧，此时的易安，失却了姊妹们的陪伴，却也不知何日才能寻见赵明诚的影踪。是不是就算从此这世界上少了一个李易安，明朝也不会有怎样的不同，天地还是这个天地，人间还是这个人间？凄苦、离恨、寂寞、愁绝，如山洪般在一瞬之间将她击垮，却原来，她也有这般疲惫的时刻。

易安从来如此，从不愿将自己的软弱流露，她不要别人那或是同情或是可怜的目光，落在身上，仿佛一种凌迟，凌迟着她的身体，也凌迟着她的灵魂。此刻的方寸大乱，怎能尽是因了这别离，分明是为那即将到来的相见而担忧，只是易安，从来不曾言语。因为这担忧，她哭湿了罗衣，哭乱了脂粉；因为这担忧，她雨夜凄寒；因为这担忧，她方寸大乱。而这担忧，却是所为何来？相见争如不见，有情还似无情。易安只是不知，在遥远的莱州，等待着自己的是什么。不相见，她可以为他的一切不理不睬寻找借口，如果所有的冷漠都近在目前，她又如何寻觅那开脱的理由？

莱州，从来不似蓬莱那样遥远。虽然可通音信，易安却从来不曾收到过丈夫的片语只言，只因他的心，从来只流连那遥远的蓬莱。他是那"武陵人"，早已走出了她的生命。

心若在一处，天涯也只在咫尺间。心若是分离，再多的付出也不过是枉然而已。从来，易安都只相信，那"词女之夫"是上天的赐予；从来，易安不曾质疑，他们也有缘尽的那一天。

当这一切，就那样无比真实地发生在易安面前，这一切就如晴天霹雳，将她彻底击垮在地。易安刚刚到达莱州，便作了一首《感怀》诗，诗云："寒窗败几无书史，公路可怜合至此。青州从事孔方兄，终日纷纷喜生事。作诗谢绝聊闭门，燕寝凝香有佳思。静中吾乃得至交，乌有先生子虚子。"在这首诗前，还有一段小序："宣各辛丑八月十日到莱，独坐一室，平生所见，皆不在目前。几上有《礼韵》，因信手开之，约以所开为韵作诗，偶得'子'字，因以为韵，作感怀诗。"自从易安到达莱州，便是尽日"独坐一室"。殊不知，"子虚乌有"从来都不曾存在；殊不知，就算到了这莱州，到了丈夫的身旁，易安也只是一个人，守着寂寞，守着愁浓。

为何会有分离，如果那两颗心，曾经紧紧贴近；为何会有分离，如果那两个人，曾经静静相依。

无论是醒来，还是在梦里，我都要把你追寻，只因曾经深爱过，哪能轻易就说离别？

四

永夜恹恹欢意少，空梦长安，认取长安道。为报今年春色好，花光月影宜相照。

随意杯盘虽草草，酒美梅酸，恰称人怀抱。醉里插花花莫笑，可怜春似人将老。

这首《蝶恋花》约创作于宋高宗建炎二年（公元1128年），当时的赵、李二人正寓居江宁。从宋徽宗宣和三年到宋高宗建炎二年，从莱州到江宁，在这中间发生了多少离合悲欢，实在是难以尽言。

宋徽宗宣和七年（1125年），赵明诚转徙淄州任上。同样是在这一年，金国大举南侵，十二月，宋徽宗退位，太子即位，是为宋钦宗。

宋钦宗靖康二年（1127年）三月，赵明诚往江宁奔母丧。此时，时局更加紧张，易安随即回到那昔日的青州"归来堂"，整理夫妇二人毕生之收藏。易安在《金石录后序》中这样记载当时的情景："既长物不能尽载，乃先去书之重大印本者，又去画之多幅者，又去古器之无款识者，后又去书之监本者，画之平常者，器之重大者。凡屡减去，尚载书十五车。至东海，连舻渡淮，又渡江，至建康。青州故第，尚锁书册什物，用屋十馀间，期明年春再具舟载之。"当抛却那一件件昔年的收藏，犹如亲手埋葬自己的过往，易安的心中，又会是怎样一种滋味？只是还不由得她细想，就遇到了更大的风波。乱世中人往往如此，总要经历一波未平，一波又起，而就在这一波接着一波的磨难与愁苦里，人渐老，心渐衰。仅仅过去了一个月的时间，金军俘虏了徽钦二帝，北宋随即灭亡。五月，宋徽宗第九子康王赵构于南京应天府即位，改元建炎，是为高宗，历史学家们称之为"南宋"。

宋高宗建炎元年（1127年）七月，赵明诚被任命为江宁知府，兼任江东经制副使，八月即到江宁任上。此时的易安，正在运送那"十五车"文物的途中。却不料，就在这一年的十二月，青州即发生了兵变，那十几屋的文物悉数毁于战火。易安在《金石录后序》中，只留下这样一句话："十二月，金人陷青州，凡所谓十馀屋者，已皆为煨烬矣。"寥寥数语，又哪里诉得尽易安心中的凄苦？途经镇江之时，又偏逢上了江外之盗。易安手携出自蔡襄之手的《赵氏神妙帖》，经历了多少惊心动魄，经历了多少胆战心惊，易安终于将这珍贵异常的书帖带回到赵明诚的身旁。赵明诚感戴不已。宋高宗建炎二年（1128年）三月十日，赵明诚为这幅《赵氏神妙帖》题上一段跋语："此帖章氏子售之京师，余以二百千得之。去年秋西兵之变，余家所资，荡无遗余。老妻独携此而逃。未几，江外之盗再掠镇江，此帖独存。信其神工妙翰，有物护持也。"他也曾流连那浮花浪蕊，但当浮华褪尽，当大难来临，也只有这"老妻"，不曾负他的一片深情。他们，依旧有着"夫妇擅朋友之胜"的情谊。

可惜的只是，文字道得出那许多年的过往，却道不尽人心在流年里历尽的沧桑。

宋代的江宁，即今天的江苏南京，古时候又称为"金陵"，自古便是烟柳繁华之地。初到江宁的李易安，却无心去欣赏那许多繁华。《清波杂志》曾这样记载道："明诚在建康日，易安每值天大雪，即顶笠披蓑，循城远览以寻诗，得句必邀其夫赓和，明诚每苦之也。""南渡衣冠少王导，北来消息欠刘琨""南来尚怯吴江冷，北狩应悲易水寒"，这些诗句，大概正是这许多次雪天赋诗所觅得，而这样的诗句，又教明诚如何来和？易安每每感慨，南宋王朝偏安一隅之际，那满朝文武却仍然沉溺在纸醉金迷的幻梦里，而她却几乎忘记，她那丈夫也正是那满朝文武之中的一员。

"靖康之难"发生后，随着北宋朝廷的灭亡，赵、李两族的许多亲友也纷纷逃往江南避难，在得知了赵明诚担任江宁知府的消息之后，他们便纷纷前来投奔。这阕小词所记载的，正是赵明诚夫妇二人于上巳日招待这诸多亲友的盛况。在秦汉时，将三月上旬巳日称为"上巳日"。魏晋以后，将三月三日定为"上巳日"。著名的兰亭之会，便是在这一天。王羲之曾在《兰亭集序》中这样描写那次盛会："永和九年，岁在癸丑，暮春之初，会于会稽山阴之兰亭，修禊事也。群贤毕至，少长咸集。"赵、李二人的此次宴会，也会有这般盛景吗？

盛宴还未曾开始，女主人便显出了几丝疲惫，只因昨夜那一场清梦。梦里依稀回到了往日的京都，她还记得那京都的每一条寻常巷陌，无奈的是，纵使走过千里万里的路途，始终也到达不了那昔日的城池。午夜梦回，唯有一阵唏嘘，却原来，一切不过空梦一场。

花光月影虽好，她却无心欣赏，只因心中的惆怅那么浓，凄苦那么多。景致，依稀还是那昔年的模样，而昔年，却早已是回不去的曾经。

"杯盘草草"，食物并不十分丰盛，却也有着美酒和酸梅，也算得上适合众人的口味。王安石在《示长安君》中，曾写过这样的句子："草草杯盘供笑语，昏昏灯火话平生。"不正是一样的"杯盘草草"？而那团聚之乐，那笑语欢歌，却从不因那酒席的简单而改变丝毫。重要的，哪里是这筵席的丰盛，不过是在这乱世中的相逢。

纵使醉了，也不要把那花插满头。北宋时，洛阳人有插花的习惯，欧阳修在《洛阳风俗记》中说："洛阳之俗，大抵好花。春时城中无贵贱皆插花。"只是现在流寓在这江宁，插花又怎能不引起对过往的追索？那遥远了的故乡，那恍惚了的记忆，大概只能在梦中忆起了。张端义在《贵耳集》中曾这样说道："（易安）南渡以来，常怀京洛旧事。"多少往事，在梦中徘徊，在心间萦绕，这插花，也是其中的一种吧。或许插上了花，就仿佛回到了过去的年月里，那就姑且放肆这一回吧。怕只怕竟如武元衡诗中所云，"月惭红烛泪，花笑白头人"。那花不要发笑，殊不知，那春天也如人一般，也会有迟暮的时候，想那当年的易安，"卖花担上，买得一枝春欲放"，便"云鬓斜簪，徒要教郎比并看"，是何等的风流俊俏，只是隔了太久的时光，一切美好，都已模糊。

刘希夷在《代悲白头翁》中说："年年岁岁花相似，岁岁年年人不同。"一年又一载，相似的是花朵的盛开，不同的是人心的枯萎。

第四节　／　人残如菊晚景凉

彼时的易安，在经历国破、家亡后，又经历了夫死、再嫁。
繁华消尽，满目疮痍，凄凉苦楚的晚年，唯有怀念和悼亡的痛楚相陪伴，
夜阑人静时，人如残菊，凄凄冷冷，在寂寞的蹉跎中，
美好的娇艳早已成明日黄花。此刻正是她生命中无比凄冷的冬。

天上星河转，人间帘幕垂。凉生枕簟泪痕滋，起解罗衣聊问、夜何其。
翠贴莲蓬小，金销藕叶稀。旧时天气旧时衣，只有情怀不似、旧家时。

——《南歌子·天上星河转》

这首《南歌子》，大概写于宋高宗建炎三年（1129年）的深秋。彼时，赵明诚已然撒手人寰，人世间，从此只剩下一个易安。从宋高宗建炎二年（1128年），赵明诚任江宁知府，到此时，不过一年多光景，可个中曲折却着实一言难尽。易安的一生，就是一段传奇。她所承受的，不仅是常人难有的荣耀，也有那常人难有的悲苦。

记得易安曾在《临江仙》中写道："感月吟风多少事，如今老去无成。"所关涉的，大概是赵明诚"缒城夜遁"的事情。在《续资治通鉴》中，曾记载了赵明诚"缒城宵遁"一事：御营统制官王亦将在江宁发起叛乱，时任江东转

运副使的李谟将这一消息告知了赵明诚，赵明诚却因自己将转任湖州而不予理睬，而正当李谟平息了这场叛乱并前往赵明诚居所的时候，却发现赵明诚早已从城墙上缒绳逃跑。在《金石录后序》中，易安则将那许多往事一笔带过："建炎戊申秋九月，侯起复，知建康府。己酉春三月罢，具舟上芜湖，入姑孰，将卜居赣水上。夏五月，至池阳，被旨知湖州，过阙上殿。"对于赵明诚建炎三年二月罢守之事，竟然只字未提。不说，不代表默许。"南来尚怯吴江冷，北狩应悲易水寒"，面对那满朝文武，易安尚且有如此讥讽之词，对她那丈夫，又岂能毫无芥蒂？不说，不过是维持着他的尊严，只因她至死都深爱着他，不说，她只把那鄙夷与愤恨，深深地埋在心里，留给了她自己。

宋高宗建炎三年三月，易安与明诚离开了那六朝金粉之地，再一次飘零江湖。在途中，经过了和州乌江，也正是在这里，易安写作了那首流传千古的《乌江》："生当作人杰，死亦为鬼雄。至今思项羽，不肯过江东。"字字铿锵，句句有力，只是不知，这样的句子落在那"缒城宵遁"的赵明诚耳中，会否是别一般滋味、另一种情怀。

建炎三年五月，当他们抵达池阳之时，又恰巧是圣旨下达之日。赵明诚再次踏上旅途，终点，却也是生命的尽头。易安在《金石录后序》中这样记载了他们的分别："六月十三日，始负担舍舟，坐岸上，葛衣岸巾，精神如虎，目光烂烂射人，望舟中告别。余意甚恶，呼曰：'如传闻城中缓急，奈何？'戟手遥应曰：'从众。必不得已，先去辎重，次衣被，次书册卷轴，次古器。独所谓宗器者，可自负抱，与身俱存亡，勿忘之！'遂驰马去。"谁料想，此刻"精神如虎，目光灿灿射人"的明诚，不过数月光景，便化为了一抔黄土，或者，那本就是生命最后的回光返照，只是此时此地的他们，被玩弄在命运的股掌之中，怎会料想得到，这一别，竟是永生永世的分隔。

如果不曾有奉召入湖州，他们本打算安家在赣江一带，倘若果真如此，会否又是十年的屏居生涯，会否那样，易安的一生便算得上了无遗憾，只是，世间所有"如果"，都是没有意义的假设。事实已然如此，再多的言语，终究换不回彼时的抉择。

仅一个月的光景，易安便得到了赵明诚重病的消息。"遂解舟下，一日夜行三百里。"即便如此，再见面时，他也已是病入膏肓。宋高宗建炎三年（1129年）的八月十八日，赵明诚走完了他的一生。

在为悼念赵明诚而写作的《祭赵湖州文》中，易安写下了这样的句子："白日正中，叹庞翁之机捷。坚城自堕，怜杞妇之悲深。"谢伋在《四六谈尘》中这样评价道："妇人四六之工者。"这"工"，哪里是因为技巧，不过是因为情深。

这一阕《南歌子》，也是为了怀念赵明诚，只觉得字字是血，声声是泪。那一桩桩一件件过往，从前以为早已消逝在远去的记忆里，蓦然回首，却发现它们依旧守候在那回忆的最深处。是情深，是意重，是真正的铭心刻骨。

记忆中，易安曾填过一阕《行香子》，其中有这样几句："草际鸣蛩，惊落梧桐，正人间、天上愁浓。"彼时的她，认为与新婚的丈夫分隔两地，已是人间最大的悲苦。却不知，人，终究抵挡不了大限的到来。天上的星光依旧灿烂如斯，人间那帘幕下却再也不会有他的陪伴。晏几道在一首《临江仙》中写道："梦后楼台高锁，酒醒帘幕低垂。去年春恨却来时，落花人独立，微雨燕双飞。"同样地，都是在这低垂的帘幕里，怀念心中的人；不同的是，一个相见有望，一个会面无期。或许生命，本就是一场为了分别的相聚。人世间，从来不曾有那所谓的永恒，也正因为此，相遇与相知才显得弥足珍贵，教人愈加珍惜。

本以为看透了生死的轮回，便可淡然许多，却不料泪水还是不住地流淌，打湿了竹枕，也沾湿了脸庞，只觉一片冰凉，直凉到了心底的最深处。解衣就寝，不经意间问道"是什么时辰了"，话已出口，才恍然发觉，原来，这空荡荡的房间里只有孤单单的自己。从前，她也曾独自守着这孤凄的夜，独自留在这寂寞的屋里，只是彼时的她，心中尚有那无尽的期待，还有一个人给她希望的光芒；如今，那人与她早已是天人永隔。那一句"夜何其"，是出自《诗·小雅·庭燎》，原句为："夜如何其？夜未央。"那黑夜是到了怎样的时辰？那黑夜还远没有尽头，她又该怎样挨过那一个个漫漫长夜？长夜不曾穷尽，思念又岂能有穷尽的时候？

偶然看见那罗衣上，金线早已磨损，花纹也早已不复往昔的颜色。莲蓬显得那样小，藕叶显得那样疏，它们竟也知道了她的哀愁吗，竟也有着那般离忧吗？在民间的歌诗中，素来有谐音的传统，以其音的相近，而用"莲"代表"怜"，用"藕"代替"偶"，易安自然知晓个中三昧。在《瑞鹧鸪》中，她也曾写下过"居士擘开真有意，要吟风味两家新"的句子。正是因为这浪漫的传统，易安看到罗衣上的莲与藕，才会抑制不住内心的酸楚。

还是旧日的天气，还是旧日的罗衣，只是那人，早已磨灭了当年的模样，也早已不复当年的情怀。从此后，她的生命里再无欢好，只有那无尽的悲音。

乱世之中，大概身后事也只能草草。料理完明诚后事的易安，所面对的是愈加紧张的时局。当时，赵明诚的妹婿李擢任兵部侍郎一职，护卫高宗的伯母隆裕太后。易安遣人日夜兼程将大宗金石文物运往当时李擢所在的洪州。不料，当洪州动荡的消息传来，李擢父子早已望风而逃。当洪州终于陷落，这许多的金石文物也尽皆化作缥缈的云烟。

或许世事从来如此，正如冯梦龙所言，"屋漏偏逢连夜雨，船迟又遇打头风"。正当易安为那许多文物洒泪之时，竟不曾料想，前方还有更险恶的阴谋。此时世间正流传着"玉壶颁金"的毁谤之言。原来，在赵明诚病危之时，一个被叫作张飞卿学士的人，携一把玉壶来让赵明诚观瞧。说是玉壶，却只是石制的而已。其实这玉壶，赵明诚也不过只看了一眼而已。时人不明就里，以讹传讹说是赵明诚夫妇将这玉壶留下，并转而投献给了金人。重要的并不是一把玉壶，而是这关涉卖国通敌的大罪过。

此时，赵明诚已然撒手人寰。有时候，或许死亡竟真的是一种解脱。易安为了湔洗那"玉壶颁金"的诬蔑之词，决意将倾毕生之心力收藏的金石古玩悉数献与朝廷。此时，宋高宗却为避战乱而一路南逃，他一路逃，易安便一路追。这其中是执着，抑或是心中郁结的不平太多？谁也不会明白，那金石古玩对于他和明诚意味着什么。他们，终了一生都不曾有子嗣，那些金石古玩就是他们毕生心血的结晶，是他们曾经爱过的证明。将它们悉数进献，易安哪里肯轻易割舍，只是，如果这样能够讨回清白，她也心甘情愿。

在《金石录后序》中，易安记载下当时的真实情形："先侯疾亟时，有张飞卿学士，携玉壶过视侯，便携去，其实珉也。不知何人传道，遂妄言有颁金之语，或传亦有密论列者。余大惶怖，不敢言，亦不敢遂已，尽将家中所有铜器等物，欲赴外廷投进。到越，已移幸四明。不敢留家中，并写本书寄剡。后官军收叛卒，取去，闻尽入故李将军家。"

她不曾歇斯底里，因她知道多说也无益。

她追随着高宗的脚步，一路上经过了越州、明州、台州，当她终于到达了温州，却得到高宗离开的消息。她还要继续这追索吗？前路迷茫，她寻不见答案。面对温州的辽阔江天，她发出了自己的感慨：

> 天接云涛连晓雾，星河欲转千帆舞。仿佛梦魂归帝所，闻天语，殷勤问我归何处。
>
> 我报路长嗟日暮，学诗谩有惊人句。九万里风鹏正举，风休住，蓬舟吹取三山去。
>
> ——《渔家傲·记梦·天接云涛连晓雾》

"天接云涛连晓雾，星河欲转千帆舞。"晓雾连天，云涛翻滚，星河腾挪，千帆竞发。或许，正是那疾驰的风帆，将她带入那天帝的居所。

"仿佛梦魂归帝所，闻天语，殷勤问我归何处。"梦里，依稀寻见了赵明诚的影踪，他可是已经魂归帝所，仿佛是天外传来了一声问询，她又将去向何处？

梦虽好，却终究要醒来，回到这漫长无尽的现实里。

"我报路长嗟日暮"，此处，易安化用了《离骚》中的句子："欲少留此灵琐兮，日忽忽其将暮。吾令羲和弭节兮，望崦嵫而匆迫。路漫漫其修远兮，吾将上下而求索。"路途何其遥远，而天色却已黄昏，高宗去向了何处，她不知，但她定要将他追寻，只为了献上那许多金石玩物，只为了还他二人一世的清白。

"学诗谩有惊人句"，当是化用了杜甫《江上值水如海势聊短述》中的句子："为人性僻耽佳句，语不惊人死不休。"事实上，也确实如此。"南来尚怯吴江冷，北狩应悲易水寒""南渡衣冠少王导，北来消息欠刘琨"，许多句子，就算是须眉，大概也不敢吟出，但易安偏偏就敢，只因她再也无所畏惧，国破、家亡、夫死、无子，茫茫天地间，从此她将向何处停驻？这一生，历经了多少风雨，这一生，何处才算是尽头？

"九万里风鹏正举，风休住，蓬舟吹取三山去。""九万里风鹏正举"，化用了《庄子·逍遥游》中的典故："鹏之徙于南冥也，水击三千里，抟扶摇而上者九万里。"司马迁在《史记·封禅书》中记载道，渤海有蓬莱、方丈、瀛洲三神山。此处，易安所说的"三山"，却是指那别称"三山"的福州。

高宗去到了南方，她也要追到南方。只盼着那风不要停，不要止才好，将这一叶扁舟，吹向那遥远的三山。

清代的黄蓼园在《蓼园词选》中评价这首小词道："此似不甚经意之作，却浑成大雅，无一毫钗粉气，自是北宋风格。"梁启超也曾给它这样的赞誉："此绝似苏辛派，不类《漱玉词》中语。"易安自是有那股豪放的气度，人们只知苏辛才是豪放词的正宗，却不知就算豪放如辛弃疾者，也曾"效李易安体"。

她只是一个女子，却敢独自走过那千万里的路途；她只是一个女子，却有着众多男子也不曾拥有的气骨。其实，她始终只是一个女子，午夜梦回，心中难免会有一丝萧索，几分愁浓。正如此刻，面对这浩渺的江天，她竟不知，该向何处停驻。

三

病起萧萧两鬓华，卧看残月上窗纱。豆蔻连梢煎熟水，莫分茶。
枕上诗书闲处好，门前风景雨来佳。终日向人多酝藉，木犀花。

——《摊破浣溪沙·病起萧萧两鬓华》

从赵明诚故去之日起，这许多日子里，生命犹如一张拉满的弓，不由她喘息丝毫，而当一切终于尘埃落定，那许多种情感才洪水般袭来。对丈夫逝去的悲恸，对"玉壶颁金"的畏葸，对往昔岁月的追念，对未来路途的迷茫，当那许多种情感交杂在了一处，易安竟大病不起。在《投内翰綦公崇礼启》中，她这样说道："近因疾病，欲至膏肓，牛蚁不分，灰钉已具。"病中的易安，写下了一首《春残》："春残何事苦思乡，病里梳头恨发长。梁燕语多终日在，蔷薇风细一帘香。"易安的心境，大概终归是凄苦和彷徨。

此时，正当易安缠绵病榻之际，出现了一个"驵侩之下才"，他便是易安的第二任丈夫，张汝舟。早在易安寓居安徽池阳之时，那张汝舟便觊觎着赵家的这许多金石古玩。易安病中，他极尽照料之能事，但当易安的病情稍为好转，他便显露出了本来的模样。他辱骂她，殴打她，他的目的大概只有一个，便是让她交出那许多金石文物。心碎了，她本就知道，在这苍茫的人世间，不会再有一个人是真心地待她。

只是易安从不是等闲女子，大约三个月后，易安便告发张汝舟谎报参加科举考试的次数已骗取官职的罪行，张汝舟最终被量刑定罪。依照当时的律令，告发亲人，同样需要服刑两三年。易安不是不知，只是就算赔上这两三年的时光，她也不想与他再生瓜葛，因为那是她犯下的错，注定要付出许多代价。

易安入狱九日，便得到了昔日赵明诚的姑表兄弟綦崇礼的搭救，免受了许多牢狱之苦。时人对易安有诸多讥讽之词，胡仔在《苕溪渔隐丛话》中说："易安再适张汝舟，未几反目。"王灼在《碧鸡漫志》中，也有这般言语："再嫁某氏，讼而离之，晚节流荡无归。"陈振孙在《直斋书录解题》更是直言道："晚岁颇失节。"昔日那许多亲友，竟也终究看不懂易安的真心。他们的责备、他们的冷对，易安看在眼里，却再不放在心上，只因毫无意义。这一生，只要懂得的人真正懂得，便好，她早已年华渐老，哪里有那许多心思，去曲意逢迎呢？

翻尽了易安的所有作品，都不曾看见那张汝舟的身影。他，不过是她生命中一个并不美丽的错误，多说无益。她会怨恨他吗？不，她会忘记他，只因从来不曾真正在意。

这首《摊破浣溪沙》，便应是作于此次大病初愈之时。或许正因了众亲友的回避，竟显出一种莫名的萧索。就算世人对她只剩下了无尽的责备，她还是不后悔自己的选择，从来，她只听自己内心深处的声音。

"病起萧萧两鬓华，卧看残月上窗纱。"病榻缠绵得久了，鬓间已有了萧萧白发。罗隐曾在一首名为《新月》的小诗中说："禁鼓初闻第一敲，卧看新月出林梢。"此时的易安，却没有这般心境，她不过是病中没有那许多力气罢了。虽没有那般幸运，得以看到"新月出林梢"，但卧看那天际的一弯残月，竟也有着别样的怀抱。

"豆蔻连梢煎熟水，莫分茶。""豆蔻连梢"一语，出自张良臣的《西江月》："蛮江豆蔻影连梢。"关于"熟水"的记载，见于陈元靓的《事林广记》："夏月凡造熟水，先倾百盏滚汤在瓶器内，然后将所用之物投入。密封瓶口，则香倍矣。"《百草正义》则说："白豆蔻气味皆极浓厚，咀嚼久之，又有一种清澈冷冽之气，隐隐然沁入心脾。则先升后降，所以又能下气。"缠绵病榻之时，自然短不了服用那许多药材，嘴里尽是微苦的味道，哪里还有那分茶的雅兴。"分茶"，最是那高雅的游戏，杨万里在一首名为《澹庵坐上观显上人分茶》的诗中说道："分茶何似煎茶好，煎茶不似分茶巧。"而此时的易安，哪里有这样的情怀？抑或，竟是那亲友始终不能理解她的隐衷与苦楚，始终不曾把她理睬，茶虽好，又分与何人呢？

"枕上诗书闲处好，门前风景雨来佳。"缠绵病榻，闲翻诗书，却也有着别一种滋味。人们素来不喜雨天，仿佛总与那离愁相连，却不知，雨后的世界倒别有一番清明，一如此刻，那门前的风景。

"终日向人多酝藉，木犀花。""木犀花"，是桂花的学名，记得许多年前，易安曾写过一篇《鹧鸪天》，其中便有"自是花中第一枝"的句子，所吟咏的，自然是这桂花无疑。酝藉，语出自《汉书·薛广德传》："广德为人，温雅有酝藉。"易安曾在一首《玉楼春》中吟咏梅花道："不知酝藉几多香，但见包藏无限意。"这桂花也有这样的风韵吗？也有那温柔儒雅的气息吗？对花，易安从来不吝惜那许多溢美之词，只因她爱花爱得深切，只因说那花也正是说她自己。易安，何曾不是这乱世中飘零的花朵，我们只是不忍见她经风历雨。

风雨中，她挨过了多少孤独与凄苦，而今，她只是欣赏着自己的孤独。她终于看破，终于明了，他们，只是存在于不同的时空中，虽然相见无缘，纵使会面无期，也终究难以割舍相思的情怀。这一生，他们终究不曾错付，而那就是至大的欣喜。

原来，看破了这一生，便可以活得从容潇洒，只是，待到将那一生都看破，还剩下滋味几何？

四

乱世中人，本就是无根的浮萍，今日在东，明日在西，哪里会有固定的居所。宋高宗绍兴元年，易安赴越州，卜居土民钟氏宅。绍兴二年，高宗奔逃到临安，易安也便追随到临安。绍兴四年，易安避乱金华，卜居陈氏宅。绍兴五年，易安再次踏上返回临安的旅途。从前，易安常常忆起自己的故乡，在梦里也要苦苦追索，而到了今日，恐怕再也没了那份心肠，只因乱世中人，永远是居无定所，永远是四处漂泊。家，哪里是家？经历过战乱，经历过流离，难免看得明白清楚，人生寄一世，奄忽若飘尘，在这茫茫人世间，每一个人都不过只是过客而已。

> 风住尘香花已尽，日晚倦梳头。物是人非事事休，欲语泪先流。
> 闻说双溪春尚好，也拟泛轻舟。只恐双溪舴艋舟，载不动、许多愁。

这首《武陵春》，当是创作于宋高宗绍兴五年（1135年），易安流寓金华之时。

仅从词牌便可看出易安的万千思绪。易安曾在《凤凰台上忆吹箫》中写道："休休，这回去也，千万遍《阳关》，也则难留。念武陵人远，烟锁秦楼。"那远去了的武陵人，定然是那赵明诚无疑，而此时，易安当是又念起了那亡故已久的丈夫，因而，伴着痛，和着泪，填下了这阕《武陵春》。

"风住尘香花已尽，日晚倦梳头。"当春风终于止住了尽日的吹拂，那春花却早已凋零尽，飘落了遍地，碾压进尘土，散尽它最后的芬芳。又是一年春归去，可恨一年又一载，生命终归是了无意趣。太阳已经升起，天色又将晚，她却仍然不曾梳洗，只因这人世间再没人值得她那般费力妆扮。她最在意的那个人去了，从此后，她的爱情死了，她的心肠枯萎了。在那似乎了无尽头的岁月里，她唯有数着那时光，念着那过往，等待着，在另一个世界里，与他重逢的时刻。从此后，每一天都不过是蹉跎地过，每一秒都不过是痛苦地挨。

"物是人非事事休，欲语泪先流。"一切，都仿佛是往昔的模样，不同的，只是昔年的人早已不在。看着那散落的书稿，她不禁再一次悲从中来。她为那《金石录》作了一篇《后序》，是和着泪水写下的，历历细数他们曾经的过往，一切欢乐时光仿佛重新来过。原来，在他的心中，她的分量一直那么重，只是当年的她希求得太多，难能快乐。

元稹曾为那早亡的妻作过三首《遣悲怀》，其中的第二首这样说道："昔日戏言身后意，今朝都到眼前来。衣裳已施行看尽，针线犹存未忍开。尚想旧情怜婢仆，也曾因梦送钱财。诚知此恨人人有，贫贱夫妻百事哀。"那曾经的过往，哪里是说抛别就能抛别得掉的？就算抹除掉她留下的所有痕迹，也终究会把她忆起，只因她曾出现在你的生命里，她终究深深地印刻在你的心里。

还不曾言语，泪水便止不住地奔流。她是想诉说什么？诉说对他的思念，诉说对他的追索？不必开口，他全都知道，只因在他的心里，也是一样的情怀。

何时才能忘记这一切，重新生活？又或者，终了一生都难能将他忘怀，她，只得把他装进心里。从此以后的每一天，思念便是她不变的安排。

李攀龙说："未语先泪，此怨莫能载矣。景物尚如旧，人情不似初。言之于邑，不觉泪下。"可谓深谙易安的情丝一缕。

"闻说双溪春尚好，也拟泛轻舟。只恐双溪舴艋舟，载不动、许多愁。"双溪，在今天的浙江金华城南，因汇合了东阳、永康二水，而得名双溪。"舴艋舟"，是出自张志和的《渔父》："钓台渔父褐为裘。两两三三舴艋舟。能纵棹，惯乘流。长江白浪不曾忧。"张志和诗中所表现的，是怎样萧散的情怀，只是那份旷达、那番潇洒，大概易安终了一生，都不会再拥有了。

她知道，她不能尽日愁苦；她知道，她要走出那无尽的伤怀。她也想泛着那轻舟远行，就去那春光烂漫的双溪。只怕愁苦太多，那叶窄窄的扁舟，终究承载不下。

苏轼在《虞美人》中说："无情汴水自东流，只载一船离恨别西州。"李后主在《虞美人》中说："问君能有几多愁，恰似一江春水向东流。"秦观在《江城子》中说："飞絮落花时节一登楼。便做春江都是泪，流不尽，许多愁。"古往今来的诗人们，总是用那流水比拟无尽的哀愁，易安却宕开一笔，不去写那离愁的流淌，却去写那离愁的重量。这样的篇章，哪里是构思得出的？只有经历了国破家亡，经历了夫死再嫁，经历了"玉壶颁金"，经历了四处漂泊，才写得出这样的诗句吧，句句是血，声声是泪。只是那句子，不是一支笔写出来的，而是从她的生命里流淌出来的。

一叶扁舟，载不动她的许多愁苦。殊不知，她的愁苦尽日埋在心间，她那心，竟承载着怎样的重量，竟有着怎样的酸楚呢？

五

当晚年的易安回望曾经拥有的过往，会是一种怎样的情怀？从少年到中年，再到老年，她经历了生命的无尽繁华，经历了生命的无尽凄凉，也经历了生命的无尽绝望。或许此时，她还未曾走完她的一生，只是心境已悲凉，已觉得此生无望。国破、家亡、夫死，而最终，她竟没有子嗣。而今，在这孤独的人世间，只有一个孤独的自己，继续地生活，一天、一年、一生，又会有多大分别。或许，在这样的时刻，回望从前，方才知晓，原来，她的一生，不是只有那无尽的凄凉，却也有那许多的欢乐。

年年雪里，常插梅花醉。

少年时光，总是人生中最美好的过往。记得昔时的易安，从家乡明水来到都城汴京，凭借着两首《如梦令》，便赢得了"词女"之名。那时候的她，是怎样的风光无限，直到站在生命的尽头回望曾经的过往，还是会为当时的荣耀而欣喜。那是易安一生中名副其实的春天，豆蔻梢头，欣欣向荣。

印象中，易安曾填过一阕《渔家傲》："雪里已知春信至，寒梅点缀琼枝腻。香脸半开娇旖旎，当庭际、玉人浴出新妆洗。造化可能偏有意，故教明月玲珑地。共赏金尊沉绿蚁，莫辞醉、此花不与群花比。"那时候，易安是有那般心境去踏雪寻梅的。"香脸半开娇旖旎"，原来是她合卺的消息。"此花不与群花比"，是说那梅，也是在说她自己。或许，人生中的得意与失意，本就自有定数，那几年，她挥霍净尽了生命中的美好。

印象中，易安曾填过一阕《玉楼春》："红酥肯放琼苞碎，探著南枝开遍未。不知酝藉几多香，但见包藏无限意。道人憔悴春窗底，闷损阑干愁不倚。要来小酌便来休，未必明朝风不起。"只是就算占尽风光，也终究会有些许悲凉。她也有怕，怕那年华消逝，却原来，她只是一个女人，总是要把那颗心托付给一个人，且盼他好生珍惜，莫失莫忘。

易安曾也填过一阕《满庭芳》："小阁藏春，闲窗锁昼，画堂无限深幽。篆香烧尽，日影下帘钩。手种江梅渐好，又何必、临水登楼。无人到，寂寥浑似，何逊在扬州。从来，知韵胜，难堪雨藉，不耐风揉。更谁家横笛，吹动浓愁。莫恨香消雪减，须信道、扫迹情留。难言处、良宵淡月，疏影尚风流。"那时候，不是没有怨，也不是没有恨，当她与丈夫分离，当她质疑着丈夫的真心，也会黯然，也会神伤，也会有无尽的凄楚，只是，尚未到惨痛愁绝，从绝望中，依旧透露出点点希望的光芒。

挼尽梅花无好意，赢得满衣清泪。

或许，所有的感情都有走到尽头的时候；或许，所有的真心都经不起仔细掂量。谁又曾料想，易安也会有那婕妤之叹与庄姜之悲。她又能怎样呢，只有无尽的等待，等待着他将那群芳看尽，再回转来寻这一枝冷傲的寒梅。那几年，她经历了怎样的痛断肝肠，挼尽梅花，那生命中最为细碎的过往都被她一一珍藏，或者，是真的心伤，伤到没齿难忘。回顾那几年，满衣清泪，或许是最容易忆起的画面，原来，他给了她那许多悲苦，她却给了他一段柔肠。

印象中，易安曾填过一阕《诉衷情》："夜来沉醉卸妆迟，梅萼插残枝。酒醒熏破春睡，梦远不成归。人悄悄，月依依，翠帘垂。更挼残蕊，更捻馀香，更得些时。"她是怀着怎样的惆怅，又是怀着怎样的悲戚，竟把那梅挼了又挼，捻了又捻，直捻得芳香都散尽，才肯罢手。原来，她是在思念那久不归家的离人。人悄悄，忧心又何尝不悄悄？

印象中，易安曾填过一阕《临江仙》："庭院深深深几许，云窗雾阁春迟。为谁憔悴损芳姿，夜来清梦好，应是发南枝。玉瘦檀轻无限恨，南楼羌管休吹。浓香吹尽又谁知，暖风迟日也，别到杏花肥。"庭院深深，锁住了几许春光，锁住了几寸柔肠。那梅花何以瘦弱如斯，那杏花何以肥硕若此，原来，是那暖风迟日的偏私，而那明诚又栖迟在谁家院落，他的暖风迟日又抛洒向谁的心房？

今年海角天涯，萧萧两鬓生华。

易安的晚年，是何等的凄凉与萧索。当国仇家恨悉数降临到她的眼前，她怎能视而不见，又怎能听而不闻？当赵明诚也终于撒手人寰，渺茫的路途，只有易安一个人走。那些年，生，未见得有多快乐；死，也未见得有多痛苦。易安不曾选择，也选择不了，她只是听从命运的吩咐，任凭去向何处。

印象中，易安曾填过一阕《孤雁儿》："藤床纸帐朝眠起，说不尽、无佳思。沉香断续玉炉寒，伴我情怀如水。笛里三弄，梅心惊破，多少春情意。小风疏雨萧萧地，又催下、千行泪。吹箫人去玉楼空，肠断与谁同倚。一枝折得，人间天上，没个人堪寄。"当国破家亡，当明诚身死他乡，当他们终于天人永隔，易安又是有着怎样的寸断肝肠。命运怎么这样爱捉弄这个可悲的女人！

看取晚来风势，故应难看梅花。

宋室江山，早已是岌岌可危，那梅花，怕是难能再看到了吧。那梅花，何尝不是易安自己，生命至此，她只觉得走到了尽头，再多的岁月，也不过是无谓地蹉跎。

年年雪里，常插梅花醉。挼尽梅花无好意，赢得满衣清泪。

今年海角天涯，萧萧两鬓生华。看取晚来风势，故应难看梅花。

——《清平乐》

这首小词，诉说的是易安的一生。每当读到它，便会想起蒋捷的那首《虞美人·听雨》："少年听雨歌楼上，红烛昏罗帐。壮年听雨客舟中，江阔云低、断雁叫西风。而今听雨僧庐下，鬓已星星也。悲欢离合总无情，一任阶前点滴到天明。"

生命的意义，在于用双脚去丈量人间的土地，用双眼去洞察人世的悲喜。当走到了生命的尽头，蓦然回首，大概谁都会有无尽的唏嘘，只是乱世中人，经历了更多的内容。

六

窗前谁种芭蕉树,阴满中庭。阴满中庭,叶叶心心,舒卷有馀情。
伤心枕上三更雨,点滴霖霪。点滴霖霪,愁损北人,不惯起来听。
——《添字丑奴儿·芭蕉·窗前谁种芭蕉树》

这一阕《添字丑奴儿》所抒写的,是南迁的北人听不惯夜雨打芭蕉的故实。易安也曾是那南迁的北人,或许,这正是昔年易安的真实写照也未可知。否则,易安哪里能体味得那般深切,又哪里能抒写得那般曲折?

"窗前谁种芭蕉树,阴满中庭。"是谁在窗前种下那一株芭蕉,那阔大的芭蕉叶,层层舒展,一叶叶、一丛丛,荫蔽了整个庭院。"阴满中庭,叶叶心心,舒卷有馀情。"最爱那"阴满中庭",不胜欣喜,一定要反复吟咏才甘心,那蕉心常卷,叶叶心心是怀着怎样的柔情缱绻。

"伤心枕上三更雨,点滴霖霪。"北人南来,本就有着无限的伤心难耐,却偏逢上这三更夜雨,点点滴滴,落在那芭蕉上,敲打着寂寞的回响。声声凄厉,直敲打到北人的心房。"点滴霖霪,愁损北人,不惯起来听。"是怕那敲打声还不够凄厉,而北人还不够愁绝吗?竟要反复申说这"点滴霖霪"?北人的愁苦已太多,再也听不得这凄厉的雨打芭蕉声了。

北人南来,虽然还是在这同一个国度中,但毕竟抛别了曾经的土地,本就怀着无限的惆怅和无尽的心伤,偏逢上这三更夜雨打芭蕉,那淋淋漓漓的声响,敲击着北人的心房,是怎样的愁苦与哀伤!南人听惯了这凄厉的敲打,南人依旧睡得安稳,只因不曾经历那许多战乱,不曾经历那许多背井离乡,而北人却是再也听不得那样的声响,他们已太久不曾安眠。

那满朝文武,悉数沉浸在北归的幻梦里,他们会否知道,这雨打芭蕉是怎样的凄苦；他们会否知道，抛别故土是怎样的愁绝。他们，只是日复一日、年复一年地沉浸在纸醉金迷中，满目山河空萧索，他们只是看不到这落寞。

杜牧曾作过一首《八六子》，其中便写到了这雨打芭蕉："洞房深，画屏灯照，山色凝翠沈沈。听夜雨，冷滴芭蕉，惊断红窗好梦。龙烟细飘绣衾，辞恩久归长信。凤帐萧疏，椒殿闲扃。辇路苔侵，绣帘垂，迟迟漏传丹禁。舜华偷悴，翠鬟羞整，愁坐望处，金舆渐远，何时彩仗重临？正消魂，梧桐又移翠阴。"宫人尽日地等待着，从黑夜等到黎明，等待的，不过是君主的临幸。偏逢上这夜雨打芭蕉，该是怎样的情怀一缕。青春那样短，等待那样长，还会有多少时光，空付与这寂寞的等待？

顾敻曾填过一阕《杨柳枝》，其中也写到了这雨打芭蕉："秋夜香闺思寂寥，漏迢迢。鸳帷罗幌麝烟销，烛光摇。正忆玉郎游荡去，无寻处。更闻帘外雨潇潇，滴芭蕉。"最难消的，总是那思妇的哀愁，尽日期盼，那离人只是不见影踪。夜雨打芭蕉，那一声一声，凄厉惨绝，不正像极了思妇的声声哀叹、阵阵低吟？只是不知，那离人可曾听得明白清楚？

李煜曾填过一阕《长相思》，其中也有那夜雨打芭蕉："云一缂，玉一梭，淡淡衫儿薄薄罗。轻颦双黛螺。秋风多，雨相和，帘外芭蕉三两窠。夜长人奈何！"尽日妆扮，却只是看不到那离人归来的影踪。秋风那么多，寒夜那么长，她该如何忍受这凄苦，还有那夜雨打芭蕉？一声一声，直敲击到离愁的最深处，痛，无法消解。大概总是忧愁之人，不忍听闻那凄厉之声，李后主如此，易安亦如此。那无比凄厉的一声一声，敲击着心房，带来无限的黯然神伤，只因他们经历过太多的磨难和太多的波折，生命中再经受不了那许多凄厉的声响。

夜雨梧桐，何其悲也！或者，这就是易安在生命临终之时的真实写照，一夜一夜，伴着这凄厉的声响入眠。听着这阵阵夜雨芭蕉，会否把曾经的故乡追索；听着这阵阵夜雨芭蕉，会否把国家的前途惦念；听着这夜雨芭蕉，会否细数自己一生的孤苦与惆怅？

这一首《添字丑奴儿》，大概是易安这一生中填的最后一阕词。在此后那无尽的岁月里，她不再多说什么，只因太多的言语早已说尽。易安从来认为，词应"别是一家"。所谓的"别是一家",即是抒写离愁别绪,即是抒写情爱旖旎。终其一生,她只在那词中书写一个人,他生,她便盼他、怨他;他死,她便怀他、念他。当再多的思念之词、再多的伤怀之语,说得再多,都无法把他唤回,她,又是有着怎样的苦楚?每填上一阕词,她就要徒增那许多伤悲,无限的黯然憔悴。她老了,不愿再如此这般折磨自己,她已没有那许多精力,去痛苦、去伤悲了。

大约在宋高宗绍兴二十五年(公元1155年),李清照走完了自己的一生,享年73岁。与她那丈夫相比,她确实算得长寿之人,只是生逢乱世,多活一年,莫不是多经受一年的凄风苦雨。太多的时候,人生无法单纯地用悲喜去界定,易安的一生,经历的磨难太多,有过的欢乐太少,或许,那"一代词宗"的赞誉,是对她凄苦的一生的些微补偿。只是历史与人生,本就是错位的轮回,历史给她的荣耀,未必是她的向往,而她苦苦追求的,也许终其一生也未能达到。

第七辑 朱淑真

如花美眷，抵不过似水流年

第一节 / 锦样年华少女时

世间的每个人都有一段属于自己的故事,而在大多数的故事里,
都有一些寂寞和不安的词章,朱淑真也不例外。
如同秋天结满了甜美硕果的果树,即使繁茂,
也总是无法躲避树下一地落叶的刻骨悲凉。
也许这就是真实的人生,古人如是,今人亦如此。

宋代,也许是文人墨客最向往的朝代,也是人文荟萃、侠骨柔情的时代。在那个时代,有盛世的绮丽与浮艳,有层云万里的豪情,有冷月梅花的婉约,有纸醉金迷的风情,也有江南水岸的清越。那个时代,中华国土上遍洒文化的种子,人才辈出,巾帼不让须眉,在那样的环境下,源远流长的中华文化不断开出璀璨的繁花,也结出丰硕的果实。

在宋代的晓风残月中,有一位才女,独行独坐,独唱独酬还独卧,在月下抚琴,在花中填词,她就是幽栖居士朱淑真。

千年的光阴,是多么遥远的年岁,是怎样的沧海桑田,又是何等的模糊和苍茫。时间无情地冲淡一切,翻开史书,多少帝王将相,多少显赫辉煌,多少千秋伟业,最终都被时间捻作一缕青烟,在历史的星空中如流星般一瞬而过。

朱淑真宛若一株盛放在暗夜里的花。她满腹才情,却并不是一个幸福的

女子，短短的半生，沉沦在哀怨悲苦之中。一朝香消玉殒，她的父母把她的一切痕迹都付之一炬，身后仅留下半卷断肠之词，供后人凭吊。幸而，朱淑真凭借千古传诵的不朽诗词，跨越时间的鸿沟，走到了今天。

据考，宋高宗绍兴五年，朱淑真出生于浙江海宁。小小的婴孩在襁褓中的时候，还不晓得人生有几多艰难。那时候，她的父亲还在浙西为官，经济宽裕，朱淑真作为大家闺秀，自幼读书受教，她又天性颖慧，少女时代已经博通经史，能文善画，精通音律，尤其精通作诗填词。那个时候的朱淑真还没尝过造化弄人的滋味，只是个满腹才华又娇俏可爱、娴雅安静的小女儿，她的世界里，处处充满着美丽的风情和斑斓的色彩，处处都能让她感受到生活的乐趣。

在一个明朗和煦、花香怡人的春日里，一位女子，穿了一件淡红的衣衫，迎着柔和的春风，走在花间的小径上。春风轻抚着争妍斗艳的花枝，美丽的姑娘也被花间的暗香包裹，情不自禁地陶醉在这春日美景中。转眼清明已过，春天的气息更醇厚了，桃花杏花短暂地开过，铺下一地花瓣雨；杨树柳树抽枝发芽，雪白的飞絮被春风吹着四处飞舞，薄薄的云雾笼罩着朱楼绣户。她午睡醒来，听到窗外莺声婉转，唤起了她少女的春愁，这莺儿到底在哪里吟唱呢？是在绿杨的树影里，盛开的海棠花畔，还是柔嫩的红杏梢头呢？于是，朱淑真铺纸陈墨，填了一阕《眼儿媚》：

>迟迟风日弄轻柔，花径暗香流。
>清明过了，不堪回首，云锁朱楼。
>午窗睡起莺声巧，何处唤春愁？
>绿杨影里，海棠亭畔，红杏梢头。

这阕词用灵秀的笔触，描绘出一个美好的春日，几乎是信手拈来，全无雕琢，寥寥数语便勾勒出一幅少女怀春图，也写活了一个少女多愁善感的春心。

宋代是程朱理学最为风行的时代，程朱理学的"存天理灭人欲"甚至成为帝王用以治理国家的准则，所以宋代女子的生活当然不如盛唐时期那般开化。抛头露面太多,便惹是非,所以像朱淑真这样的大家闺秀,订婚下嫁之前的时光,大部分都要在自己的闺房中度过。这阕《眼儿媚》中流露的少女春愁,大抵来自如同朱淑真这般被养在深闺中的女子们内心的被封闭感和不自由感,而词中的春景,虽是一季春日中最繁盛的时光,却亦是春日将尽的暮景。在这样的时候,多愁善感的朱淑真自然会萌生一种追忆似水年华的心境,何况她又是一个对事物变迁极其敏感的人,那些盛开数日后飘零的花瓣,那西沉的暮日,那浮沉起落的漫漫山河,无一不牵动她的少女情怀,引发她对青春易逝的愁思和怅惘。然而世相的迷离、命运的玄机,却不是她可以预知的。

二

曾读过清代诗词评论家况周颐的《蕙风词话》,其卷四有文如是记述朱淑真:"幼警慧,善读书,文章幽艳,工绘事,晓音律。父官浙西。夫家姓氏失考,似初应礼部试,其后官江南者。淑真从宦,常往来吴越荆楚间。"

朱淑真自幼被亲人百般宠爱,父亲在浙西做官,家境优裕,可以经常跟着父亲外出游历。朱淑真的父亲应当是一位疼爱女儿的慈父,在淑真作的《璇玑图记》中,她曾经写道:"初,家君宦游浙西,好拾清玩,凡可人意者,虽重购不惜也。一日家君宴郡倅衙,偶于壁间见是图,偿其值,得归遗予。"

大抵生性洒脱的文人士大夫们都有着这样的风骨,遇见可意的爱物,不惜重金也要买回家供自己赏玩。对于这样的人而言,钱财只是行走于世间的媒介,绝不是毕生所追求的东西。如朱淑真写她的父亲爱好古玩书画,宦游浙西的时候偶然发现了东晋才女苏蕙所作的《璇玑图》,大感因缘难得,便不惜重金买了下来,回家后送给了女儿赏读。这种父亲疼爱女儿的情意从文中就可以轻易被体会,由此可以看出,朱淑真的才华也是被父亲所认可,并且爱重称许的。彼时,她只是个永远长不大的孩子,会举着金樽到浓醉,也会言笑晏晏,如春意上枝头。

天资聪颖，颇有慧根又生于书香名门的朱淑真，大抵家人和相交之友也个个风雅，性情高洁洒脱。这样的江南人家，不用神仙保佑，倒是有"神仙"来小住。然身为女子，终究不得不被礼教束缚，难得遇到机会，在春天的花园里设家宴，她自是满心欢喜、大为开心地和亲友们在家宴上饮酒写诗，一直到夕阳西下仍然意犹未尽，只恨没有办法锁住时间，让这一刻的快乐如同琥珀一般永远凝结下来。

> 春园得对赏芳菲，步草粘鞋絮点衣。
> 万木初阴莺百啭，千花乍拆蝶双飞。
> 牵情自觉诗毫健，痛饮惟忧酒力微。
> 穷日追欢欢不足，恨无为计锁斜晖。
>
> ——《春园小宴》

对于一个十六七岁的少女来说，她还不必担忧纷纷扰扰的世事和看不清楚的未来，因而在她眼中，一年四季都美景各别、风情各异，春有百花秋有月，夏有凉风冬有雪。春日游园，但闻花香；夏日凭栏看水，枕簟而眠；秋天时候带着丫鬟和三五好友去江边垂钓，少女清脆的嬉闹声惊起了游鱼，她微微嗔怒又任性地甩着钓竿，把所有不合时宜的什么大家闺秀的清高拘谨和庄重都暂且扔到身后，只是贪恋喜爱这秋日的美景，不忍辜负了大好的时光，自然而又真性情。这样活泼可爱美丽率真的少女，这样无忧无虑的烂漫与天真，怎能不让人心生爱怜？她的《暑月独眠》和《秋夜舟行宿前江》也极为灵透地描述出她这种充实而丰盈的心境：

> 纱橱困卧日初长，解却红裙小簟凉。
> 一篆炉烟笼午枕，冰肌生汗白莲香。
>
> ——《暑月独眠》

扁舟夜泊月明秋，水面鱼游趁闸流。

更作娇痴儿女态，笑将竿竹掷丝钩。

——《秋夜舟行宿前江》

夏日里，她白天在家中的水阁上看盛开的荷花，外面的阳光正当午，她在丫鬟的服侍下躲进朦胧的纱帐里，解去红裙，躺在清凉的竹席上午休小憩。纱帐外，雕花香炉中燃着老山檀，清醇香气钻进纱帐，丝丝缕缕地萦绕在她的枕侧。天气很炎热，虽然躺在竹席上避暑，她雪白的肌肤上还是沁出了汗，少女的体香从那白似羊脂、光滑如丝缎的肌肤里透出来，就像夏日西子湖畔盛开的白莲花那般淡雅清新。

到了秋天晚上，她又会让侍女驾着小舟来到江上。月华如水，凉风习习，江面上波光粼粼，鱼戏浅底，这个集万千宠爱于一身的少女一边手握钓竿击打水面，将丝钩掷入水中，一边咯咯娇笑，声如黄莺，畅快无比。

这般的豆蔻好年华，不惊不怖，恰似书中空白的扉页，留着等待涂画的洁白，对未来的一切充满了憧憬和期待。在闺阁帷帐中，在书案前，在庭院里，她的身影似摇曳的莲，带着一抹恍如隔世的清芬。那时的朱淑真，把诸多心思尽诉于笔端。君可知，其实万般的花在没有盛开之前，对尘世都有着相似的期待和姿态，仿佛人间存在的万般事物都是配角，一切只为预期这生命里浩大而华贵的爱。

第二节 ／ 金风玉露终无缘

不管早晚，也无论对错，在流转的韶华里，在那美丽又叛逆的年纪，
生命中总会出现那么一个人，他曾经跟我们在一起，
度过此生此世中最美的一段光阴，短暂却甜蜜。
不论在以后漫长的一生中会如何，在这一刻，我们也停不下脚步，
只能走向他，四目相觑，各怀眷心。

愿得一心人，白首不相离。这大概是世间女子心中最相似也最朴素的愿望了。

每个女子都有些属于自己的故事，相同的是，不论哪个朝代，在她们的故事里，总会有些相似的寂寞词章。这些词章各具美态，各有韵味，点缀在历史长河中。这时的朱淑真不为世事烦忧，唯有一心愿，就是寻得那个要来携着她的手住进她心里的人。只是，人世苍茫，那个心中渴盼的人，是否也会像门前春水一样，在最好的时节适时相见呢？

门前春水碧于天，座上诗人逸似仙。
白璧一双无玷缺，吹箫归去又无缘。

这首《湖上小集》描写的大抵是一次聚会的场景，据考，可能是文人之间吟诗填词的雅集。这种雅集在古代是文人间相交的一种常见方式，只是朱淑真到底是女子，如何能参加上这样的雅集倒是值得琢磨了。不过这并不重要。我们可以知道，她和一些文人才子们在"春水碧于天"的湖边以诗词会友，根据她平日的居住地和行踪来看，这个湖很有可能就是杭州西子湖。在江浙一带，西子湖一向都是文人雅士们以文会友、以酒会友的中心区域，而朱淑真则有机会在春光明媚的时节里，参加了一次这样的雅集。春水碧于天的时节，惠风和畅，杨柳依依，在依山傍水处，文人雅士们以诗酒为媒，雅会一处，可谓是高朋满座，谈笑有鸿儒，往来无白丁。在这众多的书生文士之中，有一位飘逸不俗、气宇轩昂的诗人，引起了朱淑真的留意。一个"逸"字已然流露出了少女春心萌动的情意，可见这个"逸似仙"的"座上诗人"就是她心中如意郎君的标准了。

　　"逸"即是气度不凡、情节高华的意思。这位"座上诗人"在少女朱淑真眼中几乎是完美的，他有气度，有才华，品性德行都超出常人，俊朗飘逸，才貌兼备。她内心里想，如果这位诗人能与她配成一对，那一定是白璧一双，没有任何缺憾。可惜雅集散去之后，意中人却吹箫归去，没有人知晓她的心意和内心的倾慕之情，她只能带着内心的失落独自离开。

　　这首诗所表达的感情中最可贵的一点，大致在于在宋代那个十足的男权社会，朱淑真作为女子，敢于提出自己的择偶观点，不是跟从男性的标准评判事情，而是发出自己内心独特的声音，提出自己对如意情郎的择选标准。但理想始终不是现实，那"逸似仙"的诗人到底与她无缘，一见之后，红尘陌上，独自归去，空留少女一人。此时此刻，她的内心怅然若失，这可望而不可得的人儿，不禁让她为之深深叹息。

　　曾经以为，上天有成人之美，总该把才子和佳人配成一双。可命运薄凉，因果无情，最美好的爱情只能在幻想中生存，只因见了一面，便系缚终生，再也无法解开。哪怕心中那个檀郎，连是谁都不知道，也要一头扎进这相思之中，痴迷得连自己是谁都彻底忘记。

这细小的心思是忧柔的,只适合独自守候,却无法推托躲藏,她总想着一个人默默地去梳理,却永远是剪不断理还乱。朱淑真到底是女子,眉间心头浮现期盼的,到底还是一个男人和一份爱情。就像白蛇传中的白素贞,修行千年入凡尘原只是为了报救命之恩,可真正跟了许仙,却熔化在了爱情的火焰里,为官人盗银库偷仙草,她可以为他做任何事,在不能延续恩爱情意时,甚至倾尽天下水漫金山,天地之间都没有她惧怕的。待转回家中,却独自凄然,早已忘了,最初来人世间,仅仅是为了了结过去的恩怨而已。

所以,那个让朱淑真动心的男子吹箫远去了,她的心也跟着没了影子,只是独自相思,期望着心中檀郎能再度出现。以后她每每念及此日此景,内心就总是会泛起一丝惆怅。

元朝徐再思写过一阕《折桂令》,其中有一句是笔者颇为钟爱的:"平生不会相思,才会相思,便害相思。"朱淑真见过了吹箫男子之后的心情,大抵也就是这般吧。这个人拨动了她少女怀春的第一缕情丝,让一个女子的心,第一次因为一个男人而突然柔软下来,这种奇妙的感觉,真是最难忘却的。所以她痴迷其中了,甚至不知那个男子究竟是否知道她的存在,是否知道她为他动心,她的心、她的情都这样随他而去了。

她的心被这情思压得沉甸甸的,眼中心中都是那个只有一面之缘的男子,以至于夜不能寐。怀着这种剪不断理还乱的愁绪,她又写下两首诗,索性就以"无寐"来命名:

> 吹彻云箫夜未赊,梨花带月映窗纱。
> 休将往事思量遍,潋滟新愁乱似麻。
>
> ——《无寐》其一
>
> 背弹珠泪暗伤神,挑尽寒灯梦不成。
> 卸却凤钗寻睡去,上床开眼到天明。
>
> ——《无寐》其二

这时候的朱淑真情窦初开，只是一心向往一份美好的爱情，并不懂得命运的薄凉和爱的伤心，尚不知晓真心地去深爱一个人的苦楚和付出。她只是因为那一面之缘、一见倾心，便放任内心义无反顾地去追随，率直、决绝而又多情。

二

也曾因相思而茶饭不思、病容满面，也曾游览西湖，渴盼再次偶遇，那人却始终未曾出现，仿佛那日相见只是一场梦。时光飞逝，朱淑真就在这样心事重重的状态下，一首一首地吟诗填词，吟到春归去，填到夏归来。

一日，她正对着窗外凝神静思，突然贴身侍女进来通传消息，说家里来了个朋友，此时，朱淑真数月来心思寡淡，哪里有多余的心思管他是什么朋友还是客人，只是淡淡地应一声"晓得了"，便继续对着窗外远眺。侍女见她没有反应，便继续挑明了说："是大人吩咐让小姐出去门厅里见个礼，免得传到外面去，说我们朱家的女儿不知礼节。"

父亲的意思，朱淑真自然是不能违逆，而且自己自那日见了那男子后情绪骤变，也亏得父母体谅，不多加过问，她心里对父母还是充满感激的。既然父亲叫她出去见礼，自己就断无继续闭门不出的道理，所以她略略整了整衣衫妆容，便下座起身准备出门。丫鬟跟在她身后走，一边附在她耳畔悄悄地说："被大人和夫人称作朋友的那位公子生得甚是俊俏呢。"说着甚至脸上还荡漾起一丝意味深长的笑意。

听得这句话，朱淑真心里突然一惊，一种女性天生的直觉让她觉得，这个客人似乎与她有着什么关系，她不禁加快了脚步。

出了闺房，她正欲从花园里穿行而过的时候，刚好见到那个客人尾随着父亲也走进了花园。她赶忙走过去准备招呼，站定了望向那个客人。只一眼，便让她定在了原地。原来这客人不是别人，正是当日西子湖畔雅集会上那位"逸似仙"的男子！

命运真是善于捉弄人，她苦苦思念他的时候，他就是不出现；如今她拼命地想忘记他，他又突然以这样一种始料未及的身份出现在她的生活中，甚至出现在她的家中。

见女儿久久愣神，父亲赶紧清清嗓子咳了两声。朱淑真这才回过神来，以慌乱的眼神扫过男子的面容。他真是生得好，面如冠玉，神色清朗，一身白衣显得身姿飘逸。她突然娇羞起来，以袖掩面，轻轻地俯身问好。对面男子见她作礼，也赶忙躬身还礼。

父亲介绍说，这是自己昔年一位故人之子，寒窗十年，学富五车，如今准备进京考取功名，在家里暂住一段。

这少年男子的出现，如同一颗石子投进湖水之中，激起重重涟漪。刹那间她内心的阴霾一扫而光，取而代之的是万千的柔情。随后，她跟着父亲走出花园，希望父亲可以允许她跟这位年轻的客人一同切磋切磋诗文，可是没有得到父亲的应允。毕竟在宋代那么封建的时代，朱淑真作为一个女儿家，怎么能和一位男子走得太近呢。但难得见到女儿容光焕发，父亲也没有太严格地隔绝他们往来，只是叮嘱女儿做事注意尺度，不要让人传了闲话出去。

当日，她便吩咐身边的侍女，把家里东边的屋子打扫干净，请客人搬进去备考。她心中的喜悦难以自持，甚至还作了一首《贺人移学东轩》来鼓励他精勤努力，以求金榜高中。

> 一轩潇洒正东偏，屏弃嚣尘聚简编。
> 美璞莫辞雕作器，涓流终见积成渊。
> 谢班难继予惭甚，颜孟堪晞子勉旃。
> 鸿鹄羽仪当养就，飞腾早晚看冲天。

她写了这首饱含着浓浓情意的诗赠他，还经常寻得机会，避开父母的眼目悄悄过来与他吟诗对词、切磋诗文。两人心意相通，自然觉得一切都美好无比。

仲夏的一日，风和日丽，晴空万里。淑真的父亲因为公事外出，母亲又因为身体不舒服，在卧室里休息。淑真如往常一样，在东轩陪他读书。而他看着窗外的好景致，提议去西湖游玩，赋诗填词，以不辜负今日的好天气。

反正也没有人注意，能跟心上人同游西湖，吟诗填词，这是朱淑真盼望了多久的事情。于是她更衣打扮，趁着没人注意，和她的"萧郎"一前一后地溜出了家门，再次来到西子湖畔。

此时，正是西湖荷花盛放的时候，西子湖碧波粼粼，清爽的夏风夹带着水意轻抚着她的肌肤。两人漫步湖边，男子握着书卷，时不时瞄一眼身边娇美的朱淑真，而朱淑真也感受到他的目光，愈发娇怯，粉面含羞，雪肤花貌，目如秋水。在他的眼中看来，她简直比盛开的荷花更美丽几分。

后来走累了，两人依着湖畔坐下来，欣赏粼粼的西湖水。这时候却突然莫名其妙地下起了细雨，两人措手不及，立即失了兴致，想赶忙找个地方躲雨。忙乱中，他抓着她的手，迅速跑进了湖畔的亭子中躲雨。她的手被抓住的瞬间，已经顾不上下不下雨这回事，只觉得心中有如小鹿乱撞。待他拉着她跑进亭子，他抬手擦干脸上的雨水时，她的脸上早已飞起了淡淡的红晕。

他拿下了淋湿的帽子，回头看朱淑真有没有被淋湿，谁知一回头却见到了她粉面含春情意绵绵的面容。此时梅雨夹杂着一阵凉风拂过来，娇弱的她不禁打了个寒战，他马上脱下自己的长衫，把娇小的她罩在里面。动作如此亲密，她不由得有一丝的犹豫和惊慌，挣扎了几下，但最后还是慢慢地、小心翼翼地靠在了他的怀里。

外面下着细雨，亭子里面的他们就这样亲密地相互依偎着，直到雨停了，他们才出了亭子，循着原路回家去了。

回到家里，为了避人耳目，他们各回房间，她也赶紧回房换衣服。换好了衣服，她倚着梳妆台闲坐，对着镜子，痴痴地回味着刚才雨中的情景。想起雨停了两人不得不分开行走的光景时，心中不禁恼恨为什么这雨不能多下一会儿。

这个甜蜜美好的场景，又怎能不被朱淑真填进词里呢？

恼烟撩露，留我须臾住。
携手藕花湖上路，一霎黄梅细雨。
娇痴不怕人猜，和衣睡倒人怀。
最是分携时候，归来懒傍妆台。

——《清平乐》

经历过的人都知道，这是爱情最甜蜜的时候。此时此刻的幸福，纵使天下的富贵与财富都难以换来片刻。为了这美好的一刻，纵使她之前承受了多少痛苦，也都是值得的。

红叠苔痕绿满枝，举杯和泪送春归。
鸲鹆有意留残景，杜宇无情恋晚晖。
蝶趁落花盘地舞，燕随狂絮入帘飞。
醉中曾记题诗处，临水人家半敞扉。

时光转眼三年间，终于到了科考的时候。

算来这三年，少年苦读诗书，朱淑真则在旁边为他润笔研墨，红袖添香，女儿心中的情意，做父母的如何看不出来。只是希望这少年真的能一飞冲天，金榜得中之后能披红挂彩风风光光地回来迎娶朱淑真，也不枉费女儿痴恋他的一片冰心了。

与唐代不同的是，宋朝的科举制度颇为严格。唐代的科举更重视诗词文赋和个人文采水平的评定，宋代科举虽然大体上延续了唐制，但更偏重策论和经义。到了宋神宗熙宁二年（1069年），索性将诗赋也彻底从考试中抹去了，只用策论和经义来评定人才，其中经义又占据了相当大的比重，几乎成为科举考试中最重要的评定标准了。虽然宋朝科举最大的改进就是打破了对科考者门第的限制，使不论出身如何的书生士子都有机会赶考应试，但由此点看来，宋朝尤其是南宋之后的科举考试弊端依旧颇多。

既然宋代重策论，那么南宋自然也不例外。到了朱淑真生活的那个时代，策论已经从最初的自由论体日渐向程式化的论体转变了，科考中更是要求士子们所做的策论整饬有序，章法井然。形成了一种固定的破题、接题、原题、大讲、小讲、结题的程式化论体，而且，不论是经义还是策论，都格外注重用韵。《四库全书》的《论学绳尺提要》卷中说："南渡以后，讲求渐密，程式渐严，试官执定格以待人，人亦循其定格以求合，于是'双关三扇'之说兴，而场屋之作遂别有轨度，虽有纵横奇伟之才，亦不得而越。"其清楚地说明了程式化的策论对士子们文思才能的束缚性。

朱淑真相信自己的心上人是才华横溢无人能比的，此次进京赶考，一定可以金榜高中，然后她就等着他骑着高头大马，披红挂彩地回来迎娶自己过门，然而，现实如若能按照人的意思进行，或许就没了之后的那些悲愁离绪。那时，朱淑真还不知道，这三年是她和他生平中仅有的一次相遇，也是仅有的一次告别。

第一年科考放榜，朱淑真得知，她心中的檀郎，不仅没有名列三甲，也不是正科进士，甚至连恩科都没有攀上，而是直接落第无名。能得朱淑真认可，那少年也许确实是一位旷世之才，但并不是可以列于皇帝朝堂之上的人才，亦或许他根本就无意于仕途。此次科举落第，人情薄凉，人言可畏，朱家父母自然又会颇多微词，自己和此人自然也不会有什么机会再续前缘。心性颇为倨傲的少年也许认为，与其再回去受那冷言冷语，不如忘了过去，一走了之。

不管其中何种心绪，那少年是再也没有回来，徒留朱淑真一人悲痛伤怀，肝肠欲断。

少年时代，总在期待会有那样的一个人突然闯进自己懵懂的青春，从此相依相伴。可是这许多年后，隔着遥远的光阴，即使和心中那个他曾经共同经历的点点滴滴依然历历在目，剩下的也只有回忆而已。

> 春已半，触目此情无限。
> 十二栏干闲倚遍，愁来天不管。
> 好是风和日暖，输与莺莺燕燕。
> 满院落花帘不卷，断肠芳草远。
>
> ——《谒金门》

应该就是这阕《谒金门》中的"断肠芳草远"成为了朱淑真一生断肠苦楚的开端，一个爱而不得的才女心中永远无法遣散的哀愁。她写闲倚阑干，她写满院落花，她写芳草断肠，其实都是在写她自己心乱如麻，几乎对人生绝望。

他离开了，她从此彻底沉默下来，整日把自己关在闺房中，闭门无言。简洁的书案上是曾经和他一起圈点读记过的书卷，对着闺房的碧纱小窗，却再也看不到四季各别的美景，只能感受到料峭的春寒。她无心做事，只是默默地弹琴伤怀。想到春秋时期的俞伯牙，在深山弹奏《高山流水》时有幸遇到钟子期这样的知音之人，而自己今天弹奏的曲子的深意又有何人能够意会？深藏在心中的这一番脉脉情意，又让她向谁人去弹奏呢？

黄昏时分，她半掩门扉，向外看去，只见斜阳依依，房檐前的燕子双双对对。此情此景更是触动了她的心绪，她叹息这鸟儿真是不通人意，明知自己现在孤独落寞无法排解，却偏偏还在她眼前故意成双成对地飞来飞去。这无处排解的愁郁，让她心中的苦痛瞬间涌上心头。想起来当初和少年那一次雨中游西湖的光景，想起来当初自己"娇痴不怕人猜，和衣睡倒人怀"的大胆奔放，心头又像有一股暖暖的春水流过，羞涩得面泛红晕。

于是她起身，强撑着不支的身体，再次来到西子湖畔。不知是巧合还是有意戏谑，突然又下起了如当日一般的细雨。她独自撑着一把油纸伞伫立湖边，吟出了一首《新荷》：

平波浮动洛妃钿，翠色娇圆小更鲜。

荡漾湖光三十顷，未知叶底是谁莲。

景色依旧，人事全非。如今的西子湖畔，已不见了檀郎飘逸的身影，只见湖面上浮动着点点翠绿色的新荷，仿佛是洛妃发髻上装饰的碧玉发簪。那三十顷的宽阔湖面上波光荡漾，不知那荷叶底下，盛开的是谁家的莲。

朱淑真和她的檀郎，这对才子佳人就这样被命运分开，失之交臂，从此红尘陌上，两不相干。她散了云鬟，弃了珠环，为他终日凝眸，以泪为墨，执笔之间，前尘往事，就似这样散作云烟。

第三节 / 短暂合欢恨久长

人生若只如初见,何事秋风悲画扇。

想这世间的你我,从相逢到相知后,又有多少人能从相爱走到相偎相依?

那些能走到最后的人,不见得是深爱彼此的。

这似乎是冥冥之中命运的注定,可我们都是平凡的人,

逃不脱宿命的轮回——因为有爱,所以有恨;

因为有相聚,所以有离散;因为有相依相偎的曾经,所以也会有两两相忘的后来。

历史上的才女大多都在情爱上失意,不禁让人感叹红颜多薄命。这也许是因为她们才华横溢不输诸位大才子,有着那样一颗七巧玲珑心,还有着那般迷人的倾国倾城貌,自然会心高气傲,在婚配之事上,自然没几人能入得了她们的眼。就是因为期待得太多,所以也避免不了伤心。

当时的朱淑真已经快十九岁了,在古代,十九岁的女子早就该出阁嫁人了。可朱淑真自从失去了那个少年,对情爱就再也不愿触碰,整天放任自己沉浸在过去的痛苦中走不出来。这样下去,势必会耽误了女儿的大好青春,会葬送了她的一生,所以朱家父母商议,为今之计,就是要快些为女儿觅得一位如意郎君,待女儿出阁,为人妻子后,也许夫妻间的恩爱缠绵和家庭的温暖柔情能让她放下过往,重新快乐起来。

就这样,朱淑真的父母开始为她准备婚嫁之事。据考,朱淑真:"自号幽栖居士,钱塘人,世居桃村,嫁与市井民为妻,不得志殁。"

这段记载实在是让人质疑其真实性。从她的诗作里就可以知晓,她嫁的绝非是"市井民"。何况,以当时朱家的家世地位,又没有获罪于上,怎么可能把养在深闺爱如明珠的女儿嫁给市井小民呢?在朱淑真身后,为她辑录诗集的魏仲恭也在《断肠集序》中附议说:

"早岁不幸,父母失审,不能择伉俪,乃嫁为市井民家妻。一生抑郁不得志,故诗中多有忧愁怨恨之语。每临风对月,触目伤怀,皆寓于诗,以写其胸中不平之气。竟无知音,悒悒抱恨而终。自古佳人多命薄,岂止颜色如花命如叶耶!观其诗,想其人。风韵如此,乃下配一庸夫,固负此生矣;其死也,不能葬骨于地下,如青冢之可吊,并其诗为父母一火焚之,今所传者,百不一存,是重不幸也。呜呼,冤哉!"

可见,他也认为朱淑真是嫁给了市井小民。自此后人便有了误会,以为朱淑真真的嫁给了一个贩夫走卒之类的人物了。但从她的诗作《春日书怀》中可以看出,她的丈夫极有可能是朝廷命官。朱淑真婚后与夫君赴任的路上,还写了一首《江上阻风》,其中有这样的诗句:"拨闷喜陪尊有酒,供厨不虑食无钱。"由此更可看出,她的夫君不仅是为官之人,且夫家家境不错,出手阔绰。除此之外,朱淑真还有许多诗作,都可以证明她嫁的绝非贫苦之家:

从宦东西不自由,亲帏千里泪长流。
已无鸿雁传家信,更被杜鹃迫客愁。
日暖鸟歌空美景,花光柳影漫盈眸。
高楼惆怅凭栏久,心逐白云南向浮。

——《春日书怀》

梦回酒醒嚼盂冰，侍女贪眠唤不应。

瘦瘠江梅知我意，隔窗和月漫腾腾。

——《酒醒》

　　如果朱淑真真的嫁给了市井小民为妻，又如何会写出这样的诗句来呢？其实，大抵是因为失去了心中檀郎的她对自己的婚姻感情之事已然心如死灰，又身处于宋代那样封建的时代，她对这段"父母之命，媒妁之言"的婚事，无能抵抗，也无力抵抗，就这样，她不得已地嫁给了人。

　　初嫁的朱淑真是世间少有的才女，骨子里散发出来的柔弱和娇美更是让她惹人怜爱。她的夫家自然是非常满意，尽力备办了一切，把朱淑真明媒正娶过府为妻。她的夫君婚后参加了科举考试，没想到一次就考过了。朱淑真的父母喜不自胜，认为自己心爱的女儿没有屈就，总算嫁给了一位她热切期盼的有才华之人。而对于考取了进士出身的夫婿，也让朱淑真颇感意外，不禁对夫君青眼有加。她已经为当初深爱的少年沉沦了数年，多少也是希望上天垂怜，让她能走出这困境，重新开始新的生活。这段时间，朱淑真以为自己现在的夫君也许或是一个能与自己志同道合之人，所以两人新婚燕尔这一阶段，还是颇为恩爱甜美的。这首饱含意趣的《圈儿词》便是例证：

相思欲寄无从寄，画个圈儿替。

话在圈儿外，心在圈儿里。

单圈儿是我，双圈儿是你。

你心中有我，我心中有你。

月缺了会圆，月圆了会缺。

整圈儿是团圆，半圈儿是别离。

我密密加圈，你须密密知我意。

还有数不尽的相思情，我一路圈儿圈到底。

完婚之后的第二年，朱淑真便随着夫君宦游于吴越荆楚之间。关于这一点况周颐在《蕙风词话》中曾有记载：

> 幼警慧，善读书，文章幽艳，工绘事，晓音律。父官浙西。夫家姓氏失考，似初应礼部试，其后官江南者。淑真从宦，常往来吴越荆楚间。

但朱淑真身体纤弱，不堪常年过这种四处颠沛流离的生活，所以后来无奈回家小住，在海宁待过一段时间。那个时候，她和夫君还没有度过新婚的热情，对对方的了解也没有很深刻，朱淑真尚还生活在对夫君的想象之中，因此那段暂别让朱淑真十分想念夫君，于是有一日她心血来潮，写了这样一首圈儿词夹在一本书里，寄给远方的丈夫。

丈夫收到了书信，拆开一看，根本就是一张白纸上画满了圈圈点点，完全没有任何字迹。他不知道夫人写这种奇怪的信是想告诉自己什么，于是拿起一起寄来的那本书慢慢翻看，但书就是一本普通的书，别无深意。但他想一定能在其中找到答案，于是耐下性子来回翻阅，翻着翻着，果然看出了问题。

原来心有七窍的朱淑真在书脊的夹缝之间很隐秘地填上了那首《圈儿词》。她这样做，大抵有两个原因：第一是想试试夫君的才情；第二是想问问夫君对自己的心意，看夫君是否解得开她的一颗七窍玲珑心。

如此，她的丈夫意外地发现了夫人寄来的这本书书脊夹缝里的字迹，那字迹极为清爽干净，本是夫人擅长的那一手簪花小楷，上书一阕相思之词。丈夫从头到尾读下来，不禁哑然失笑。他读懂了朱淑真心中的相思之情，心潮起伏，也开始思念自己新婚燕尔的美丽娇妻，于是第二天一早便雇船回到海宁故里，与朱淑真团聚。

一首深情款款的《圈儿词》寄托了朱淑真对生活全新的希望，这种妙趣横生的文字游戏也只有像朱淑真这样的才女才想得到。此时此刻，朱淑天真地以为，自己对夫君的两关考验，他都已经通过，她的丈夫应该也是一个有才华的、能让她"分付萧郎万首诗"的理想情郎，这不禁让她的心头又重新浮上了希望。

二

妙趣横生的《圈儿词》换回丈夫回家与自己团聚，品尝了夫妻之间"小别胜新婚"的美妙趣味后，她便又开始跟着丈夫辗转奔波，在吴越荆楚之地来往赴任。从此她的大部分时光都在路上度过，自己从小生长的故土是再也难以回去了，原来骨子里朱淑真也是个恋家的人。虽然她未出嫁前只能整日待在深阁高院的闺房里，但至少有父母疼惜，有诗书为伴，闲暇之时还能在水阁贪玩，去西湖漫步。曾经那吹箫少年还在的时候，她与他吟诗作对，吹箫弹琴，多有情趣。就算他走了，自己也还是可以和家中女眷们一起玩耍娱乐。何况朱家的人，大都是诗文翰墨浸泡出来的，不仅父亲、母亲深通文艺，连身边陪侍的侍女、丫鬟们偶尔也能吟出几句齐整的韵脚。因此即使她在受了情爱的打击后过度地多愁善感，但毕竟是朱家养尊处优的大小姐，生活还是颇为安闲自在的。

可如今嫁作人妇了，要成年累月地陪同夫君外出赴任，这对身子纤弱的朱淑真而言，无异于一件大大的苦差事，而且古代没有今时这般发达的交通条件，生长在江南之地的淑真，每次陪同夫君宦游出行，总是至少要坐上十几天的船，异常辛苦，总想着能有个人来和自己吟诗作词以解解烦闷，却苦于无人，自己的丈夫显然对此全无诗兴。

面对两岸江水与美妙山色，她觉得孤独乏味极了，心中不禁升起没有尽头的惆怅和惋惜。于是，她作出了三首《舟行即事》：

其一
帆高风顺疾如飞，天阔波平远又低。
山色水光随地改，共谁裁剪入新诗。

其二
扁舟欲发意何如？回望乡关万里余。
谁识此情断肠处，白云遥外有亲庐。

其三
画舸寒江江上亭，行舟来去泛纵横。
无端添起思乡意，一字天边归雁声。

船上升起高高的帆，依着顺风游行疾驰如飞，苍穹是那样的辽阔，极目远望，低低的湖面平整得如同一匹光亮的丝缎。随着船在水上行驶，所到之处都有美丽的景致，可是又有什么人能和我一起吟咏唱和、共赋佳句呢？

小船马上就要出发了，真是让人无可奈何。回首望去，离开家乡已经万里有余。这种思念故土的忧愁心情有谁能够体会？要知道，苍茫云海的那一端就是我的父母亲人和我的家园所在！

华美的画船行驶在寒江上，我在江心亭上远望，来来往往的舟船纵横穿行。我心中却没来由地生起了思念故乡的念头，抬头看见天上的大雁，已经排成了一字的队形，正在飞回故乡。

朱淑真面对江上美景，却只能感叹无人与之共裁新诗。其实细细想来，后世评论朱淑真的丈夫粗俗鄙陋，大抵就是因为如此。朱淑真身为绝世才女，目光极高，孤傲卓绝。若想讨得她的欢心，绝非区区的一个进士出身就可以做到的。一个没有文采、不会赋诗填词的男子，纵使他貌比潘安，也无法获得她的认可，自然也得不到她的爱情，哪怕像李清照和丈夫赵明诚那样，只能相互唱合相互欣赏也是好的。现在身边的夫君，根本没这种才华，更没有这个心思。刚刚成婚的那段热切时期，他还能做到对她理解和呵护包容，如今两人相处日久，对于夫人这样整天披着斗篷伫立江头吟诗赏景的行为，丈夫非常不理解，心情烦躁的时候，更会出言训斥，嫌她整日抛头露面，不避其他的男客，简直就是不守妇道。

这个时候朱淑真才知道，自己是又一次的所托非人。这一次她寄托在丈夫身上的热切期望，再一次被一盆凉水从头浇下，她彻底地凉了心。身边这个男子根本就是一个活脱脱的鄙夫，她满腔的热血和才情，对他而言只是对牛弹琴。大好年华本来就流逝得迅速，如今还要整日跟他在船上这般虚度韶华，世上还有比这更令人伤感的事情吗？

和夫君相处的时日越久，她对他越是难以忍受。她嫁给他，离开父母和家园，每日陪着他在江上湖上游来荡去如此辛苦，他对她不仅没有该有的体贴关怀，反而一再地训斥她喜欢抛头露面，不似常人家女儿温婉贤淑，只会终日咬文嚼字。夫妻二人整日同床异梦，自己身边又苦无知音，连寄托感情的诗文，这种文人之中如此风雅的事情都被视为异端，这种生活，让朱淑真感到痛苦万分，几乎绝望，所以，她写了两首《自责》来为自己解嘲：

其一
女子弄文诚可罪，那堪咏月更吟风。
磨穿铁砚成何事，绣折金针却有功。

其二
闷无消遣只看诗，又见诗中话别离。
添得情怀转萧索，始知伶俐不如痴。

这首诗的含义十分容易理解。朱淑真表面上是在忏悔自责，实际上流露出的是一种深深的怅惘和自嘲的意味，在为自己的才能和性格中的悖逆控诉和抒发。古代女子的本分只有服侍好丈夫和翁姑，做好家务，为夫家延续香火，但自己却整日读书作文，整日写那些"有伤风化"的诗词，反而不愿精习女子应该掌握的女红针织。从作者作诗的语气和修辞手法可以看出，她心中充满了无可奈何和自我解嘲的酸楚，此诗虽名为自责，却蕴含着深深的不满和愤怨，表达了作者心中强烈的反叛冲动，也对自己的命运发出了无奈的叹息。

人世间最大的寂寞，不是形单影只，独往独来；也不是身处人潮，举目无亲；

而是琴瑟共鸣,却没有相和之曲。即使容颜再美,春意再浓,可身边却没有那个懂得欣赏她的他,纵有良辰美景,晓风残月,更与何人说?诗情酒意与谁共?谁来为她拭去脸庞滑落的相思泪?谁来为她拾起奔跑时不慎掉落的翡翠花钿?又有谁来夸赞她今天穿的金缕衣华贵又好看?关山遥遥,她梦中的他还在吗?

朱淑真长期身处孤独寂寞的境地,百无聊赖,她别无消遣之法,只能看诗作诗,可是诗也没有帮助她改善她忧愁的心境。"又见诗书话别离",离愁别绪在诗词作品中本是最常见的,但到了朱淑真的眼里却全成了哀伤的原因,可见她的性格是格外的多情而敏感。才女本来是对有才华的女性的一种极高的褒奖溢美之词,可在朱淑真的年代,这却被视为一种异端,这令人的心灵备受煎熬。

其实,在她嫁人后,她已经认命了,对心里藏着的那可望不可即的人已经努力地去放下了。她对伴侣的要求,已经逐渐倾向情感方面的慰藉了。她曾经想过,要和丈夫好好地过日子,只希望丈夫是一个能懂得自己的感情,可以和自己互为知音的人,可是如今她彻底明白了,丈夫是不可能为她改变的,他也做不到。即使他有了进士出身,可还是才疏学浅、孤陋寡闻,不懂诗词中的风月情长,夫妻之间也根本没有共同语言,更谈不上懂她、理解她了。

从此,他们之间再也没有了故事。在朱淑真的夫君看来,娶来的妻子,是要现在养在深闺,日后葬在身旁的,她应该挽起袖子为他洗衣缝补,为他烧饭做羹汤,而他应该把她像那珠宝匣子里面的环佩东珠一样安藏一隅,封锁在光阴中作为传家宝,而不是拿出来炫耀的。即使她熟习了妇道的德言容功,也是为了更好地相夫教子。若生了那无用的心,移换了性情,可就是犯了大忌。无论如何,她的读书泼墨和酒香茶香,都不能随着暮春的柳絮飞到他的高墙之外去,不然若是不慎落到了别的男子的酒席间和谈笑中,就是彻底失了家风的尊贵和颜面。

但朱淑真偏偏不是这样的传家宝,她要求的太多了。她有着锦心绣口,有着八斗之才,但却不曾出入厨房烟火,她的纤纤十指也捏不住那细小的绣花针。她希望她是自由的,妇道也好,礼教也罢,都无法成为约束她的规则。

与其把她朱淑真改成别人,她宁可把自家烧了毁了,化为一堆灰烬,也不愿迎合他人,她本就是这样真性情的女子。

第四节 / 无情莺舌唤愁人

曾经的回忆是难以梳理的过去,笔尖的朱砂是用心血染就的。

遗忘从来都是一件残忍的事,就像回忆的高墙突然间坍塌,只留下一地颓圮的光景。

过去期待过的化蝶的一刻是不会到来了,不如就永远地作茧自缚下去吧。

她的心已经死了,而作为女子的全部温柔都系在了笔端。

纵然无法飞过沧海,葬身其中又何尝不是一种结局呢。

银屏屈曲障春风,独抱寒衾睡正浓。
啼鸟一声惊破梦,乱愁依旧锁眉峰。

——《旧愁》

如果说当初的吹箫少年给了朱淑真无法愈合的初恋伤痛,那这段失败的婚姻便彻底地让她寒了心。夫君的薄情给了她最致命的一击,把她对生活的所有期待全部揉碎了。

她长日无聊,房间里的屏风阻隔了本来能吹进来的春风,天已经大亮了,可她还是抱着薄薄的被子睡着。外面传来了一声尖锐的鸟鸣,才惊醒了她,可刚从睡梦中醒来,心中的忧伤和哀怨就浮上眉间,她不禁蹙紧了眉头。

柔和的春风、悦耳的鸟啼,本来都是充满希望的春景,但她由于常年忧伤,看不到生活中的希望，所以乐景也都变成了悲景。自己的婚姻是彻底没有指望了，面对已经哭不出来了的双眼和柔肠寸断的心思，她最怕的就是回忆起少年时曾经有过的那段快乐。可越想忘记，偏偏越无法忘记。人心之间的那道短短的屏障，有时候比千山万水更难跨越。正如同唐代女诗人李冶的诗作《八至》中咏叹的："至近至远东西，至深至浅清溪，至高至明日月，至亲至疏夫妻。"

这就是爱情的真相啊。相爱的时候幸福得心甘情愿，但一朝情变，那锥心蚀骨都不足以形容的凄清，也能让一个人心神俱毁。

面对夫君的薄情，她心底的恨意泛滥成灾，但又尚存一丝丝的不甘。无论如何，有了夫、有了妻那就是一个家庭，是朱淑真这样感性的女子最珍视的家庭，而她的夫君已经很久没有回来看望她了，如今又升了官，只怕现在该是在别处流连忘返，早已不记得她这个明媒正娶的夫人了吧。回想当年初嫁，夫妻间也有过琴瑟和谐的幸福时光，而短短几年，却由爱生恨，愁肠百结，只剩她一个人孤苦伶仃，他却不闻不问。

在这样无奈的处境之中，朱淑真的心在一点一点地死去。有名无实的悲凉婚姻，加上家里寄来的一封封信笺，让她鼓起勇气，一再写信给丈夫，请求能让她归宁省亲，而丈夫一次次看了之后也不做任何回复。于是她索性用了病体难挨，希望借助故乡水土调理身体的要求，再一次发了信笺给丈夫。此时此刻她满心想着的只有回家归宁，加之心中尚念着一丝丝的夫妻情意，所以她没有在信中多说恩断义绝的负气话，只是请求归宁。丈夫见她反复要求，加上她身体确实不容乐观，于是这一次他准许了她的请求，让她独自回了钱塘故里。

她的父母兄嫂对远嫁的朱淑真终于有机会归宁了感到欣喜若狂，但朱淑真刚刚回家几天，看着双亲和兄嫂以及邻家夫妻皆是对对成双的自在生活，心情不免惆怅，忍不住又想起自己薄情寡义的丈夫，自然是神情有异、心态不佳。父母关心女儿，最后还是辗转得知了女儿和女婿原来夫妻关系不睦已久。于是劝慰女儿说，夫妻之间没有不吵架的，但是一日夫妻百日恩，嘱咐她养好了身体就马上回夫家去，别让夫君担心。就算是夫君真的和别的女人有了点什么瓜葛，她毕竟是正房，也要大度贤惠些，不要过于较真，以免伤了夫妻感情。

她不能把满心的愁苦全都倾倒给父母,只能独自一人吞咽着苦楚,见春伤怀,见秋哀叹。那阕首句由五个"独"字铺排而成的著名的《减字木兰花》就是朱淑真归家后,感时伤情所作就的,一步三叹,百转千回,每次读之诵之,心都会骤然抽痛。

独行独坐,独唱独酬还独卧。
伫立伤神,无奈轻寒著摸人。
此情谁见,泪洗残妆无一半。
愁病相仍,剔尽寒灯梦不成。

——《减字木兰花》

在家的这段时间里,朱淑真独行独坐,独唱独酬还独卧,就这样挥笔写下了一首又一首感伤的诗词,如她的《阿那曲·春宵》:

梦回酒醒春愁怯,宝鸭烟销香未歇。
薄衾无奈五更寒,杜鹃叫落西楼月。

再如词人的《秋夜闻雨》三首:

其一
似箭撩风穿帐幕,如倾凉雨咽更筹。
冷怀倚枕人无寐,铁石肝肠也泪流。

其二
竹窗萧索镇如秋,雨滴檐花夜不休。
独宿广寒多少恨,一时分付我心头。

其三
似篾身材无事瘦，如丝肠肚怎禁愁。
鸣窗更听芭蕉雨，一叶中藏万斛愁。

三首凄婉无尽的悲秋诗，朱淑真将自己被丈夫厌弃的愁苦心情写得如此让人心痛。男女姻缘之事，从来都由不得自己主宰。慧极必伤，情深不寿。

二

归宁之后，最焦急的莫过于朱淑真的父母，他们曾多次劝她，不要太跟丈夫过不去，身体恢复了就尽快回家吧，以免被夫家指摘错处。可按照古礼，妻子归宁数日之内，丈夫应该登门，一方面给岳父母问安，一方面来接妻子回家，这称作"会亲"。朱淑真心里还存了一丝希望，想着也许彻底地和丈夫两地分居一段时间，彼此都冷静冷静，丈夫也许会念着一日夫妻百日恩，借助归宁这个机会与自己重叙旧情。

可是她已经归宁数月了，丈夫还是音信全无，根本没有丝毫想挽回的余地。于是朱淑真彻底绝望了，不仅绝望，而且愤恨。她愤恨夫君为什么如此无情无义。朱淑真是个个性张扬的女子，她悲哀地想，现在丈夫一定是在别处流连忘返，早就没有心思想她这个结发之妻了，既然如此，不如就和离算了。

在唐朝那样的开化时代，和离之事并不少见。因为唐朝妇女相对自由，并且还有一定的社会地位。笔者还曾经看过一篇文章，介绍唐朝的和离制度，其中还有这么一篇颇有文采的离婚书文，当时称为"放妻书"：

"凡为夫妇之因，前世三生结缘，始配今生之夫妇。若结缘不合，比是冤家，故来相对……既以二心不同，难归一意，快会及诸亲，各还本道。愿娘子相离之后，重梳婵鬓，美扫蛾眉，巧呈窈窕之姿，选聘高官之主。解怨释结，更莫相憎。一别两宽，各生欢喜。"

第一次见到这封书文,笔者着实吃惊了许久。可朱淑真显然就不那么幸运了,没有生在那么开化的年代,她生活的南宋,恰恰是妇女们头顶伦理教条生活,不敢越雷池一步的年代。那个朝代,程朱理学风行,甚至被君主奉为治国之本。伦理要求女子们"存天理,灭人欲""饿死事小,失节事大"。在南宋,做丈夫的可以休妻,断没有做妻子的主动要求和离的道理。

丈夫休妻,妻子必须曾犯"七出"之条,众人证明,才可以休弃。所谓"七出",也称"七弃",是在中国古代的法律、礼制和习俗中规定夫妻离婚时,妻子曾触犯过的七种过失。倘若妻子不幸触犯了其中一种,丈夫及其家族便可以要求休妻。从其内容来看,这些规定主要是站在丈夫及其家族的角度考虑的,是不利于女子的,但南宋本来就是个完完全全的男权社会,所以也不足为奇。

《大戴礼记》中记载——"妇有七去:不顺父母去,无子去,淫去,妒去,有恶疾去,多言去,窃盗去。"

《唐律疏议》——"七出者,依令:'一无子,二淫泆,三不事舅姑,四口舌,五盗窃,六妒忌,七恶疾。'"

七出之法始于唐朝,但唐朝开化,在这些问题上并不是很严格。所以七出之条虽始于唐朝,却兴盛于宋朝,也就是朱淑真身处的这个年代。

在这古代女子的七宗罪中,居于首位的是无子。古代妇女没有地位,嫁为人妇之后,最重要的就是要为夫家延续香火。如果无法生子或者生不出来男孩儿,就可称为大不孝。朱淑真结婚数年,一直未曾诞育子嗣,按照宋朝的律法来讲,这已是极大的过错。可朱淑真偏偏眼里揉不得沙子,这个时候有跟丈夫和离的想法,这在当时真可谓惊世骇俗了。

其实,她这样想的时候,可能还带着一丝赌气的意味,也许她希望自己能够像汉代才女卓文君一样,通过文字游戏,挽回丈夫的心,于是她写了一首《断肠谜》寄给夫君。

朱淑真和卓文君的文字游戏又有一点不同,就是卓文君和司马相如始终是相爱的,所以卓文君写给司马相如的诀别诗都是情意绵绵、令人动容的,而朱淑真也许与丈夫没有太深的感情基础,她在写这首《断肠谜》的时候心里怀着恨意,自然也没有什么情意可言。

可以轻易看出,这首《断肠谜》中每一句都带有怨恨之意,其实,它的玄机还不止如此,这并不是一首简单的绝情词,而是一首每一句中都藏有"分手"之意的数字谜。且看:

下楼来,金钱卜落——"下"字"卜"落了岂不就是"一"?
问苍天,人在何方——"天"字去了个"人"不就是"二"?
恨王孙,一直去了——"王"字去了个"一"即余下"三"。
詈冤家,言去无回——"詈"字拿掉"言"不就剩个"四"?
悔当初,吾错失口——"吾"字错失了"口"就是"五"。
有上交,无下交——"交"有上无下就是"六"。
皂白何须问——"皂"不须白则是"七"。
分开不用刀——"分"字不用"刀"就是"八"。
从今莫把仇人靠——"仇"不用"人"靠就是"九"。
千种相思一撇销——"千"消了一撇正好是"十"。

如是,可知这首词的谜底,是从一到十的数字。但这一到十究竟指代什么呢?笔者的看法是,朱淑真和夫君新婚燕尔之际,她曾写了一首圈圈点点的《圈儿词》寄给丈夫以表相思。那首《圈儿词》画下来大抵是从0画到0000000000……,而这首数字迷诗的答案是1到10。圈儿和数字零同为圆,朱淑真大抵是想告诉丈夫,他们夫妻已经没有感情了,也不必再继续做夫妻了,所以她不愿意再"密密地加圈",他也不必再"密密地知侬意"了。

也许她以为,丈夫会像司马相如一样珍惜她的才情,那么,感情就还有挽回的余地,可是事情并没有朝她想象的方向发展,久久等不到回信的时候,她就已经可以想到,丈夫可能都没有拆看她寄去的信。

这次她彻底死了心,对他再没有牵念了。既然丈夫不想来朱家会亲,那她索性就在母家多住些日子吧。再加上在那个时代,朱淑真想要主动与丈夫和离，这个想法实在是惊世骇俗，朱淑真的父母也以不合时宜为由，反对女儿和离。得不到任何回应与支持，这个想法也只好暂时告一段落。

朱淑真彻底心如死灰后，心境反而安静下来了。时值冬日，不时落雪，她独自站在庭院里欣赏雪景，同时就填成了这两阕《念奴娇》：

冬晴无雪，是天心未肯，化工非拙。
不放玉花飞堕地，留在广寒宫阙。
云欲同时，霰将集处，红日三竿揭。
六花翦就，不知何处施设。

应念陇首寒梅，花开无伴，对景真愁绝。
待出和羹金鼎手，为把玉盐飘撒。
沟壑皆平，乾坤如画，更吐冰轮洁。
梁园燕客，夜明不怕灯灭。

又一阕：

鹅毛细剪，是琼珠密洒，一时堆积。
斜倚东风浑漫漫，顷刻也须盈尺。
玉作楼台，铅熔天地，不见遥岑碧。
佳人作戏，碎揉些子抛掷。

争奈好景难留，风僝雨僽，打碎光凝色。
总有十分轻妙态，谁似旧时怜惜。
担阁梁吟，寂寞楚舞，笑捏狮儿只。
梅花依旧，岁寒松竹三益。

"冬晴无雪，是天心未肯，化工非拙。"她认为，在本该下雪的冬日却不下雪，反而晴空万里，这是因为天公不作美，宁愿把雪留在广寒宫中，也不愿意让雪花飘零到人间来滋润山河。只见云雾聚集的地方，日光马上就要透出来了，那精致的六瓣雪花不知什么时候才能落到人间。

"沟壑皆平，乾坤如画，更吐冰轮洁。"这一句是她对自身的暗喻。朱淑真沉沦在忧愁和失意中太久了，需要像这样安静下来，看雪满人间，乾坤如画，洗涤心灵，找回自己的一颗灵妙真心。

想起那山丘上的寒梅终日独自开放，没有其他的花儿相伴，她如今对爱情死了心，就不断想起旧日的丰盛情感。像她这样的女子，岂不正如同枝上独自盛开的寒梅一样，独自开，独自落，不与人争春色，亦不入人眼目。但心中有着念想和支撑，那念想就如同寒夜里的孤灯，始终闪烁着，不会熄灭。

在填出第二阕《念奴娇》的时候，天上正在落雪，朱淑真披着斗篷独立在风雪中，迎着琼珠密洒的雪白，看着玉做的楼台和铅熔的天地，任凭大雪把自己心头的暗色全部淹没。踏过往事的万水千山，她已知道了，人间好景都难以长久，彩云易散，琉璃易碎，所以她希望能放下心中强烈的执念，练就一颗玲珑慧心，不需要他人爱重怜惜，只要像梅花一样，只是自己盛开，与松竹之士为友，共傲霜雪。

朱淑真的诗词作品，不论写情写景抑或咏物抒怀，其心情都是相通相知的。丰富的情感中带着一丝苍茫，把生活中的风物一件一件地描画好了，和着心中的苦辣酸甜，一点一点地融入诗词之中。

从她其他的咏雪诗中也能看出这一点，比如这首《对雪一律》：

> 纷纷瑞雪压山河，特出新奇和郢歌。
> 乐道幽人方闭户，高歌渔父正披蓑。
> 自嗟老景光阴速，唯有佳时感怆多。
> 更念鳏居憔悴客，映书无寐奈愁何。

这首小诗之中，雪是朱淑真笔下的意象，在更深处，则有着她更深刻的意味。

所谓"醉翁之意不在酒"，她真正想说的，是在"纷纷瑞雪压山河"的意象之下，对光阴流转、韶华易逝的生命的感叹。安贫乐道的修道人闭关不出，披着蓑衣打鱼归来的渔夫正唱着高歌归家。她独自嗟叹光阴如流水，一去不复归，只有少年时代那三年快乐的东轩伴读时光让她久久不能忘怀。也不知道当年的少年，现在是坐拥娇妻，还是也怀念着她而一个人独居？此时此刻，纵使她无寐之时用诗书来打发时光，也无法让心头淡淡的哀愁离去啊。

这个阶段，她慢慢地安静下来了。也许是生活的风霜太急，让她不得不安静。她依然有她的愁怨，但都是淡淡的。她终于能把向外逐驰的那颗心收回来，像昔年一样，静静地临窗读书了。

她还写了三首咏雪诗，况味都十分相似。大抵她这个时候的心境，就像雪压山河一般的冷静吧。

> 六出飞花四面来，连山接水皓皑皑。
> 玲珑天地苍茫合，的白乐园林烂漫开。
> 庾岭腊梅寒散乱，章台风柳絮萦回。
> 自言空有孤吟癖，览景惭无谢氏才。
>
> ——《咏雪》
>
> 凭栏观雪独徘徊，欲赋惭无咏絮才。
> 盐撒空中如可用，收藏聊与赠羹梅。
>
> ——《观雪偶成》
>
> 朱帘暮卷绮筵开，风雪纷纷入酒杯。
> 对景恨无飞絮句，从今羞见谢娘才。
>
> ——《赏雪》

这三首都是赏雪诗，又同时提到了东晋才女谢道韫，她谦虚地说，自己只是有独自吟诗的习惯,而没有像谢道韫那样的只看着落雪便能脱口而出"未若柳絮因风起"这般佳句的才华。可见,谢道韫是朱淑真极为欣赏和崇拜的人。

谢道韫,字令姜,东晋时人,是宰相谢安的侄女,安西将军谢奕的女儿,也是书法家王羲之之子王凝之的妻子。《世说新语》中记载着她的一个典故:在一个漫天飘雪的冬日,老先生谢安突然兴致大起,指着外面纷纷扬扬的雪问孩子们:"白雪纷纷何所似?"侄儿谢朗立即答道:"撒盐空中差可拟。"而谢道韫悠然神思后道:"未若柳絮因风起。"言出当下就获得谢家人的交口称赞,因为她巧妙地将飞雪比喻成被风吹起、飘扬漫天的柳絮,在平常的景物中注入了自己的联想,便成就了这样一段吟诗偶得的佳话。

朱淑真则在她的咏雪诗里谦逊地说,恨自己没有谢道韫那样灵妙的思想和比喻,即使对着漫天飞雪,也吟不出像"未若柳絮因风起"这样绝妙的句子。她感到十分惭愧,从此再也无颜面对自己的才名了,因为只有谢娘才是真正的才女。

朱淑真爱梅,而梅和雪一向是冬日中互相成就的,所以她自然也爱冬雪。她深情而感性,喜欢托物言情,以物喻情,所以对梅对雪寄予更深的喜爱也是理所当然的。在她的内心深处,光洁皑皑的白雪已经成为了一个意象,那是她身处孤苦境遇中的一道光,虽然也有着刻骨的凉,不过都是为了给她指明那光明的所在。不经一番寒彻骨,哪得梅花扑鼻香。

她站在雪中望雪,冬日的寒意正深,心中的思念正浓。

女人是需要用爱情来滋养的。一个女子如若心中无爱,也就没了一切。只因她们的心思太葱郁,性情太缠绵,于是旧愁未去,更添新愁。世事艰辛,难载深情。

朱淑真用尽了心思,给夫君寄去了那首带着怨恨又含着情意的《断肠谜》

后，一直就住在母家等待他的回信。她的夫君收到信笺的时候，并没有立马拆开看，一晃数日过去了，一日午睡醒来，他在书案上偶然看见了这封未开启的信笺，于是信手拆开，想看看里面到底写了什么。

本来不看还好，看过他更是怒不可遏，心想这个刁蛮大胆的妇人，居然又写诗来谩骂讽刺自己。这次他真的是愤怒了，觉得她真是太过分了，作为被他们家娶进门来的媳妇，性格孤傲怪异，不懂得侍奉夫君和翁姑，还生不出儿子，整天只会吟风弄雪卖弄文才，尽做那些贤妻不该做的事情。他几乎怒发冲冠，抄起纸笔就写了一封休书，装进信封准备托人带到钱塘朱淑真的母家，休了这个不堪的女人。

也许朱淑真早就该彻底死心了。她这个夫君本就是一个不能脱俗的鄙薄之人，如何能跟司马相如那般才高八斗的大才子相提并论呢？

但在他拿着休书准备托人捎带的时候，脑子里突然又有了新的想法——与其休妻，倒不如干脆娶几房美妾回家，让朱淑真也尝尝这被人羞辱的滋味！

接下来就是很老套的故事。朱淑真还在母家抱着幻想，期待夫君能够回心转意再续夫妻恩情，而她的丈夫已经在外，抱着美丽的舞姬，沉沦在风花雪月之中不见天日。只闻新人笑，不见旧人哭，此时她负心的丈夫已经决定纳这个舞姬做妾。最过分的是，他居然还派人传书给朱淑真，通知她速速回家主持婚礼。

朱淑真看了信后悲不自胜，独自攥着信笺对着窗子泪如雨下。后来朱淑真回忆起少女时代那三年愉快的东轩伴读时光，后悔自己不够果决，没有汉代卓文君跟司马相如私奔的勇气和决心，因此悔恨交加地写下那首著名的《生查子·元夕》。但后世的卫道士们却力证此《生查子》不是朱淑真所作，而是出自大诗人欧阳修之笔。因为在古代，男子休妻乃正常事，但女子若有背叛了夫君，就是牵连家族的大罪。古代的男子，只要求女人们对他们无限忠贞，从不会反省自己的风流无情。

收到丈夫书信的那一夜，朱淑真夜不能寐，泪湿衣枕。可是伦理教条甚严，人言可畏，朱淑真别无他法，只能遂着夫君的意思。从此更是空闺寂寥，静默的夜一日比一日更加漫长，无情的夫君和风头日盛的新妾日日欢好，就像一把刀子狠狠地捅在她的心上。

朱淑真感到自己的身心都要麻木了，她在帐床内倚靠了整整一夜，不曾合眼。东方的天际逐渐亮了起来，窗外传来了两三声黄莺的啼鸣，恍惚间似乎又听见外面似乎有匠人在伐木。她回忆起自己和丈夫新婚燕尔时那段美好却短暂的时光，想着丈夫现在一定是在新妾身畔为她画眉上妆，不等心中无限悲苦，泪水就不断地流了下来。可是她无力改变什么，丈夫现在已经丝毫不眷恋她了。这样想着，她感到意兴阑珊，于是起身抚琴。素手调上琴弦，泠泠音色从她的指尖倾泻而出，可是房间中只有一个抚琴的她，却无人听琴。就算是弹断了琴弦，又有谁人可以听懂她弦上的哀怨和相思？

人的心，总是时而坚定时而软弱，时而脆弱时而顽强，但又有谁能明白那优雅背后的仓皇和那淡定深处的迷茫？自从看着夫君娶了新妾进门，朱淑真就病倒了。病中的记忆是模糊的，只记得那是一个萧瑟的秋天。虽然作为官家正房夫人的她，身边还是有丫鬟侍女伺候着，但没有一个人可以温暖她的心。她只能日复一日地独自感受着浸入骨髓的冷和撕心裂肺的伤。秋天的风摧残得院中的梧桐都落了叶，那肥沃的土地和深深扎下去的树根是落叶们最后的归宿，可朱淑真的归宿在哪里？没有。她是无根的雪花，是世间的过客，是纷飞的柳絮，是漂泊的离人。在她人生的书卷里，昨日的温暖还没有散去，今天的寒凉就已仓促地到来。

朱淑真再次把辛酸寄托在诗词中。她写下了《恨春》五首，言辞凄凉，读者断肠。

其一
樱桃初荐杏梅酸，槐嫩风高麦秀寒。
惆怅东君太情薄，挽留时暂也应难。

这首诗似乎是她的自言自语,道出了她心中深深的无奈。这里的"东君"就是代指他那个薄情寡义的夫君。自己本来还对他怀有希望,希望可以顾念旧情,再续夫妻情缘。可是他还是怀抱新欢,弃她而去,留她一个人满腹哀伤,无处可倾诉。

其二
一瞬芳菲尔许时,苦无佳句纪相思。
春光正好须风雨,恩爱方深奈别离。
泪眼谢他花缴抱,愁怀惟赖洒扶持。
莺莺燕燕休相笑,试与单栖各自知。

这一首则是借感叹美妙的春光飞逝,悼念自己逝去的美好韶华。回想新婚燕尔的时候,夫妻之间还恩爱和谐,那个时候的自己,还整日苦于没有佳句可寄相思,想努力维护这段婚姻。而今天丈夫怀中已有了新人,她连夫妻之间相互扶持这样微小的心愿都实现不了,只能独自怅惘。看着花园中的鸟儿们成双成对地飞入飞出,她心中失落,觉得连那些鸟儿似乎都在嘲笑她。所有的景色在她眼中都一致地渲染着悲凉,可以窥见她心中的苦楚,是无比深刻的。

其三
病酒厌厌日正高,一声啼鸟在花梢。
惊回好梦方萌蕊,唤起新愁却破苞。
暗把后期随处记,闲将清恨倩诗嘲。
从今始信恩成怨,且与莺花作淡交。

这一首,词人诉说自己体会到的情爱无常。"从今始信恩成怨,且与莺花作淡交",从这一句可以看出作者心性的转变。夫妻和谐恩爱的时光,不过短短时日,如今他却只想着羞辱她冷落她,再不念一丝旧情。她还不如把一腔柔情托付给花儿鸟儿，也好过给自己那负心的夫君。字里行间透着一种落寞和寒凉。

其四
迟迟花日上帘钩，尽日无人独倚楼。
蝶使蜂媒传客恨，莺梭柳线织春愁。
碧云信断惟劳梦，红叶成诗想到秋。
几许别离多少泪，不堪重省不堪流。

在明媚的春光中，词人独自站在高楼上，所看到的，却尽是悲伤之景。蜂蝶飞舞，黄莺啼鸣，杨柳依依，春光正好，这一切本来都是充满希望的美丽春色，此刻在词人眼中却皆变悲情。"碧云信断惟劳梦，红叶成诗想到秋"，碧云信断，只能期盼在梦中相会。红叶则是一个历史典故。据传说唐宣宗的时候，有一天一个叫卢渥的文人出门办事，路过皇宫墙外的护城河，刚好河水中飘着一片红叶。卢渥就把它捡拾起来，发现上面还题着一首诗："流水何太急，深宫尽日闲。殷勤谢红叶，好去到人间。"

卢渥心想着一定是某位宫人作的，于是私下里把这片题诗的红叶收藏起来。后来宫女在宫中服侍期限年满，皇帝放她们出宫嫁人，其中一个宫女就被许配给卢渥为妻。婚后某日，卢夫人不经意间发现了丈夫收藏的这片红叶，发现正是自己当年在宫中做宫女百无聊赖的时候，题了诗并放入水中，让它漂流出去的那一片，她大感惊讶。后来此事传为一段佳话，都说卢渥和卢夫人乃天作之合。

从朱淑真引用的这个典故可以看出，很明显她是在思念一个人，这个人不会是她负心的丈夫，那大抵就是她心中一直无法忘怀的吹箫少年了。她咏叹说，如果自己也能在红叶上题诗，然后遇到一个知心人该有多好。只可惜，自从当年少年进京赶考再不曾回来之后，她便承受离别之苦，不知流了多少泪水，伤了多少心怀，如今想来，真是不堪回首。

其五
一篆烟消系臂香,闲看书册就牙床。
莺声冉冉来深院,柳色阴阴暗画墙。
眼底落红千万点,脸边新泪两三行。
梨花细雨黄昏后,不是愁人也断肠。

第五首写的则是春日最繁盛的时光里,莺声冉冉,柳色阴阴。园中落花满地,自己独处房中,看着这盛开过了已经开始凋零的花儿,不禁悲上心头,流下三两行泪水,既是祭奠花儿,也是祭奠自己逝去的青春年华。入了黄昏,外面更是飘起了细雨,梨花花瓣随着雨丝也纷纷飘落,更显凄凉。面对这样悲伤的春景,就算是心中没有怀着愁绪的人,见到了恐怕也会伤感断肠啊!

朱淑真终归是柔弱的。就像湖水中的小船,尚未解开缆绳,就已被风雨吹打得迷失了方向。既然命运不让她做一个幸福的女子,那就做一个柔肠百转的文人吧,躲在长日冷情的房帷之中,酝酿几阕清瘦的相思词。其实,她是一个对爱情有着太多期待、太深执念的女子,只是生活中有着太多始料未及的阴差阳错和难以言说的深深无奈;她是一个才华横溢的女子,是一朵为爱飘零的梨花,用她冰雪般的人格抒写心中的情感,采撷那相思的红豆。

由爱生忧,由爱生怖。若离于爱,何忧何怖?

在寂寥无边的时光里,朱淑真觉得自己就像一只老去的秋蝉,被风雨云烟带走了青春的容貌,被岁月褪去了华丽的衣裳,带着伤痕在风中独立,等待命运带给自己的最后荒凉。

被丈夫厌弃冷落的朱淑真,日日在家看着他拥着小妾出双入对,夜夜听着小妾房中两人的欢好笙歌。因为不受夫君爱宠,连家中的丫鬟婢女对她都冷眼相视,服侍那个出身低贱的小妾反而比服侍她这个正房夫人还要尽心尽力。后来,朝廷又下发了新的调令给她的丈夫,这次,那个负心的男子根本没有通知她,自己直接带着小妾启程赴任去了。朱淑真是在丈夫离开后数日,才听到这个消息的。

朱淑真已经悲哀到笑了出来,原来丈夫对自己的厌烦竟然到了这样的地步。她何等清高,如何能忍受这种待遇?经过思虑,朱淑真愤然书就绝情书一封,书中历数了丈夫种种无情无义之举,提出断绝夫妻恩义。她留下了这封绝情书,便自己做主,动身回了浙江朱家。

对于这封绝情书,她的丈夫一直没有任何反应,或许他早就不在意朱淑真的一切了。至此,他们的夫妻关系名存实亡,甚至比陌路人还要生疏。

对于朱淑真和丈夫的关系彻底崩溃,并且还是朱淑真主动提出断绝恩义的这个结果,朱家父母也非常不满。毕竟朱家也算个大户人家,对自己女儿的管教一向是很传统很规矩的,如今女儿嫁为人妇数年,还是处理不好和夫家的关系,丈夫没有休弃她,她居然石破天惊地写了绝情书给丈夫,这不就是她休弃了自己的夫君吗?这在当时那个年代,可真是一个热闹的事情,是要在街坊四邻传为笑谈的——笑朱淑真身为人妇却不守妇德,笑朱家的千金大小姐居然是个悍妇,胆敢做出休弃丈夫的举动,连带着指摘朱家教女无方。街坊邻间更有传言,说朱淑真其实还是被休弃的,虽然没有休书,却也是被赶了回来,这不就是变相的休妻吗?而朱家这位大小姐羞恼成怒,于是倒打一耙,写绝情书也休了丈夫。总之各种传言纷至沓来,所有人的目光都盯住了朱家和朱淑真。

对此,朱淑真从不辩解,回家之后的她,整日闲坐在西楼之上,饮酒填词,赋诗观景。此时此刻,她只后悔自己当初遂了父母之意嫁给了那个薄情寡义的夫君,若早知是这样的结果,还不如从一开始就为心里的那个他尘封自己的心。世间这么大,可懂得你的人又有几个呢?她的情怀,除了这些年始终念念不忘的吹箫少年,世间再难有人懂得。如今的她,生活的意义就是把那三年的美好浓缩在心里,永生怀念。

经历过这些,她看透了,那些跟你没关系的人,就是没关系的,永远都不会有什么真正的交集。如今,朱淑真的心只为那个吹箫少年而守,她宁可负尽天下人,也不再委屈自己的心。她就像这世间许多痴情的女子一样,决定为情坚守自己的誓约,从此不畏人言,并对其一往情深,忠心不渝。

所以,她日日独坐西楼,把心中的悔恨和怀念写成大量的诗,来缅怀心中的檀郎。《暮春有感》就是其中之一。

倦对飘零满径花,静闻春水闹鸣蛙。
故人何处草空碧,撩乱寸心天一涯。

这是一首弥漫着淡淡春愁的诗。经历过情变和婚变的朱淑真,已经成熟了许多,她很少再写那些苦大仇深的怨妇诗,而是更喜欢幽静地抒情。如今她只能安静又带着点疲惫地看着庭院中暮春飘零的落花,安静地听着那些不知人愁的青蛙们伏在水塘里不知疲倦地终日鸣叫,心里却还是想着她的故人不知在何方,期待着可以追随他去天涯海角。可是,谁知道如今他究竟在何方呢?

这样的思绪在心中缭绕不断,弄得她心乱如麻。人虽然还待在钱塘朱家,心却早已飘到不知所踪的地方去了。

她困囿在对他的苦苦思念中,柔肠寸断,容颜销殒,可是他还是毫无音讯……这种思念日夜困扰着她,从她写于一个中秋夜听笛声的七言诗中可见一斑:

谁家横笛弄轻清,唤起离人枕上情。
自是断肠听不得,非干吹出断肠声。

——《中秋闻笛》

这又是一首断肠诗。在万籁俱寂的夜晚,中秋的圆月高高挂在夜空上,月华如水,洒在大地上,也照进房间的小轩窗,可目所能及的一切都依旧浸泡在冷清和寂寥之中。明月有心，古往今来，春秋冬夏，皆不离弃，可为何月圆人不圆？应知明月亦有恨，若月无恨，应会长圆。正独自陷在悲伤的思绪中，远处却突然传来悠扬清远的笛声，让她不禁想起了当年西子湖畔，雅集会上少年的箫声。这绵远孤清的音色，和泠泠的月光交织着，钻进她的心里，更加唤起了她对远方的他的思念。她又一次柔肠寸断，那笛声，越听就越像当年他为她吹奏的《长相思》。她一边听着，一边愈发地揪心、愈发地哀伤，不知是谁偏要在这中秋月圆夜里吹奏这断肠之音，让人不忍卒闻？

其实，过错不在笛声，也不在吹笛之人，而是她心中有伤，那笛声偏偏又钻进她的心里，自然撕心裂肺，声声断肠。如今他还不知所踪，她如何堪听《长相思》这离人悲声？

还有这首在朱淑真身后曾引起许多争论的《生查子·元夕》，也是描述女词人在物是人非之时心中悲凉的：

    去年元夜时，花市灯如昼。
    月上柳梢头，人约黄昏后。
    今年元夜时，月与灯依旧。
    不见去年人，泪湿春衫袖。

这阕《生查子》是笔者最早了解到朱淑真其人的因缘。词中这一位元夜赴约的女子，大抵就是作者自己吧。词的上片，追忆去年的元宵佳节，和心中良人在灯市欢会，五个字写尽元宵夜灯火辉煌，如《东京梦华录》所记："灯山上彩，金碧相射，锦绣交辉。"热闹绚烂的元宵灯会是作者和心中良人相约的美好背景。

是夜，皓月当空，月华流泻万里，男女主人公约见在黄昏后入夜时分。可见他们并不是在月夜看灯偶遇，而是早有密约，此时此刻，此情此景，四处充溢着爱情的甜美缠绵。美丽的姑娘和心中的爱人，彼此倾心，一刻抵万金。

词的下片骤然转折，今年的元宵佳节，依旧是月光皎皎，杨柳依依，依旧是灯市绚烂辉煌，依旧是月夜赴约，却不见去年的良人，风景无殊，然人事全异。独留女子暗自垂泪，忆念故人。旧人去，泪潸然，花市繁华人声闹，灯影阑珊笑我痴。词人让今与昔、悲与欢交织相映，完美地表述出物是人非、世事无常的悲凉。

佛说人生有八苦，其中以"爱别离"苦痛尤甚。可是在这世间，我们都是如此渺小的尘埃，再强大亦无力与命运豪赌。虽然一见倾心，但男女姻缘之事，从来不由人。曾听过一言，说人的一生应该会有两个伴侣，一个陪我们走完一生，一个放在心里永生怀念。一见倾心，一生牵心，世间总有些情缘是天命既定，即使没有结果，即使只是在灯火阑珊中互看了一眼，便早已知道彼此定是三生旧因缘。三界无安，犹如火宅，人间事不如意常八九，也许淡看这世间之事，便是另一番的海阔天空。

命运虽然可以主宰一切，却主宰不了人心，尽管结局是早已注定的，可是过程已然被人心删减，甚至全无相似。就像朱淑真充满才情而又充满悲伤的一生，谁又能肯定她没有在默默地改写了什么。如这阕《生查子》的描述，不难看出，她在婚前已有心爱之人，并在婚后依旧对其念念不忘。但她仍然是洁白的，因为她的贞洁，不是留给负心的丈夫，也不是留给夸夸其谈的卫道士，而是留给她心底的爱，她最真最深爱着的那个吹箫少年。那爱，是她毕生系念的信仰，是她心里的光，不能熄灭。所以她作为一介柔弱的女子，选择了忤逆封建伦常，与深深爱着的那个他，在命运高墙的夹缝里延续那珍贵的爱。

在程朱理学风行的宋代，在"存天理，灭人欲"被奉为至理的宋代，这是一件危险的事情，可能危及一切甚至是生命和家人。她是一个勇敢的女人，敢于直面自己的内心，敢于追求自己的真心，她的生命虽然短暂，但是弥足珍贵。虽然命运的薄凉不止于此，让她失了爱侣，嫁与鄙夫不算，最终还被常年冷落她的夫家冠以"不忠"的罪名，予以禁锢。她做了一个坚决又贞烈的选择：宁为玉碎不为瓦全。她淡笑命运，然后举身赴清池，结束了自己诗酒趁年华的生活，不惜一切地去皈依自己心中的爱、心中的暖。

自古才女情爱多失意，也许真的只有心死了，才能激发冲天的才情吧？

反正她是这样的,空留一卷断肠词,道尽了一生的哀怨与悲苦,伫立伤神,此情谁见,到停止的那一刻,得失都已不重要。

相思令人老。不过短短数月,朱淑真已经觉得自己红颜不再。她眺望远方,对着脚下不变的沧海桑田,只愿此生老死在江南,扎根在与他相遇的西子湖畔。若有生之年还能再见他,和他做一对平凡夫妇,像一对同命鸟,共衔几颗红豆,那该有多好!

第五节 / 如娇如痴相依偎

犹记当年初相识。西子湖畔，雅集会中，诗人俊逸如仙，女儿芳心暗动。
后来，沧海桑田，世事变迁，当年的往事被她藏在岁月的蚌壳里百炼成珠。
她依旧在等，一生一世地等，等待在某一个契合的时空里，
他和她的命运再度连在一起。

一

朱淑真回到母家后的这段时间，经常久久地独坐在西楼上，看着日升月落，晨昏交替。也会时常到昔日一起读书的东轩去，那书案上依旧摆着一对青铜烛台，往日为他伴读的情景还历历在目，空气中似乎还弥漫着当时的墨香。他们在一起的那段时光，成了她寂寥生命里的一团火，在她对生命心寒绝望的时候，温暖着她孤独的心灵。

自从朱淑真毅然留书出走的事情在街头巷尾传开之后，想必他也听到了消息，知道她和丈夫的夫妻关系名存实亡，或者说干脆就已经消亡了。如今她就在钱塘朱家，可是他不敢去找她，他知道朱家人一定不会允许这样的事情发生，但他确实在思念着她，百转千回，千思万虑，他做了一个巧妙的决定，那就是借助信鸽给她传信。如果他们还有缘分，信鸽就一定可以找到她；如果信鸽飞错了方向，那就是冥冥之中缘分已尽，一切都是命运使然。

朱淑真整日守护着记忆，愈发安静下来。她常常在回忆里回到曾经的那

个从前,他们在暮色轻拢的窗前,看夕阳如画。然后燃一炉水沉,温一壶黄酒,对月抚琴,吟诗作赋,挥笔成章,像过去那样醉倒在他的怀里,不与世人争长短,不与岁月叹兴亡。他的箫声伴着她的琴音,她的罗裙衬着他的长衫,踏青西湖边,泼墨梨花案。

命运终于再次眷顾了他们。在一个清朗的夜里,大家都睡下了,只有朱淑真自己倚靠在西楼之上,看着夜空澄澈如洗,万籁俱寂中,她听到一阵哀伤的箫声,<u>丝丝缕缕</u>,缠绵悱恻,如泣如诉,不绝于耳。

她在静夜中打了一个激灵,以为自己出现了幻觉。重新凝神细听,可那真的是他的箫声,是他为她吹奏的那一曲《长相思》的曲调!她激动起来,立刻跑下楼,越过水阁,来到庭院中。

万籁俱寂,朱家的上下人等都已经睡了。此时此刻她才想起来,现在已是深夜,大门早已落锁,就算是没有落锁,如今她也不是自由身,父母是不会放她出去的。

朱淑真陷入了更深的失落。她知道他就在附近,可是却连远远地互相看一眼都不可能。正在一筹莫展之际,忽然,一只鸟儿飞进来,打乱了她的注意力。鸟儿扑棱着翅膀直接落到了她面前的灌木上,她低头一看,居然是一只信鸽,脚上还绑着什么东西。

她定了定神,小心地取下了鸽子脚上的物件,却是一片信纸。她按捺住狂跳的心,展开一看,上面只写了三个字:长相思。

不错,那就是他的笔迹,是她苦苦思念了那么多年的他在传信给她!朱淑真竭力使自己平静下来,回到书房,捻亮灯烛,铺纸陈墨,写下了那首《闻鹊》:

> 墙头花外说新晴,拨去闲愁着耳听。
> 青鸟已承云信息,预先来报两三声。

收到离人的消息,朱淑真重新振作起来。她再也没有伤春悲秋的无尽愁思了，反而活泼烂漫得像是回到了少女时候的光景。此时此刻在她看来，伸到墙外的花枝就是春天的使者，给人们传递着浓浓的春意，可爱的青鸟更是为苦苦等待的她带来了关于他的消息，这怎能不让她感到万分欣喜呢？

送信的明明是鸽子，在朱淑真的诗中却变成了青鸟。想来是因为她终于得到了檀郎的消息，心中喜悦万分，所以才这样写吧。檀郎的相思心意，终于让忧郁了半生的她开心起来，由衷地感到欣慰。原来万物都是有情的，她终于得到了他的消息，原来这些年她不是在一个人苦苦思念，他也没忘了她！如今借由信鸽传来的这短短的三个字，让她看到了生活的希望。可见这多年的相思是多么的浓烈、多么的厚重！

青鸟，这可爱的小生灵终于为苦苦思念情郎的朱淑真捎来了情郎的消息，让她知道了他对她的情意，也为她枯燥寡淡的生活注入了希望和活力。

相思不长，却足以刻骨。

朝朝暮暮，心心念念，为相思顾。

自从得到了情郎的音信，朱淑真便不再那么郁郁寡欢了，渐渐变得开朗起来。对于女儿心态的转变，朱淑真的父母颇感欣慰。他们不会想到，在冥冥之中还有缘分那么奇妙的东西，在为女儿和昔日的少年牵线搭桥。可是他们始终不能放心，因为他们日日看到女儿在东轩和西楼倚栏独坐，流连忘返，就知道她始终还记得那个少年。对此，朱家父母始终怀着警惕，害怕她会做出更加有辱门风的事情来。

毕竟，那个时候朱淑真已经被街头巷尾的人们指指点点了，作为父母，他们必须对她严加管教，所以朱淑真还是不被允许自由活动，只能日日困守在家中，甚至连传递信息，都要等到夜深人静，大家都进入梦乡，她才敢蹑手蹑脚地出去。

自从收到了飞鸽传书，她便小心地把那只可爱的鸟儿豢养起来。毕竟朱家后园中莺莺燕燕很多，几乎没有人会注意到突然多了一只灰色的鸽子。就这样，朱淑真和她的情郎，一个在这边，一个在那边，就这样悄无声息地联系着。

收到了情郎的长相思之后，过了几日，朱淑真便写下那首《恨别》，托付信鸽带给了他。

  调朱弄粉总无心，瘦觉宽余缠臂金。
  别后大拼憔悴损，思情未抵此情深。

他看到带信回来的信鸽，也心生欢喜。展开信笺，只见满纸浓浓的相思之情。

她说，自从当年一别，未曾相见。她被迫嫁为人妇，可是并不快乐，整日没有心思装扮自己，不涂脂抹粉，也不调蔻丹点朱唇。这样的日子久了，她被相思的愁苦折磨得愈发清瘦，连手臂上环着的雕花赤金臂钏都日渐宽松下来。自从与君分别，唯有整日苦苦思念，不敢忘怀，情深义重到无法用言语形容。

少年也颇为感慨，但是仍然苦于相见无门，只能先将心中深情托付给信鸽，让它代劳，在她和他之间传递消息。

这段时间，朱淑真还写下了五首《春归》，皆为七言诗。

  其一
  片片飞花弄晚晖，杜鹃啼血诉春归。
  凭谁碍断春归路，更且留连伴翠微。

  其二
  满地落花初过雨，一声啼鸟已春归。
  午窗梦觉情怀恶，风絮欺人故着衣。

其三
狼藉花因昨夜风，春归了不见行踪。
孤吟茕坐清如水，忆得轻离十二峰。

其四
一点芳心冷若灰，寂无梦想惹尘埃。
东君总领莺花去，浪蝶狂蜂不自来。

其五
平畴交绿蔼成阴，梅豆初肥酒味新。
门外好禽情分熟，不知春去尚啼春。

  这五首《春归》与朱淑真之前那些伤春悲秋的诗作截然不同，不像过去的诗作那般满满的都是愁苦怅惘之情，倒显得轻快了许多，甚至还有一些欣喜和期待的情绪在里面。

  在朱淑真在夫家的这几年，诗作中并没有见到关于这位情郎的消息，所以也许他是听闻朱淑真留书出走这件事，才特意回来与她相会的。回来之后，应该也住在距离钱塘不远的地方，可碍于朱家的严防死守，他们就是没有机会相见，所以朱淑真在诗中说"凭谁碍断春归路，更且留连伴翠微"，抒发相思相望不相见的哀怨心情。

  从第二首中这样写"满地落花初过雨，一声啼鸟已春归"，可以感受到词人苦乐交织的心情。乐在知道"春已归"，而又苦在无法相见，心下不免凄凉。"午窗梦觉情怀恶，风絮欺人故着衣"，表现出了词人急于与情郎相见的急切心情。她正在午睡时，却突然被报喜的鸟儿惊醒了，得知"春已归"，她迫不及待地披衣出门，想去打探消息，而第三首诗中的"狼藉花因昨夜风，春归了不见行踪"则让人联想到夜里东风肆虐，吹落满地落花的狼藉景象，说明了她行动不自由,被父母拘禁在家里,虽然知道情郎也许就近在眼前,却没有办法出去相见,让人怅然若失。

知道离人归来却不能相见,这种惆怅比不知人在何方更令人伤感。可彼时她也是身不由己,虽然备感孤独,也只能暂时不动声色,"孤吟茕坐清如水,忆得轻离十二峰"。

后来,她曾经让侍女想办法再帮助她出去,却不幸被她的父亲撞见了。慌乱中,她藏在衣袖中的那张写着"长相思"的信笺飘落出来。父亲眼疾手快地捡起来,一句多余的话都没有说,派人重新扶她回了房间。父亲不但撤换掉了她身边全部的丫鬟婢女,并且当着她的面烧掉了那张信笺,甚至还顺藤摸瓜,抓走了那只为二人传信的信鸽。

朱淑真心中的希望再次破灭了,她和他之间的联系就这样断灭了。她已悲伤到了极致,已经不会再流泪了。她只是安静地坐在那里,凄婉而落寞。她对父母的感情是复杂的,对于父母的关心和包容,她心下感念,可是对于父母在这件事上的决绝,她也颇为怨恨。因此,她写下了"一点芳心冷若灰,寂无梦想惹尘埃"的诗句。

"东君总领莺花去,浪蝶狂蜂不自来",这句诗应该是在期待自己的情郎能果敢一点。她总盼望着时光可以倒流,那样她一定不会轻言分离,一定会让他回来找她,不论他是不是高中,她都愿意跟他走。这句诗里面的"浪蝶狂蜂"也许就是她嫁过的那个丈夫,所以她暗含深意地说,东君才是司春的神灵,只要有东君在,那些"浪蝶狂蜂"便不会再来打扰她了。

"东君"和"东风"是朱淑真诗句中常用的意象,应该就是代指她的情郎,那个东轩读书的少年,她还有很多诗句中暗含此意。在她的诗《窗西桃花盛开》《中春书事》《咏柳二首》其一、《黄芙蓉》等作品中都可以见到。

尽是刘郎手自栽,刘郎去后几番开。
东君有意能相顾,蛱蝶无情更不来。

——《窗西桃花盛开》

乍暖还寒二月天，酿红酝绿斗新鲜。
日烘春色成和气，风弄花香作瑞烟。
莺舌似簧初学语，柳条如线未飞绵。
金杯满酌黄封酒，欲劝东君莫放权。

——《中春书事》

长丝袅娜拂溪垂，乱絮风吹漠漠飞。
全惜东君与为主，年年先占得韶晖。

——《咏柳二首》

如何天赋与芬芳，徒作佳人淡伫妆。
试倩东风一为主，轻黄应不让姚黄。

——《黄芙蓉》

朱淑真在诗句中流露出她的无可奈何，因为她自己真正期待的情郎总是无法与她欢会，而那些讨人厌的"狂蜂浪蝶"却屡屡来招惹她，真是让人气愤又无奈。

翻开朱淑真的《断肠集》，见到最多的情感，不是悲愁怨恨，就是刻骨相思。相思真是一件极苦的事情，唐高宗曾经写诗说相思："人道海水深，不抵相思半。海水尚有涯，相思渺无畔。"就像朱淑真的这半生，无时无刻不在思念他，却也无法见到他，哪怕是一眼。她心里全都是他们那三年的过往时光，他的诗句、他的箫声、他们游湖的回忆、他们执手相看泪眼的场景……相思之苦，不会把人活活吞噬，不会直接置人于死地，却能如凌迟般令人肝肠寸断，苦不堪言。

无奈岁月蹉跎，时光催人老。一转眼已是那么久的别离，如黄昏里安静的夕阳，再也找不回当时的意气风发，只剩下忧伤的记忆。也许是因为不得不与他分开，所以连心中感知快乐的能力也都随他而去，她唯有相思，期待着有一天能再和他相遇。

三

没想到，这一天也终于到来了。

虽然父母百般阻挠，彻底断了他们之间的消息往来，她连一个字都送不出朱家的高墙深院，但她并不是百依百顺的女子。她静静地等待着时机，她最期待的时刻就是每月十五的夜里，每到十五这一日，圆月高悬在空中，她就会听到从远方传来幽幽咽咽、如泣如诉的箫曲《长相思》，他用箫声倾诉对她的思念之情，而她则抚琴相对，远在天边近在眼前的一对相思之人，就这样相互传递着彼此的心意。

季节不断地更替，春去夏至，秋过冬来。终于，天公作美，在农历三月三十这日，他们迎来了相会的机会。不晓得当时的朱淑真是如何避开父母的监控，又顶着无情的流言和咄咄逼人的目光，在"风光紧急"中与她心心念念的情郎相会的。从她的这阕《清平乐》中可以得知，他们终于有了宝贵的时间见面。

> 风光紧急，三月俄三十。
> 拟欲留连计无及，绿野烟愁露泣。
> 倩谁寄语春宵，城头画鼓轻敲。
> 缱绻临歧嘱付，来年早到梅梢。

相见的那一刻，积在她心中数年的哀伤愁怨全部化为欢喜，盛开在她的眉梢眼角，消瘦的她因为爱情的滋润显得格外光彩动人。为了那一刻的欢喜，就算是承受再多的苦楚，她都觉得值得。朱淑真就是这样一个痴情的女子，多年的相思和牵念在那一瞬间，化作晶莹的泪水，欢喜地奔涌出来。他们再一次四目相对，执手相看泪眼，却无语凝噎。

时间都静止了。他轻轻揽着她消瘦的腰身，她痴痴地依偎在他宽大的胸怀中，这一刻，是付出了多少血和泪的代价换来的啊！

当日当时，他的心中一定也是痛苦不堪的。当年他没有高中，他知道朱家一定不会把朱淑真许配给他，再回去就是自取其辱。他曾想过永不再相见，可她早已深深地刻在他的心里，纵使这些年，他的生命中曾经住进过其他的女子，但她早已是无可替代的。看着当年明艳的她若今天这般憔悴，他又何尝不心疼？可世间男女姻缘之事，从来都由不得自己做主。他当年已经负她一次，如今再不敢给她任何承诺，也没有资格再给她承诺。她为了他，做出了那么多牺牲，他又凭什么继续让她伤心痛苦呢？不能啊！他能做的，只有这样静静地抱着她、陪着她。

他以为自己总比女子坚强，却也在知晓她回到母家之后，瓦解了全部武装，再次沦为相思的臣子。原来千百次假装坚强的想象，也比不过心上人的一颦一笑、一个动作、一个深情的眼神。

那一夜，她应该是和他共度了美好的一夜，这是她期待了半生的欢会啊。可是，欢聚过后，又是离别的忧伤。

经过短暂而甜蜜的激情缱绻，她不得不离开了。如果让父母知道她胆敢私自与男子幽会，如果让左邻右舍知道她竟然出来与丈夫以外的男子相会，那么朱家一定会被流言蜚语折辱至死。她不能让这样的事情发生。

这阕词最巧妙的地方就是首句的"风光紧急，三月俄三十"，让人一眼就看出这相聚的匆忙和短暂，分离就迫在眉睫。紧张的情绪让人禁不住跟着揪心。"拟欲留连计无及，绿野烟愁露泣"则写出了他们从相见的那一刻起，就知晓这时间是何等宝贵。所以，这一夜，他们大抵都无暇入眠，她和他缱绻相依，希望时间走慢一点，因为他们的欢聚太过宝贵又太过短暂。可时间依旧无情，到了分离的时刻，他们依然要面对分离的痛苦和怅惘。

等到"城头画鼓轻敲"的时刻，她不得不动身离去，临走的时候，"缱绻临歧嘱付，来年早到梅梢"，希望心上人来年一定要早早回来看自己。

然而，历史给了我们所有的答案。命运并不懂得怜香惜玉，冷酷的现实也没有因为他们的爱情缱绻缠绵而变得柔软，世俗的差别、闲人的非议，也不会因为爱情的忠贞和不离不弃就缩短距离，但朱淑真是需要爱情的女子，她需要爱情来滋养她的灵魂。她已经坚定了自己的心念，这一次，无论如何，都不会改变心意。也无须承诺，她已经将自己交付给了他。她在心中发誓，为了彼此的爱情，宁愿与这个无情的尘世抗争到底。

第六节　心向日月香消殒

人生在世，可能只是一棵静默的树，长在了不该生长的路边，

如同席慕蓉笔下那棵开花的树一样，为了一场倾心的相知相遇，

宁可舍弃一切，也要换得一树花开的美丽。

哪怕仅仅只有一次，仍然要终生矢志不渝地去追求，

幻想着在红尘之外和轮回之上能有一个地方，没有阻隔也没有界限，

只有一颗真心相依相偎。

火烛银花触目红，揭天鼓吹闹春风。

新欢入手愁忙里，旧事惊心忆梦中。

但愿暂成人缱绻，不妨常任月朦胧。

赏灯那得工夫醉，未必明年此会同。

——《元夜》

这是一首描述正月十五灯市赏灯的诗。朱淑真回到母家之后的两年，虽然一直跟情郎保持着联系，但是为了自身的声名和朱家的门风，他们还是很少有见面欢会的机会的。

时光荏苒，日月更替，又到了一年一度的元宵佳节，在这个触目所及皆

是璀璨美景、火树银花的夜晚，她淡妆素颜，独自去灯市看花灯。自从对婚姻爱情绝望之后，朱淑真甚少有这样的兴致和雅趣。但这一次，不知是巧合还是上天有意导引，朱淑真去了灯市，并且偶遇了她终日苦苦思念的情郎。这真是一次神奇的相遇，除了上天成人之美外，想不出还有什么词句可以形容。

然而，后来发生的一切证明，这并非是上天成人之美，而是她悲剧命运的下一个伏笔。

想当初，朱淑真和丈夫的婚姻名存实亡，因此她留下绝情书出走，这种举动在那个年代已经称得上惊世骇俗了。因为朱家对朱淑真看守得紧，不让她外出去抛头露面，加上日子长了，有些事情自然也就淡去了，朱家恢复了平静的生活，可是自从那一夜，她在元宵灯会上和情郎相遇之后，种种流言又重新纷至沓来，而且越传越玄，再次在杭州城中成为街头巷尾人们茶余饭后的谈资。

所谓家丑不可外扬，朱家人静静地挨了两年，好不容易等流言风声都散得差不多了，想着终于有安静的日子过了，谁想到，刚刚过完元宵佳节，就一波未平一波又起，而且这一次比上一次更甚，上一次人们无非就是传言说"朱家的女儿性格不柔和，恃才傲物，不尊重夫君"之类，如今，满城的人都在谈论这不守妇道公然和婚外情人约会的朱淑真。这次朱家是彻底颜面扫地，朱淑真的名节也被毁得一丝不剩。并且这事情还传到了朱淑真的丈夫耳中，朱淑真和丈夫虽然多年分居两地形同陌路，但丈夫一日没有写休书到朱家，朱淑真就还得算他的夫人。所以朱淑真的夫家因为这满城风雨而恼怒不已，一封问责书寄到朱家，严厉责问朱淑真不守妇道的事，严厉谴责朱家教女无方，如今给他们家带来这么大的麻烦和羞辱。

可怜朱家一向遵循传统，家风严谨，却还是出了朱淑真这么一个不被当时社会所接纳的大胆才女。虽然朱淑真回家后，朱家一直对外宣称早已不认这个女儿，但如今事实当前，已经有人看见朱淑真在元宵灯会与男子私相授受，这是再怎么也洗不清的了。朱家父母都已经上了年纪，怎么受得了被人这样在背后戳脊梁骨？仅仅几天的时间，二老就双双病倒。

朱淑真欲哭无泪，她不懂，为什么命运要如此捉弄她，给了她甜蜜爱情，却又不许这爱情结出姻缘正果，给了她再续旧缘的机会，却又在这机会背后埋了一颗地雷，炸得朱家家无宁日，全家人都抬不起头，无颜见人。此时的她，虽可以不管俗世中的闲言碎语，却深刻体会到这些事情带给她以及家人的刻骨寒冷。

这世上有一种花，叫作情花。传说这情花只生长在绝情谷中，这花的风姿举世无双，不论牡丹芍药还是寒梅青莲都无法与之媲美，同时它也不是一朵清淡的花，它是带有剧毒的情花。就算你采撷情花时万分小心，也会被那花瓣花茎上密密麻麻无处不在的尖刺刺伤流血，而一旦被刺伤，情花的剧毒就会随着血脉攻入心肺，中毒之人一旦动了感情，就注定要陷入万劫不复的境地。

可女子都愿意付出一切来采撷到自己生命中的这株情花，因为她们必须要吸收这情花的珍贵养分，才能焕发光彩。她们在情花尚未长成的时候，就精心呵护，用眼泪和心血去滋养，等有一天它终于灿然盛开之时，她们却都被刺伤了手指，可是她们不后悔，宁愿一边笑着流泪，一边矢志不渝地守护它，与它一同萎谢。

朱淑真就是这样的女子，她就是为了采撷她生命中的这朵情花而来到这个尘世的。当年，在月上柳梢头的美好光景中，他们彼此留下了初相见的悸动回忆；在西子湖畔的亭子内，她娇痴地依偎在情郎的怀里。可这些都恍若一梦，那个人从此再不能相见了，与她纠缠的只有湿了春衫袖的泪水和无处可倾诉的哀怨。曾经是相依相偎、十指相扣的两人，如今却相思相望不能相亲，敢问今后，天为谁春？

关于这件事，极有可能是真实的，而我们如今无从得知那个藏身在《断肠词》中的吹箫少年到底姓甚名谁，只知道那个人是朱淑真用尽了心力去爱的人，她和他的爱情是她生命中唯一一次全身心投入地爱过的。她为这场真情付出了太大的代价，因为遇见了他，她成了一个真正为情而生、也为情而死的女子。滚滚红尘，风月无边。因为怀念着他，她的一生都孤独寂寥、冷冷清清，只有把自己埋在回忆中才能获得一丝丝的温暖和慰藉。

朱淑真是个柔情而又烈性的女子，她的错，只是没有像古代被封建阴影笼罩的女性那样。她不愿无条件服从命运的安排，甚至不敢发出一声抗争就认命了，反之，她不管那些，她敢于抗争，敢于追求真爱，既然薄情寡义的丈夫可以多年冷落她，那她为什么不能和丈夫断绝恩情，继续旧日没变的情缘？

有谁晓得，在她那样一个如花女子的生命中，在那些漫长孤独的岁月里，那曾经拥有过的一点点快乐和深情，照亮了她的多少个黑夜？他的出现点亮了她的生命，他们在最深的红尘里相逢的每一刻都是永恒。那是她暗淡生命中的一抹绚烂光影，金风玉露一相逢，不等开口，已诉千言。

到如今，一切美好都已经被尘封，再也无法开启。欢爱已逝，伊人远行，那曾经刻骨铭心的爱，连静静地被封存都不可能。那些徒有两片唇的卫道士和闲散妇人，拿着她和他的这段过往到处宣扬，而且添油加醋，煽风点火，传得一日比一日不堪。每个人都不过是这滚滚红尘中的匆匆过客，做这些事情真的有用吗？他们是改变不了朱淑真的，朱淑真并不惧怕这些，她依旧是一个至情至性的女子。如果她的生命中没有这一段蚀骨销魂的爱情，如果不曾有过哪些刻骨的相思和深深的情意，仅仅留存一具肉体在世上行走，生命又有何意义？

人生自是有情痴，此恨不关风与月。在这位女才子如花般的年华里，有过缠绵炽烈的爱情，后来天意弄人，嫁了无情无爱的夫君，从此鸥鹭鸳鸯作一池，因为"羽翼不相宜"而被葬送，还尽毁声名和家门。

这一次，朱淑真不得不死心了。此后，她心如止水，熄灭尘缘，归于空门。

> 短短墙围小小亭，半檐疏玉响泠泠。
> 尘飞不到人长静，一篆炉烟两卷经。
>
> ——《书王庵道姑壁》

朱淑真当然是贞烈的，只是她的贞烈，不是留给薄情负心的丈夫，而是留给真正给予了自己温暖爱情的人。她的一生之中，只经历过这两个男人，一个是初恋的情郎，一个便是后来嫁的夫君。事实证明，她的婚姻是所托非人，丈夫不能给予她想要的爱情，只能给她带来困扰和苦难，所以她回头去寻找她的爱情了，却被虚伪的卫道士们批判得遍体鳞伤，从此不为世间所容。

就这样，朱淑真出家了，从此隔断俗世因缘，在又低又矮的围墙内，在没有人会关心注意的小庵中独自静修，一炉清香一卷经书，以此来打发时光，聊度余生。

朱淑真了断尘缘就此出家了。这也是她的孤傲所致。她对人世间的一切都感到失望，她不想再听那些卫道士的闲言碎语了，她伤痕累累的心也无法再承受任何伤痛了。她想，如出家久了，习惯了安静，一切也就过去了，反正她对这个红尘也已经没有什么留恋。可是，树欲静而风不止，风波并没有平静下去，在这最后的节骨眼儿上，又狠狠捅了她一刀的，不是街头巷尾的闲言碎语，也不是夸夸其谈的卫道士，而是她那已断绝恩义多年，对她从来都不闻不问的丈夫。

顺着落花流水看过去，娇红的鲜花也被骤雨疾风吹打成了残花败柳，她已经看穿了这悲惨的结局，在沉默中独自体味着心中的苦情无限。她是那样烈性的一个女子，宁愿被岁月掩埋，也不愿被淤泥污染，所以"宁可抱香枝上老，不随黄叶舞秋风"。

可是她想得太简单了，她以为她出了家，就能安静了断一切俗世中的缘分。可是她的夫家追到了这小庙里来，咄咄逼人地责问她背叛的罪行。这些年，朱淑真已经经历过太多的伤痛，对很多事情已经渐渐看淡了。如今她已经能够将生命的本质和生活的真相攥在手中，其仿若两道热烈的光芒，照破了她心中无边无际的苦。所以面对夫家人的逼问和苛责，朱淑真选择始终不发一言，从来没有人能理解她心中的苦，多说又有何益？

光阴太无情，总是转瞬即逝。她已经逝去了风华，她的生命历程中更多的是沧桑和波折。内心残损的她想借助佛法的光芒驱散内心的阴暗，求得一丝丝的宁静，可是就连这最后与世无争的愿望都破灭了。她的夫家人日日来到庙庵中责问她的背叛，庙庵本是世俗之外的清静之地，怎能容得因为这等事情日日起争论？所以朱淑真始终是沉默的，此刻她早已看透了人与人之间情意的虚妄。无常令人心惊，对此，她最好的答复就是沉默。

丈夫传信到朱家，要求禁足这个失了妇道的女子。朱家自然不能反抗，于是朱淑真被迫脱下素衣，从庙庵里回到红尘，从此日日被软禁在朱家宅邸之内，不能踏出一步。她真令人心疼，活了半生只为了追求那一点点爱情的温暖，还要落得这样的地步。从没有人责问她的丈夫为何常年沉迷酒色、狎妓娶妾，而她却一次又一次堕入这般万劫不复的境地。生命的真相，原来是这样残忍，想做一个好梦都是奢望。

被禁足在朱家的朱淑真，连哀怨和愤怒的情绪都生不起来了。除了对诗词的热爱，她已经麻木了。可以说，在她这苦难的生涯中，只有诗词是她唯一的知己，不论任何时候，只要面对笔墨就能让她平静下来。

坐在房中，她痴痴地看着墙壁上高悬着的那一幅墨竹，想着自己今天百般受辱，悲从心生，沉默地提笔写下了一首七绝《对竹一绝》。

> 百竿高节拂云齐，千亩谁人羡渭溪。
> 燕雀谩教来唧噪，虚心终待凤凰栖。

朱淑真是爱竹的。不论是竹的高洁，还是竹的气节，都令她心生赞叹。它拒绝燕雀落在上面终日聒噪，每天努力生长，只为了等待凤凰路过，以之栖身。这不是一首单纯的咏物诗，朱淑真以竹自喻，这诗中蕴含着她的气节和情怀，来表达她内心的明亮和高洁。

竹象征着气节。朱淑真当然也算是个有气节的烈女，只不过，她与那个时代一般的女性不同，她的贞节不是留给学识粗鄙又薄情寡义的丈夫，而是自己的坚守与忠贞。事实已经让她认定了他根本不配做她的丈夫，更不堪她的托付。她这一生只经历过两个男人，一个是情窦初开时相恋的少年，一个便是她嫁的丈夫。在她心里，只有少年给过她爱情的温暖，虽然短暂，但却永恒。

女子的贞节永远都是宝贵的，但是这宝贵要留给值得的人。唐代诗人孟郊曾经写过一篇《烈女操》，来褒扬贞烈的女子："贞妇贵徇夫，舍生亦如此。波澜誓不起，妾心古井水。"只是女子更愿意也更应该为爱的人守贞，而不是在封建伦理的压迫下屈从于那一纸婚书。为爱守贞的女子是高洁而美好的，如历史上石崇的爱妾绿珠，她就是一个这样的女子。

《晋书石崇传》中记载：绿珠原姓梁，生在白州境内的双角山下。绝艳的姿容世所罕见，故名绿珠。石崇为交趾采访使，以珍珠十斛得到了绿珠，娶回家做妾。绿珠善吹笛，又善舞《明君》，妩媚动人又善解人意，恍若天仙下凡，尤懂得曲意承欢，因而石崇在他的众多姬妾之中，唯独对绿珠别有一番宠爱。

石崇有别馆在河南金谷涧，凡远行的人都在此饯行送别，号为"金谷园"。园随地势高低筑台凿池，园内清溪萦回，水流潺潺。石崇因山形水势，筑园建馆，挖湖开塘，周围几十里内，楼榭亭阁，高下错落，金谷水萦绕穿流其间，鸟鸣幽村，鱼跃荷塘。郦道元《水经注》谓其"清泉茂树，众果竹柏，药草蔽翳"。在园内，石崇为绿珠筑了百丈高的崇绮楼，可"极目南天"，以慰绿珠的思乡之愁。里面装饰以珍珠、玛瑙、琥珀、犀角、象牙，可谓穷奢极丽。石崇和当时的名士左思、潘岳等二十四人曾结成诗社，号称"金谷二十四友"。每次宴客，必命绿珠出来歌舞侑酒，见者都忘失魂魄，因此绿珠之美名闻于天下。

石崇在朝廷里投靠的是贾谧，后来贾谧被诛，石崇因为与贾谧同党而被免官。当时赵王司马伦专权，依附于赵王伦的孙秀暗慕绿珠日久，过去因石崇有权有势，他只能想一下而已，现在石崇一被免职，他便明目张胆地派人向石崇索取绿珠。那时石崇正在金谷园登凉台、临清水，与姬妾美人们饮宴，吹弹歌舞，极尽人间之乐，忽见孙秀差人来索取美人，石崇将其婢妾数十人叫出来让使者挑选。这些婢妾个个都花容月貌，玉骨冰肌，衣着华美，裙裾逶迤，连气息都是芬芳迷人的。石崇说："随便选。"使者："这些婢妾个个都艳绝无双，但小人受命索取绿珠，不知道哪一个是？"石崇勃然大怒："绿珠是我的爱妾，你是得不到她的。"使者说："君侯博古通今，还请三思。"其实是暗示石崇今非昔比，应审时度势。石崇坚持不予。使者回报后，孙秀大怒，劝赵王伦诛石崇。赵王伦于是派兵杀石崇。石崇对绿珠叹息说："我现在因为你而获罪，奈何？"绿珠坚定地说："妾当效死君前，不令贼人得逞。"语罢即从窗跃出，血溅金谷园而自裁。

朱淑真亦是这样的女子。她婚姻不幸，所托非人，真正适合她的人却又无法与她共结秦晋之好，所以她在对薄情的丈夫彻底死心后，不畏艰难，在封建伦理这堵高墙的夹缝里，至死不渝地叙着旧情。朱淑真是追逐爱情的飞蛾，她为了追逐爱情，孤立地趟过了万丈红尘，即使疲惫不堪一无所获，也依然要义无反顾，因为爱情就是她生命的意义。

在岁月的更替之中，老去的只是人的容颜，不变的是曾经美好如花的爱恋。那些浪漫的情怀和珍贵的瞬间，于她而言，才是最值得珍惜的，也是她生命的本质和意义所在。在她的大好年华中，也有过炽热缠绵的情感，只可惜却因为后来那一场羽翼不相宜的婚姻而彻底被毁掉。常年孤单独处的她，对爱情的依恋之情越来越深，也愈发感受到生活的不如人意，因此内心也就愈发感到痛苦绝望。

至于那个被朱淑真痴痴地爱了一生的男子到底姓甚名谁，但在历史的结局面前，这些都已经不重要了。女子对待爱情，就像是扑火的飞蛾，明明知道继续向前可能会葬身火海万劫不复，但她们依旧不会退缩，只是为了那一点点可能会有的温暖。

朱淑真终究是柔弱的。她的生命归舟还没来得及出发，就被风雨逼迫得匆匆回航。也不怪她太柔弱，应该说现实的刀锋太尖利，她纵然有绿珠那样"效死君前"的决心和荡气回肠的气势，也抵不过命运笔下的一笔一画。有些事，明知道是必输的赌局，可还是要倾其所有地去下赌注。她这一生做的最出色的，就是一个笔底有乾坤的诗人，躲在自己的世界里，酝酿几首表达相思和愁怨悠长的诗句，不是为了告诉世人她有多么的深情、多么的苦难，而是因为心中始终有难以言说的无奈。见花落泪，望月伤怀。这一切的心思和想法都只能付诸诗词之中，她和心里的他，甘愿就这样做一对同命鸟，甘苦与共，至死不渝。

因为朱淑真的这件事，后来有许多所谓的封建正统文人纷纷批判她"不贞不孝"。比如后来张行中题朱淑真诗集的时候，就赋诗问："女子风流义节亏，文章惊世又何如？"可笔者认为，从她当初给丈夫写的《断肠谜》中可以看出，朱淑真并没有把自己苦难的感情和命运归罪于自己的父母或者封建高墙下毫无希望的婚姻，而是知道有些命中注定的事情是无法逆转的。这个女子不平凡，如果她有一丝的不孝或不贞的心念，她可能早就会当真做出公然出走、与情郎私奔的事情，也像卓文君那样，体会一下当垆卖酒的滋味，但她到底还是不忍如此，所以，她终其一生，在父母亲伦和世俗礼教之间来往迂回，不够果决，导致两败俱伤，留下了无尽的遗憾与叹息。

爱情是人间最美的炼狱，并不是所有的两情相悦都会换来百年好合的幸福。在这世间，每个人走的每一步都离不开因果，所谓命里有时终须有，命里无时莫强求。一切经历都是生生世世的积累，该索取的索取，该归还的归还，但不是所有人在遇到苦难的时候都能做到云淡风轻，有些宿命注定沉重，并不是挥一挥手就可以两袖清风，就如同简桢书中的那段话：

　　如果有醒不了的梦我一定去做
　　如果有走不完的路我一定去走
　　如果有变不了的爱我一定去求
　　如果如果什么都没有
　　那就让我回到宿命的泥土
　　让懂的人懂让不懂的人不懂
　　让世界是世界我甘心是我的茧

其实，女子在很多时候都比男人要更加坚强，就像朱淑真此时此刻的至死不悔和云淡风轻，让人禁不住地感动。爱到了极致，真的就是这种无牵无挂的状态，生与死都不过是一种形式、一个过程。无常是把锋利的刀子，疯狂地斩断一切，包括生命，但斩不断深重的恩情，诚如白素贞在水漫金山的时候那发自肺腑的呼喊:"众生有情!情比天高!"

三

情这个东西,对于女子来说是致命的,可才华卓绝的大才女往往都是痴情的。朱淑真不就正是一个最好的例子吗?她经历了半生的不如意和沧桑,当年东轩读书三年的萧郎始终住在她的内心深处不曾离开,纵使当时的伦理教条严苛若此,她还是要奋力去追逐她想要的感情。

她这一生都是为了爱,像极了红楼中的林妹妹,纵使心有七窍才华满腹,也还是走不出情天恨海。她纵使曾经遁入空门,也还是无法清净六根,她所做的一切都是为了求得一份温暖的感情,却终究逃不出命中带来的桃花劫难。因情而生,也为情而死。

这个女子,她孤傲,她叛逆,她敢想敢做,但却始终不够果决。过去虽然愁肠百结,但总还是有一丝希望,为了爱情撑持着生活;如今,面对伦理的指责和夫家的逼迫,她是一点希望都没有了。但此时此刻她仍然不后悔,虽然枉费了一腔情思,但毕竟,她也拥有过甜蜜的爱情,虽然短暂,但也心甘情愿。所以,她写下了这首《直竹》来抒发自己这份为了爱情忠贞不渝的信念。

劲直忠臣节,孤高列女心。
四时同一色,霜雪不能侵。

——《直竹》

除了这首诗,她尚写有一首《竹》抒发自己心中的志向和坚守:

一径浓阴影复墙,含烟敲雨暑天凉。
猗猗肯羡夭桃艳,凛凛终同劲柏刚。

风籁入时添细韵，月华临处送清光。

凌冬不改青坚节，冒雪何伤色转苍？

也许是因为情郎爱好画竹，所以朱淑真也是爱竹的。竹，昂首向上，气节高华，从古至今都是忠臣和烈女的象征。此时此刻朱淑真也以竹来自比。她是一位烈女，只是她的心属于她追逐的爱情，而不是伦理和命运强安给她的错误婚姻。朱淑真写下这首诗的时候，她就已经做好了忠烈的打算。反正红尘已经残损若此，惨淡的结局已经逼到眼前了，以她的性格，是不会去做一些无谓的挽回和抗争的。因此她下定决心，要"四时同一色，霜雪不能侵"。

她喜爱竹的气节，也具备竹的气节。

朱淑真一生留下的诗词作品，是她生命最客观的写照，她有过那么多哀怨的诗句，也有过那么多对生活抱着希望的诗句，这足以说明她活得真实，活得不矫情。她的诗词都是有深意和情怀在里面的。怨妇也好，怀春也罢，都是她某一时刻的真实写照，她不会为了达到任何目的去委曲求全逢迎取巧，她的灵魂单纯而洁净，不论是喜悦还是悲哀，幸福还是不幸，她都把这些心思和情绪还原出来，没有一丝的做作和伪装。她贞烈，但那是为了爱情，纵使要冒天下之大不韪，她仍然要那样做。

面对这样的光景，朱淑真的父母也无可奈何。本来那个时代倡导的是"女子无才便是德"，但朱家人个个都通晓翰墨，朱淑真自幼就深受影响，从小小年纪就显示出了卓绝的才华，因此朱家人让她学习诗书文艺。可是谁也没有想到，这个朱家一直视为掌上明珠的小女儿的性格竟是如此地执拗倔强，已经许配了人家，却不能像平常女子一样，安于家室做一个贤妻良母，就因为无法放下那个曾经在朱家东轩读书的少年，导致最后落得如此境地。

但不论他人如何想，这个时候的朱淑真已然是万念俱灰。所谓情缘深重，她一生都无法逃离出感情的泥淖，已经被有毒的情花刺破了手，却还是痴痴守护着不愿放弃。就这样，大约在宋孝宗淳熙七年，朱淑真带着她毕生所有的热情和勇气，带着对这个俗世的厌恶和无奈，选择了自裁。她举身赴清池，在清澈的湖水中，结束了自己充满苦难的一生。

朱淑真去世了，可那些凝结着她才华和思想的诗文还流传于世。那些文字昭告着她生前所忍受的苦难，公然违抗着当时社会奉为真理的伦常。在民间一石激起千层浪，日复一日地蔓延开来。朱淑真身故之后，影响居然可以如此强大，这让朱家有些恐慌。也许是朱淑真的父母怜悯女儿一生悲苦，想让她身后不至于再被千夫所指，也可能是因为朱家对朱淑真的所作所为无法接受，担心她会影响了朱家世代的良好门风，为了保全家门的名声。总之，在朱淑真身故后不久，朱家人便一把火烧掉了女儿毕生的诗词文赋，连带着她的情郎留给她的墨竹图和他们在东轩读书时的一切相关物件，也一并被付之一炬。至此，朱淑真这个才情卓绝的女子，终于消失在了时间的长河之中。一朵为爱情而盛开的花儿，终于含恨抱香，殁在了荒凉的花枝上。

这个凄凉的结局，让笔者想起了宋代另一位女子——步非烟。

生既相亲，死亦何恨！这些至情至性的女子们，她们为了心中渴盼的爱，早就连生命都置之度外了，这个世间还有什么可以束缚得住她们呢？步非烟如此，朱淑真如此。她们亲手种下情花，用自己的血泪去浇灌培养，即使最后收获的是苦果，也甘之若饴。

朱淑真的一生短暂，但是她活得饱满而真实，她始终都清醒地知晓自己的心之所向。在她最后留下的两首咏竹诗当中，她留下了她作为女子的全部坚定和热烈。在孤寂的夜里，带着那仅有的一丝暖意走向了更遥远的永恒。月华如水，凄凄若寒。这就是她的终止之处了。万事万物都是这样，有来就有去，如此而已。

一切恩爱会，无常难得久。生世多畏惧，命危于晨露。

这不禁又让人想感叹一句：问世间情为何物，直教人生死相许？

也许这是个永远无解的问题。

第八辑 辛弃疾

仗剑天涯，英雄悲歌

第一节 少蒙志光复神州

> 秉承着自春秋而来的人文气质,浸润着七十二名泉的自然景观,济南城钟灵毓秀、人杰地灵。正是在这样的黄河畔、正是在这样的城市旁,诞生了南宋一代"豪放派"词家大师——辛弃疾。

黄河,世界第五大河,发源自海拔4200米以上的青海高原,获此天命而注定不凡。从人迹罕至、天寒地冻的巴颜喀拉山开始,她一路向东,百折千回,以大自然赋予的力量逐渐汇聚,雄浑、伟岸而雄奇。她一弯而成河套平原,造就塞上江南的繁荣富饶,再弯而出龙门天险,以不可阻挡的气势直泻下游。在经历了高原的萌动、河套的平静、陕晋的约束、河洛的奔腾之后,黄河走进她在华夏大陆的最后一站——山东。

黄河自古贯穿山东全省,其中济南北段的河道古名济水,济南城由此得名。从西晋重新统一中华之后,500年中济南始终被当作整个齐州的治所。到北宋徽宗政和六年(1116年),朝廷更是直接将齐州改名为济南府。

秉承着自春秋而来的人文气质,浸润着七十二名泉的自然景观,济南城钟灵毓秀、人杰地灵。正是在这样的黄河畔、正是在这样的城市旁,诞生了南宋一代"豪放派"词家大师——辛弃疾。

南宋高宗绍兴十年(1140年)五月,人间自此有了辛弃疾。

辛弃疾出生于四风闸村，这个村子至今尚在（位于济南市历城区），当时距离历城县也只有20多里。四风闸村原来叫四横闸村，从字面上看，这个村子应该是历城小清河上一处重要的闸口。直到今天，小清河依然带着旺盛的生命力，从村北缓缓流过。

辛弃疾出生时，他的家族就在这里依山傍水而居，有着郁郁葱葱的花木庭院、风景宜人的幽雅居所，诗书耕读，生活安定。

虽然这里早已知名于史——被《隋唐演义》一遍遍描摹的秦琼，同样也是这片土地养育的男儿——但若在1140年的历城县外驻足探听，就知当地名门中赫然有着辛氏在列。

辛家始祖是辛维叶，在唐代时便担任过大理寺评事，后来整个家族从原籍陇西狄道（今甘肃临洮）迁到济南。他的高祖辛师占，则担任过朝廷的儒林郎；曾祖父辛寂，是滨州司户参军的官员；祖父辛赞，担任朝散大夫、陇西郡开国男，做过亳州谯县县令和开封府知府；父亲辛文郁，则受赠过中散大夫。

从祖父开始，辛家的仕途出现了微妙的变化，而这种变化的缘由则早在辛弃疾出生前13年就开始了。

1127年，北宋钦宗靖康二年，北来的金兵踏破开封，掳走徽宗、钦宗和大量皇室成员，北宋灭亡。康王赵构逃到河南商丘，宣布即位，南宋登上历史舞台。第二年，赵构任命刘豫担任济南知府。但刘豫到任后马上接受金人的条件，杀害守将关胜，然后宣布投降金兵。

骤变猝至，全城惊悚，辛赞此时也在家中，猝不及防之下，无法举家南逃，只得滞留济南。由于他背负了整个家族的安全，所以只能接受金人的委任，先后在宿州、亳州、沂州、海州担任官职。

然而，这样的仕途始终并非辛赞的初衷，对故国的眷恋也总是萦绕心头，无法释怀。因此，孙子辛弃疾带给他的不仅是喜悦和安慰，更带来了对家族未来雪耻复兴的希望。正因为此，辛赞仿照汉时留下"匈奴未灭、何以家为"名句的霍去病，为这个初生的婴儿起名，唤作"弃疾"。

辛弃疾三岁时，父亲辛文郁不幸撒手人寰。至此开始，辛赞就亲自担负起对孙儿的抚养义务。他将辛弃疾带在身边，游宦各地。在这种书香门第的背景下，加上祖父的渊源家学，辛弃疾从记事开始就受到浓郁的传统文化的教育影响，同时也产生了强烈的民族意识。

辛弃疾跟着祖父读书识字，从最早的幼学启蒙开始，稍长一点则读六经、诸子，其中尤以《史记》《汉书》等为重，而那些历史上赫赫有名的君臣名人，他们的本纪、列传更是做到耳熟能详、融会贯通。

辛赞这样向辛弃疾强调背诵经典的重要性，他说，想要明了世事，就必须要先熟读史书，而只有熟读史书，才能更加明了世事背后的道理，最终达到"通古今之变，知兴废之由"的境界。

冬季初雪的一天，辛赞让刚刚晨练完毕的辛弃疾背诵太史公马迁的《报任安书》，然后特别让他解释这段话："人固有一死，或重于泰山，或轻于鸿毛，用之所趋异也。"

辛弃疾立刻严肃起来，认真地解释说："太史公这段话就是说，每个人都会死，但死去的价值是不同的。如果能够为朝廷社稷、苍生百姓而死，那么，他的死就比泰山还要重；如果是为了一己私利死去，那就比鸿毛还轻。"

辛赞摸着胡须，看着眼前惹人心疼、聪明伶俐的孙儿，似乎看到一位将来英武纵横的伟丈夫。他顿了一顿，又问道："弃疾，我且问你，近世之中，谁人之死可算重于泰山，谁人之死又算轻于鸿毛呢？"

辛弃疾毫不迟疑，两眼炯然有神，带点稚气的童声穿透屋内清寒的空气："岳飞将军，为复国北伐，救民于水火之中，不幸被奸臣秦桧所害，死于风波亭上，可算是重于泰山；而秦桧一干人等，陷害忠良，自毁长城，将来死了，也只能说死有余辜，比鸿毛还要轻微！"

"说得好！"辛赞击掌而赞。这位老人从来治学严谨、为人古朴，轻易不会当面称许晚辈，但有感于辛弃疾年纪尚幼就能这样深明大义，还是忍不住夸了他一次。

第二年，辛弃疾年满八岁，辛赞也接到了官府的起用调令，让他去知开封府。对于尚未出过远门的辛弃疾来说，这是一次更加难忘的经历。

开封原本是北宋的都城，对经历了时代剧变的辛赞而言，这座城市至今让他有无法抹去的痛楚回忆。路途上，他便向辛弃疾说起开封当年的辉煌和美丽。

那座城市，早在战国时期的魏国就已是名动天下的中原名城。此后经过五代的梁、唐、晋、汉、周，直到太祖皇帝赵匡胤黄袍加身，开封都是都城，因此是当之无愧的六朝古都。

那座城市，街道整齐而纵横，城中贯穿三条宽阔御街，分为南、东、西三个方向，在皇城以南呈"丁"字形设计。而城外更有汴河、金水河、武大河、蔡河缓缓流淌，为城市带来更多流动的生机。这些河流之上，有桥梁三十余座，其中桥身全为石制的州桥最为著名。

那座城市，人口有上百万之巨，是华夏最繁华的城市。一年四季，集市人声鼎沸，街道车水马龙，王公大臣和平民百姓在茶馆酒肆内错综相间，贩夫走卒和文人墨客在勾栏瓦肆里不分彼此，这让开封府成为最难管理的城市。也正因如此，开封府平均不到一年就要更换一名知府大人。

……

这些熟悉却又遥远的景象，让年幼的辛弃疾已然听得沉醉其中。时间很快就过去了，原本乏味无趣的旅途，也被爷爷那绘声绘色的描述填补得美好充实。

然而，开封府真正映入眼帘的时候，给辛弃疾带来的冲击更大。

经历过多次战火洗礼、军队洗劫的开封府，像一切遭受过劫难的名城那样，不复往昔美好景色。辛弃疾攀在马车的车窗上向外看去，只看得见街道上冷冷清清，三两百姓衣衫破旧地踟蹰而行，动辄还有断壁残垣映入他睁大的双眼中。

这一切，都无声地向辛弃疾诉说着开封城经历过的一切。

马车在城内向北前行，过了陈州门，便来到北宋曾经的离宫旁。辛赞叫停了车夫，带着辛弃疾下车，步履沉重地走进当年的禁中。这里有一弯池水，依然碧绿，但池水旁的树木却早已无人打理，残花落叶散落一地，再看池水旁那些亭台楼阁，已是灰尘满布、无处入座。

目睹此情此景，辛赞黯然神伤，指着身旁的一株株树木对孙儿说道："弃疾，这是当年皇上最喜欢的红木犀，是宁波象山进贡的佳品，一到三秋时节绽放，香气四散，禁苑外的百姓们也都沉醉馨香、不觉叫好。现在树在人非，国家面目不堪，可痛可痛啊！"

辛弃疾看着爷爷指的方向，红木犀无言站立，冷冷地面对自己，又似乎在问着："这是怎么了？这是怎么了？"

40多年之后，辛弃疾写下一首《声声慢·赋红木犀》记录这段回忆。在词前的小序中，他这样写道："余儿时尝入京师禁中凝碧池，因书当时所见。"

词曰：

开元盛日，天上栽花，月殿桂影重重。十里芬芳，一枝金粟玲珑。管弦凝碧池上，记当时、风月愁侬。翠华远，但江南草木，烟锁深宫。

只为天姿冷淡，被西风酝酿，彻骨香浓。枉学丹蕉，叶底偷染妖红。道人取次装束，是自家、香底家风。又怕是，为凄凉、长在醉中。

幼年时的旅行让辛弃疾将光复国家的信念深深刻在脑海中，少年时代他曾师从刘瞻先生，时而在家里练文习武，时而出去拜访名人义士，时而周游黄河两岸，将大好河山、人文风情尽收眼底。他也曾随少年好友党怀英两次北上参加科考，无心功名，只为更加了解金国国力以备完成心中"壮举"。就在第二次北上燕京时，一直陪伴自己的祖父辛赞因感染时疫去世，辛弃疾悲伤不已，而辛赞直到临终前心心念念的依然是希望辛弃疾能够不愧对自己的文才武艺，南向报国。至此，南向报国，四个字成为了辛弃疾的终身信条。

第二节 / 向南归弃笔投戎

此时的辛弃疾,也走到了自己人生选择的十字路口。

他一直谋划着如何南归,现在正是天赐的好机会。

一

在金国的历史上,绝非每一个统治者都是贪婪好杀之辈,其中也不乏开明接受汉化、愿意和平发展、谋求国家统一的君主,金熙宗完颜亶就是其中之一。在他统治的15年中,曾经进行了一系列开明的政治改革,加快了女真统治政权的封建化,确保了北方社会逐渐从战乱走向安定,也让社会的生产在一定程度上获得了恢复和发展,然而,到了晚年,金熙宗变得酗酒好杀起来,女真贵族内部的矛盾激化了。

金熙宗皇统九年(1149年)十二月,金右丞相完颜亮策划实施了政变,杀死金熙宗,自己坐上了皇位,将年号改作天德,自称为海陵王。

和许多人想象的不同,海陵王虽然好战残暴、藐视南宋,但却偏偏又喜爱传统汉文化,经常吟诗作词。还在做藩王时,他就在驿馆墙壁上题写过这样一首诗:"蛟龙潜匿隐沧波,且与虾蟆作混和。等待一朝头角就,撼摇霹雳震山河。"其野心毫不掩饰,跃然纸上。

金海陵王正隆二年(1157年)二月的一天晚上,也正是辛弃疾第二次探访燕京的时候,完颜亮在寝宫中召来吏部尚书李通、刑部尚书胡励和翰林直学士萧廉三人,故作高深地说:"昨天晚上,朕做了一个梦,梦见朕被天帝所命,到其宫殿中听读诏书。不久后,有个青衣使者在宫殿之上宣读了天帝的旨意,封我为天策上将,让我出征某国。我离开宫殿,飞身上马,发现前面有无数阴兵,于是迅疾发箭,却见这些阴兵一个个跪地求饶。醒来之后,我让近侍去马厩,发现御马身上汗流如注,再看御箭,也恰好少了一支。这岂不是上天命令我去扫平江南的吉兆?"

语毕,李通等人立刻明白了完颜亮的意思,连忙跪倒高声祝贺。

经过四年的准备,到金海陵王正隆六年(1161年)六月,完颜亮首先迁都汴京,然后亲自督率大军渡过淮河,从庐州(今安徽合肥)而出,向南宋大举进攻,又命令工部尚书苏保衡带领水军从海道直攻临安,同时下旨荆襄、大散关等边境线的金兵,命他们全线出击。

所谓"全线出击",绝非完颜亮在虚张声势。这次南侵,仅他自己就率兵60万,号称百万。兵锋之浩大,在宋金战史上前所未有,沿途战火随之熊熊燃烧,整个江淮流域为之震动不已。

然而,完颜亮没有想到,这一次精心准备的南征,却成了他个人军事和政治生涯的绝唱:当年十月,金兵在采石矶被文人出身的宋将虞允文所阻,完颜亮强令军队进攻,虞允文则带领南宋军民同仇敌忾,以少胜多将敌人击退。攻势受阻导致金兵士气低落,即使完颜亮这个皇帝也能感觉到部下军心不稳。就在这时,中都竟传来宗室亲王完颜雍谋乱的消息。结果,暴躁狂怒、反复无常的完颜亮,在瓜洲被属下完颜元宜所杀,尸体被焚,无迹可寻。这个试图立马吴山的金国最高统治者,最终只落得个如此下场。

完颜亮的死,对南宋偏安的小朝廷,不啻天外飞来的福音——宋高宗赵构喜不自胜,命令宋军不得有任何追击的行动,以确保金军能"安全撤退"。

与无能的统治者不同,对于黄淮流域的民众来说,完颜亮的南征无形中造成了金国后防的空虚,成为吹响他们军事斗争的号角。

当时,河北、中原和山东地区的民众纷纷举起起义的旗帜,聚集起来抵抗南下的金军,或者偷袭他们的后方。潼关以东、淮水以北,反抗者不计其数。

此时的辛弃疾，也走到了自己人生选择的十字路口。他一直谋划着如何南归，现在正是天赐的好机会。

二

辛弃疾变卖了大部分家产，安顿好家中的其他族人，然后聚众两千余人，正式起事，然而，两千多人的队伍，在声势浩大的金军面前是不堪一击的。辛弃疾知道，自己必须投奔更大的义军武装，才能站稳脚跟。他选来选去，将目光投向已经攻占了东平府的耿京队伍。

耿京本是济南人，早在完颜亮大举南侵之前，他就因怨恨金国的赋税太重无法生活，而集结了李铁枪等豪杰奋起斗争。在战斗中，其队伍越来越大，曾经攻取过兖州、莱芜和泰安。趁着金军防备空虚，耿京又攻占了东平府，自称东平节度使、权知东平府。后来，莱州人贾瑞带领一支小队伍投奔了耿京。在他的建议下，耿京分兵多路，不断壮大，在短短数月之内发展到20多万人，一时间成为山东义军的主力。

有这样一支强大的队伍在面前，辛弃疾不能不动心。

经过一番紧张忙碌的准备后，辛弃疾挑选了一个月色晦暗的夜晚，带上队伍向东平府进发。此时的辛弃疾全然没有了书生形象，而是全身戎装，身披软甲，骑一匹枣红色的高头大马，腰间悬挂长剑，在黑暗中威风凛凛，端坐在马背上。他的身后是两千多名斗志高昂的战士，虽然没有正规军的威武气势，却有着和金人拼死相搏的决心。在这支队伍中，有无法忍受金国苛捐杂税的农民，也有被金国军队洗劫一空的商贩，还有家中曾经有人被害于金人之手的普通百姓，他们听闻辛弃疾召集人马，全都聚集在这个年轻人的旗下。

半夜时分，队伍悄无声息地行走到泰山脚下，先行的斥候飞马而回，说是前方正有一股从前线流窜回来的金兵，正在村庄里骚扰百姓。辛弃疾闻讯，仔细地探听和估量了对手的实力，然后对下属们做出了战斗部署。

两千人马迅疾包围了村庄,初出茅庐的义军战士们摩拳擦掌,出其不意地闪现在金军面前。这一小股金军原本就是败兵,本想在村庄里补充军粮就走,没想到招来这样生猛的义军队伍,顿时吓得魂飞魄散,顷刻间一个个身首异处、命归黄泉。

战斗仅仅持续了三炷香的工夫,上百名金军就被歼灭殆尽。获救的村民们满脸惊恐地从破落的民居中一个个张望着走出来,看见是义军队伍,纷纷跪倒在路边,口中喃喃地念叨着感谢的话语。辛弃疾翻身下马,扶起村民,好言抚慰。看着战场打扫完毕,他便号令义军继续赶路。

数天之后,这支初生的义军终于来到了东平。

听说辛弃疾这样的世家子弟能够毁家兴兵,耿京自然对其相当敬重。当义军来到东平城外时,他早已得到探子的报知,带领着贾瑞等手下出城迎接。

辛弃疾看见对面大旗之上书写着"耿"字,绣着闪闪金边,知道这就是义军的统领。他连忙从马上一跃而下,耿京也热情地大步上前,端详了辛弃疾一番,给他坚实的胸膛上来了一拳,说:"小伙子,听说你还是个读书人,能带兵吗?"

辛弃疾笑了笑,拍了拍剑柄,说:"耿将军,实不相瞒,辛弃疾自幼习武,有这把剑在,寻常十来个人也是近不得身的。"

是夜,耿京在东平府中设宴,为辛弃疾一行接风洗尘。在宴会上,辛弃疾侃侃而谈,结合自己在燕京两次探访的经历,向耿京分析了天下大势的变动走向。耿京看他年纪虽然不大,却谈吐得体,见解不凡,俨然是军中不可多得的人才,于是当即宣布让辛弃疾担任东平节度使掌书记。

从担任掌书记开始,辛弃疾就经常跟随耿京,观察他如何管理义军上下的大小事务。辛弃疾发现,耿京性格直率,行事光明磊落,并没有太多城府,也不擅长用权术去御下。虽然他现在号令20万义军,却始终能和下属平等相处。虽然如此,但义军中的成员来自五湖四海,不同阶层的人都相互掺杂,再加上常年面对金兵流动作战,难免某些人会做出违纪的事情。辛弃疾担忧,这样很可能导致义军出现隐患。

于是，他向耿京进谏：义军应该严明军纪，整肃队伍，如若现在治军不严，将来很可能被金军趁乱分化而各个击破。没想到想法一出，竟然与耿京所想不谋而合。

第二日，耿京便命辛弃疾和义军其他几个主要将领共同商议规章纪律，开始做从严治军的准备。数日后，辛弃疾和贾瑞等人将拟就的义军律令交由耿京签发，然后盖上东平府节度使大印，张贴在义军每一处营地门口。不久后，在义军内部，就有人检举出了几个屡教不改、违反军纪、骚扰百姓的将领，耿京下令就地处斩，以此来安定人心。这几个害群之马被处决之后，一时间民众更加拥护义军，义军自身也更加团结稳定。到这时，耿京才明白，自己向来治理军队是过于宽厚而威严不足，对辛弃疾也更增添了信赖之心。

一日，耿京正在府中和众人商议军情。有将领报告说，济南府附近有一支义军，最近声势不小，据说已经积聚了上千人，为首的是个名叫义端的和尚，最近在泰山脚下游动作战，奋力抗金。

辛弃疾听完报告，兴奋地对耿京说："都护，这位义端师父，我曾经与他交往过。当年我和几个少年朋友一同攀登泰山，回来时恰逢天气突变，在龙兴寺避雨，认识了这个年纪相仿的和尚。我和他谈了一番，倒也是个胸有志气、颇通兵法的人。此后我们虽没有深交，但当今形势下，如果我能把他劝来相投，也能为我军增添一分力量。"

耿京说："如此当然好，只是你要多注意安全，快去快回。"

第二天，义端和辛弃疾便带领部队并驾齐驱，直奔东平府。耿京没想到，辛弃疾去的时候是一个人，回来的时候真的能带回上千人马。不禁喜出望外，立刻宣布任命义端为右军副将，继续率领原来的人马，并拨给应需的钱粮兵器。

然而，辛弃疾却对义端多有担心，当时规劝的短短接触已经让他发现此人心胸狭窄且贪图权力富贵，但义军此时的确需要壮大，哪怕为义军带来一兵一卒，也是对抗金实力的补充，碍于此，他只能暂且相信了义端。事后证明，辛弃疾的担心并非没有道理。

从归附耿京之后，义端一开始还能做到遵守规矩，但时日一长，他的本性就开始暴露。他经常在下属面前口出怨言，说到了这里受人辖制难得自由，想要把队伍拉走。只是他原来的部下们都受到了耿京的感召，无一人附和。

最终，义端竟然铤而走险，决定只身投奔金人。

一天夜里，义端趁着辛弃疾陪同耿京外出，潜入府衙，偷走了义军东平节度使的大印，打算带着大印连夜逃窜。刚到黎明，义军士兵们发现情况有异，立刻飞马直报耿京。听闻这个消息，耿京气愤不已，叫来辛弃疾，骂道："义端他现在偷走了我的大印，将来我们这支队伍如何号令？"

辛弃疾知道，自己是掌书记，无论有何种理由，大印丢失，自己都脱不了干系，于是，他毫不犹豫地说道："节度使，义端叛逃，我肯定难辞其咎，请您给我一匹快马，再给我三天时间，我一定将义端捉拿回来。如若不然，就请军法处置！"

耿京发完火，怒气稍减，想了想，也只有如此。辛弃疾便飞身上马，向义端逃跑的方向直追而去。

看着辛弃疾的背影，义军将领们议论纷纷，左军副将张安国一向对受到重用的辛弃疾有所忌恨，这时连忙故作担忧地说道："辛弃疾做掌书记，怎么能让义端偷走大印？我想，他俩必然是早有预谋，只怕这一次，辛弃疾是不会再回来了……"

耿京听见这话，用凌厉的眼神扫了扫张安国，吓得他马上住了嘴，缩回了人群。

此时的辛弃疾，无暇担心别人如何评议他，他一路快马加鞭沿西追向金军营地。一想到这个可耻的叛徒居然辜负自己的信任，背叛了义军战友，辛弃疾就非常气愤。

辛弃疾一口气追出了40多里，虽然他自己不愿停下，但胯下快马显然需要休息了，他只好松下缰绳，下马来到路边一家旅店。

旅店老板见有生意来，笑容可掬地走出来，张罗着给辛弃疾端来茶水，又将马带入马厩喂草饮水。

辛弃疾大口饮完茶水，推开老板递来的毛巾，说："店东，昨晚可曾见这里来过一个僧人模样的武夫？"

老板眼珠转了转，说："昨天半夜，的确有个魁梧的和尚，满脸胡须，前来投店，今天早晨便走了。"

"什么！"辛弃疾立刻站起身来，抛给老板一小块碎银，说，"赶快将店中最快的马借我使用！"

老板看辛弃疾满脸杀气，不敢不从，马上牵出来自己最喜欢的快马。

辛弃疾二话不说，纵身上马，又向前追了大约20里，发现义端正不紧不慢地向前赶路。一看就知道，这奸贼已从最初逃跑时的惊慌失措中缓过劲儿来，觉得现在远离了耿京义军的范围，心情大好。

一见义端，辛弃疾怒向胆边生，纵马向前，大喝道："奸贼！你要往哪里去？！"

这一喝，差点将义端吓落马下。他回头一看，辛弃疾已经近在咫尺，还没等到他惊呼出口，对方已经一掌将他推下马去。

义端重重落在马下，顾不得疼痛，连滚带爬地想要起身逃跑。辛弃疾早已跳下马来，一把将他提了起来，将闪着寒光的宝剑架在他的脖子上说："义端！让你死得明白！我拿你当作抗金义士，推荐你加入耿将军的队伍，没想到你不仅不抗金，还要偷走大印去投奔金贼。其心不容，其罪当诛！"

义端此时吓得浑身发抖，连声叫着饶命，又说："我知道，你肯定是天上的青牛星转世，力气大得能杀人。只求你看在我们是多年相识的份儿上，饶我一命！"

辛弃疾冷笑一声，手起剑落，但见义端头颅落地，一命归西。

手除奸贼，辛弃疾才舒了口气。他擦了擦汗，撕下义端尸体上的外衣，将首级上的血迹擦净，包裹起来，系在自己的马头前。然后他又小心地将义端藏在身上的节度使大印翻了出来，背在自己身上。收拾已毕，他快马加鞭，返回了东平府。

此时，离辛弃疾离开东平府，才刚刚过去一天一夜。

辛弃疾将首级和大印呈给耿京之后，义军诸人这才明白，原来先前是错怪了这个年轻人，不由得更加敬重他的言出必行、勇猛过人。自此，辛弃疾在义军中的威望愈加高涨，耿京对他也是信任有加。

第三节 / 入政坛且贪欢笑

归附朝廷,意味着从此结束了能够按照自己的意志抗金斗争的生涯,
也意味着和那种血与火的战斗时代说再见了。

（一）

很快,辛弃疾在义军中就快待满一年了。这一年的年底,采石矶之战胜利、完颜亮毙命等消息陆续传来,让义军上下无比兴奋,但忧患依然摆在眼前:大宋朝廷始终没有北伐的任何动向,金国自完颜雍上台后,将军事和政治手段结合起来,对中原、山东的义军软硬兼施,重在分化瓦解,很多义军已经放下了刀枪,重新成为金国的顺民。此时,耿京的义军因为声势浩大而被金人看作最大障碍,并发下赦免诏书,说义军将士只要解甲归田就一概无罪,单单只是通缉耿京等几个将领。最为关键的是,南宋朝廷似乎根本没有帮助义军的意思,这样下去,义军的生路堪忧。

这也是辛弃疾最为担心的,为了寻求长久之计,辛弃疾、贾瑞等人主张向南发展,先归附大宋朝廷,保存实力,以图将来东山再起。就这样,宋高宗绍兴三十一年(1161年)十二月,耿京派辛弃疾和贾瑞一行人从东平府起程,向南而行。同行者还包括统制官刘震、右军副总管刘弇等11人,这一支小小的队伍,全副武装,跨上良马,朝东南方向进发。

辛弃疾和贾瑞在出发之前就商量好了南下路线,他们从山东向南,来到

海州（今江苏连云港），再到楚州（今江苏淮安），再经过扬州（今江苏扬州），最后到达临安。

刚到海州，辛弃疾他们就收获了个好消息——占领海州的义军将领魏胜说，皇帝已经决定，要到建康（今江苏南京）视师劳军。这样，辛弃疾他们就可以直接去建康面见圣上了。

等到了楚州，淮南转运副使杨抗迎接了他们，又提到主战派的将领张浚已经被朝廷起用，担任了建康留守，看起来朝廷似乎真的要出师北伐。

辛弃疾他们日夜兼程，马不停蹄，终于在第二年的正月十八日到达了建康府。

皇帝赵构听说山东有义军前来归顺，高兴不已，即日接见了一行人，听完了辛弃疾的汇报，对他们赞许有加。第二天，诏书就传了下来，命耿京担任天平军节度使、知东平府，节制京东、河北诸路义军兵马；贾瑞为敦武郎；辛弃疾为右承务郎、天平军节度掌书记；其他跟随来的人都封了修武郎或是成忠郎。除此之外，枢密院里还派出两名使臣，专门带上诰命、符节，跟随他们重新返回东平府。

既然完成了使命，辛弃疾他们无心在建康城久留，打算尽快回到东平府。枢密院的那两名使者，一路上畏畏缩缩、胆小如鼠。他们不敢和辛弃疾他们一起走在前面，又不愿意落在后面，始终都钻在队伍中间行走。辛弃疾看着他们，只是撇嘴一笑，和贾瑞对视一眼，心照不宣。

好不容易走到海州，两名使者再也不愿意前行了，说前面是金人的地界，朝廷命官怎么能轻易送死。他们推说身体不适，无法前行，将事情交付给辛弃疾和贾瑞，要求他们去见耿京，然后一起再到海州来接受官诰和符节。这个计划让辛弃疾和贾瑞实在无法认同，但他们也只能接受。连正在海州安排军事的京东招讨使李宝也看不过去，专门派出统制王世隆带上十几个骑兵护送他们一路继续北上。

队伍走到了离东平府20来里的地方，贾瑞派出统制官刘震、左军统领官刘伯达，让他们去东平府先行通报。没想到，两个时辰后，两人飞马奔回，滚下马鞍，号啕大哭。

他们带来的消息，不亚于晴天霹雳。

原来，一个月前，不愿南归的张安国等人经过密谋，发动叛变，杀害了耿京。耿京是义军团结的旗帜，他一死，大军迅速分裂，将领们有的投降金国，有的解散了部队，有的则干脆离开部队带着金银珠宝溜回了家乡。这样，不到一个月，原来声势浩大的25万义军灰飞烟灭、星散殆尽，连东平府也都沦落到金人的手中。至于那个卖主求荣的张安国，则因投降金人而被任命为济州（今山东济宁）知州。

听到这个噩耗，辛弃疾等人悲痛万分，随行的王世隆等将士们也都一起下马，痛哭拜祭。

辛弃疾最先收住泪水说道："我们奉的是耿都护的军令南下，向朝廷请命归附，没想到会发生这样的不幸。耿都护待我等皆如亲生兄弟，张贼竟有心叛他，我非要将他食肉寝皮不可！"

贾瑞想了想，觉得辛弃疾此时正在气头上，担心他鲁莽行事，便提议返回海州，和宋军大将李宝、魏胜商量以后再想对策。

大家回到海州，辛弃疾向李宝报告了耿京遇害的噩耗，李宝勃然大怒，拍案而起，发誓要杀了张安国为耿京报仇。当他听说张安国在山东济州担任知府时，马上下令王世隆和部将马全福准备率领部队攻打济州，抓获叛贼。

辛弃疾进谏说："李将军，济州城防坚固，易守难攻，那张贼又初投新主，根基未稳，决然容不得我等破坏，所以此事只能智取，不适合强攻。何况强攻动静太大，容易打草惊蛇，反而会让张贼闻风逃窜。"

李宝问："那么，你觉得应该如何呢？"

辛弃疾说："如果将军相信我，我只需要数十骑兵，就能进入济州，生擒张安国。"

李宝颔首，说："好，那便让王世隆和马全福也辛苦走一趟。"

第二天一早，李宝、魏胜和贾瑞将辛弃疾送出海州城门。李宝一再叮咛："济州城现在有五万多守军，虽然其中金兵不多，但还是要多加小心。到了那里,随机应变,能生擒最好,生擒不了,也千万不要冒险。"

辛弃疾流下眼泪,说道:"李将军,耿都护对我情同兄弟,张安国杀我兄长,我与他不共戴天。这一次虽然胜负难料,但我必要擒获此贼,告慰耿都护在天之灵!"

李宝曾是岳家军的一员,他端详着眼前的辛弃疾,似乎看到了当年在岳家军中身先士卒的自己,良久,才紧紧握住辛弃疾的双手,祝他马到成功。

在寒冷的朔风中,50余人一路日行夜宿,终于来到了山东济州附近。在离济州城还有50里的地方,辛弃疾留下五名骑兵,让他们留在路边作为接应。又走了五里地,接着留下了五名骑兵……这样,每过五里路,辛弃疾就安排下五名骑兵,作为接应。

到了黄昏时分,辛弃疾和王世隆、马全福三人已经来到了济州东门。

此时已经是门禁时分,守门哨兵看见有人前来,立刻紧张地呼喝道:"城下何人?来济州什么事情?"

辛弃疾不慌不忙地说:"我等是知府张大人旧时的老友,今日前来投奔,你速速去通报,张大人自然会重重赏你。"说着,他递过去一块银子。那士兵接了银子,面露喜色,一溜烟似的进去通报。

张安国此时正在和部下痛饮,自从当了金国的知府,他几乎每天都要举行宴饮,庆祝自己升官发财。大厅中烟雾缭绕,杯盘狼藉,部将们和几个金人将领在猜拳喝酒,大喊大叫。

听哨兵通报说辛弃疾和王世隆前来拜访,张安国酒醒了一半。他问清来人的数量,不禁哈哈大笑,对身旁人说:"这些不成器的小厮,现在没有大树可以依靠,就来投奔我了!"

说着,张安国整了整衣衫,说:"带他们进来。"

很快,辛弃疾和王世隆在哨兵的引导下,大摇大摆地走了进来。整个宴会厅里的喧闹声小了下来,醉眼惺忪的部将们一个个抬起头,观察着这新来的两个人。

辛弃疾走到张安国面前,拱手说道:"安国兄,才一个多月不见,想不到如此发达了！"

张安国本以为辛弃疾他们只来了三个人，应当是来苦苦哀求自己谋求官位的，却没想到竟是如此傲慢。他警觉起来，死死盯着辛弃疾说："你……你……什么意思？"

辛弃疾并不答话，鼻子里哼了一声，突然"噌"的一声抽出宝剑，一把提起身形瘦小的张安国，将宝剑架上了他的脖子。一旁的王世隆也提刀护在身前。

辛弃疾喊道："今天我们兄弟有些琐事，想要请张知府出城商量，和他人无关，如果有人敢动一动，大金的张知府就要命归黄泉了！"

在场的金人和张安国的手下，本来就已经醉得东倒西歪，现在看到辛弃疾挟持着张安国，更是不知该如何是好。张安国凄厉地叫道："你们谁也别动，你们谁也别动……"

一时间，整个大厅死一般地寂静，只能听见门外呼呼的寒风声。

（二）

短暂的静默过后，大厅里面的人还没反应过来，辛弃疾和王世隆就架着张安国冲出府衙，飞身上马。张安国此时已经吓得魂不附体，辛弃疾将他一把挟起来，横在马上，然后扬鞭催马向前。王世隆则乘马在后紧紧跟随。两匹马冲到门前，辛弃疾高喊道："知府醉了，我们送他出城！"士兵们不敢阻挡，眼睁睁看着两人将张安国带出城外。马全福立刻迎上前去，拈弓搭箭，防止金兵随后赶来。

这三人纵马而去，行出三里，原本布下的三名骑兵迅速跟上。50里处，50名骑兵已经全部集中。辛弃疾遥望背后，估计济州城已经派出了追兵，他轻蔑地一笑，说："让他们来追吧，张安国已经是我们的了。"

王世隆哈哈大笑，50多人放马奔驰，将济州的救兵远远甩在了身后。其实，金人并没有打算怎样追赶，张安国在他们的眼中，无非是个失去了作用的投降者而已。

这一年，辛弃疾刚刚 22 岁。

宋高宗绍兴三十二年（1162 年）的春天，生擒叛徒张安国后，他们很快又从海州出发，将张安国押解奔赴南宋的都城临安（今浙江杭州）。

为了让朝廷更加清楚事情的经过，李宝特意将辛弃疾他们智擒张安国的经过如实写入奏章，让王世隆随身带到临安，面呈皇上。第二日，张安国被斩首示众。

很快，辛弃疾的事迹被街巷中的百姓传得愈来愈奇特。有人说，他本来就是天神下凡来辅佐大宋的，也有人说他是青牛星转世，还有人说他让皇上为之感动而叹息不止。这些传言鼓舞了南宋军民的士气，让原本怯懦的人也振作起来，让原本勇敢的人更加愿意引为知己。

在这样的舆论下，朝廷下诏书，任命辛弃疾做江阴签判，可以即日离开临安上任。其实，江阴签判也只是个州府的助理，官职并不大，这背后的原因，自然和辛弃疾作为"归正人"的背景有关——在南宋朝廷来看，"归正人"无论如何都是不能轻易信任的。

辛弃疾自己却并没有计较官职的大小，相反，从回归南宋到被任命为江阴签判，辛弃疾心潮起伏。他常常梦见自己还在泰山脚下过着戎马倥偬的战斗生涯，也常常设想将来有一天能够再次跨上战马带领王师重新返回山东。这样的情绪将影响辛弃疾的一生，直到晚年，还在自己的词作中对这段生涯有着细致的回忆描写。

在《鹧鸪天·有客慨然谈功名因追念少年时事戏作》中，他这样写道："壮岁旌旗拥万夫，锦襜突骑渡江初。燕兵夜娖银胡䩮，汉箭朝飞金仆姑。"

另一首词《破阵子·为陈同甫赋壮词以寄之》中，文字同样激情壮阔："醉里挑灯看剑，梦回吹角连营。八百里分麾下炙，五十弦翻塞外声。沙场秋点兵。"

这两首词传神地描绘出辛弃疾当年在战场上纵横驰骋的本色，即使今天读起来，依然令人动容。

然而，归附朝廷，意味着从此结束了能够按照自己的意志抗金斗争的生涯，也意味着和那种血与火的战斗时代说再见了。正当辛弃疾初入政坛，准备摩拳擦掌、大干一番的时候，临安传来了消息——皇帝宣布退位了。

完颜亮南征失败之后，在军民要求积极抗金、收复失地的强烈呼声中，宋高宗赵构难以安定。他想来想去，觉得自己只有采取退位的方法，才能真正安心地颐养天年，因此，他选择在其统治的绍兴三十二年（1162年）六月下诏禅位，由太子赵昚继任皇位。

赵昚能够成为皇位的继任者，有着很大的偶然性。他是宋太祖的七世皇孙，父亲是秀安僖王赵子偁，祖上则是大名鼎鼎的"贤王"赵德芳。宋高宗建炎元年（1127年），赵昚出生在秀州（今浙江嘉兴）。宋高宗建炎三年（1129年），南宋都统制苗傅、刘正彦发动了宫廷政变，逼迫赵构让位，而当时的皇太子也因此受到惊吓而夭折，赵构本人甚至被吓得失去了生育能力。

作为堂堂大宋的皇帝，居然没有合法继承人，赵构心焦不已。更让他焦虑的是，民间此时产生了一种诡异的说法：汴京被金军攻陷后，金军统帅斡离不将皇室子孙掳掠到北方。而这个斡离不，长相酷似宋太祖。这种说法不能不让人想到，当年宋太祖卧病，正是宋太宗一夜侍奉后暴毙，烛影斧声的嫌疑成了宋代最大的谜团。

赵构不敢多想，但他开始考虑，是不是要在太祖的后代中选择继承人，从而结束这段因果报应，保住自己的皇位，也保住大宋现有的半壁江山。

大臣们摸清了赵构的想法，纷纷开始建言上表，想要尽早促成皇位继承人的决定。右仆射范宗尹、同知枢密院事李回、参知政事张守纷纷建议高宗赵构尽早下定决心，连地方官员上虞丞娄寅亮也斗胆写了奏章，说太祖的陵墓寂寥无闻，仅仅和百姓相同。这让赵构感慨良久，于是下定了决心。

此后不久，在宋高宗绍兴二年（1132年），赵昚就被选入皇宫中养育，10

年后被封为郡王。到了宋高宗绍兴三十二（1162年）年五月，他被立为皇太子，六月即位成为皇帝，史称宋孝宗。

赵昚从入宫到即位，整整经历了30年的时间。在这30年内，他知道自己面对的是多疑的赵构，因此总是战战兢兢、如履薄冰，生怕引起赵构的半点怀疑。尽管他在各个方面都谨慎甚至是迎合赵构，但在对金的和战方面，却总是坚定地表现出自己的立场——北伐。

正因为如此，赵昚在当皇子时就经常练习骑马射箭，在练兵场上来回驰骋而乐此不疲。他平时带有一根出入所用的手杖，由纯铁铸成，重80多斤，两个小黄门都抬不动，赵昚却能只手拿着赏玩。

这样和赵构截然相反的皇帝，正是辛弃疾等主战派所梦寐以求的。赵昚即位之后，就迅速起用了胡铨、辛次膺、王十鹏、陈俊卿等主战派官员，还为岳飞平了反，同时他任命老将张浚为江淮宣抚使，授命他指挥江淮军队。

宋孝宗隆兴元年（1163年）正月，在江阴担任签判的辛弃疾，于春天的气息中得知了这样的好消息——张浚担任枢密使、都督江淮东西路军马，在建康城开府。这个消息让辛弃疾激动不已，虽然每天要端坐于府衙中办公，但他的心思早就飞到了张浚的部队中，热烈盼望着自己有朝一日能够被征调去北伐。

但是，征调命令迟迟没有下来，他听到的却是另一个消息：在重用张浚的同时，宋孝宗赵昚又将主和派重要人物史浩任命为尚书右仆射、平章事兼枢密使。辛弃疾一开始并不理解，后猛然醒悟，臣下之间相互制衡，是历来皇帝驾驭人才的重要权术。尤其是宋朝以来，皇帝担心军阀林立，更是有意约束将领的权力。所谓内外相互制衡，这样就能让文臣和武将互相牵制，任何一方都不敢产生异心。

辛弃疾想到这里，骤然感到一丝担忧。他为朝廷担忧，也为张浚担忧。然而，身为小小的签判，辛弃疾也无可奈何，只能每天闷闷不乐地坐在衙门中处理着手头的杂务，盼望着从前线传来消息。

消息很快就传来了，当年三月，金左副元帅纥石烈志宁派人向南宋朝廷要求割让海州（今江苏连云港）、泗州（今江苏盱眙）、唐州（今属河北，一说为河南唐河）、邓州（今河南邓州市）和商州（今山西商县）等城池，并要求南宋缴纳岁币，否则就要进兵两淮。张浚对此当然采取强硬态度，调动军队驻扎在盱眙、泗州、濠州（今安徽凤阳）、庐州（今安徽合肥）等前线地区。看到张浚如此应对，金国方面也调兵遣将准备向南进攻。这样，宋金双方的形势再次紧张起来，战争即将爆发。

当年四月，张浚积极要求赵昚能够来建康巡幸，从而鼓舞前线将士的士气。这个消息传到辛弃疾耳中，他异常兴奋，觉得自己终于有可能看到这位传说中励精图治、积极谋求恢复的新皇了。没想到，朝廷传来的消息是，主和派首领史浩在赵昚面前坚决反对巡幸的建议，最终张浚的建议没有得到采纳。

不过，作为一种平衡的方法，赵昚授意张浚说，他可以不需要同史浩再进行争论，也并不需要通过朝廷内的中书、门下和尚书三省，甚至不需要通过最高行政机构枢密院，而是可以自己选择机会调兵遣将，直接北伐。

这个命令大大鼓舞了张浚，他火速赶到扬州，下令各路军马开始北伐。

接到这个消息，原本有点失望的辛弃疾异常激动，积极地参与进为北伐军队准备粮草、运送军马的政务中。很快，一条条战报传来：淮东招抚使李显忠，从濠州出兵，进攻灵璧；淮东招抚副使邵宏渊，从泗州出兵，进军虹县。这两路军马一路势如破竹，分别攻取了目标，并合力攻下了宿州（今安徽宿县南），等于打开了进军中原的门户。

这次北伐看似顺利的开始，却隐藏着分裂的祸端。

攻克宿州之后，宋孝宗论功行赏。李显忠进开府仪同三司、淮南京畿京东河北招讨使，而邵宏渊则只是进检校少保、宁远军节度使和招讨副使。邵宏渊对这样的结果并不满意，开始忌恨军事指挥才能杰出的李显忠。

其实，两人之间的矛盾从军临宿州城下就开始了。当时，金人出兵迎战，李显忠身先士卒，击败金军，追击了20多里，而直到这时才缓缓来到战场的邵宏渊却不以为意，还故意语带讥讽地说："招抚将军，您可真是关西将军啊。"等到宿州城被夺下之后，邵宏渊提议，打开仓库，将里面的金银财宝全都赏给士兵，但恪守原则的李显忠没有同意，只是给每个士卒发放300文钱作为奖励，而将其他财宝封存打算上交朝廷。邵宏渊抓住机会，趁机挑拨煽动。兵卒皆是百战余生之辈，战后只想多得赏赐，却被邵宏渊撩拨得气急败坏，纷纷将铜钱扔到水沟里，声称不愿再打仗卖命了。

邵宏渊此举虽出于私心，却惹下了大祸根：宋朝向来实行文官经武，军中兵不识将。一旦主将文官出现矛盾，兵士们动摇几下就能闹成剧变。辛弃疾对此心知肚明，他原本为战事顺利而高兴不已，但当李、邵二人不和的事情传到江阴，他又莫名地担心起来——他早已在义军中亲眼见到一支队伍团结起来是何等不易，而分裂又是何等地令人心痛。

很快，辛弃疾的预感变成现实。

正当邵宏渊挑动部下的不满时，金军主帅纥石烈志宁从淮阳出兵，前来进攻宿州。邵宏渊远远望风而逃，李显忠却出城将敌人击退。然而，更多的金军蜂拥而至，李显忠苦战不能退。他下令让邵宏渊出城合击敌军，邵宏渊却坐在城楼上对下属说："现在正是酷暑，我就是坐在这里乘凉，还要一直扇扇子，怎么能去披着盔甲作战？"

看到主将如此，宋军军心更加动摇。

到了夜间，宋军统制周宏故意击鼓大叫逃命，与邵宏渊的儿子邵世雄等人弃军逃跑。接下来，宋军的其他将领也纷纷退兵，整个宿州城乱作一团。这样，李显忠在城外力不能支，虽然斩首敌军两千余，但终究难以独立抵挡金兵。他悲愤地说："假如我军可以努力配合，做到内外夹攻，就是擒获敌军主帅也有可能。看来，这是天意让我们无法恢复中原啊！"最终，他也只能放弃守城，突围而去。

金军夺下宿州，并乘机追击宋军到符离。宋军13万大军几乎全部溃散，辎重、粮食、兵器、盔甲，一夜间丧失殆尽。张浚主持的北伐，最终以全面崩溃而告终。

张浚得知前线的败讯，立刻返回扬州。他向皇帝上疏请罪，请求自己能够辞官退休，并建议朝廷能够派出使节求和。赵昚非常生气，不愿意求和，并表示愿意继续信任张浚。张浚受到这样的鼓舞，于是重新振作，在前线布置好防守，加强两淮防务，希冀阻止金人的南下。

然而，主和派此时抓住了机会，他们强烈要求和金人议和停止战争。为了平息主和派的吵闹，赵昚最后只好将张浚降至江淮东西路宣抚使，将负有战败责任的李显忠、邵宏渊两人贬职远方。同时重新起用秦桧一派的汤思退作为尚书右仆射、平章事兼枢密使，并且降下诏书，准备议和。这样的人事更迭，让主战派感到心寒。一时间，朝廷中的主战派纷纷请辞，"和平"的空气笼罩在临安城，甚至连退位而不问朝政的高宗赵构也罕见地表态，要求张浚不许对金人"轻举妄动"。

很快，辛弃疾得到了一个让他绝望的消息：皇上支撑不住了。

在身边主和派掀起的浪潮中，赵昚表示，愿意遣使求和，但他给求和加了条件，只能割让原先金国要求的四个州城，岁币也可以缴，但是名分、交还"归正人"的条件，不能答应。

到了宋孝宗隆兴二年（1164年）的二月，赵昚再一次下诏书告知张浚，让他巡视江淮。汤思退唯恐和议无法成立，便要求主和派报告军情，说是前线兵力缺少，粮食匮乏，无法作战。结果，赵昚重新犹豫不决起来。不久之后，他将张浚召回朝中，罢免了他的江淮都督府和宰相的职务，让他去福州当地方官员。当年八月，愤懑的张浚在去往福州赴任的道路上不幸病逝。

张浚一死，汤思退主张的和议很快就达成了，他自鸣得意，命令边防停止修建工事，解散了边防力量。结果，金国的都元帅仆散忠义趁机渡过淮河，连续攻陷了滁州、濠州、楚州。消息传来，南宋朝野上下一片惊骇，汤思退成为万人指责的对象，赵昚趁机免去了他的职务，而他也在惊惧中很快死去。

到了这一年的年底，辛弃疾终于得到了他最不愿意面对的消息——赵昚派出使节前往金国中都,签订和议,是为"隆兴和议"。

"隆兴和议"规定:宋朝皇帝要向大金称侄;每年缴纳岁币银绢20万两匹;割海州、泗州、唐州、邓州和商洛等地;宋金边界东起淮河,西到大散关。

辛弃疾此时虽然沮丧,却还没有彻底丢掉反攻金国的期待。但让他后来无法相信的是,这一次和议的签订,标志着宋金之间的实力达到了平衡,都需要稳定的环境来维持自身的统治和发展。这一次和议所持续的时间,将是漫长的40多年。此后,赵昚将会逐渐磨灭掉原来那恢复中原的热情,并沉醉在歌舞升平之中。到了隆兴和议之后的第25个年头,这个堪称南宋一代最有天资、最愿意有所作为的皇帝,也效法高宗赵构,将皇位禅让给太子,并在他养老的重华宫中彻底忘记曾有过的壮烈志向,度过了生命的最后时光。

第四节 / 志难酬生路多艰

> 有时候惊醒酣睡的人,
> 只需在最美妙的梦境中插入一段现实。

一

几乎在隆兴和议达成的同时,辛弃疾离开了江阴。这一年,正是宋孝宗隆兴二年(1164年),辛弃疾25岁。

由于在江阴签判的职位上工作尽心尽力,治下百姓和上官都对辛弃疾赞不绝口,因此,在这一年的冬天,得到上司赏识的辛弃疾被任命到广德(今安徽广德县)军中做通判。通判比起签判要高一些,但仍是州府行政长官的副职。

在广德为官时,辛弃疾逐渐感到了一丝寂寞。他发现,自己在南方虽然被许多人知道,但身边却并没有多少真正的朋友。于是,除了在广德公干的日子,每当闲暇时,他便会去自己南归初时、准备面见皇上而曾经寓居过的京口(今江苏镇江),在那里游历、休憩。这也是因为京口不仅有着他喜爱的人文风景,还有着他认识的山东老乡周信道。有这样的友人,辛弃疾才觉得在京口有自己的"根"。京口或许是个福地,在此他还偶然遇到了镇江通判范邦彦。范邦彦欣赏其人,将自己的女儿范如兰许配给了他。

范如兰温婉贤淑,正是良配。重新获得了家庭的温暖,辛弃疾开始有足够的时间和心境来整理自己多年来对宋金形势的想法,很快,他写下了名声显著的论文——《美芹十论》。

《美芹十论》,十篇文章,共17000字。辛弃疾在其中全面阐述了自己对于当下宋、金形势的见解,从政治、经济、军事和民心等方向,具体而深刻地分析出了金国的弊端,系统地提出了自己的建议。因此,这10篇文章实际上是对完颜亮南侵、张浚北伐这两次重大战役所做出的总结,包含辛弃疾的政治见解。

辛弃疾盼望着自己这十篇文章能够像当年王安石的万言书那样,受到皇帝的欣赏,从而得到施展才华的空间。带着这样的盼望,他将万言书装入简牍,打算第二天就通过快马送往临安,然后交到皇帝手中。让辛弃疾失望的是,从《美芹十论》送出之后起,他就再也没有听到朝廷对这篇万言书的任何观点,甚至连赵昚是否看到这篇奏章都不得而知。

辛弃疾在广德军等待了足足四年。这四年之间,他最早是每天盼望着从临安传来消息,这些消息或者是皇上愿意召见他询问具体想法,或者是执政大臣愿意起用他来施展才能,然而,这样的期待,终于变成满腔的失望愤懑。伴随着每天早起晚归的平淡公务生涯,辛弃疾感到胸中始终有团火在熊熊燃烧,但却看不到燃烧的火苗能照亮自己身边任何一处角落。

四年之后,宋孝宗乾道四年(1168年),辛弃疾已经29岁了。他等来的不是设想的一切,而是一纸调令,让他从广德军通判调到建康府担任通判。

建康从前朝就为天下所公认的六朝古都,也是本朝的行宫。建康城江山形胜、龙盘虎踞、形势险要。建康本地的最高行政长官是行宫留守史致道,他早就听闻过辛弃疾的才能,因此才力求朝廷将他调到自己手下。当时,同样在建康城围观的,还有淮西军马钱粮总领叶衡、江南东路计度转运副使赵彦端、江南东路转运判官韩元吉、通判严焕等人。辛弃疾来到这里,骤然发现视野比起广德军要开阔许多,而与周围人的交往也要比广德军更让人惬意,于是他和这些同僚们成为好友,经常相互交往。也就是从此时开始,辛弃疾心胸中的那团火似乎暂时被隐藏了,而为了忘记那团火焰,他重新捡拾起了自己少年时喜爱的词作。

因为词,未及而立之年、血气方刚的辛弃疾开始更加细心地发现那些原本并不引人注意的美景和美色。由于夫人如兰身体瘦弱,在她的劝说下,辛弃疾身边多了一位名唤卿卿的侍女。她不仅年轻貌美，还善解人意，能歌善文，将家庭照料得井井有条，对辛弃疾和夫人也服侍得无微不至，在公务闲暇之时，辛弃疾也经常带着她出城游玩，和同僚们宴饮、应和。

在建康，辛弃疾最常去的地方是下水门城上的赏心亭。登临此亭，可以上观金陵，下赏秦淮，因此从第一次登上赏心亭开始，辛弃疾就被这里的风采所吸引。每当夜幕降临，眼前的秦淮河上停泊着种种不同颜色的画舫，闪烁着亮闪闪的彩灯，传来一阵阵的喧哗笑语，几乎能让这里的人们忘记什么朝廷强弱、国家荣辱，忘记北方的天寒地冻、朔风阵阵。

如果换作年轻时，辛弃疾在祖父严格的家教下，是不会进入这样的社交场合的。自从来到南方后，他发现江南士大夫的社交习惯，确实和自己成长环境中的不一样，这里的士人喜欢游玩，重视享乐，喜欢美酒、美乐、美食，即使建康城中这些普通的官员们，也喜欢动辄到秦楼楚馆中举行宴会，在吟诗作赋的同时，还叫上歌姬舞女在旁捧场助兴。一开始，辛弃疾对这样的社交场合很不习惯，但独在异乡的寂寞，再加上同僚的影响，让他渐渐也能习惯于出入这些场合，更通过生活的享受填补了内心的惶恐和寂寞。

然而，这样的生活未能让他的壮志熄灭，很快，辛弃疾的生活就有了改变。

宋孝宗乾道六年（1170年），在建康留守叶衡的大力推荐下，31岁的辛弃疾终于得到了赵昚的重视。赵昚下诏，召辛弃疾立刻到临安，并加以召见。

消息传来，辛弃疾非常高兴，他立刻精心草拟了《论阻江为险须藉两淮疏》和《议练民兵守淮疏》两份奏疏，准备在召见时面呈皇上，并在心中默念了许多遍自己想要对皇帝恳切陈词的话语，甚至连自己的语调都反复地揣摩和分析。

然而，直到召见结束，辛弃疾才明白，自己的准备很大程度上是多余的。赵昚虽然召见自己，但自己甚至连皇帝的脸面也没看清楚。他高高地坐在龙椅上,声音不大,对自己似乎说了几句宽慰的话,然后就是由皇上的内侍宣布圣旨,辛弃疾谢恩!

这样的召见,与走过场并无区别。辛弃疾失望非常,但好在这一次进京面见皇上并非一无所得,辛弃疾的那两篇奏疏、应对时表现出的才能和经验,再加上他本人的名声,还是打动了孝宗皇帝。再加上虞允文对他的欣赏,辛弃疾被任命为司农寺主簿,短暂留在了临安城中任职。

能够在天子脚下为官,辛弃疾感到非常兴奋,并决定再次上书。他吸取了上次的教训,不再希冀于能够直接得到皇帝的持续关注,而是将上书目标对准了当朝宰相虞允文。

虞允文以文人带兵出名,在采石矶击败金兵,成为南宋主战派的旗帜。辛弃疾将满心期待灌注在他身上,将他看作领导未来军民北伐的最合适人选。然而,辛弃疾也听说,虞允文身边有着一帮挥之不去的主和派,他们每天叫嚣着认为北伐是"孤注一掷",是"为国生事",北伐的人不是爱国爱君,而是为了谋取个人的私利,于是这更促进了他上书的决心。

就这样,辛弃疾又写下了九篇文章,合称《九议》。

《九议》在结构上前有引论,后有结论,其基本内容和他曾经给皇上的《美芹十论》有所相似,但是其论点则更加集中,分析得更加透彻,论述更详尽。大体来说,在这九篇文章中,前三部分论述抗金北伐所面对的战略任务,中间三篇文章则指出了抗金北伐的战术方法,后面三部分则重点论述了抗金北伐应该采用哪些保障措施。

辛弃疾在写作《九议》时,对北伐的思考比起刚刚南归时已经更加成熟、更加全面和客观。因此,他所提出的建议更加具有针对性、更加切实可行。如果说《美芹十论》带有一些理想主义的色彩,那么,《九议》则显得不偏不倚,的确能够引发朝廷为之心动。

正因为如此,辛弃疾花费了将近月余的时间在这篇长文上。他细心地琢磨分析,并逐字逐句地修改,希望能让文章被同样是书香门第出身的虞允文看中。

可惜,命运无情,由于种种原因,虞允文并没有对辛弃疾的《九议》给出明确的答复。辛弃疾胸中那团热火,不得不再一次被扑灭。两年后,也就是宋孝宗乾道八年(1172年),33岁的辛弃疾在司农寺主簿上任期已满,被朝廷外放到滁州,他北伐抗金的壮志,也随之终结。

三

血气方刚的辛弃疾或许没有想到,人到中年的自己竟会沦为官场平衡的踏脚石。如果说滁州的调任让他在一定程度上实现了经营地方、施展才华的愿望,那么,之后在江淮两岸频繁的职务调动则让辛弃疾彻底对朝廷失去了信任与希望。

1172年,辛弃疾初到滁州,看到了民生凋敝,他以减免赋税、引入商贾、将库银借贷给百姓建屋等政策让滁州经济急速发展,并重新确定了滁州作为边境和前线的定位,自发组织当地农民建立军队。一时间,滁州洗去满面尘垢,再不见往日的萧条与黯淡。宋孝宗淳熙二年(1175年),有赖于宰相叶衡的推荐,辛弃疾奉旨离开了滁州,再次来到临安,担任仓部郎官一职。不久,随着叶衡又一次被罢相,辛弃疾也又一次离开了南宋的中心,去往江西任职。

江西此时土地矛盾频发。宋孝宗淳熙二年(1175),赖文政在湖北带领400多名茶贩起事,他们不断地转战于湖北、湖南和江西等地,获得了不少民众的支持。赖文政起事之后,南宋朝廷先后派出不同的官吏前去招安或围剿,但都没有获得成功。七月,茶商起义军进一步扩大。隆兴知府汪大猷被降职,去朝廷当了个集英殿修撰;江西兵马总管贾和仲的围剿部队也被茶商军所摆脱,结果他被朝廷除名,送贺州(今广西贺州市)编管(获罪官吏发配到边远城市,编入户籍受当地管理)。更讽刺的是,这一年六月,朝廷任命方师尹担任江西提刑,负责扑灭茶商军。但这个方大人听说起义军势头厉害,于是故意请起了病假,迟迟不愿意动身前去上任。朝廷没办法,只好安排其另外就任。这样,江西提刑这个职务,很快在当时的政坛被看作烫手的山芋。江西的官员,一旦围剿不力,就会被降职、调任,甚至被除名、编管,而茶商军又灵活机动,深入民间，获得当地不少人的支持，难以被击败，这样更让朝廷上下，几乎谈到江西就噤若寒蝉。

辛弃疾上任后，先以精兵策略重新梳理整顿军队，同时，辛弃疾又在湖南郴州和桂阳招募弓箭手，配合剿灭作战。之后，他又建立了一支年轻强壮的队伍，虽只有数十人，但在对茶商军的战斗中，还是发挥了重要作用。

有了上述积极的准备，对茶商军的征讨形势终于有所变化。

两个多月后，辛弃疾终于将赖文政逼入了绝路。在陈天麟的建议下，辛弃疾派人前往茶商军中招降。赖文政看连日来义军伤亡惨重，士兵受苦，心中也有降意。他带着残余部队下山之后，很快被辛弃疾囚禁。不久后，所有义军士兵都被江西官军收编，为首的赖文政等人则被辛弃疾下令处斩。

讨贼事已毕，辛弃疾在江西提刑的为官生涯也就结束了。宋孝宗淳熙三年（1176年）冬天，他调任京西转运判官。宋孝宗淳熙四年（1177年）春，辛弃疾由京西漕差知江陵府兼湖北安抚使。辛弃疾在江陵不仅对盗贼用重刑，对下属官员也是严于管束，他曾因江陵的统制率逢原纵容下属在集市中闹事、打伤数名百姓一事上报朝廷，要求严加处理。朝廷的诏令很快下达：将纵容部下殴打百姓的率逢原降职为副将，而辛弃疾也迁为隆兴府知府兼江西安抚使。这道诏书很有各打五十大板的意思，让朝中不少人感到难以理解。其中，给事中程大昌专门上奏章，为辛弃疾鸣不平。赵昚给他的答复是，既然对率逢原降职了，辛弃疾也应该调职处罚，这样才算是真正的"公平合理"。

辛弃疾的脾气火爆，喜欢惩恶扬善，做事做人公正严明，虽然赢得了百姓和部下的喜爱，但同样也遭到政坛中其他人的忌恨，甚至这种忌恨直接影响到皇上对他的看法。宋孝宗淳熙五年（1178年）二月，他请求朝廷下令严禁在前线地区贩卖耕牛、战马等资源，更是让当地官员失去了商贩的"打点"，再一次得罪了当地政坛的集体力量。此事过后，江西政坛上下虽然看似平静，但内里却有一股股力量在运动，仅仅上任三个月不到，辛弃疾又一次接到调令，让他再去临安担任大理寺少卿。表面上看来，辛弃疾是受到了提拔，但他的内心却很清楚是怎么回事。

辛弃疾感到无助和伤悲。

在从江西又一次赴任临安的旅途上，辛弃疾平添了离愁别恨，写下了著名的《霜天晓角》一词。词曰：

吴头楚尾，一棹人千里。休说旧愁新恨，长亭树、今如此！
宦游吾倦矣！玉人留我醉。明日落花寒食，得且住、为佳耳。

虽然是词人，但辛弃疾从未在之前的生活中如此集中地于诗词里写自己的"愁"和"恨"。官场中防不胜防的斗争以及朝廷对他始终保持着"招之即来，挥之即去"的实用态度，都让他寒心不已。

果然，在大理少卿位置上没待多久，当年八月他又被派到湖北担任转运副使。到宋孝宗淳熙六年（1179年）的三月，辛弃疾则从湖北移到湖南，担任湖南转运副使。

从江西安抚使到大理寺少卿，再从大理寺少卿到湖北转运副使，再调任湖南转运副使。地方—中央—地方，短短一年光景，辛弃疾走马观灯似的在湘赣两地担任官职。如此际遇，市井天街的粗鄙蛮夫或许会觉得辛弃疾蒙受当今恩泽颇厚，在朝中似乎也有内力相助，否则绝不可能凭空转调各地，然而若揭开"恩宠"背后的真相，个中的苦涩与无奈，恐怕也只有辛弃疾本人能够体会。

那是数十年理想与现实激烈缠斗后的失落。

四

即便做了很大的准备，当车马驶入湖南地界时，强打精神的辛弃疾还是被眼前的一幕惊呆了。

湖南不比湖北，此处山多地少，人口稠密，除传统大姓豪族外，还生活着为数众多的少数民族。然而相比日渐凋敝的民生，湖南的民族、门户矛盾已然不值得一提——湖南的穷苦百姓，务农采桑会被地主豪强压榨，行商走街会遭奸商劣绅敲诈，即便那些平日里谨小慎微的百姓，也免不了受官府的骚扰，各种苛捐杂税不计其数。从最基本的人头税，到闻所未闻的补贴、差价，全部都要从湖南百姓身上索取，几乎到了敲骨吸髓的地步。底层人民最惧怕上层权势者们蛇鼠一窝，在湖南官府和豪强大姓的联合"围剿"下，湖南百姓已经走到了崩溃的边缘——胆小的四处借债缴税，被迫卖身为奴；胆大的连夜毁掉家宅逃亡外省；没志气的整日跪在官府门前乞求降税，遭毒打后自缢寻解；有志气的或逃入山林聚众起义，或遁入湖水做盗贼。曾经富甲天下的湘潭水乡，正逐渐成为人间炼狱。

湖南的百姓们大都是有志气的：孝宗改元乾道以来，湖南及周边已经陆续爆发了至少五次民变，前后长达 15 年。若是再算上太上皇赵构在位时，起于洞庭湖的钟相、杨幺义军，湖南的情况就不只是"民变"那般简单了——连韩世忠、张浚都难以降服的杨幺，直到人心尽失，才被岳元帅勉强斩杀，而现下的湖南，已经有更多的民变首领已经具备了钟相、杨幺的气质。

刚就任潭州（长沙）的时候，就有不少湖南百姓硬闯转运司衙门，只为见到爱民如子、疾恶如仇的辛帅，衙门口的皂役们拦都拦不住。

他们求见辛弃疾的目的也出奇地一致：喊冤。

与其说是喊冤，倒不如说是告状：告豪门大姓的状，告剿匪官军的状，告收税胥吏的状，告主政官员的状。

多次微服探访后，辛弃疾发现实际情况甚至比那些来喊冤的百姓形容得还要糟糕。整个湘潭大地，到处都是匪寇，到处都是官军，到处都是荒芜的田地和无家可归的贫民，可是那些高高在上的大人和老爷们，仍旧像水蛭一样，压在百姓身上吸取血液，丝毫不理会民生之多艰，这种泯灭人性的行为，是辛弃疾不能够容忍的。

几个日夜后，一封辛弃疾落款署名、直接呈递当朝皇帝赵眘的奏章，被转运司衙门最快的健马驮着，星夜兼程飞赴临安。辛弃疾斜站在门口，望着消失在晨雾中的仆役，久久不愿回府。那是一纸寄托了他所有愤怒和希望的文字，他太担心它会像《美芹十论》和《九议》那般石沉大海了。

两个月后，仆役油泥裹面地回到府中，言称京官已将奏章送入宫中，所以才打发他回来。

此后的炎炎夏日里，湖南转运衙门没有收到来自临安的任何消息。

秋日沓至，潭州城依旧酷热难耐。就在辛弃疾自己都不再对奏章抱什么幻想的时候，临安的宣奏官却大张旗鼓地开进了潭州城。与他们一同到来的，是由皇帝御示吏部署理进辛弃疾为湖南安抚使、兼任潭州知州的任命诏。

赵昚之所以赐给辛弃疾如此突然的恩典，全因那篇曾被后者寄予厚望的奏章《论盗贼札子》。在这封奏章里，辛弃疾历数孝宗改元乾道以来，湖南地区接连发生的五起民乱，将民不聊生的惨状与官员霸欺之丑态历数其间。

辛弃疾并不知道，他的奏章在临安行在里究竟激起了多大的浪潮：赵昚几乎是颤抖着把他的奏章读了好几遍，还不停地在上面御笔批示。往年看到湖南发生民乱时，他只会叫相府和地方立刻发兵镇压，以求消弭匪患，保全地方。从六岁进宫成为高宗的养子，赵昚从未离开过临安行在，他和辛弃疾一样，知道百姓们的苦，痛恨金国的欺压，但辛弃疾与他最大的不同在于：辛弃疾是亲眼见识过这些情状的人。如果不是他的奏章，赵昚恐怕至今都会以为大宋的半壁江山固若金汤，而他赵家的敌人永远只是北方的金贼。

有时候惊醒酣睡的人，只需在最美妙的梦境中插入一段现实。

同众位宰相和参知政事传阅过《论盗贼札子》后，赵昚果断下诏，提点辛弃疾做湖南安抚使——皇帝急切地想要看看，这位曾经的"归正"英雄，到底有没有本事让他的湖南臣民重回安泰。

五

宋孝宗淳熙七年（1180年）二月，拿到朝廷批复的辛弃疾，兴冲冲地发动潭州所有公差，前往饥民集中的乡县张贴告示、发布通告："接钦点湖南安抚使、知潭州辛公慰示：新春已至，农务在即，然各路州郡陂塘尚无妥帖。我皇仁圣，特谕平常司及诸州、县、乡诚募役使，为平整、疏浚之用。无事业者无论男女、老幼、壮弱，皆可入府备签。凡画签者，可得米、钱各百！"

辛弃疾的思路很明确：授之以鱼不如授之以渔，开仓赈济灾民或许能解得了燃眉之急，但他不可能总让饥民跟自己讨饭，朝廷也绝不会容许湖南无节制地开仓放粮，因此，干脆以工代赈，让饥民去修筑各地的陂塘水利，出卖劳动力，然后按工时发放酬劳。这样一来，既可以从长远上解决饥民无产可依的困局，也能为地方农业生产提供保障，同时还能分化饥民密度，防止他们聚众作乱。不过，由于安抚使的命令传达容易延迟，加上饥民人数实在太多，所以辛弃疾还是恳求朝廷，将前任安抚使囤下的十万石积米挑出来，先行赈济正在闹饥荒的郴州、邵州、永州三地，杜绝饥民铤而走险的可能。

为了确保米粮的顺利发放，同时严防地方官吏从中克扣攫利，几个月来，辛弃疾坚持坐镇三州州府的发放现场进行监督，还要抽时间跑到工地检查陂塘的施工进展。有时他忙得连饭都顾不上吃，就和民夫们一起蹲在塘坝上用饭。上官都如此克己，地方官员和差人们更不敢离开，于是也跟着辛弃疾在工地用饭。百姓们看见堂堂官身的安抚使大人，竟然和自己一起喝粥、吃辣椒，不禁感激得热泪盈眶，看到他的车马就黑压压跪成一片，惹得他每次都得好言抚慰一番。此时，谁又能说辛弃疾心里没有喜乐呢？当官能为民做主，造福各路百姓，他这个官总算也当得值了。

成功缓解了饥荒后，辛弃疾便将目光转向另一个问题——这才是个真正的麻烦。

大宋立国后，由于太祖皇帝是武人，国朝又时常面对契丹、西夏等番邦的袭扰，所以大宋百余年民间始终盛行习武之风，随着国势衰微，加之金人南侵，各路地方都开始出现起义、匪寇这样祸乱，其中尤以湖南最甚。为了保障生产，安家护院，很多地方的乡绅和富户都会开出大价钱，从各户中抽壮丁组成武装社团，抗击土匪和农民军的骚扰，即"乡社"或者"弹压社"。客观地讲，乡社在地方战乱时，的确能够发挥保家安民的巨大作用，而且极大地锻炼了军民素养，然而当祸乱剿平后，这些由豪绅率领的乡社，会迅速沦为他们横行乡里、欺压百姓的工具。上有所好，下必甚焉，那些土豪劣绅本就是祸首，在他们的刻意纵容下，乡社成员寻衅滋事、扰乱地方已经成了常态；他们又素来人多势众，甚至连官府也动不得分毫。

辛弃疾早前对乡社略有耳闻，素知他们大都是些好勇斗狠之辈，而且不止他，之前的好几任提点湖南的官员，都想过要取缔乡社，以防未来出现地方自重的局面，然而乡社组织根深蒂固，招抚改编的训示发出去许久，却连半点回音都没有。后来又有人提出，干脆出动公差，强行解散那些为非作歹的乡社，结果竟然没有几个公差敢去。眼见乡社势大如此，前任们也只好就此作罢，任他们去鱼肉百姓。

辛弃疾本就是个直性子的人，又为官多年，平素最看不惯欺压无辜的恶霸，因此，解决乡社，是去是留，在辛弃疾这里就成了最首要的问题，而且非解决不可。

经过一段时间的调查，辛弃疾终于发现了前任官员无路可走的原因：以往安抚湖南的官员，在对待乡社时，要么是全部收编改制，要么是全部就地解散，从来不打算留有余地。可是乡社在湖南已然成为常态，从郴州开始，一直到连州、桂阳，都有乡社存在，少则两三百，多则六七百。况且他们不只靠地方豪强出钱撑腰，很多乡社守卫乡里多年，很得地方百姓看重，心甘情愿地供养他们。官府若是一棍子将其打死，很可能会迫使这些人群起而攻，到时就不是那样简单了。因此，辛弃疾认为，以乡社目前树大根深的状况来看，无论解散还是收编都是不可能的，只能以官府的名义，将这些良莠不齐的武装组织全部纳入民军的范畴；通过强力限制大乡社的数量，裁减那些经常扰民安生、对抗官府的小乡社，以控制乡社的人数，防止他们做大；并将他们的领导权和武器装备都交给地方官吏，而不是土豪劣绅。对方如若还敢反抗，则官差直接入府拿人——乡社众人若是连县府的大牢都不放在眼里，那辛弃疾便将这些大麻烦交由本地的厢军和弓兵处置。

他确信，即使再愚蠢的人，也会在触怒国法和保持现状之间做出明智的选择。

与此同时，乡社耀武扬威式的存在和湖南军队的不堪一击也令辛弃疾百感交集。自有宋以来，湖南的民变、战乱就层出不穷，朝廷整日疲于派兵围剿，导致精兵越打越少。宋徽宗末年开始，湖南农民起义频发，本地驻军已然山穷水尽，只能靠客军前往镇压。然而，客军走后，本地驻军饱食终日，优哉游哉地混日子。辛弃疾视察军营，将士皆偷奸耍滑，他自己还被假账本蒙骗过，怒火不由得冲上脑门："剿乱贼时，未见得有多少真功夫，市井里做起生意，竟恍若陶朱在世！"

他说的虽是气话，内里却是实打实地担忧：建炎以来，金军不断向南逼迫，他们仗着骑射无敌、兵多将广，一度将前线推进至长江天险。若不是有岳飞、刘锜、韩世忠等人的军队抵抗，金人很可能会渡江企及江南。可是，单靠着几位将领的名声和私兵，大宋又能在金人那里讨得什么便宜呢？如今这些名将们老的老、死的死，北方的金人却是一刻也没有放弃南侵的想法。如果江南各路不尽快筹备自己的精兵，不但地方安定保证不了，甚至无法应对金人的进攻。长此以往，又何谈什么北伐，更谈不上收复？

本着重建军帐、寓兵北伐的目的，辛弃疾再次上书枢密院，希望朝廷能够仿照其他省份，如荆南神劲军、广东催锋军等，尽快让湖南也拥有一支全新的军队。

或许是因为有成功的先例，这一次辛弃疾的建议很快就得到批准：朝廷允许湖南新建一支直属御前步军司和枢密院的军队，由湖南安抚使调动节制，但多疑的赵昚也向辛弃疾提出了苛刻的条件：按惯例，朝廷只负担建成后的军饷和兵甲，建军开支由湖南自理。

也就是说，在这支新军列入御前步军司的名单前，所有的营建费用都得由辛弃疾的安抚使衙门出。

辛弃疾曾设想过建军初期的种种困难：人员不足、兵器短缺、朝议反对，但他万万没想到，皇帝会用如此敷衍的态度来看待自己的忠诚。打仗费钱，建军更是花费巨大，如果没有直接来自朝廷的财政支持，地方建军几乎是不可能的事。看着语焉不详的枢密院文书，辛弃疾的心情也如潭州的大雨一般，跌入了冷冰冰的谷底。

不久，辛弃疾以湖南安抚使的名义，正式向潭州和周边县乡发布招募通告，建军工作正式开始。他选取曾割据过湖南的楚王马殷的旧军镇做兵营和校场，稍加修补后投入使用，这样就省下了一大笔开支。但其他地方的钱还是免不了要头疼一番：马殷的军营是两百年前所建，瓦片、边墙早已灰飞烟灭，仍需仔细修饬；相反，募兵工作却是出奇地顺利，不到十数日，定额内的兵卒就全部凑够，虽然大都是未曾经历过战阵的新丁，有的甚至连拳脚功夫都不会，但辛弃疾还是很高兴，毕竟事情还是有了一个好的开端。

为了让招募的新丁尽快入住，辛弃疾破天荒地开始擅用职权：军营的瓦片不够，他就以每20片百文的价钱，命潭州城的百姓两天之内送到营地来；砌边墙的石料不够，他就发动狱卒进山采石，多劳者可免罪获释。即便如此，建军项目中仍然有巨大的资金缺口，辛弃疾于是又咬着牙取消了湖南地方的酒税，改为官府专营卖酒，即"榷酒法"，总算为新军找来了款项。

然而，辛弃疾赌上身家建军的做法，却给政敌和好事者奉上了把柄：他们揪住湖南专营酒品的事情不放，连番弹劾辛弃疾，称他借建新军聚敛钱财；更有甚者，说辛弃疾强令刑徒上工，而后逐一赦免，似有"施恩"之嫌，恐其心志不小。赵昚听后惊怒不已，即刻下御前金牌给辛弃疾，要他立马停止新军草创。

辛弃疾当然想到了这一点——皇帝的猜忌，对他而言已是司空见惯，于是辛弃疾壮着胆子把金牌藏起来，同时命令属下加紧赶工，破天荒地只用一个月时间完成了新军营的营建工作。他自己则连夜书写请罪折子，将湖南专营酒品的收入和建军过程中花费的款项一一列明，恭请皇帝检视。赵昚这才将疑虑搁置，放心地批准了新军的建制。

每支地方军队都拥有自己的名号，辛弃疾的这支也不例外：他亲自给新军命名"湖南飞虎军"，希望这支奇兵能像插翅猛虎一般，戍守湖南，抵御外侮。可以说，辛弃疾为这支部队费尽心血：飞虎军中有500骑兵，但湖南本地不产军马，辛弃疾便从广西买来500匹健马供骑兵使用；为保证军马供应，他又奏请朝廷，允许广西每年为飞虎军代买 50 匹军马。赵昚和枢密院担心地方势大，想直接从临安禁军中调派将领往飞虎军任职。辛弃疾苦苦上书劝阻，终于使赵昚同意直接在飞虎军中选拔将官。在他的悉心关怀下，飞虎军规模迅速升级，年内就形成了战斗力。辛弃疾亲自提点，号令严谨，赏罚分明，飞虎军与湖南屯军截然相反，深受百姓们拥戴。在他的影响和指挥下，飞虎军也逐渐养成纪律严明、英勇敢战的作风，威名甚至一度传入金国，被金人惊惧地称为"虎儿军"。

然而遗憾的是，命运此时再次出现拐点：宋孝宗淳熙七年冬季，江南等地出现大范围旱灾，农田颗粒无收，饥民充塞官道，隐隐竟有星火燎原之势。鉴于辛弃疾之前在湖南成功赈济，朝廷命他重新出任隆兴府兼江西安抚使，旨到之日，即刻前往江西救灾。

当然，赵昚不是不念旧情的人。看在往日辛弃疾忠心为国的份儿上，他又在任命上加了一个右文殿修撰的授职，权当承认辛弃疾是士大夫一员，而非匹马来投的"归正人"。

他不知道的是，调任相对富庶的江西，并没能让辛弃疾有半点兴奋：多年来辗转为官的生活，损耗的不只是躯体的健康，还有心中那颗滚烫的赤子之心。从起兵抗金到今天的飞虎军统帅，一晃眼便花去了 20 余年光阴。其间他不断地上奏，只求皇帝和朝廷能够稍稍重视一下北伐光复，得到的不是冷漠不理就是拒绝，而后则是纷至沓来的委任状。辛弃疾并非不想当官，也不愿漠视治下的百姓，但是，他干事业的目的，不是为了仕途，更不是做皇帝和朝臣眼中的"封疆大吏"！从南归的第一天起，他就笃定地盼望着大宋的军队能够越过黄河，杀尽金贼，将那些被奴役的汉人百姓解救出来。祖父辛赞的尸骨还掩埋在山东的土壤下，这个将自己辛苦养大的老人，是多么地希望自己的墓碑能刻上"大宋"两个字啊！

辛弃疾依然记得，当他带领家小、骑马走出潭州城时的情景：阴霾密布，天空飘下冷冰冰的雨雪，上千飞虎军将士默然垂首在道路两旁，眼睁睁看着带给他们一切的辛帅离开。百姓们在士兵背后左推右搡，争着想要目送辛帅离去。一些情绪激动的百姓甚至冲过阻拦，不顾泥水跪倒在马前，乞求辛弃疾不要抛弃他们。只因他们害怕，辛帅一走，继任的官员会像以往那样对他们百般盘剥，让湖南重回那段黑暗、痛苦的过去。可君命难违，辛弃疾又有什么办法呢？纵然他胸怀普天的志向，可仍旧是皇帝赵昚座下的一员官吏，他能做的只有安然接受来自最高层的决断。

直到把潭州城远远地留在身后背景中，辛弃疾才停住了前行的脚步，跳下马来，望着眼前官道曲折的山林嗟然长叹。

"流徙数年，什么时候才是个头啊……"

十几天后，辛弃疾终于回到了"阔别已久"的江西。

江西的灾荒其实并不棘手，只是因为旱灾来得太突然，灾民数量又大大超出官府的估计，因此应对不当，导致仓中存米难以应付。很快，辛弃疾的几道赈灾令就缓解了灾情。

临安深宫里的赵昚似乎也意识到了自己的知人善任，于是在宋孝宗淳熙八年（1181年）七月，以救荒有功为名，将辛弃疾的右文殿修撰晋升为奉议郎。待十一月救荒工作结束，赵昚又改任辛弃疾为两浙西路提点刑狱。

看着皇帝流水账似的调令，辛弃疾已经领悟到：赵昚根本没有看过自己苦心琢磨出的《九议》，否则绝无理由看不明白"久任"的意思；即便赵昚看了，也并未往心里去。皇帝依然没有认同他。

既然君心如此，自己又有什么说的呢？至于下一站在哪里，辛弃疾已经无所谓了。

也许是天意戏弄有志之人吧，两浙提刑官的官袍尚没有做好，又有一个人阻住了辛弃疾的去路。

第五节 ／ 归家去闲居稼轩

当辛弃疾戴上斗笠、自号稼轩的时候，他终于发现，
自己也可以像普通人那样获得一些纯粹的快乐了。

宋孝宗淳熙八年（1181年）十一月，就在辛弃疾安抚使的公务交接完毕，准备离开江西前往两浙履职的当口，一封来自临安行在、以当朝皇帝名义发布的制书，被快马送到了隆兴府衙。

在那封发给辛弃疾的制书中，赵昚以前所未有的薄凉口气声色俱厉地指责这位他曾十分看重的封疆大吏："淫风殉货，义存商训之明；酷吏知名，事非汉朝之美。岂意公平之世，刀闻残黩之称。罪既发舒，理难容贷。尔乘时自奋，幕义来归，固尝推以诚心，亦既委以方面。曾微报效，遽暴过愆……肆厥贪求，指公财为囊橐；敢于诛艾，视赤子犹草菅。凭陵上司，缔结同类愤行中外之士，怨积江湖之民。方广赐遗，庶消讥议。负予及此，为尔怅然。尚念间关向旧之初心，迄用平恕隆宽之中典：悉镌秘职，并解新官。宜讼前非，益图后效。可。"

满满一篇制书，全是赵昚对辛弃疾的指责，似乎后者之前在湖南、江西的种种政绩——曾被赵昚肯定的政绩，都只是辛弃疾的个人行为，与两地的百姓民生毫无瓜葛。在皇帝和朝廷的眼中，颇具吏才的辛弃疾，似乎只剩下"南

归"一项尚值得赞许。然而,辛弃疾在湖南、江西犯下的"恶"已然弥补不了他对大宋的感情,皇帝本打算将他治罪,但念及他毅然南投,这才饶过他的性命,只将他罢官了事。

听上去,似乎没有赵昚的垂怜,辛弃疾早就被京中来使捆回临安问斩了。

但辛弃疾已不在乎皇帝对自己的态度了。他为官地方多年,其间厉行法制,为人刚正不阿,早已将地方官场都得罪了。这些人对他恨之入骨,弹劾和诬陷早就漫天飞扬,赵昚被动摇不过是时间问题。至于制书上罗列的那些罪证,辛弃疾最多把它们当作诙谐,一笑了之罢了。

然而,这次辛弃疾确实误会那些政敌了。其实,害他被罢官的是另一个人:监察御史王蔺。

大宋优容士大夫,更允准御史言官可以在不提供任何真凭实据的前提下"风闻言事",弹劾各级官吏。"台谏"之名一度令从京城到地方的官员们谈之色变。王大人也不外如是。王蔺和辛弃疾没什么交情,虽然在后世被编入主和派官员的传记之中,但他本人对主战的辛弃疾有多少敌意,两人究竟有没有过交集,今天已不得而知。何况,这次一并遭到王蔺弹劾的还有大小十数名地方官员,只有少部分弹劾被精明的赵昚留住,结果拖累了辛弃疾。

王蔺在奏章中说,辛弃疾"奸贪凶暴,帅湖南日虐害田里",又称他为官时"用钱如泥沙,杀人如草芥",根本不把湖南百姓的安危放在眼里,完全是无所谓的做派。他的指责,说的正是辛弃疾在湖南平乱、建飞虎军的事迹。然而所有人都知道,辛弃疾建军的始末已经获得了赵昚的谅解,甚至对他擅改酒税法为"榷酒法"也未做追究。至于"杀人如麻",无非是旧事重提,揪住他杀赖文政的过往不放。

杀掉一个倒卖私茶、率众作乱的茶商军头领,如何称得上杀人如草芥?何况皇帝对此事早有定性,说辛弃疾只是"不无过当"而已。

说到底,还是耿直的王蔺把弹劾写得太夸张:御史大人用小说家的笔法,将一位铁心平乱、建军为国的功臣,活脱脱描成了张汤转世。

辛弃疾没有迁怒于任何人,他明白,只要皇帝仍信任自己,就不会有谁能把他告倒,更何况还是以这种颠倒黑白的方式。然而,这份制书又确确实实是赵昚下的,因此只有一个原因:皇帝不想再让自己做官了。

也罢,回家吧!辛弃疾对着马臀猛挥一鞭子,跃上宽阔笔直的官道,把马车远远甩在背后。

辛弃疾所谓的"回家",并不是回到山东历城。从匹马南投的第一天开始,他就立下过志愿:终有一天,他会带着大宋的兵马,驱逐金人,让历城和其他所有的北方城池都回归大宋的怀抱。再者,他虽然卸下了官身,却仍是罢职待用的士大夫,一个士大夫前往金国统治区,只需稍微想想,辛弃疾就能猜到朝廷会怎么对待自己。

他视野所及的那个家,其实是一处建成不久、独属于辛氏的居所——带湖新居。

自从宋高宗赵构带着所剩无几的北方士人南渡临安后,"避世"这个原本该在隋唐之初就宣告消亡的字眼,又被移居江南的士大夫们重新倡导起来。

他们不喜欢临安"山外青山楼外楼"的吵闹不休,又憎恶穷乡僻壤百里无文士的窘境。即使丢掉了近半国土,饱读诗书的文人依然看重身为孔孟清流的精神清洁,这足以保证他们上可清谈国事,下可操琴养性,然而遗憾的是,在山麓交汇、水网纵横的温婉江南中,能够满足这个要求的地方少之又少。

除了信州。

信州就是今天的江西上饶,是个现实意义上的世外桃源:它身居信江畔上游,物产丰富,人文荟萃,又与临安水陆相通,是块不可多得的宝地。同时,信州也是一座直接通往浙江和福建的交通要道,南北往来都要经过这里。因此,它的城池又大又阔,城中居民不是很多,有着其他地区难以相比的宁静,足以让任何一位厌恶市井的文士在这里安心居住。因此,有不少士大夫会在信州城内外选址做舍。辛弃疾虽然文武双全，但也很难不受这股士林风气的影响，所以早在宋孝宗淳熙六年就任湖南安抚使时，辛弃疾就在信州城物色地皮，准备给自己和家人修一座府第。

带湖就这样无意中闯入了辛弃疾的眼中。当时信州城外买地盖房的士大夫们数以百计，姗姗来迟的辛弃疾很难再选到合适的住址，然而一次偶然的出游，让辛弃疾在信州城北找到了他梦寐以求的居所：此地在灵山门外，是一块地势平坦、绿草如茵的空地，而且三面环城，最适合动土建屋。空地北面正巧还有一座狭长的静湖，湖水清澈瑰丽，恍如一条宝带在飘舞。辛弃疾喜爱不已，当即命名为"带湖"，并立刻买下这块宝地，热火朝天地开始了的工程建设。

当年年底，带湖新居的大梁上房。按照南方惯例，辛弃疾满怀欣喜地书写了一篇《新居上梁文》，全文俪语横卧，言辞溢美，足见辛弃疾对这座新居的喜爱之情，然而，在上梁文的末尾处，辛弃疾却悠然写道："伏愿上梁之后，早收尘迹，自乐余年。鬼神呵禁不祥，伏腊信承自给。座多佳客，日悦芳樽。"

或许是当初江西匪患的头痛，加之江南官场的腐朽，让尚且称得上年富力强的辛弃疾第一次有了归隐之意。尽管那时他正以百分之百的精力投入自己的职责中去，无奈朝中作对、地方不和者太多，盖一座新居，或许能保证他同家人在被排挤摒弃的时候，在举目无亲的江南有个容身之处。

带湖新居的建造工期是比较长的，一是由于技术受时代所限，无法速成；二是辛弃疾对这座新居的要求过高，他买下的那块地长有1230尺，宽有830尺，算下来极为宽广，加上又是头一次打造居所，因此十分看重带湖新居的建造，甚至专门设计了施工图样和楼台装饰，然后才交给承办的工头，要他们按照图纸好生营建。辛弃疾毕竟不是术业专攻之才，他能在纸上画出来的建筑，工匠们却不一定能盖得出来，以至于很多设计都没能体现出来。加之他虽先后任安抚使、转运副使高位，俸禄优渥，但本人廉洁自好，甚至连下属送上的仪金都很少收受，导致投给新居的用度时有时无，工期自然也被一拖再拖。

或许是天意，宋孝宗淳熙八年（1181年），偏偏就在辛弃疾被罢去江西安抚使和隆兴知府职务的年底，带湖新居宣告落成了。辛弃疾闻讯喜不自胜，写

下一首《沁园春·带湖新居将成》庆贺:

> 三径初成,鹤怨猿惊,稼轩未来。甚云山自许,平生意气,衣冠人笑,抵死尘埃。意倦须还,身闲贵早,岂为莼羹鲈鲙哉!秋江上,看惊弦雁避,骇浪船回。
>
> 东冈更葺茅斋。好都把轩窗临水开。要小舟行钓,先应种柳,疏篱护竹,莫碍观梅。秋菊堪餐,春兰可佩,留待先生手自栽。沉吟久,怕君恩未许,此意徘徊。

带着入住新居的兴奋,还有家人从此不再受颠簸迁徙之苦的宽慰,辛弃疾和家人们正式住进了带湖新居,开始了连他自己也不知道会持续多久的赋闲生涯。

闲居带湖的生活带给辛弃疾的变化实在太多,甚至达到了脱胎换骨的地步。但凡听说过辛弃疾的后世之人,都知道他有一个著名的号:稼轩居士。

稼轩,其实是辛弃疾对自己最彻底的一次直视。

毫无疑问,带湖新居是辛弃疾有生以来最庞大的一笔投资,而且投入了仅次于组建湖南飞虎军的精力来为这栋居所添砖加瓦。不过,宅院、居所、园林只是带湖新居规划中的一部分,而且是非常小的一部分,占了不到那块地的4/10。这固然也是囿于辛氏的财力有限,担负不起亭台楼阁的巨大花费,然而,辛弃疾真正在意的,其实是带湖新居西面的一片广大区域:在这里,辛弃疾开垦出十余亩田地和稻田,专门用来种稻插秧,甚至还有几片饲养鱼虾用的水塘。综观所有在信州买地的士大夫,恐怕只有辛弃疾一人会把千贯缗钱用在种地上。

稻田所在的区域，正巧是一块地势均匀下陷、水源充足的湿润洼地，最适宜种植劳作。由于这片耕作区地与居所相隔较远，因此辛弃疾又在邻近稻田、地势较高的地方专门修建了一排小屋，专供他耕作时休息所用。虽然相比起居所，这些小屋看起来有些寒酸，却建得简约通风，炎炎夏日时还可以消暑纳凉，是个极为理想惬意的住所，这排小屋的名字，就叫作"稼轩"。

所谓"稼"，即是躬耕种作之家，这便是辛弃疾"稼轩居士"的来历。

早在《美芹十论》和《九议》中，辛弃疾就已经不厌其烦地向皇帝赵昚解释过，农业发展对大宋而言不仅是经济目标，也是一项战略目标：南方多山地，少平原，土地兼并之严重远远甚于北方，加之有宋以来又十分看重商业，农业的生存空间受到挤压，农民的地位再次一落千丈。辛弃疾敏锐地看到，重商对一个在农业文明基础上建立的国家而言，或许能够带来持续的财富，却无法做到持之以恒，更何况，再多的真金白银，也不可能比白花花的粮食更能安慰黎民百姓的心，毕竟人都是要吃饭，军队拿饷打仗之余也是要吃饭的，所以，他念念不忘这件事，也不可能忘记。

只是，面对独属于自己的稼轩，辛弃疾终究不想添加太多的家国忧心进去。他热爱这片小小的田地，以及在田野里辛劳时的喜悦，而不是总强迫自己忧心忡忡地去联想那些让他不高兴的事情——当他急切地希望承担这些担忧时，那位高坐庙堂的君主不肯给他机会；现在，对方又剥夺了他承担的手段。既然如此，辛弃疾又何必再为难自己？

或许，上天也不忍再看辛弃疾受累，才逼迫他离开那个是非之地，成为闲居躬耕的稼轩居士。但当辛弃疾早在宋孝宗淳熙六年就买下带湖新居的土地时，他一定也隐约预料到了自己的未来——当一个人始终壮志难酬的时候，急流勇退不也是一种担当吗？

或许，他真的是对漂泊不定的游宦生活感到厌倦了。

穷则独善其身，达则兼济天下。人间行路之难是赤裸裸的现实困境，不是宏图大志就能化解的，也不该被化解。当辛弃疾戴上斗笠、自号稼轩的时候，他终于发现，自己也可以像普通人那样拥有一些纯粹的快乐。

第六节 / 恍入梦功名皆错

不过是十多年前那场巨变的翻拍,他又有什么可怕的?

只是,当辛弃疾强迫自己这样想的时候,总会有说不尽的酸楚涌上心头。

宋光宗绍熙二年(1191年),在带湖闲居了十年的辛弃疾,再次接到朝廷的一纸任命,他成为新任福建提点刑狱。

事实上,在朝廷任命自己主管冲佑观万奉祠的时候,辛弃疾就已经预料到,他势必会在不久的将来重出山林,却没有想到需要等待数年,而且与自己期望的方向大相径庭。

更何况,辛弃疾这次已经鲜有当年的激情澎湃了——他老了,也累了。在大好韶华尚在的年月里,朝廷没有珍惜他的存在,反而节节打压、处处钳制。现在,他好不容易在信州得到了惬意的生活和乐趣,朝廷却又将他这位老人的生活夺走,逼迫他重新成为破落帝国的一个齿轮。

然而辛弃疾最与众不同的地方就在这里:他可以一如既往地借助填词来申诉自己的壮志难酬,却从不会拒绝临安宫中传来的旨意。任命到达的当天,辛弃疾就发动全家,收拾好行装,带着南剑等人前往福建赴任。这是因为辛弃疾永远都是个责任感充盈的人——哪怕这个朝廷对不起自己一万次,只要有一次机会,他也会为大宋的安危奋斗不息。

再者说，他已53岁，已经没有多少时间继续等下去了。

早在宋孝宗淳熙十四年（1187年），赵昚还没有禅位的时候，时任左丞相的王淮就想要起用辛弃疾，让他去福建当安抚使——在王相公等人看来，辛幼安绝非文才，而是实打实的帅才。他自幼生活在金国，又曾带兵起义，最终全身而退投到大宋，艺高人胆大的行为早已证明，他是不可多得的良将。镇抚地方的时候，他既能安民，也会平乱，又拔除了好几个作乱多年的"大钉子"。福建鱼龙混杂，又因靠海而时常被海寇骚扰，看似地处大后方，实则是最不稳定的"火药桶"之一。如果把辛弃疾派去福建坐镇，不正是最明智的选择吗？然而，王相公的想法甫一摆出，旋即遭到右丞相周必大和那些主和派官员的强烈反对。周相公当着赵昚的面称，辛弃疾是北人，行事粗鲁残暴、杀人如麻，为官地方时又狂敛财富、桀骜不驯，这样的人怎么可能爱民如子呢？

王淮当然不能接受他人这般评价他的"爱将"，当庭与周必大争吵起来——调辛弃疾去做安抚使，自然不会只要他降服福建一路兵民，而是要为后来新的北伐举动做准备。不过，最令王淮意外的不是主和派大臣们的反对，而是周必大的态度：辛弃疾在湖南筹建飞虎新军的时候，正是这位周相公在赵昚面前力陈辛弃疾统兵、训练飞虎军的好处，并将辛氏大大褒奖了一番，赵昚才放心地打消从御前调派临安将领去湖南的想法。正所谓三十年河东，三十年河西，却不想，曾经的保护者竟然站到了对立面。

若是王相公细细思索一番，就不难理解周必大的态度为何会出现一百八十度的大转弯：当王淮不吝惜任何溢美之言描绘辛弃疾的才干时，周必大却始终在强调一个词——桀骜不驯。

辛弃疾担任封疆大吏多年，又总在民乱频繁的地方任职。对待民乱领袖，他向来抱着斩草除根的目的，因此基本是能杀就杀，以致死在他手下的起义将领不计其数，但从朝廷的角度来看，辛弃疾杀的都是"该杀"之人，所谓杀人太多纯粹属于欲加之罪。真正有力的指控，还是将赵昚深深震撼到的那句"桀骜不驯"。

赵昚这个皇帝是在秦桧的阴影下长大的，他绝不能容忍文官可以凌驾于自己之上，但凡有人胆敢恃才挟君，无论对方是谁，他都会极力打压，以防止官员做大。皇帝这一偏激的心理动向，早已被老谋深算的周相公洞悉。

王淮可不在乎，他是主战派的旗帜，自然要迎风坚持到底，于是红着脸和周必大吵了好几个时辰。赵昚心烦无比，终于赐给辛弃疾一个冲佑观奉祠官的闲职，权当应付众人，因此，直到赵昚内禅，老太子赵惇登基成为光宗，辛弃疾的命运才终于出现转折。

次年春天，辛弃疾携南剑、卿卿等家人，迎着春风前往福建上任。他本想顺路探望建阳的朱熹，无奈行程紧迫，只得暂时修书一封，令南剑前往朱熹所在的考亭据实以告，自己则抓紧时间赶路。一个月后，辛弃疾终于骑着健马来到福州城外，与福建安抚使林枅（音基）草草交接完毕，就迫不及待地赶往提刑衙门就职。

林枅有些不高兴。听说辛弃疾今日来闽，他一早就令下面仔细准备，自己则专门出城去迎接，不想对方却毫不领情，不仅言辞应付，还拒绝了安抚使大人的接风宴。林枅对辛弃疾的名声素来羡慕，所以才向这位名义上的属下积极示好，而辛弃疾的做法无疑让他在失望之余，更是燃起了许多不满，两人的矛盾就此种下。

辛弃疾却没有那么多心思考虑这些心术。到任伊始，他就命令下属将提刑衙门的案卷全数取出，逐一翻阅复查，结果发现福建的刑狱之败坏难以想象——福建人口密集，百姓成分复杂，很多案件处理时本身就有难度，再加之福建负责着大宋的海外贸易，因此涉及海寇和官商勾结的案件非常之多，亟须有能臣干吏负责处理。由此可见，赵惇顶着压力将辛弃疾调往福建，他知道自己背负了很多责任。

无所畏惧的辛弃疾立刻行动起来，如同当年在江西所为的那般：他迅速撤换了冤假错案频发地区的提刑官，改派了一大批廉洁公正、熟稔律法的干吏前往就职，要他们限期清理沉疴。他自己则对福建全省的提刑衙门发出通报，要求其余官吏不得再以重法治案，尤其是那些仅涉及民事的官司和纠纷，提刑官们务必减轻其罪，严禁随意捕捉百姓入狱。同时，他又多次召见各地官员，和他们一一约谈，严厉约束这些有机会渎职的人。辛弃疾的举措很快就收到了成效，不少县乡的刑狱治理得到极大改善，积弊在几日间竟被清扫一空，整个福建官场似乎也被辛弃疾所感染，开始变得昂扬向上。

然而，大宋百年来铸下的腐朽，又岂是一个辛弃疾能够扭转的？没过多久，果然就有人跳了出来，公然向辛弃疾发难。

事情本身其实很简单：辛弃疾提拔了一位鲍姓主簿做长溪县的提刑官，然后将他派往查案。鲍提刑到任不久，就学着辛弃疾的样子重翻案卷，改判了大部分由长溪县令批阅过的判决，拯救了不少无辜百姓。

鲍提刑所为固然可敬，却到底官场经验不足：经他改判，那些原本因罪坐牢的犯人重获自由，导致偌大的长溪县大牢只剩下十几个犯人。长溪县令面子上挂不住，一怒之下又将犯人全数捕回，还撤掉了鲍提刑的公职，直到后者反省"认错"才许复官。偏偏鲍提刑又是个脾气刚猛的书生，坚决以硬碰硬的方式对抗上官的无礼挑衅，宁可靠典当家财度日也不肯道歉。两人争斗得越来越厉害，最后一直闹到了福州。

辛弃疾浑然不知林枅的好事之心，他见长溪县令和鲍提刑各执一词吵闹不休，自己又不擅长处理官场矛盾（他也不屑处理这些"闲事"），干脆就命人快马赶往长溪，把那些鲍提刑改判前后的卷宗全部送来福州，然后由他本人亲自核阅，任凭二人在堂下恶言相向。

从上午看到日暮西垂，辛弃疾终于坐不住了：鲍提刑的重审不仅没有任何问题，有些案子的判决甚至比他本人还要高明许多！

他迅速召来吵得面红耳赤的两人，当他们的面宣布了自己的看法："鲍提刑秉公执法，裁定冤屈，实乃刑狱神断。如此干吏，上可慰藉君父，下可守候黎民，当即刻复其公职，并予勉励拔擢！"

嘉奖完鲍提刑，辛弃疾又恶狠狠地瞪着长溪县令："长溪县令身为朝廷命官，受孔圣教化，奉天子而牧守万民。然上不思君恩社稷，下不顾百姓生死。先有违例定案、冤枉苦主在前，又有睚眦报复、欺侮同僚在后，致使长溪区区县府，竟赭衣充道、遍布囚徒，实乃刑狱害民之祸首！念耳为政日短尚需历练，且本官无意解你官职印绶,便暂且回长溪听差,好生抚慰百姓,厉行仁德之劳。若再有义纵、江充之所为,休怪本官不念同僚之谊——专折送抵临安之日,便是官身褫夺之时!"

一场闹剧般的争斗就在辛弃疾果断刚正的判决下收场。然而这次争斗带来的余波却并未消除:辛弃疾的刚猛做法有效震慑了那些身居福建的庸官贪官,但又使他们对辛弃疾更加恨之入骨。特别是安抚使林枅,他本自视甚高,与上下同僚的关系极其恶劣,是个难以相处的人。辛弃疾身为外乡人,却不守客道,把福建官场整饬得风风火火;各级官吏言称福州,势必要谈及辛提刑,却闭口不谈他林大帅。

至于辛弃疾,他早就看出来林枅对自己腹诽颇多,但时值天命之年的辛弃疾很聪明,没有像年轻时那般莽撞,无论林枅怎么挑衅生事,他都一概不理,只专心埋头处置福建的刑狱公务,甚至连安抚使衙门都不去。

几个月后,南剑带着朱熹的回信抵达福州。据他说,朱老夫子确实不好找,虽然身在建阳,但今日游学泛舟,明日入山问道,后日又开堂授徒。南剑硬是等了许久,才等到朱老夫子回考亭。让辛弃疾感到欣慰的是,朱熹虽不喜为官,却对他抱了很大希望,认为有他和林枅在,福建的百姓一定能够过上好日子,如此,也不枉仙去的好友们对辛稼轩的殷切盼望——朱老夫子肯定没有听说过林枅的为人。

当年九月,一个更令辛弃疾欣慰的消息传来:林枅死了。

虽然林枅与辛弃疾在政见和为人上互有成见,且林氏向来不容他,但本着同僚之谊,他还是前往林府悼念。毕竟这位林大帅虽然对他咄咄逼人,却至少没有横加干涉提刑衙门的公务。可见林枅作为一名封疆大吏,至少是合格的。

送殡之后,辛弃疾便带着家人下属离开了福建提刑衙门,搬往他的新官邸:

福建安抚使衙门。

由于林枅突然病死,福建安抚使的职位出现空缺,朝中也尚未选定新的继任者,而皇帝赵惇也有心考验辛弃疾,便命他暂时代理福建安抚使之职。如果做得好,赵惇就可以直接任命辛弃疾为福建安抚使。

辛弃疾自然明白这个道理,何况他对官职一向来者不拒,只求安守职责,问心无愧。于是,年过半百的辛弃疾甫一就任,就开始积极整顿吏治。那些贪官污吏半年多前就领教过辛弃疾的为官之道,早已对他噤若寒蝉,如今辛提刑走马上任成了辛大帅,自然更没有理由放过他们。短短数月,就有不少贪官应声下马,很多过去因不与上官沆瀣一气而遭受打压的清官则被辛弃疾一一提拔,成为造福一方的廉吏。一时间福建官场整肃,大有焕然一新的趋势。

辛弃疾虽然不怕得罪官场,但他也知道,想要真正让百姓过上安居乐业的生活,就必须在政务上有所改善——有才学的官吏比比皆是,可如果苛政横行,压榨百姓,就算包青天在世,也不可能有回天之力。于是没过多久,辛弃疾就以福建安抚使衙门的身份向朝廷上书,请求在福建最破落的汀州推行两项政令。

第一项政令叫作经界法。所谓"经界",就是丈量土地边界的意思。福建多山,且濒临大海,可供耕作的土地本来就少之又少。到了南宋年间,由于地主豪绅不断兼并土地,导致漳州、泉州、汀州等地的土地几乎被垄断。自古以来,平民上缴的赋税和徭役都是通过土地来核定的,可这些地方的百姓根本没有土地,又怎么有钱缴税?那些豪强占据着大片耕地,却只需上缴极少的赋税,反将大量应缴而未缴的赋税全数转嫁给了地方,导致百姓们不堪重负,出现税与地完全脱离的怪现状。

辛弃疾了解到这些情况后,便决定上报朝廷,重新丈量、核对土地,按照所有者实际拥有的土地理算税赋。他很巧妙地避开了豪强林立、农户稀少的漳、泉二州,建议朝廷只需在收入水平相对平衡的汀州一地实行"经界法",从而缓解此地百姓的赋税压力。

第二项政令叫作钞盐法。福建内山外海的独特地形,为海上贸易创造了极大便利，同时也对平民生活造成了掣肘：盐是百姓一刻也离不开的生活必需品，自古就是官府专营，即官盐，然而福建的内陆地方是不产盐的，需要靠盐商将成盐驮入买卖，因此，在一些不靠海的州府，官府允许盐商缴税后自由买卖成盐，这就叫"钞盐"。汀州地靠内陆，本就需要盐商供应，可这里却实行官盐制度。官盐工艺极差，质量低下，纯属粗制滥造的应付品，百姓们宁可冒着风险向私盐贩子买盐，也不肯买官盐，官府卖不出官盐，就强行向百姓摊派定额，致使汀州的百姓叫苦连天。辛弃疾这才奏请朝廷，让汀州也实行"钞盐法"。

朝廷很快就允准了辛弃疾的请奏。辛弃疾兴高采烈，当即命令下属前往汀州发文。百姓们对两项仁政反应热切，十分感激辛弃疾的功德。看到汀州百姓能够安居乐业，辛弃疾那颗冷落了整整十年的心终于再次蓬勃滚烫起来，他终于再次体会到自己矢志为国的价值所在，心情也比十年前做官时好了得多。

天有不测风云，正当辛弃疾干劲十足地在福建工作时，朝廷的一纸诏令再次让他不知所措。

诏令的内容很简单：赵惇已任命通奉大夫、显谟阁学士、当朝帝师郑侨为新任福建安抚使，兼福州知州。至于之前一直兼任安抚使和提点刑狱的辛弃疾，则在安顿好所有公务后，收拾衣冠，前往临安召对。

此时，距离辛弃疾代理福建安抚使职务不过三个月有余。

命运仿佛给辛弃疾开了个不大不小的玩笑，最后转了一个圈，又重新回到了原点。似乎所谓兴复、北伐，都只不过是他给自己贴上的标签，皇帝和朝廷看亦可，不看亦可，终究不会做什么理会。

辛弃疾依然记得第一次临安召对时，端坐龙椅之上的赵眘是如何冷淡自己的。他想不明白，既然朝廷对自己不信任，也没有什么匡扶中原的心思又何必将自己从带湖撵出来，还装模作样地对他抱那么大的希望？

送别宴上，就着上头的酒兴，辛弃疾再次用一首《水调歌头·壬子被召端仁相钱席上作》将满腹的失望和落寞尽情抛洒。如同多年前他在鄂州南楼之上那般：

长恨复长恨，裁作短歌行。何人为我楚舞，听我楚狂声？余既滋兰九畹，又树蕙之百亩，秋菊更餐英。门外沧浪水，可以濯吾缨。
　　一杯酒，问何似，身后名？人间万事，毫发常重泰山轻。悲莫悲生离别，乐莫乐新相识，儿女古今情。富贵非吾事，归与白鸥盟。

事已至此，又有什么可说的呢？毕竟皇命不可违，他能做的只有服从。把府衙中的公务稍事打理后，辛弃疾便跨上健马，离开了这座曾被他再次寄予幻想的城池。

三

与上次召见截然不同，辛弃疾对皇帝突如其来的见面要求毫无兴奋感。宋光宗绍熙四年（1193年），辛弃疾离开福州后，先是前往建阳与友人聚会，而后又专程寻到朱熹处，与他品茶闲谈，还拜访了朱熹传扬后世的"武夷精舍"，写下诗篇后才离开。

在这形如散心的游历中，唯一能够告慰辛弃疾的，恐怕就是身居婺州的好友陈亮：经过艰苦营救，陈亮终于在宋光宗绍熙三年（1192年）初被赦免出狱，后回婺州购置田产，专心学经准备科考，只有阔别了五年的老友辛弃疾能让他心情舒畅。两人把酒言欢，互抒壮志，又隔空调笑了一番远在考亭的朱夫子。停顿数日之后，辛弃疾才依依不舍地告别陈亮，起程前往临安面圣。

然而，这次召见的结果再次令辛弃疾有些迷惑。

皇帝赵惇也同他的父亲赵昚一样，高坐在龙椅之上，却全然没有赵昚的唯我独尊，他不断垂问辛弃疾关于福建的一切，还有荆襄各地的战备策略，又虚心地向辛弃疾讨教有关金人的事情。辛弃疾惶恐惊喜之余，皆一一作答，并向赵惇奏上自己准备多时的《论荆襄上流为东南重地疏》，极力言及淮、江两地的关键地位,并论证了荆襄对大宋安危的重要性。赵惇则以前所未有的耐心和求知欲,对辛弃疾的奏对频频首肯,言至圣心处,赵惇甚至将天子威严抛到一边,破天荒地拊掌称赞起来。

皇帝的举动,令辛弃疾恍如坠入梦中。他半生都在孜孜不倦地寻求北伐金人、光复开封的机会,结果却受到了半生的不公和冷漠,难道在如今憧憬行将破灭、心灰意懒的当口,命运之神忽然开始垂青自己了?

皇帝的心思,做臣子的猜不到,也不敢猜,但赵惇显然对这次召见十分满意,很快就发下制书,任命辛弃疾为太府寺少卿,留京任职。同年八月,他又加封辛弃疾为集英殿修撰,正式担任福建安抚使兼福州知州。

皇帝的安排让辛弃疾有些惶恐不安:如果真要将他置于高位,又何必如此大费周折,让郑侨学士替代自己?结果却还是一样的。他并不知道,此时的朝堂里正进行着一场你死我活的争斗:外戚韩侂(音拖)胄为争夺权力,正同宗室宰相赵汝愚虚与委蛇;皇帝赵惇则因背负"不孝"的恶名,逐渐失去自己的权力。不少朝臣已奏请太后,想要逼迫皇帝放弃皇位,禅让给太子赵扩,而指使他们上书的正是韩、赵二人,所以放权给辛弃疾等主战派,恐怕是赵惇能获得士林支持的唯一方式,但即便如此,赵惇的命运也已不可逆转地走向历史划定的方向。

辛弃疾没有时间考虑帝王心术,他生怕赵惇再像赵昚一样频繁调动自己,所以他必须迅速利用手中的权力,将他在抗金战略中的规划一一实现。

回到福州后,辛弃疾立刻检视军备,结果发现军器严重缺乏,不要说未来的大规模作战,就连供应目前的福建军队都成问题。他当即给枢密院和兵部发去公函,希望朝廷能够允准福建加制一万副兵甲,并重新招募壮丁,争取在数年内重建一支既能守土安民又能冲锋陷阵的敢战之兵。

然而,就在辛弃疾准备将宏图大志付诸实践的时候,命运之神再次无情地转动了齿轮。

宋光宗绍熙五年(1194年)四月,陈亮病死了,这位遗世而独立的"鬼才",逃过了世俗的牢狱之灾,却终究没能逃过时间的流转。

当日和辛弃疾分别后不久,陈亮就收拾行装,起程赶往临安参加科举。五月放榜后,这位从来都不被士大夫看好的陈同甫,竟出人意料地在策试中拔得头筹,晋身新科状元。连赵惇也被陈亮深不可测的才学和他矢志光复的赤诚之心感动,当即任命陈亮为建康府节度判官。辛弃疾当时还欣喜不已,想着有陈亮与自己分列南北,北伐必定不再是幻想,却不想陈亮出师未捷,还未上任就重病身死。

陈亮一死,标志着最后一位与自己志同道合的友人也宣告离去,辛弃疾痛不欲生,就着泪水为陈亮写下祭文。从此他郁郁寡欢,重新投入了酒精的泥潭之中,隐隐竟有颓废之势。

陈亮死后不过三个月,接踵而来的厄运又找上了辛弃疾:新上任的左司谏言官黄艾上书猛烈攻击福建安抚使衙门,称辛弃疾建立"备安库"、招兵备甲只是幌子,实际是为满足自己的私欲。那份奏章也写得极其恶劣,说辛弃疾"残酷贪饕,奸赃狼藉",活脱脱将他再次描述成压榨百姓的酷吏。七月底,辛弃疾就被罢去福建的所有官职,只剩下冲佑观的奉祠闲职在身。

不过,面对这一次的弹劾,辛弃疾出人意料地平静。制书宣读完毕,他便将印绶从容上交,自己则带上南剑和家人飘然回带湖去了。

这不过是十多年前那场巨变的翻拍,他又有什么可怕的?只是,当辛弃疾强迫自己这样想的时候,总会有说不尽的酸楚涌上心头。

第七节 / 廉颇老心死灯灭

毕生心血,终在昏君奸臣的玩弄中被付诸东流。
自己活着还有什么用?归去,归去罢!

这一次罢官,尽管照例失望落寞,但辛弃疾终归还是比较释然的。他不但没有过分纠结朝廷的冷酷和壮志的难酬,反倒在归途中写下一首《柳梢青·三山归途代白鸥见嘲》,来自嘲这次堪比迅雷的罢官:

> 白鸟相迎,相怜相笑,满面尘埃。华发苍颜,去时曾劝,闻早归来。
> 而今岂是高怀。为千里、莼羹计哉。好把移文,从今日日,读取千回。

辛弃疾确实是老成了,不止年龄老去了,还有那曾经炽热万分的心境也老去了。虽然念念不忘北伐抗金,但第二次被罢官的辛弃疾,已经能自觉地将"抗金"和"朝廷"分而视之,不再一腔热血地往前扑了。

即便如此,命运依旧不肯轻易放过辛弃疾:妻子如兰过世了。

30年前满心欢喜地嫁给辛弃疾,可怜的如兰终究没能等到他功成名就的那一天。辛弃疾悲痛之余,也跟着大病了一场,仿佛世间所有的人和事都在同他作对,只因他是个不肯屈服的人。

人生的难以置信之处在于，任何不经意的感想都有化为现实的可能。撤到带湖新居不到一个月，如兰还尚未入土为安，问题就再次找上了辛弃疾：言官的最高领导、御史中丞谢深甫在朝议上再次弹劾辛弃疾"交结时相，敢为贪酷，虽已黜责，未快公论"。他强烈要求对他进一步贬斥，导致辛弃疾集英殿修撰的奉职被降为秘阁修撰。十二月上旬，谢中丞弹劾政敌、中书舍人陈傅良，言语中又提及辛弃疾，称陈傅良有意包庇辛氏。宋宁宗赵扩即位后，新任御史中丞何澹再次上书，称辛弃疾"席卷福州，为之一空"，把他在福建的功绩全部说成罪过。赵扩竟深以为然，毫不留情地就将辛弃疾的秘阁修撰奉职也撤去了。

交结赵汝愚相公是错，受人保护是错，为福建百姓谋福利是错，积极备战准备抗金还是错。命运就是这样苛待辛弃疾，它总会拿着一把钝刀切割，不肯让辛弃疾从容了断，甚至也不愿让他的家人了断。

第二年盛夏，一场无名大火起于带湖居所。熊熊烈焰中，曾被辛弃疾寄予无限诗意的雪楼轰然倒塌，化作飞扬的尘埃和木炭。所幸，辛弃疾当时并不在带湖，而是在期思村散心。听闻火讯，他急命南剑连夜赶往抢救财物。然而大势已去，等辛弃疾匆匆返回时，映入眼帘的只剩尚冒着白烟的残垣断壁和满脸污黑的南剑。

带湖新居的焚毁，不仅让辛氏在经济上蒙受了巨大损失，使他们一家的生计陷入困顿，更是将辛弃疾的精神归宿连根拔起，彻底毁掉了他对山水生活的向往和崇拜。之前的辛弃疾尚能在仕途失意时流连带湖，在雪楼上眺望灵山，至少内心可以获得些许慰藉；雪楼一毁，辛弃疾失去了最后能够寄托感情的地方，其打击之大，可想而知。

唯一能够稍稍有所安慰的，恐怕就是瓢泉的居所正好落成，于是，他只好收拾起仅存的家当，还有几部被他翻烂的军事地图，举家迁往瓢泉。

瓢泉虽然没有带湖新居的气势，但至少依山傍水，非常适合幽居养老。可辛弃疾却高兴不起来，他的生命仿佛彻底停留在了带湖之畔，魂魄也随着雪楼的崩塌而散尽。迁到瓢泉后，这里的一草一木越是秀美，他就越发思念带湖的景致，因为那里不仅有如画的美景，还有儿子铁柱的墓冢。

这次辛弃疾彻底老了，没有了初次罢职时的愤愤不平，游山玩水、躬耕务农之余，还能磨炼心性，填词会友。他像所有走入黄昏之年的老人一样，开始回避世事：家事放手给辛稹和辛秬他们，一切用度都让儿子去筹措；卿卿等侍妾尽数遣散，嫁娶随意，自己则带着南剑游荡山野。

最不幸的是，即便落魄至此，朝中的言官们仍然要追杀他。就在带湖居所被毁不到一个月，又有言官上书，称辛弃疾"赃污恣横，唯嗜杀戮，累遭白简，恬不少悛"，已然将他与大奸大恶之徒同列。当政的相公韩侂胄则顺水推舟，将辛弃疾冲佑观奉祠的闲职也罢掉了。

祠官职位的失去，意味着辛弃疾彻底失去了经济来源，只能依靠瓢泉新居的几亩薄田糊口。但他根本不愿想这件事，整日靠狂饮怡情，结果酒毒入脏，险些病入膏肓。期思村的百姓看不过辛弃疾这般颓废，用心为他选了当地一家林姓的大龄女子做填房，由于其平日里悉心照料，这才将辛弃疾从死亡的边缘拉了回来。

然而天意弄人，到了宋宁宗庆元四年（1198年），朝廷忽然又恢复了辛弃疾集英殿修撰、冲佑观奉祠的职位，继续供给他俸禄职薪。全家人都为这个"好消息"而兴奋鼓舞，因为按照惯例，辛弃疾再等几年就可以二次出山了。只有辛弃疾觉得这所谓的"奉祠"和"讽刺"已经没什么两样。不过为安慰家人，他还是写下了一首言辞普通的《鹧鸪天》：

老退何曾说着官，今朝放罪上恩宽。便支香火真祠奉，更缀文书旧殿班。

扶病脚，洗衰颜。快从老病借衣冠。此身忘世浑容易，使世相忘却自难。

两年后，至交朱熹病逝于武夷山中，辛弃疾的精神再一次受到严重打击。据说，因受宰相韩侂胄党羽的淫威逼迫，朱熹发丧时竟没有多少门生故旧胆敢送葬。听闻传言后，这位年逾花甲的老人，再次用颤抖的手拿起笔，像当年遥祭陈亮那样，带着对奸佞的切齿仇恨，为朱熹写下祭文："所不朽者，垂万世名。孰谓公死，凛凛如生。"

祭文写完了，辛弃疾的愤怒却始终无法平复。他当即命南剑打点行装，前往武夷山悼念。朝中的那几位相公似乎也被老人的无畏所惊惧，竟没有对他做出任何动作，并且在三年后将他从山中请出。

谁也不会想到，请辛弃疾出山的竟然是韩侂胄。

二

韩侂胄是个很有本事的小人。

这个人虽然没有登榜进士科，却来头不小：韩侂胄的曾祖父是北宋名相韩琦，母亲是宋高宗妻子吴皇后的妹妹，他自己则娶了吴皇后的侄女为妻，是名副其实的外戚。到宋宁宗赵扩时，他的侄孙女又被赵扩立为皇后，可谓风光无限。

韩侂胄也深谙官场权谋：有宋一代，对宗室的防范最为小心，韩侂胄却壮着胆子同赵汝愚合作，逼迫赵惇让位于儿子赵扩。待赵扩登基不久，他就和赵汝愚你死我活狠斗了一番，用"宗室不得为相"的祖宗家法将赵汝愚逐出朝堂。为把赵汝愚的党羽一网打尽，他又借朱熹的理学掀起政治风浪，放手让爪牙们打压赵汝愚一派，最终功成名就，连赵扩这个皇帝都对他有所忌惮。

虽然在政治游戏中如鱼得水，但韩侂胄也深知，自己的相位来路不正，迟早会被后起之秀斗倒，他一个外戚，只能靠讨伐金国、建立不世之功勋立身。若想成功北伐，就得将那些过去被主和派打压的抗金名臣——起复，于是坚持抗金的辛弃疾就成了他的新棋子。

宋宁宗嘉泰三年（1203年）六月，朝廷一纸诏书再次唤回了幽居瓢泉八年的辛弃疾，命他前往面见宰相韩侂胄，并准备临安召对。

这一年，他已经64岁。

出于对韩侂胄的极端不信任（后者曾疯狂迫害朱熹），辛弃疾虽然像往常一样即刻出发，却没有携家人同行，只带一个儿子负责照顾，还有从不离身的侍从南剑。

到达临安后，韩侂胄做足了功夫：他先是单独约见辛弃疾，与他论及朝政、民生、抗战之事，翌日便亲自引着辛弃疾前往宫中，觐见皇帝赵扩。赵扩也不拖沓，一见面就询问辛弃疾有关北伐的种种事宜。辛弃疾惊愕不已，当即将早已烂熟于心的北伐战略赫然列出。他言辞恳切，希望赵扩能趁着金国北方兵乱不止的机会，锐意北伐；还希望赵扩能够像太祖、太宗皇帝那样，放心地将战事交给元老宿将处理。赵扩龙颜大悦，当即嘱咐韩侂胄将辛弃疾安置在距临安较近的地方为官，方便他时时垂询。

很快，辛弃疾就被任命为绍兴知府兼浙东安抚使。如同往常那样，辛弃疾到任伊始就将斧头挥向了那些鱼肉百姓的贪官污吏，不断上书弹劾那些曾经不可一世的官老爷，如同他们当初对自己所做的那样。不到一个月，浙东官场就被辛弃疾清扫得污浊净尽，百姓们终于有了出头之日。

不过，坐镇绍兴带给辛弃疾的最大收获并非政绩，而是结识了诗人陆游。

辛弃疾出知绍兴前一个月，陆游正巧以年迈为由上疏致仕，居住在绍兴鉴湖畔的老学庵。他一生力主抗金复国，虽遭百般打压而不改初心。辛弃疾对这位爱国诗人仰慕至极，只是因着地理人事，始终未得相见。如今陆放翁就在自己治下，辛弃疾心中的喜悦可想而知，当即选了黄道吉日，命南剑携带礼物，二人前往鉴湖。

两人相见后自是把酒言欢，陆游将自己在军中的经历和经验悉数介绍给辛弃疾，又把江淮前线的宋军布阵情况一一说明。辛弃疾时而聆听，时而补充，一直说到日暮时分，两位文坛豪杰才依依不舍地准备道别。

临走时，辛弃疾见陆游的草庐居所过于简陋，想要为他修建几间新房，却被陆游一口拒绝。

这位年近80岁的老人坚定地说："骠骑将军曾云：'匈奴未灭，何以家为？'

眼前金人仍在大宋旧土猖狂，老朽也断不会为自己谋身！只愿伫立鉴湖，恭候辛率领王师凯旋！"

带着对陆游的无比崇敬之心，辛弃疾离开了老学庵。陆游果真一语中的：出知绍兴府不到半年，韩侂胄就向赵扩呈上奏疏，开始为北伐金国制造声势。作为现存主战派中最负盛名的官员，辛弃疾又一次被召往行在召对。临走前，辛弃疾特地来老学庵向陆游辞行，80岁的老放翁壮心激烈，挥毫写下长诗《送辛幼安撰殿造朝》为他壮行。

可以说，陆游虽然和辛弃疾的实际交往不多，却可能是最了解他的人。这种了解和陈亮、如兰不同，是一种具有相同经历的长辈的旁观者清。

只是，陆游的劝说来得太晚了。

宋宁宗嘉泰四年（1204年）正月，赵扩在宫中召见辛弃疾，再次垂询北伐之策。辛弃疾娓娓道来，坚称金国正遇内忧外患之时，劝赵扩一定要把握好机会。他的一席话，令赵扩信心倍增，把一旁的韩侂胄也听得热血沸腾，觉得自己把宝押在北伐上果然英明。适逢出使金国的官员回朝，言称金国正如辛弃疾所言，已到了最困顿不堪的当口。韩侂胄大喜过望，立刻撺掇赵扩用兵。

韩侂胄不断发文给各路安抚使和将领，令他们加紧训练兵勇，并不断把精兵派往江淮准备出击，甚至还征调了辛弃疾当年组建的湖南飞虎军。他迫不及待地，尚未用兵就已从国库中拨出万两黄金，预备赏赐给将来立下战功的将卒。同年三月，韩侂胄又一纸调令，升辛弃疾为朝议大夫和宝谟阁待制，然后出知要地镇江——做到这个地步，全国上下都能想到韩侂胄的北伐意志了。

刚开始，辛弃疾对韩侂胄还是有些信心的，但随着韩侂胄的快马加鞭，他不免感到有些迷惑。召对时，辛弃疾几乎是屡次劝诫赵扩，一定要把北伐的重任交给宿将老臣，至少也得是隆兴年就出将作战的大臣——这些人都曾和金人打过仗，了解对方的虚实。他还劝告皇帝，北伐肯定是旷日持久的统一战争，绝不可能一蹴而就，因此，朝廷不光要准备充分的粮饷和兵力，更关键的是要做好打败仗甚至重新被金人兵临城下的心理准备。可韩侂胄和赵扩仿佛已然梦见大军重回开封一般，不但大张旗鼓地征兵备战，还破例追封冤死多年的岳元帅为"鄂王"——如此"整军经武"，辛弃疾也有些怀疑了。

朝廷的意志是他个人无法违抗的，况且北伐一直是辛弃疾的梦想，他已经65岁了，剩下的时光已经不多了，如果有生之年再看不到北伐重开，他即使死去也不会安宁，因此，尽管对韩侂胄的操之过急疑虑重重，辛弃疾还是一丝不苟地在镇江操办起来。

镇江地处长江下游，与扬州、建康两地遥相呼应，是一块极其关键的战阵。辛弃疾到任后，迅速清点兵马武备，大失所望后就开始招募新兵训练，打算像在福建时一样，建立一支素质装备都足够硬朗的万人军团。同时，由于南归日久，辛弃疾已经难以保证自己两上燕京时的情况能一成不变，而他目前对时局的了解，仅止于那些曾出使过金国的好友以及各种南逃来的汉人，为此，他不惜耗费四千贯缗钱培养间谍队伍，将他们源源不断地送往长江以北，千方百计打探金国的内政、军备、民生情况。为了防止这些间谍被金人收买，他明确要求间谍们不能只打探一地，必须由南及北，彻底探听金国的虚实，这样既可以全面了解金人的情况，又能防止血本无归。

然而，南归间谍的报告却让辛弃疾惊出一身冷汗。和自己当初预测的几乎一样，金国的确内乱不止，北方草原还有蒙古诸部虎视眈眈，但在金章宗完颜璟的勉强支撑下，金国仍旧保持了相对平稳的状态，且金人余威尚存，几支主力军队仍具备较高的战斗力。反观大宋这边，数十年未动干戈的生活，已将内地军队的战力耗尽，不仅士卒没有经历过阵仗，连打过仗的将领也是寥寥无几。将才的匮乏程度超出想象，此时，辛弃疾也不禁对北伐担忧起来。他再次上书韩侂胄，希望暂缓北伐进度，先把军队的训练抓上去，同时继续积攒储备，待万事俱备、金国走入崩溃边缘，那时朝廷再兴兵也不迟，而且绝对有可能出现一边倒的优势。辛弃疾认为，朝廷如果想一战到底，哪怕多等20年都可以，反正皇帝赵扩年富力强,北伐又是军民一致的壮举,无论何时都会有人支持。

可是,这种建议在急于求成的韩侂胄那里,自然是不可能得到什么有效反馈的。20年后赵扩年富力强是不假,但他韩相爷怕早被政敌开棺戮尸了!不行,20年太长,他要只争朝夕!

辛弃疾无奈,只得继续投身到紧张的备战工作中去。然而越备战,他的担忧就越强烈。军队素质的低下、善战将领的奇缺、朝廷的心急火燎,正不断地给他的信心蒙上阴影。重重压力下,辛弃疾决定暂时搁置公务,带着南剑前往北固山散心。

站立在山顶的北固亭中,望着一成不变的景致,辛弃疾百感交集:40多年前,就是在这里,他结识了范家父子,还有与自己相伴30余载的妻子如兰。如今物是人非,镇江到处遍布旌旗,引导着士卒向金人示威。可金人就是这么容易被打倒的吗?作为一个在金国长大的汉人,辛弃疾无疑是最有发言权的。眼下的这般情景,真的没法让他放心。

思虑片刻,辛弃疾命南剑取来笔墨,就着一派乱象,写下了那首让他流传千古的《永遇乐·京口北固亭怀古》:

千古江山,英雄无觅,孙仲谋处。舞榭歌台,风流总被,雨打风吹去。斜阳草树,寻常巷陌,人道寄奴曾住。想当年,金戈铁马,气吞万里如虎!

元嘉草草,封狼居胥,赢得仓皇北顾。四十三年,望中犹记,烽火扬州路。可堪回首,佛狸祠下,一片神鸦社鼓。凭谁问:廉颇老矣,尚能饭否?

一词唱罢,辛弃疾心中韵味尚足,遂又挥笔写就了一首《南乡子·登亲口北固亭有怀》:

何处望神州?满眼风光北固楼。千古兴亡多少事?悠悠。不尽长江滚滚流。

年少万兜鍪,坐断东南战未休。天下英雄谁敌手?曹刘。生子当如孙仲谋!

四

就在辛弃疾苦苦劝告韩侂胄不要轻易兴兵的当口,祸事终于发生了,而且竟是当初陆游的担忧:宋宁宗开禧元年(1205年)三月,全国上下都在加紧备战之际,朝廷忽然将兵刃挥向了忙碌在最前线的辛弃疾。一个通值郎因不法事被严肃查处,作为他的推荐人,辛弃疾被迫担负"谬举"(即错误推荐)的责任,连降两级成为朝散大夫,返回临安思过。六月,韩侂胄再次一纸调令,把辛弃疾发往他曾经生活战斗过的老地方——隆兴府。

辛弃疾彻底愤怒了,但不是因为朝廷对自己忽冷忽热的态度:他经营镇江不过15个月,各项计划都还停留在筹备阶段;工作尚未铺开就随便将前线官员调离,根本就是不负责任的官僚行径,更是直接导致辛弃疾在镇江的全部心血付诸东流。

愤怒很快化作流言,流言很快变成事实。还没等辛弃疾调整好情绪前往隆兴府就职,就又有言官指责他好色、敛财、滥施酷刑。小丑似的辱骂既令辛弃疾愤慨,更让人难以忍受。这样的指责几乎伴随了他30年,却害得他失去了近20年的大好时光!他再也不想解释什么,也不愿再寄希望于任何人。他已然看得真真切切,高卧在临安城的那位韩相公,不过是个玩弄权术的小人,他从来都没有真心想要收复中原,只想利用辛弃疾这面旗帜招揽人心。现在人心聚齐了,韩相公的声威正逼近顶点,成了凌驾于丞相之上的"平章军国事",失去利用价值的辛弃疾却还在阻挠大宋开战。既然如此,这个烫手山芋留着还有什么用呢?丢掉算了!

七月初五,罢官制书传来,照例把冲佑观奉祠外的官职剥得干干净净。辛弃疾懒得看那篇对自己大放厥词的东西,当即收拾衣装返回瓢泉。归乡路上,义愤填膺之余，他专门填词痛骂乱国的韩侂胄，说他"郑贾正应求死鼠，叶公岂是真好龙"。这一次，辛弃疾真的是被伤透心了。

伤心的结果，就是心死如灯灭。

同样看出韩侂胄骗局的还有水心先生叶适。叶适是坚定的主战派，韩侂胄上台后就任命他为工部侍郎。叶适起初满心欢喜，却发现韩氏备战几同儿戏，完全不考虑后果。于是他极力劝阻朝廷开战，甚至拒绝为赵扩起草开战诏书，结果同样遭到了韩侂胄的冷落。这些事都尽收辛弃疾的眼底，他干脆铁了心住在瓢泉，再也不管北伐的事情，连半年后朝廷再次命他回绍兴当安抚使，他也不予考虑。

宋宁宗开禧二年（1206年）四月，大宋不宣而战，全线袭击金国边防，猝不及防的金军被打得节节败退。五月，赵扩正式下诏，宣布讨伐金国。邸报传来，江南上下欢欣鼓舞，振臂欢呼。韩侂胄也扬扬得意，以为胜券在握。

然而就在这时，局势突然发生逆转。金人本就兵强马壮，虎视南朝，大宋大张旗鼓准备战事的行为根本逃不过他们的眼睛，因此他们早就做好了准备。初期遇挫不久，金人就有条不紊地开始回击宋军。而大宋这边，朝廷急功近利，韩侂胄又压根儿不懂军事，一旦兵败就当场撤换将领，犯下大忌，加之四川方面的将领突然叛变，宋军不久就陷入被动之中。金军则越战越勇，相继攻克真州（仪征）、扬州等地，把宋军逼入绝境，最终大败而还，全数退回江南。

金军又岂是易与之辈？见宋军一触即溃，金国当即点起江北所有兵马，浩浩荡荡地冲到江边，只等金国皇帝一声令下，他们就顺江而下，直捣临安行在。

就在这年底，病急乱投医的韩侂胄慌忙上告赵扩，建议召辛弃疾回朝救援。赵扩当即允准，晋辛弃疾为宝文阁待制，出知江陵府，结果辛弃疾依旧不理不睬。韩侂胄以为他嫌官小，和赵扩商议后急召辛弃疾于次年正月入朝觐见。召对后没过几天，就又甩给他兵部侍郎的职位，要他好生准备对金国作战。

朝廷之所以如此大方，全因韩侂胄已经急得火烧眉毛：为了挽救颓势，防止政敌再起，他已经掏了二十万贯家财助军，又命人拿着亲笔书信和礼品前往金营议和。金人却不依不饶,坚决要求大宋割地赔款,还得奉上挑起战争的"祸首",否则就要继续攻打。韩侂胄听后顿时气得暴跳如雷。所谓"祸首",说的不就是他韩相公自己吗?于是他当即撕毁议和文件,再次下令全军备战。

赵扩已经成了惊弓之鸟,如果再不做出什么有利的动作,韩侂胄真害怕皇帝会将他绑起来送给金国消气。

但辛弃疾没心情顾及韩相公的人头,当即上书请辞,宁可老死也不愿再理会这对荒唐君臣。韩侂胄不死心,又任命辛弃疾为龙图阁待制,掌管宫中道观,千方百计要把他留下。辛弃疾没法拒绝直接来自皇帝的品秩任命,只好暂时留在临安。韩侂胄以为辛弃疾动摇,大喜之下,三月底就上书恢复了辛弃疾的朝请大秩,七月底又重升为朝议大夫,等于在程序上为他彻底平反了。

可对于这位已近风烛残年的老人来说,迟到的平反又有什么意义呢?说到底,这不过朝廷的一厢情愿,想要辛弃疾继续为韩氏卖命罢了。如此儿戏的平反,不要也罢!于是不久,辛弃疾就再次上书,请求皇帝让他回瓢泉养病。

赵扩同意了,他想不出借口来拒绝一个年近古稀老人的要求,只得放他离开行在。然而他刚到家没多久,惊慌失措的韩侂胄又赶紧发来一份枢密院都承旨的任命,要他即刻上临安觐见。

看着装裱华丽的制书,辛弃疾不禁悲切连连。从南投大宋的第一天开始,他就等待着枢密院的军权,好让自己有朝一日指挥千军万马,将金人彻底赶出中原,光复北方,解救千百万被金国奴役的华夏同胞。然而,当都承旨的任命真正摆在眼前时,涌上心头的却不是壮怀激烈的感慨,而是千般苦痛唯有自持的悲凉。

他将任命原封不动地装好,请来使还给韩侂胄,同时被带走的,还有他请求致仕归乡的奏疏。

毕生心血,终在昏君奸臣的玩弄中被付诸东流,自己活着还能有什么用?归去,归去罢!

宋宁宗开禧三年(1207年)秋,为抗金事业奋斗了整整一生的辛弃疾,在瓢泉家中与世长辞,终年68岁。